湖北省社科基金后期资助项目（HBSKJJ20233426）
及中央高校高水平后期资助项目（CCNU23HQ019）资助出版

重新发现柏拉图

教育理想国的阐释研究

孙银光 著

中国社会科学出版社

图书在版编目（CIP）数据

重新发现柏拉图：教育理想国的阐释研究 / 孙银光著. -- 北京：中国社会科学出版社，2024. 9. -- ISBN 978-7-5227-4069-0

Ⅰ. G40-091

中国国家版本馆 CIP 数据核字第 20245JV987 号

出 版 人	赵剑英
责任编辑	程春雨
责任校对	李　莉
责任印制	张雪娇

出　　版	中国社会科学出版社
社　　址	北京鼓楼西大街甲 158 号
邮　　编	100720
网　　址	http://www.csspw.cn
发 行 部	010 - 84083685
门 市 部	010 - 84029450
经　　销	新华书店及其他书店

印　　刷	北京君升印刷有限公司
装　　订	廊坊市广阳区广增装订厂
版　　次	2024 年 9 月第 1 版
印　　次	2024 年 9 月第 1 次印刷

开　　本	710×1000　1/16
印　　张	22.25
插　　页	2
字　　数	274 千字
定　　价	138.00 元

凡购买中国社会科学出版社图书，如有质量问题请与本社营销中心联系调换
电话：010 - 84083683
版权所有　侵权必究

序

孙银光博士的著作《重新发现柏拉图——教育理想国的阐释研究》即将出版，作为他的导师，我由衷地感到欣慰。

柏拉图其人其思其言其书，在人类思想史、教育史上处于创始地位并产生了深远影响，这毋庸赘言。诚如莎士比亚所言，有一千个读者，就有一千个哈姆雷特。对柏拉图的著作和思想，不同时代、不同国家、不同语言、不同文化背景的人们，会有相差甚大乃至截然相反的认识、解读、阐释和评价，这是"重新发现柏拉图"的逻辑前提，并为之留下了相当空间。事实上，学者们围绕柏拉图及其著作《理想国》产生了几乎无穷无尽的分歧和争议。比如，柏拉图究竟是奴隶制度的忠实维护者，还是坚决反对者？是顽固的极权主义者还是空洞的理想主义者？是激进的教育改革家还是保守的教育守成者？这些看似对立的观点却各有依据和理由。又比如，在理想国的教育实验中，柏拉图为什么放弃普通民众而把有识之士作为教育对象？为什么剔除或修正部分诗歌来净化教育内容？为什么采用显白与隐微两种不同教育方式，就连谎言也分为高贵的谎言和冥府的谎言？为什么要小心翼翼地隐藏自身的教育目的？如此等等。对于上述分歧和争议，孙银光博士在本书中给予了有根有据、有理有节的处理和回答。

长期以来，还有一种观点认为柏拉图是奴隶社会的吹鼓手和代言人，他的理想国完全是为恢复奴隶主贵族的专制统治寻找理论依据的。对此，孙银光博士指出："很难想象，柏拉图在如此厌恶贵族专制政体，且僭主们还逼迫苏格拉底行不义之事的情况下，却在建构的理想城邦中转而寻求另一种专制制度，并为之不断地鼓吹和辩护。""过于强调柏拉图所属的阶级，并以之为标准去考察其教育思想是相当不适切的，甚至会造成另一重误解。"到了20世纪，波普尔甚至认为柏拉图的教育思想是开放社会的敌人，柏拉图建构的理想国是乌托邦社会工程。孙银光博士在本书中，一方面"理解波普尔对自由主义的渴望，对历史主义的否弃"；另一方面，直言不讳地指出"波普尔忽略了两个极为重要的问题"，一是如前所述，柏拉图经历了城邦寡头政体的暴虐，没有理由建构并支持另一种专制统治；二是不能以20世纪的专制政体之恶来批判柏拉图的理想国，从而忽视了思想和现实之间的界限。如此理论分析合情合理，如此理论勇气可赞可嘉！

不仅如此，孙银光博士在本书中还提出了评估柏拉图教育思想的两条价值标准。第一，在真实的历史语境中评价；第二，在人类的精神成长中评价。第一条标准坚持了历史唯物主义，第二条标准符合马克思主义的发展观。依据这两条价值标准，孙银光分析柏拉图教育思想的得失，指出了柏拉图教育思想的当代价值：教育是对德性的追求，是对善的渴望和对精神的需要，而不是一味地工具化、功利化；教育是引导人们过正义的生活，而不是引诱人们陷入欲望的旋涡；教育是反思自身局限，包括理性的局限、知识的局限、真理的局限和生活的局限，而不是变得狂妄自大、主宰一切；教育是使人精神和谐，而不是使人空心化，变成单向度的人。

在科学技术日新月异的今天，生成式人工智能（如ChatGPT）可能挑战并终结当前人类智能的优势，这将直接诱发人对自我价值的怀疑和对自我智能的失望。在这种情况下，我们如何以正确的心态对待传统和古典，如何在历史源流中发掘文明的脉络，如何拂去时间的尘埃提取人类智能的精华，颇难拿捏。极端的、非理性的、全盘否定的观念固然不足取，美化传统、一味地高唱赞歌的行为也缺乏历史与逻辑的依据。介于二者之间的、调和性的观念林林总总，既有流于口号的"去其糟粕，取其精华"，也有永恒主义者所论证的"人性不变，经典永存"，还有一些人文学者对古典与传统满怀温情的文学想象。在我看来，孙银光博士阐述的两条价值标准既不是非理性的情感宣泄，也不是教条主义的刻板守旧，而是通过发生学视角还原真实的历史场景，尽可能置身于历史事件之中去感受、去理解、去发现，立足于人类精神成长的历史进程，建构过去、现在与未来之间的整体联系，并厘清三者之间的代际差异与发展阶段。这种历史的、动态的、科学的、辩证的处理方式，无疑深化了人们对古典传统文化与当代社会发展之间关系的认识。

孙银光博士之所以能够"重新发现柏拉图"，之所以发人之所未发、见人之所未见，最为重要的原因在于他心无旁骛，一心向学，真正做到了"十年为学不窥园"，真正做到了"甘坐板凳十年冷"。无数个夜晚，当我习惯性地在离开办公室回家之前到德育所转转，总会见到孙银光博士在德育所办公室读书、写作。后来他留校工作有了自己的办公室，依然是最后离开田家炳教育书院的人之一。即使后来买了房子，他也很少回去，平时基本上住在学校提供的青年教师公寓，每天过着两点一线的生活，"不改其乐"，以至于我有时忍不住提醒他"回家休息一下"。孙银光博士不仅刻苦治学、专心问学，而且品性淳良。他孝顺父母，友爱兄长。他疼爱侄子侄女，为了给他们提供一个更好的成长环境，把他们接到身边来读书生活。他重视同门之谊，乐于帮助师兄师弟师姐师妹，早在攻读博士学位期间就经常给师弟师妹们修改文章，一遍又一遍不厌其烦，直到公开发表。他留校工作后，主动承担了教育学院的大量额外公共事务，仅在学院学科评估一项工作中就修改评估报告数十稿。他还承担了德育所的众多日常事务，从德育沙龙的计划组织、学术研讨，到实验区和基地学校的工作安排、实践指导等，事无巨细，举重若轻。在我指导培养的七十名博士生中，孙银光博士毫无疑问是一位好学生。纵观二十二年指导博士生的教育经历，我发现所有的好学生几乎无一例外地是自学成才，不仅不会给导师添麻烦，而且会体谅导师，帮助导师处理很多事务，减轻导师的工作负担。今日之中国，今日之大学，遇到一位好学生，绝对是导师的幸运！作为孙银光的导师，毫无疑问我是幸运的，更是幸福的。

我的博士生导师鲁洁先生曾经告诫我们：生活的高度就是学问的高度，过什么样的生活就有什么样的学问。这句话，我想转赠给孙银光，转赠给我的学生们。我深知，在目前的高校里，博士毕业后的"青椒"们面临着事业、情感、经济、生活和人际关系诸多方面的重重压力，甚至有实证调查表明他们是最苦最累、压力最大的一群人。但是，无论如何，我们要牢记鲁洁先生的教导，并努力去这样实践、这样生活。基于我个人的体会，鲁洁先生的教导至少有三层含义。第一层，劝导我们安心向学。既然我们选择了追求真理、教书育人，那就要过学者的生活、教师的生活，而不必去追求其他的生活。我常常说，如果博士生毕业了还不知道自己的人生定位，还不知道应该做什么，这只能说明学生的悟性太低、觉悟太晚。第二层，告诉我们如何致知。知识、学问、真理不是空洞的符号、僵死的概念和刻板的教条，而是生动活泼的人生经验，是身心和谐的亲身实践。知识不只在于书本之中，更在于人类的身体、情感、欲望和行动之中，在于主观见之于客观的生活实践之中。当年，鲁洁先生主持制订国家义务教育之德育新课程标准时，曾提出"用自己的眼睛去观察、用自己的心灵去体会、用自己的头脑去思考"，这岂止是德育课程标准的教育理念，何尝不是我们追求真知的主体论哲学，何尝不是我们求知问学的方法论！伟大的知识和真理永远是和身心体验、生活实践联系在一起的。第三层，指引我们不断超越。我们的肉身行走和生活在现实的世界之中，同时我们的思想和精神在追求一个可能的世界。固然自然世界、社会生活和历史进程对人有种种的给定性，但是我们作为人总是要不断地从这种可感知的现实中"腾飞"，不断地超越这种给定性，实现自己所追寻的自我发展和自我确证。理想和现实的矛盾运动，促使我们不断自我完善、自我升华，不断创新生活的高度、学问的高度。这是当年鲁洁先生对我的寄语，在这里我也和我的学生共勉，毕竟学问之道在于探索、在于传承、在于师生的前赴后继，这样思想的光芒才会一直照亮后来人。

我由衷地希望和祝愿孙银光博士在自己选择的道路上坚定地走下去，不断地创造新高！

2024 年春节于远洋庄园

前　言

古希腊思想植根于城邦生活境况和文化形态，其形成过程经历了数百年时间，随后又开始了漫长的跨区域、跨文化的传播历史。作为西方思想发展的渊薮，古希腊思想产生的影响延续至今。正如黑格尔（G. W. F. Hegel）不无温情地说道："到了希腊人那里，我们马上便感觉到仿佛置身于自己的家里一样，因为我们已经到了'精神'的园地……'精神'真实的再生，要首先在希腊寻求。"① 柏拉图作为古希腊时期最具代表性的哲人之一，其思想为西方文化传统提供了一套原初概念和基本底色，提出的部分教育理念及构想亦深深地浸润在西方现代教育思想之中。因此，柏拉图教育思想是解读西方现代教育文化的钥匙，也是人们从历史脉络中重获心灵慰藉的源点。

在清末民初之际，柏拉图的系列著作及教育思想传入中国，在中国教育思想界引发了广泛讨论，产生了极大影响。正是因为意识到柏拉图思想的重要性，近百年来中国学者在史料整理、学说译介、文本解读等方面做了极为扎实的工作，相关理论研究也取得了长足的进展，尤以关于《理想国》的研究为最。因柏拉图学说关注的核心问题是

---

① ［德］黑格尔：《历史哲学》，王造时译，上海书店出版社2001年版，第222页。

"人类生活面对的根本困难"或"人如何正义的生活",所以诸多研究者思考并激活了其著作中蕴含的教育思想及德育思想。就教育学界的相关研究而言,学者们关注了教育本质、教育隐喻、爱欲教化、公民教育、道德教育、幼儿教育、女子教育、血气教育等主题。这些研究或致力于还原柏拉图教育思想的原初意蕴,或着力于对之进行现代性解读和转化,进而凸显其对于当代教育的理论意义及现实价值。然而,现有研究成果往往基于现代的立场来考察柏拉图的教育思想,仅仅将之视为一种结果、状态或抽象的点,而忽视了其所植根的历史背景和文化形态及产生的过程、发展的线索等。这导致研究者对柏拉图教育思想中的教育对象、内容、目的和方法的认识存在局限,因而既未能充分还原柏拉图教育思想的全貌,也难以真正认识它的原初形象。

有鉴于此,本书坚持以马克思历史唯物主义为指导,创新性地综合运用解释学和发生学方法,充分体现专门史和跨文化研究特点,透过历史资料真正走近柏拉图生活的城邦世界,从而回溯其教育思想所植根的历史文化背景,并聚焦其思想产生和演变的过程,重新发掘其教育思想的内核,从而廓清当前学者的部分误解,评估其教育思想的理论价值,并探索它对当前教育的现实意义。具体而言,本书主要分为八章:第一章系统梳理了柏拉图教育思想的研究成果。柏拉图教育思想作为西方教育思想发展的渊薮,产生的影响至今尚未完全消散。他的系列著作植根于古希腊城邦社会,与当前生活背景存在极大差异,因而众多学者围绕其教育思想展开了持续研究,形成了异彩纷呈的成果。本章在梳理国外柏拉图思想世纪传播和国内柏拉图学说百年译介的基础上,整理了当前学者关于柏拉图教育思想研究的现实境况,从而勾画出研究的趋势、进展和局限,为本书展开研究奠定了扎实的基础。第二章重新定位了柏拉图教育思想的历史地位,围绕柏拉图为什么要写作《理想国》、如何进入柏拉图的世界等原初问题,借助荷马、赫西俄德、希罗多德、修昔底德、色诺芬、阿里斯托芬等人的著作及其他关于雅典城邦文化宗教、道德风俗、教育实践的史料，呈现出柏拉图寓居城邦世界的真实图景，从而分析其教育思想植根的文化形态；以苏格拉底之死为引子，揭示城邦民主政体的败坏，凸显柏拉图改造现实城邦的紧迫性，从而将柏拉图建构的教育理想国定位为在历史上首次基于城邦现实而开展的教育实验——以教育手段变革现实城邦，以城邦变革实现政治理想。第三章精要论述了柏拉图选定的教育对象，围绕柏拉图为何描绘哲人与城邦民众冲突的核心问题，以比雷埃夫斯港的乱象为切入点呈现出教育思想实验的宏观背景，以哲人与对话者的紧张冲突呈现出哲人在现实城邦中的恶劣处境，进而揭示出柏拉图修正了苏格拉底的教育路线——不再致力于教化城邦中的所有民众，而是选定城邦中的有识之士作为主要教育对象，并勾画出教育过程的艰难和危险。第四章详细探讨了柏拉图净化的教育内容，围绕为什么会出现诗哲之争、为什么不直接排除诗歌等重要问题，以诗哲之争问题为切入点，在呈现出诗歌在城邦生活和教育中占支配地位的前提下，揭示出柏拉图不是单纯为了建构审查制度，而是发起正义观的冲突和教育权的争夺，目的是能借由隐蔽的方式净化诗歌携带的虚假意见，以便实现哲学在城邦教育中的主导地位，进而通过诗哲融合的教育方案传递哲人的正义观念。第五章深入分析了柏拉图双重的教育方式，围绕哲人为什么要使用谎言、谎言对于不同听众意味着什么等关键问题，以高贵谎言和冥府谎言为着眼点，揭示出柏拉图试图在城邦教育中实施两重教育方式——显白教诲和隐微教诲，从而对城邦中的普通民众和爱智者进行区别教育，这样既可以引领城邦不同类型的民众走向爱智之路，又可以规避哲人在教育活动中可能遇到的风险，以保证哲学教育的顺利进行。第六章全面厘清了柏拉图真正的教育目的，围绕理想城邦需要怎样的统治者、哲学王成为理想城邦统治者是否可能等问题，通过阐述哲学王的诞生、成长及教育过程，聚焦于论证哲学王统治命题的重要性和现实性，从而揭示出柏拉图确定培养哲学王的教育目的——不是为了完成极权主义式的统治，而是为了实现哲学与权力的联结、哲人对理性的筹划，最终完成建构教育理想国的工程。至此为止，柏拉图借由教育变革现实城邦、构建理想城邦的思想实验宣告完成，在理想城邦中实现了自己的政治愿景，呈现出一幅宏大的想象图景，构建了一个诱人的理想世界。第七章梳清了柏拉图教育思想的历史演进，围绕柏拉图教育思想如何发展、传播以及面临的现代困境等重要问题，通过分析其植根的社会和文化形态及其产生、演变的动力机制，结合至善观念的颠覆、人学观念的辐射和生活德育的崛起等趋势，从思想适应性层面揭示出柏拉图教育思想在现代社会丧失了行之有效的文化结构和教育语境。在此基础上，本章还着重探讨通过多学科的回溯研究、多向度的问题空间和跨文化的历史接续实现柏拉图教育思想的现代转化，并以之为借鉴着重探讨通过重述中国传统教育思想的源流，为建构中国特色教育思想体系寻找源点和根基。第八章探讨了柏拉图教育思想的现代价值，通过哲学活动的"合法"、教育制度的确立、后现代思潮的涌动、教育人学观的滑落四个维度，揭示出柏拉图教育思想的时代断裂；在此基础上，建构客观的评价标准衡量柏拉图教育思想的价值和得失，并围绕现行典型的教育问题——功利性、碎片化、工具化等症结，探讨柏拉图教育思想在重新回应现实生活中教育问题方面的重要价值。

本书指出：首先，柏拉图不是为了直接教化城邦普通民众，而是选定城邦中的有识之士作为主要教育对象，并通过哲人与有识之士之间数次激烈的交锋呈现出教育过程的艰难和危险；其次，柏拉图发起诗哲之争不是单纯为了建构审查制度，而是借由迂回的方式净化诗歌携带的虚假的意见和正义信念，以便实现哲学对城邦教育的主导，进而传递哲人的正义观念；再次，柏拉图讲述谎言不是为了故意欺骗城邦民众，而是希望通过必要的谎言实现显白和隐微的教育方式，对城邦中的普通民众和爱智者进行区别教育，以规避哲人可能会遇到的现实风险，进而保证哲学教育的顺利进行；最后，柏拉图确定培养哲学王的教育目的，不是为了完成极权主义式的统治，而是为了实现哲学与权力的联结、哲人对理性的筹划，最终完成建构教育理想国的工程。沿着《理想国》的思想理路进行分析后，本书揭示出柏拉图既不是空洞的理想主义者，也不是顽固的极权主义者，更不是奴隶社会的鼓吹者，而是一个寄望于通过教育改革现实城邦、通过教育维续理想城邦的卓越思想家。因此，尽管柏拉图生活的时代距今已近两千四百年，但其思想的内蕴依然具有诸多可直接借鉴的价值。面对当代学校教育的功利性、碎片化、工具化等症结，柏拉图教育思想的理论价值和现实意义日益凸显出来，其开启的古典教育传统也涌现出诸多可资借鉴的智慧，如对德性的追寻、对自我的反思、过正义的生活、使人精神和谐等。

目录

第一章　历史的回溯：柏拉图教育思想的研究进展 …………… 1
　第一节　柏拉图学说的世纪传播 ……………………………… 1
　第二节　柏拉图教育思想的国外研究 ………………………… 11
　第三节　柏拉图著作的百年译介 ……………………………… 32
　第四节　柏拉图教育思想的国内研究 ………………………… 41
　第五节　柏拉图的现代形象 …………………………………… 78

第二章　思想的实验：柏拉图教育思想的历史定位 …………… 83
　第一节　城邦民主的沦落 ……………………………………… 84
　第二节　改造城邦的计划 ……………………………………… 94
　第三节　被遮蔽的柏拉图 ……………………………………… 104

第三章　艰难的启程：柏拉图教育对象的选定 ………………… 113
　第一节　民主的混乱：比雷埃夫斯港的景象 ………………… 114
　第二节　哲人的无奈：来自权势阶层的胁迫 ………………… 123
　第三节　教育的对象：针对有识之士的改造 ………………… 132

第四章　诗哲的融合：柏拉图教育内容的净化 ………………… 141
　第一节　诗歌的支配地位 ……………………………………… 142
　第二节　诗哲之争的本质 ……………………………………… 150

第三节　理想国中的教育净化 ………………………………… 163

第五章　必要的谎言：柏拉图教育方式的选择 ……………… 179
第一节　"高贵的谎言"与护卫者教育 ……………………… 180
第二节　"冥府的谎言"与普通民众教育 …………………… 188
第三节　显白与隐微：教育方式的两重性 …………………… 197

第六章　哲人的统治：柏拉图教育目的的确定 ……………… 206
第一节　哲学王的诞生 ………………………………………… 207
第二节　哲学王的成长 ………………………………………… 216
第三节　哲学王的实质 ………………………………………… 229

第七章　历史的演进：柏拉图教育思想的发展进程 ………… 240
第一节　柏拉图教育思想的历史回溯 ………………………… 240
第二节　柏拉图教育思想的现代困境 ………………………… 246
第三节　柏拉图教育思想的现代转化 ………………………… 254

第八章　现实的澄明：柏拉图教育思想的当代价值 ………… 262
第一节　柏拉图教育思想的时代断裂 ………………………… 263
第二节　柏拉图教育思想的价值评估 ………………………… 277
第三节　柏拉图教育思想的当代价值 ………………………… 289

结语　走向真实的柏拉图 ……………………………………… 309

参考文献 ………………………………………………………… 314

后　记 …………………………………………………………… 334

第一章 历史的回溯：柏拉图教育思想的研究进展

柏拉图的思想在古希腊城邦时期产生了极为重要的影响，随后又开始了漫长的跨区域、跨文化传播的历史。在传播过程中，柏拉图思想的内核虽然被继承了下来，但其外延屡经变化。其中，尤以《理想国》为代表，它包含了极为丰富的哲学、教育学思想，是在哲学史和教育史中占有极为重要地位的著作。因此，为了认识柏拉图教育思想的真实面貌，破除从著作中寻章摘句而形成的刻板印象，我们有必要梳理其形成和发展的历史图谱。

第一节 柏拉图学说的世纪传播

古希腊思想植根于城邦生活境况和文化形态，其形成过程经历了数百年的时间，随后又开始了广泛而深远的传播历程。作为西方思想发展的渊薮，古希腊思想产生的影响延续至今。柏拉图作为古希腊时期的代表性哲人，其思想为西方文化传统提供了一套原初概念和基本底色。正如怀特海（A. N. Whitehead）曾坦言，"欧洲哲学传统最可信赖的一般特征是，它是由柏拉图的一系列注脚所构成的……他的个人天赋，他在那个伟大的文明时期广泛体验的各种机会……使得他的著作成为永不枯竭的思想源泉"①。伯内特（J. Burnet）更是将柏拉图的思想推崇为人类思想的源泉，"柏拉图曾经是我们文化中的一切最好的和最重要的东西的源泉"②。黑格尔（G. W. F. Hegel）亦对柏拉图的思想格外推崇，"柏拉图的著作，无疑是命运从古代给我们保存下来的最美的礼物之一"③。及至如今，尽管诸多大家、学者对柏拉图的思想和观念持褒贬不一的态度，但很少有人会否认其思想的理论意义和历史价值。可见，在西方思想界，柏拉图思想的源流之长、影响之深。

一　古希腊到中世纪的发展

柏拉图生活在遥远的"轴心时代"，吸收融合了苏格拉底、赫拉克利特（Heraclitus）、智者派、爱利亚学派、毕达哥拉斯学派的思想之后，在批判城邦现实和忧思民众生活的基础上形成了独特的思想体系、涵括了哲学、政治、教育等诸多方面。他的思想经由学园弟子斯彪西波（Speusippus）、亚里士多德（Aristotle）、色诺克拉底（Xenocrates）、波勒谟（Polemo）、克拉底（Crates）、尼多斯的欧多克苏斯（Eudoxus of Cnidus）、彭都斯的赫拉克利德斯（Heraclides of Pontus）、阿凯西劳斯（Arcesilaus）、拉西德斯（Lacydes of Cyrene）、卡涅阿德斯（Carneades）、伊凡德（Evander）等人④的发展和完善，在公元前3世纪后期由普罗提诺（Plotinus）创始了新柏拉图主义，导致了柏拉图思想出现了明显的神秘化、宗教化倾向。普罗提诺突出了柏拉图思想中

---

① ［英］阿尔弗雷德·诺思·怀特海：《过程与实在：宇宙论研究》，杨富斌译，中国城市出版社2003年版，第70页。
② J. Burnet, *Platonism*, Berkeley: University of California Press, 1928, p. 1.
③ ［德］黑格尔：《哲学史讲演录》第2卷，贺麟、王太庆译，商务印书馆1959年版，第152页。
④ ［爱尔兰］约翰·迪伦：《柏拉图主义的起源与主要特征》，刘媛媛译，北京大学出版社2021年版，第13—14页。

的"巴门尼德"部分,认为最高精神本体"太一"高于"相",是人的认识所无法达到的最高层次。从后来柏拉图主义传统的角度看,从公元前1世纪阿斯卡隆的安提奥库斯(Antiochos of Ashkelon)开始,"人们确信柏拉图和老学园提出了一套前后一致的、综合的、囊括哲学各个方面的学说,这种信念一直延续到更晚的时代"①。这里形成了一个较为稳定的共识是,柏拉图思想的确在教条化,甚至演变出神学的特征。"卡尔西顿的色诺克拉底,阿加瑟诺(Agathenor)之子,将'一'和'二'当作神。前者是男性,具有父亲的角色,在天上统治,他将其称为'宙斯''奇数'和'理智',对他而言这也是首要的神。另一个则是女性,以诸神之母的方式统治着天以下的区域,对他而言这是宇宙的灵魂。"② 循此思路,柏拉图主义逐渐发展成为一种解释神学传统的教义体系,并为早期基督教神学所利用,其中尤以《蒂迈欧》为甚——在理念论的基础上结合毕达哥拉斯学派倡导的数论,提出了唯心主义的工匠神创世说。"在神学方面,奥古斯丁的上帝观念是柏拉图式的,与基督教柏拉图主义的一般模式相一致。"③ 哲学思想家基督教教父奥古斯丁(S. A. Augustinus)认为柏拉图主义和基督教思想是一致的,从而将柏拉图视为最接近基督教的哲学家。到了中世纪,柏拉图的思想依旧对西方世界产生着深远的影响,特别是用拉丁文翻译的《蒂迈欧》残篇和新柏拉图主义学派普罗克洛(Proclus)的著作。其中,《蒂迈欧》和《圣经:创世记》一起成为基督教解释世界起源最权威的依据。"斯多亚学派关于神及其世界关系的学说,

---

① [爱尔兰]约翰·迪伦:《柏拉图主义的起源与主要特征》,刘媛媛译,北京大学出版社2021年版,第13—14页。
② [爱尔兰]约翰·迪伦:《柏拉图主义的起源与主要特征》,刘媛媛译,北京大学出版社2021年版,第26页。
③ 《不列颠百科全书》(国际中文版)(修订版)第13卷,中国大百科全书出版社2007年版,第362页。

可以被认为仅仅是对柏拉图在《蒂迈欧》里提出的学说的形式化，就像后来色诺克拉底和波勒谟在学园里所做的合理化那样。"① 到了12世纪，经过经院哲学家托马斯·阿奎那（T. Aquinas）的努力，基督教神学形成了完整的体系，获得了完全的独立。托马斯·阿奎那接受了亚里士多德的实在论，同时也部分地同意柏拉图的学说——世界不是永恒存在的，而是在时间中被神创造出来的；灵魂是不朽的，而最高的福祉是观照神圣的存在等。到了14、15世纪，在文艺复兴进程中人们重新发现了柏拉图思想和学说的真正魅力，再次对其给予了足够的重视。伯内特甚至不无夸张地宣称："随着文艺复兴的到来，柏拉图被越来越多的人所认识，而他的著作被重新发现，也标志着近代科学的诞生。"②

二 近代产生的广泛影响

近代以来，柏拉图的学说实现了复兴，而这种复兴主要受到三种力量叠加形成的推动。其一，18世纪德国哲学家施莱格尔（K. W. F. Schlegel）的推崇和施莱尔马赫（F. D. E. Schleiermacher）的译介，让柏拉图哲学不再是将哲学与宗教杂糅在一起的"柏拉图主义"，而是将宗教要素剥离后纯粹基于柏拉图对话文本的形式、内容和思想；其二，18、19世纪英国哲学家穆勒（J. Mill）、密尔（J. S. Mill）、格劳特（G. Grote）等人的研究，让柏拉图以重视辩证法的哲学家角色出现在人们的视界；其三，19世纪中期英国学者本杰明·乔伊特开创的牛津柏拉图研究传统，不仅首次译介了《柏拉图全集》（涵括主要的28篇对话录），还对柏拉图思想进行了系统的阐释，并成为19世纪晚期和

---

① ［爱尔兰］约翰·迪伦：《柏拉图主义的起源与主要特征》，刘媛媛译，北京大学出版社2021年版，第59页。

② J. Burnet, *Platonism*, Berkeley: University of California Press, 1928, p. 2.

整个20世纪柏拉图思想研究的主流。① 除此之外，柏拉图思想还受到诸多哲学家、教育学家的重视和推崇，如康德（I. Kant）、黑格尔（G. W. F. Hegel）、卢梭（J-J. Rousseau）等。康德对柏拉图的《理想国》倍加推崇，他不满于相关论者对这种理想持有的嘲弄态度，以至于将之视为仅仅存在于个别哲学家头脑里的幻象，而为之进行了辩护并将其作为建构人类自由宪法的启示。"柏拉图之共和国已成为谚语，视为仅能存于无聊思想家脑中之幻想的完成之显著例证。但吾人则与其借词于不能实行视为无益而置之不顾，不如追求此种思想……当更益努力阐发其原有意义。容许——依据'使各人之自由与一切他人之自由相调和之法则'——最大可能的人类自由之宪法实为一必须有之理念……"② 当然，康德并未全盘接受柏拉图的理想国建设方案，反而对其提出的"哲学王"统治命题持有怀疑态度。如其所言，"不能期待着国王哲学化或者是哲学家成为国王，而且也不能这样希望，因为掌握了权力就不可避免地会败坏理性的自由判断"③。作为教育史中另一个具有里程碑意义的教育家，卢梭也对柏拉图的教育思想大加赞赏，并不认为柏拉图在《理想国》中是为了构建一个空想的国家，而是认为这本著作具有极为深刻的现实意义，尤其对于教育而言。"如果你想知道公众的教育是怎么一回事，就请你读一下柏拉图的《理想国》，这本著作，并不像那些仅凭书名判断的人所想象的是一本讲政治的书籍；它是一篇最好的教育论文，像这样的教育论文，还从来没有人写过咧……柏拉图只不过是要人纯洁他的心灵，而莱喀古士却改变了人的天性。"④

---

① ［古希腊］柏拉图：《理想国》，何祥迪译，云南人民出版社2021年版。
② ［德］康德：《纯粹理性批判》，蓝公武译，商务印书馆1997年版，第257页。
③ ［德］伊曼努尔·康德：《永久和平论》，何兆武译，上海人民出版社2005年版，第41页。
④ ［法］卢梭：《爱弥儿：论教育》（上卷），李平沤译，商务印书馆1978年版，第18页。

我们从中不难看出，卢梭对柏拉图教育思想的评价之高、推崇之至。虽然久历时间的洗练，我们已经难以窥见柏拉图思想的全貌，但其部分教育思想依旧被传承下来并绵延至今。

三 当代造成的激烈争论

及至现代，依旧有很多哲学家、教育学家抑或其他思想家或多或少地受惠于柏拉图的思想，如生命哲学学派的亨利·柏格森（H. Bergson）、新实在主义学派的伯特兰·罗素（B. A. W. Russell）、新托马斯主义学派的雅克·马利坦（J. Maritain）、现象学的奠基人埃德蒙德·胡塞尔（E. Husserl）、解释学的代表人物施特劳斯（L. Strauss）等。新实在主义是20世纪初期在英美等国家兴起的一股哲学思潮，在西方学界产生了极大的影响。伯特兰·罗素、怀特海都是其中具有代表性的人物，他们在一定程度上受到了柏拉图思想的影响。正如在新实在主义哲学家合著的《新实在主义》一书中，他们就坦言，"新实在论者同时也是一个柏拉图的实在论者。他对思想的对象以及感觉的对象，对逻辑实有体，对潜在体以及存在体，都充分给予本体论上的地位"①。这些哲学家所持有的肯定态度助推了柏拉图思想的进一步扩散。当然，柏拉图思想的波及范围远不止于此，而学者的研究兴趣随着时代的发展不仅没有衰落反而还有所增长。一位著名的美国柏拉图研究者甚至不无兴奋地指出："过去30年，在全世界的哲学家中间已经表明了一种对柏拉图的爱好的复兴。柏拉图正在被以前所未有的更大的力量研究着和争论着。"②

与此同时，一些哲学家和教育学家也反思并批判了柏拉图的思想，如尼采（F. W. Nietzsche）、海德格尔（M. Heidegger）、汉娜·阿伦特（H. Arendt）、卡尔·波普尔（K. Popper）、杜威（J. Dewey）等人。尼

---

① ［美］霍尔特等：《新实在论》，伍仁益译，商务印书馆1980年版，第41—42页。
② 范明生：《柏拉图哲学述评》，上海人民出版社1984年版，第514页。

采贬低柏拉图的哲学思想，认为"柏拉图的对话仿佛一条小船，遭遇海难的古老诗歌及其所有孩子靠了它才得以生还……在这种艺术形式中，诗歌与辩证哲学相比处于从属地位，是所谓的婢女……诗歌的这一新地位，是柏拉图在恶魔般的苏格拉底的压力下迫其就范的"①。于是，尼采断然舍弃了柏拉图的哲学，想要回到苏格拉底之前，寻找古老的真正的诗人。遗憾的是，尼采并未如自身设想的那般能够与柏拉图进行完全切割，对于本体论问题的看法（"存在就是作为权力意志存在，而非其他"）与柏拉图（"存在就是作为爱欲存在，而非其他"）名异实同②。卡尔·波普尔则以更加激烈的口吻从政治学和社会学的角度抨击了柏拉图的学说，认为柏拉图的"政治期望是地道的极权主义和反人文主义"③，并力陈其极权主义的阶级统治是不公正的，是一种巨大的社会退步。同时，他还指出"柏拉图的哲学教育就有一种明确的政治功用，它给统治者打上了印记，在统治者与被统治者之间构筑了障碍"④。作为在西方教育史中同样具有里程碑意义的教育学家，杜威站在现代的立场亦对柏拉图的教育思想进行了批评，"在理想的国家存在以前，正确的教育不能产生"⑤。在杜威看来，柏拉图设定了国家和教育之间的从属关系，即教育为国家服务，而国家决定教育的主张。杜威从现代社会发展趋势和人的多样化发展特征的角度，对柏拉图的教育思想进行了全方位的批判。一方面，对个人独特性的漠视。杜威

---

① ［德］尼采：《悲剧的诞生》，赵登荣等译，漓江出版社2000年版，第87页。
② ［加］朗佩特：《哲学与哲学之诗：施特劳斯、柏拉图、尼采》，刘旭、吴一笛译，华夏出版社2021年版，第2页。
③ ［英］卡尔·波普尔：《开放社会及其敌人》第1卷，陆衡等译，中国社会科学出版社1999年版，第181页。
④ ［英］卡尔·波普尔：《开放社会及其敌人》第1卷，陆衡等译，中国社会科学出版社1999年版，第282页。
⑤ ［美］约翰·杜威：《民主主义与教育》，王承绪译，人民教育出版社1990年版，第97页。

认为柏拉图从来没有认识到个人和社会群体活动的无限多元性。正是由于柏拉图缺乏对个人独特性的认识，因而他不承认社会可以变革，所以主张有限能力和有限阶级的理论，将个人与社会的关系归结为个人从属于社会。另一方面，忽视教育对社会的改进作用。杜威指出了柏拉图教育思想的失败之处，"受到静止理想所束缚，他的目的是建立一个不容变革的国家……他不信任教育的逐步改进能造成更好的社会，然后这种更好的社会又能改进教育，如此循环以至无穷"①。然而，这种激烈的论争并没有降低柏拉图思想的魅力，反而让其褪去历史的尘埃，逐渐恢复自身的理论原貌，呈现出独特的理论意义和现实价值。

四 在阿拉伯世界的影响

总体而言，我们关注的视域范围主要集中于欧美的哲学和教育学领域，并以柏拉图思想传播的时间线索梳理了柏拉图学说发展的历史绵延，以及其对后来哲学家和教育学家产生的重要影响。其实，柏拉图思想辐射的范围远不止如此，还影响了中世纪以来阿拉伯世界的伊斯兰教哲学和犹太教哲学的发展。"尽管阿拉伯哲人从雅典和亚历山大那里继承来的，已经不是纯粹的柏拉图，但柏拉图在阿拉伯哲学中占据着主导地位，却是不争的事实。"② 在中世纪时期，几乎每一个阿拉伯哲人都研究、阐释或著述过柏拉图的哲学思想，其中尤以阿尔法拉比（Al–Fārābī）和迈蒙尼德（M. B. Maimonides）最为著名。阿尔法拉比追随柏拉图的思想，构建了自己的"理想国"。他甚至在《柏拉图

---

① ［美］约翰·杜威：《民主主义与教育》，王承绪译，人民教育出版社1990年版，第96—97页。

② E. I. J. Rosenthal, *Political Thought in Medieval Islam: An Introductory Outline*, Cambridge: Cambridge University Press, 1958, p. 114.

〈法义〉概要》一书的结尾处写道:"这就是崇高的、伟大的和神圣的柏拉图——愿他安息——所著的《法义》",并在文末署名为"第二导师"。这种署名隐含着潜台词:"神圣的柏拉图有如天上的神仙,而亚里士多德不过是人间的'教师'(或导师)……阿尔法拉比如此自称,摆明了就是在柏拉图面前真诚的谦卑和由衷的景仰。"① 与此同时,阿尔法拉比还将柏拉图梦寐以求的政治理想——"哲人—国君—政治家—立法者"转化为伊斯兰世界的"伊玛目—哲学家—立法者",从而实现了柏拉图思想在阿拉伯世界的重生。除此之外,阿尔法拉比还对柏拉图的思想进行了一定程度的重组和改造,最终以哲人的"素王"地位(或哲人的秘密王权)取代了在城邦中实现公开统治的哲学王。这种"素王"是一种"研究者"角色,像一个不完美社会的成员那样过着普通的生活,却暗中努力在可能的限度内将不完美的社会变得更加完美。阿尔法拉比反对关于柏拉图思想任何形式的"主义"式(包括新柏拉图主义)概括,始终追随着柏拉图最初的思想理路,从而成为柏拉图哲学思想在伊斯兰世界的代言人。

  作为中世纪最博学最重要的犹太教律法学者,迈蒙尼德同样受惠于柏拉图的思想学说。迈蒙尼德的哲学思想是试图调和理性和信仰之间的冲突,让《圣经》中的"上帝创世论"和犹太教传统中的"先知论"协调起来,并使二者都成为哲学的理性研究对象,故其哲学不仅涵括了宗教性内容,还包含了理性主义内容。在迈蒙尼德的思想里,犹太教的信仰、启示与希腊哲学的基本概念、原理在理性主义分析和论证下产生了联结,从而体现了一种整体的统一性。其中,迈蒙尼德与柏拉图的观点存在诸多相似之处,例如都相信世界是永恒的,理想的立法者是哲人而非先知。这是哲学的立场而非《圣经》的立场,因

---

① 阿尔法拉比:《柏拉图的哲学》,程志敏译,华东师范大学出版社2006年版,第18—26页。

此也不是一个犹太教信徒的立场。"迈蒙尼德是真正自由的心灵……对他来说，至关重要的问题不是创世或世界永恒（因为他确信世界永恒），而是理想的立法者是否必然是先知。"① 在施特劳斯看来，作为犹太教最伟大的教师，也是最受人尊崇和极具权威的教师，迈蒙尼德却并非犹太教徒。因为要做哲人，他就要完全依据自身的理性，必须拒绝成为犹太教徒；因为犹太教徒依靠信仰，依据写在犹太传统所持有的圣书中的上帝启示，而哲学和神启是水火不容的②。神启建立起服从的传统，哲学则依托自由的心灵，而自由的心灵仅接受理性可以证明的真实。事实上，迈蒙尼德在犹太教教义作为神学意识形态占据绝对统治地位的现实背景下，将亚里士多德的著作与柏拉图的作品及新柏拉图主义著作进行了区分，并以注疏的方式借由显白和隐微教诲的形式规避了犹太教律法传统的迫害，对柏拉图思想做了极为精辟而富有创造性的转述，从而使其在犹太教社会中获得了新生。基于此，近现代犹太哲人柯亨（G. A. J. Cohen）提出了一个可供借鉴的观点，"迈蒙尼德表面上看起来像亚里士多德传人，骨子里却是柏拉图传人"③。正如迈蒙尼德在讨论"世界是恒在的还是被创造的"论题时，明确表示亚里士多德的观点"疑问较多且对应当持有的上帝信仰有害"④，故而接受了柏拉图关于世界是由工匠神塑造的学说，从而让读者信奉犹太宗教的创世观。经由二位哲人的重新解读、阐释、著述，柏拉图思想在阿拉伯世界获得了新生。

---

① ［美］施特劳斯等：《回归古典政治哲学：施特劳斯通信集》，朱雁冰等译，华夏出版社 2006 年版，第 265 页。
② ［加］朗佩特：《哲学与哲学之诗：施特劳斯、柏拉图、尼采》，刘旭、吴一笛译，华夏出版社 2021 年版，第 4 页。
③ 刘小枫：《施特劳斯的路标》，华夏出版社 2011 年版，第 192 页。
④ Maimonides Moses, *The Guide of the Perplexed*, Trans. Shlomo Pine, Chicago: The University of Chicago Press, 1963, p. 230.

第二节 柏拉图教育思想的国外研究

　　柏拉图的原著是古希腊文本，语言和表达颇为古奥艰涩，致使其思想在跨区域和跨文化的历史传播过程中受众和范围受限。及至1483—1484年，斐奇诺（M. Ficino）才编纂了最早的拉丁文版的柏拉图著作。1579年，斯特方（H. Stephanus）整理出版了希腊文版的柏拉图著作，并编订了分卷、页码和分栏（A、B、C、D、E），为各国沿用至今。① 直到1804年，英国古典学者泰勒（T. Taylor）最早翻译出版了全英译的5卷本《柏拉图全集》。至此，柏拉图思想的传播范围才变得更加广泛，也引起了诸多领域越来越多学者的关注和研究。随后，柏拉图著作的各种校订和译本也逐渐多了起来，如1871年乔伊特（B. Jowett）翻译出版了牛津版5卷本柏拉图著作，并在每篇对话前都添加了详细的引论、分析和提要，成为极为经典且广受认可的英译本。1899—1906年，英国哲学史家伯内特（J. Burnet）校订出版了牛津6卷本《柏拉图著作集》，是迄今为止公认的较好的希腊文版。1911年，卡里（B. Cary）和戴维斯（Davis）等人翻译出版了6卷本的英文《柏拉图著作集》。1960年，亚当斯（James Adams）的《理想国》校勘本得以出版，丰富的脚注和解释可以帮助读者更深入地理解柏拉图著作原文的意义。1963年，汉密尔顿（H. Hamilton）和亨廷顿·凯恩斯（Huntington Cairns）出版了《柏拉图对话全集》，并附有比较完整的参考索引等。1968年，布鲁姆（Allan Bloom）翻译出版了《理想国》的英译本，自称依循施特劳斯的解释学理路，忠实地译介柏拉图原著的

---

　　① 斯特方给柏拉图著作编订的分卷、页码和分栏（A、B、C、D、E），又被称为"斯特方码"（Stephanus Pagination）。因其操作简易，便于检索，后为各国学者广泛采用。如《理想国》415A，即斯特方版本第415页A栏。笔者亦采用斯特方码随文标注引用。

含义，且英译本后面的疏解部分很适合普通读者。① 2000年，格里菲斯（Tom Griffith）翻译出版了《理想国》的英译本，主要立足于分析哲学方法，虽然改译之处颇多，但梳清了文中的重要概念和核心观点。2003年，斯灵斯（S. R. Slings）的《理想国》古希腊文校勘本出版，并入选了"牛津古典文本"；次年，里夫（C. D. C. Reeve）根据斯灵斯古希腊文校勘本翻译出版了《理想国》的英译本。除此之外，柏拉图的著作还被译为法文、德文、意大利文、西班牙文等，这里不再赘述。学者对柏拉图著作的多语言译介为后续的研究奠定了良好的基础，也间接让其他理论研究成果得以涌现出来。笔者将主要追踪、发掘、整理当前英美学界关于柏拉图教育思想的最新成果，兼及法德学界的研究成果，以便呈现出最新的研究动向。

一　柏拉图的道德教育思想研究

因为柏拉图关注的核心问题是"人类生活面对的根本困难"或"人如何正义的生活"，所以国外研究者几乎不约而同地思考并激活了其著作中蕴含的道德及德育思想。在柏拉图的文本话语中，人之德性具有极高的地位，与灵魂、心灵和理念相连。尽管柏拉图关于德性的看法与现行道德观念和德育思想差异甚大，但其思想依旧能提供某种源头性的真实和方向性的引领，因而引起了相关学者的长期关注。

其一，柏拉图德育思想的忠实解读。柏拉图的德育思想是近现代德育思想的主要渊薮，亦涵纳了对道德和德育本质的讨论。因此，有学者着力于循着柏拉图德育思想的理路行进，以此来反观当前的德育现实问题，从而获致某种启示或镜鉴。美国学者潘戈（T. L. Pangle）

---

① ［美］布鲁姆：《人应该如何生活——柏拉图〈王制〉释义》，刘晨光译，华夏出版社2009年版。

以柏拉图的《法义》（即《法律篇》）为切入点解读了美德与法律、音乐之间的关系。首先，他指出《法义》的整部对话都致力于探究美德问题，然后忠实地追随柏拉图的思想理路，指出"好的法律可以作为实现幸福和美德的方式……立法者应当遵从美德的层次秩序，并将之传递给公民们从而引导他们获得美德发展"①。同时，潘戈也认为《法义》是对《王制》（即《理想国》）中不完整教诲的重要修正。尽管潘戈教授给予《法义》极高的评价，但他在著作的结尾还是忍不住指出，"城邦不可能哲学化；它只能敬仰一种不完整的、残缺的哲学形式。法律只是'意图成为对实在的发现'。没有任何法律，没有任何政治秩序，配得上最伟大人类灵魂的完全尊重或忠诚"②。莫宁赛德学院的瑞德（H. L. Reid）重新提起了一个有意思的传统话题，也是柏拉图在《理想国》中坚持的观点："体育可以而且应该是道德教育的一种形式。"③ 在《理想国》中，体育服务于个人的身体素质、崇高美德、智力成就与政治和谐等教育目标。尽管柏拉图所处的历史现实和建构的理想城邦与今天的教育境况相去甚远，但瑞德依旧相信理解二者之间的古今对比及相似之处可以启发当代教育者，以实现体育可以作为道德教育重要途径的理念。显然，随着时移世易与观念流变，学者们在追索解读柏拉图德育思想时产生了不同的观点，但还是获得了某些观念性的滋养。

其二，柏拉图德育思想的比较分析。笔者对古今教育学家的思想进行对比，既可以发现教育思想的演进脉络，也可以在一定程度上对

---

① ［美］潘戈：《政制与美德——柏拉图〈法义〉疏解》，朱颖、周尚君译，华夏出版社2011年版，第15—16页。
② ［美］潘戈：《政制与美德——柏拉图〈法义〉疏解》，朱颖、周尚君译，华夏出版社2011年版，第151—152页。
③ Heather L. Reid, "Sport and Moral Education in Plato's Republic", *Journal of the Philosophy of Sport*, Vol. 34, No. 2, 2007.

之进行适切性评价。因此,诸多学者在教育学家思想的比较研究方面做出了卓越的努力。美国国家人文科学研究所的莱恩斯教授(P. M. Lines)以父母在教育活动中的角色为引子,分析了柏拉图与卢梭道德教育思想存在的异同之处。莱恩斯认为,"在许多方面,这两个思想家坐在光谱的两端。柏拉图的理想是希望超越基本的情感到达理性的最高境界,因而设想了一个由强大贵族统治的国家,而他的德育观念也是为了培育出具有严格纪律的公民。卢梭则呼吁建立彰显个人自由的民主国家,于是自由和平等成了公民的首要德性"。尽管二者关于公民德性和道德教育的观念存在巨大差异,但柏拉图和卢梭都建构了宏大的教育计划,"就方式而言,他们都将教育的责任从家庭移交给一个经过精心设计的社会系统,并采取了激进的措施来进行审查和全程监控。就结果而言,他们都认为教育应该获得某种形式的极权政府的支持"①。当然,莱恩斯教授也对之进行了解释,指出柏拉图和卢梭都提供了有限的美德观,即理解并懂得如何鼓励正确的美德;他们都相信存在一个智慧的统治者或导师,可以适当地教导其他人。这种确信性和理想性的"人"知道自己在做什么,自然也就不需要留机会或自由选择权给别人。然而,柏拉图和卢梭的出发点虽然是好的,但其所做的教育设计附带着现实危险,即人们可能会错过一些对公民的幸福至关重要的东西,甚至可能是对社会生存至关重要的东西。在20世纪后半叶,科尔伯格(L. Kohlberg)的道德认知发展阶段理论在教育领域产生了巨大影响。科尔伯格从自身的理论出发,先是非难了亚里士多德的德育思想,并以"美德袋"为靶子指责其无效且值得怀疑;随后又指出柏拉图的德育方法免除了做善行所需要的练习,而专注于帮助学生学习好的知识(正义)是什么、什

---

① Patricia M. Lines, "Shackling the Imagination: Education for Virtue in Plato and Rousseau", *Humanitas*, Vol. 22, No. 2, 2009.

么时候可以实现，从而保证他们会选择好的。① 遗憾的是，柏拉图虽然区分了道德意见、信念和理念，却并未区分学生道德认知发展的阶段性、层次性，所以难以实现良好的教育效果。为了让学生知道什么是"好"，科尔伯格认为只需要向儿童提问关于"好"的问题，即对美德的教导是提出问题、指明方向，而不是给出答案。与此相反，乔纳斯教授（M. E. Jonas）指出柏拉图的德育理论在当代学校道德教育中可以给教育工作者希望。"即使身上具有最顽固的不良习惯，学生也有改变自己生活道德的潜力，而所需要的是教师成功地引导这些学生通过对话来实现良好的道德顿悟。一旦学生获得了顿悟，教师可以帮助他们开启习惯化的过程。当然，这一切都是说起来容易而做起来很难，因此我们应该保持阅读柏拉图著作的习惯，以便洞察到如何引导学生获致道德顿悟。"②

其三，柏拉图德育思想的当代价值。关于柏拉图教育思想的理解、评价以及在当代教育生活中价值如何等问题的争论一直都存在，并扩散到了德育研究领域，但很多争论是建立在误解柏拉图教育思想的基础之上的。惠顿学院的教育学研究者乔纳斯教授（M. E. Jonas）经过梳理发现，当前学者们普遍对柏拉图的德育思想持有三大误解，而这些误解也限制了其思想在教育活动中的合理应用。首先，柏拉图是一个理智主义者，但只关心个体的道德认知发展，而没有充分认识个体在道德情感和意志方面的发展；其次，柏拉图是一个精英主义者，认为只有哲学王才能获得真正的美德知识，从而实现统治社会的目的；最后，柏拉图是一个形而上学者，他认为个体若想获得美德必

---

① Lawrence Kohlberg, "The Case for Moral Education in Public Schools is Based on Democracy and Knowledge of Human Development", *Educational Leadership*, Vol. 38, No. 1, 1980.

② Mark E. Jonas, "Plato's Anti–Kohlbergian Program for Moral Education", *Journal of Philosophy of Education*, Vol. 50, No. 2, 2016.

须进行"形式"方面的思考。与这些误解相反，乔纳斯教授则认为，"柏拉图提出的回忆说、哲学王、古怪的神话等，并非思想太偏激或是直接忽视了道德教育，而是因为使用这些内容有可能更好地促进学生思考道德。这些内容也许会让受教育者陷入混淆、激动甚至是疯狂的困境，但如果学生能获得正确的理解，那么他们可以被激发而获得美德"①。因此，我们将柏拉图视为一个德育思想家，这有可能深化和拓展关于柏拉图德性伦理和道德教育的理论认识，而研究者理应重新对其德育思想进行深入的考察。新奥尔良大学的苏普南特博士（C. W. Surprenant）则发现，柏拉图在《理想国》中指出体操教育是使灵魂转向成为可能的必要条件。为了说明这个问题，柏拉图将体操教育和羊毛染色之间进行了类比，认为其具有可以克服快乐或害怕等欲望的褪色能力。（430A—B）② 沿着柏拉图的思想理路，苏普南特又考察了亚里士多德、康德等思想家的道德教育理论，指出柏拉图的关于德性的观点适用于任何道德理论，即将美德视为一种能够培养自制能力，并具有压抑身体欲望的基本特征。"体育训练让身体服从意志，通过克服非道德情境中的痛苦和不适，使一个人准备好在道德情境中做出适当的反应。换言之，尽管参加体育活动不能使人变得善良，但它会让身体和意志对自发的冲动变得无动于衷，而这正是道德教育活动的必要组成部分。"③ 以是观之，柏拉图的德育理论在当代学校教育活动中依旧具有可资运用的现实价值。

---

① Mark E. Jonas, "Plato's Anti–Kohlbergian Program for Moral Education", *Journal of Philosophy of Education*, Vol. 50, No. 2, 2016.

② 目前，关于"Πολιτεια"（Politeia）的翻译有多种，如《理想国》《国家篇》《治国篇》《王制》《政制》等。因本书主要参考流传较广、认可度较高的郭斌和、张竹明先生的译本，故而使用"理想国"的译法。为简化参考文献，后面引用的《理想国》译文仅随文标注斯特方码，不再另行添加脚注。

③ Chris W. Suprenant, "Physical Education as a Prerequisite for the Possibility of Human Virtue", *Educational Philosophy and Theory*, Vol. 46, No. 5, 2014.

二 柏拉图的公民教育思想研究

公民教育是西方教育学界和哲学界经久不衰的讨论话题,一直吸引着众多学者投入其中并付诸极大热情。柏拉图作为最早建构出公民教育体系的教育学家,其公民教育思想及至现代依旧闪烁着光辉,也引起了教育学者的持续关注,从而催生出众多颇有分量的研究成果。

其一,柏拉图公民教育的内容。公民教育向学生传递哪些教育内容在某种程度上决定了将其培养成何种公民,因而一直是教育学者关注的焦点。大多数学者认为柏拉图公民教育的内容大致可分为两个方面:一方面,相对抽象层面的意志锻炼和习惯养成。剑桥大学古典学研究者普劳谢洛(L. Prauscello)试图从柏拉图的著作中寻找关于公民教育内容的答案,在对《法义》进行解读过程中发掘出了特殊的内容——意志训练是公民教育的主要内容。"公民身份携带着政治、伦理和审美实践等层面的多重含义。柏拉图反思公民概念时发现其植根于心理层面的感觉和意志,而后者是每个公民都要经由终身训练才能达到的主要目标。"更重要的是,普劳谢洛还指出,"在《法义》描绘的城邦中,公民美德作为一种激励资源,不完全是普通公民所能达到的,而是在于教育体系的认可……于是,内在地服从法律和成为整个政体及教育体系承认的'完美公民'成了所有人必须遵守的一种意识形态"①。显然,柏拉图的公民教育内容包括可遇而不可求的意志训练、德性理念。在这种情况下,城邦公民的很多行为会异化为表演,以获得强烈的公民身份认同感。与之相关,克里斯托弗·纽波特大学的学者古实(B. E. Cusher)则从相对正面的角度阐释了《法义》。"《法义》不仅是政治思想史上最彻底的法治辩护,也包含了关

---

① Lucia Prauscello, *Performing Citizenship in Plato's Laws* (Preface and Acknowledgements), Cambridge: Cambridge University Press, 2014, p. 7.

于稳定的法治如何运转的教学活动。"① 古实在分析了《法义》中三个相关主题——良好习惯对法治的影响、习惯在政治教育中的作用、娱乐活动在公民教育中的运用之后,还指出柏拉图关于公民教育内容的设想有利于加强公民之间、公民与政府之间的纽带。另一方面,相对具象层面的舞蹈和戏剧教育。纽约城市大学的霍尔教授(J. M. Hall)独辟蹊径,利用现象学方法解读了《法义》,指出舞蹈教育是柏拉图公民教育思想的核心内容。"舞蹈教育是理想城邦基础教育最重要的组成部分,所以柏拉图将之几乎等同于教育本身。"舞蹈教育之所以能成为公民教育的主要组成部分,还有更为深刻的原因,即可以促进公民的身心和谐。"舞蹈对个体而言具有精神导向和物理导向的作用,可以促进公民追求美德,从而实现更大程度的身心整合,这反过来又有助于维持城邦的稳定。因为公民处于身心和谐的状态,将会更少表现出破坏性和不稳定的行为,而产生冲突行为的内在动因正是因为身心的分离或不协调。"② 纽约州立大学的布兰肯希普(J. D. Blankenship)则认为,柏拉图将音乐和戏剧纳入城邦公民教育之中,是为了直接作用于民众的欲望和灵魂,以实现对欲望的引导和灵魂的净化。③ 经过多位学者的分析和解读,我们会发现柏拉图设想的公民教育内容种类繁多、名目多样,可以为当前略显窄化的公民教育注入新的要素。

其二,柏拉图公民教育的方式。我们对现实生活中的公民教育往往抱有过高的期望,如崇高的教育目的、真实的教育内容、诚实的教

---

① Brent Edwin Cusher, "How Does Law Rule? Plato on Habit, Political Education, and Legislation", *The Journal of Politics*, Vol. 76, No. 4, 2014.

② Joshua M. Hall, "Positure in Plato's Laws: An Introduction to Figuration on Civic Education", *Journal of Social Science Education*, Vol. 15, No. 4, 2016.

③ J. David Blankenship, "Education and the Arts in Plato's Republic", *Journal of Education*, Vol. 178, No. 3, 1996.

育方法等，然而在公民教育实践中可能并非如此。北伊利诺伊大学的克利·伯奇（K. Burch）从批判的角度出发，揭示了美国公民教育出现的困境，即"在'官方谎言'的挟制下，公民教育正通过学校课堂内外的各种实践来进行"。这意味着学生正在接受着虚假的公民教育，无法借此成为合格的社会公民，而是成为缺乏甄别善恶能力的国家附庸者。因此，克利·伯奇希望将柏拉图提出的"高贵的谎言"转化为一种教学方式或教育主题，用来刺激学生生成可以识别公民教育实践中虚假成分的分析能力，包括战争的合法化论证、反民主观念的国家身份等。尽管柏拉图设计的高贵谎言是为了应用于理想城邦之中，但克利·伯奇认为其可以被用于民主社会的公民教育实践，以化解教育实践中的虚假要素，因为它有助于提高公民鉴别真假问题的洞察能力。学生必须学会识别并评判公民教育传递的历史或公民神话，从而真正认识到什么是好的、真实的和值得捍卫的，而与之相对的是虚假的、具有欺骗性的、值得否认或谴责的。"高贵的谎言可以让学生有意识地注意到公民身份的深层意识形态维度……这种概念被运用到公民教育中会引发非常类似的关键过程，即学生被鼓励去辩论、判断，并在众多所谓的真理中进行抉择。"① 由此可见，柏拉图提倡的公民教育方式在现行学校公民教育实践中依然是值得应用的。除此之外，阿芒德·丹古尔（A. D'angour）还指出，柏拉图极为重视运用游戏的方式开展公民教育，包括文字游戏、仪式和音乐等，并认为这是更好的公民教育方式，因为"孩子是将玩耍作为长大成人的重要方式，在玩耍过程中可以对社会目标进行适当的调节"②。同时，阿芒德·丹古尔还发现柏

---

① Kerry Burch, "Plato's Myth of the Noble Lie and the Predicaments of American Civic Education", *Studies in Philosophy and Education*, Vol. 26, No. 2, 2007.

② Armand D'angour, "Plato and Play Taking Education Seriously in Ancient Greece", *American Journal of Play*, Vol. 5, No. 3, 2013.

拉图对待戏剧的心态也颇为矛盾，一方面认为戏剧是影响公民成长的重要方式，另一方面倾向于认为戏剧会让公民变得非理性，产生道德问题，例如放弃理性对欲望的监管。可以说，对于现行公民教育经常运用的知识传递、行为实践等形式而言，柏拉图提倡的游戏、辩论、仪式、音乐和戏剧等公民教育方式是一种有效的补充。

三 柏拉图的教育哲学思想研究

在古希腊时期，哲学和教育是合一的概念，而哲人也扮演着教师的角色。在柏拉图思想中，哲人承载着两种责任——探索真理和传递真理。同时，柏拉图在继承苏格拉底思想的基础上，正式建构了系统的教育哲学思想，并经由柏拉图学园派和柏拉图主义者的发展对后世产生了极为深远的影响。因此，众多研究者对柏拉图的教育哲学思想倾注了大量的精力和热情，以期对之形成最本源的认识。

其一，洞穴隐喻与教育哲学。洞穴隐喻出现在《理想国》第七卷的卷首部分，而按照柏拉图的说法，这是为了比较"受过教育的人与没受过教育的人的本质"（514A）。显然，洞穴隐喻携带着丰富的教育哲学思想。因此，诸多学者将之视为教育哲学思想的典型，对其进行了深入的挖掘。北加勒比大学的布伦南（A. M. Brennen）遵循柏拉图著作的原意，认为"洞穴隐喻代表了柏拉图的知识论。在这个寓言中，柏拉图描述了人类的心灵是如何获得知识的，并指出了知识是由什么组成的。同时，他还指出存在两个世界：洞穴内的阴影世界和洞穴外的明亮世界"[①]。柏拉图认为，教育的作用是引导人们走出阴暗的洞穴，进入光明的世界。这意味着教育实际上是一个转向的问题，而这种转向对于普通人而言并非易事。随之，布伦南掀开了柏拉图在洞穴隐喻

---

① Annick M. Brennen, *Philosophy of Education*, Mandeville: The Northern Caribbean University Press, 1999, p. 8.

中试图遮掩的真实寓意："柏拉图的隐喻提出了一个精英教育的理念"，而历史已经证明了这种制度设计及其产生的不平等和灾难性后果。例如，中世纪欧洲的预备学校拒绝教化民众，使人民愚昧无知，从而让他们听任统治者的摆布。于是，一些极权主义、独裁统治和任何其他限制个人自由的政府就持有了这种受限制的教育观念。布伦南直言，柏拉图的教育哲学思想是对每个公民权利的剥夺，即使统治者充分了解民众的潜能，也是对公民发展和宗教自由的否定。夏威夷大学的埃里克森（D. P. Ericson）则越过柏拉图教育思想中的种种危险，希望从中获致对当代社会教育有用的资源。埃里克森从苏格拉底的"牛虻"形象入手，认为苏格拉底通过诘问法关心民众的灵魂、治疗城邦的疾病，进而指出"柏拉图的洞穴隐喻阐释了如何解决苏格拉底在实践中发现的人类错误、幻觉和困惑，从而让城邦民众获得身心的解脱，而这种解放的助产士正是哲学"。即使在当代社会，人们依旧无法避免遭遇各种虚假的意见、诱人的信念和迷人的幻觉。可见，柏拉图式的教育哲学家仍然非常重要，可以在培养学生追寻真理时扮演哲学顾问的角色。当然，埃里克森也指出当前的教育哲学家与柏拉图并不相同，"我们可能会像古代的诡辩家那样收取学生的费用"①。

其二，教育哲学的其他概念。当代教育哲学是具有方法论基础的学科，而柏拉图的教育哲学思想则指向形而上的超越性理念。正因为二者之间存在极大差异，导致我们在理解柏拉图的教育哲学思想时存在很大障碍。罗德岛大学的罗斯教授（A. D. Roth）独辟蹊径，从写作方式的角度来探究柏拉图的教育哲学思想。② "写作是柏拉图哲学

---

① David P. Ericson, "In Plato's Cave: Philosophical Counseling and Philosophers of Education", *Philosophy of Education*, Vol. 42, No. 1, 2000.

② 很多学者注意到柏拉图独特的写作方式，如列奥·施特劳斯、迈克尔·S. 科钦、艾伦·布鲁姆、劳伦斯·朗佩特、约翰·彼得曼、刘小枫等。参见 John Peterman, *On Plato*, Boston: Cengage Learning, 2000, pp. 1 – 11.

思想的一个重要组成部分，是生成文本与读者之间哲学关系的一种方式。"换言之，柏拉图的思想不完全附着于哲学家和谈话者的对话内容之中，而更多寄望于借助这种写作方式对读者产生戏剧性的影响。"哲人的技艺是一种引诱，一种对你的引诱，旨在使你迷上他本人和他的思想。哲人的技艺传达给你的隐微内容，是他赠予你的一份礼物，因你是他的专属读者。"①与以往理解柏拉图哲学思想的观念不同，写作方式不再被认为是一种记录思想的手段，而是作为一种激发读者进入哲学探索的方式。于是，"读者在阅读柏拉图著作过程中能促使自身的灵魂最终转向神，或构成自身向神性转变的倾向；文本的写作方式指引读者进入哲学探究的过程，并指导他们找到这些发现的意义和快乐"②。按照这种理解思路，柏拉图教育哲学思想的背后意义得到了关注，内涵也得到了极大扩充。西班牙纳瓦拉大学的学者兰达祖里（M. C. Landazuri）以自我认知发展为主线，通过贯串《卡尔米德》《阿尔基比亚德》《斐多》《理想国》等著作，深入解读了柏拉图的教育哲学思想。在柏拉图教育哲学思想中，"自我认知是生活中的一个实际任务，自我认知是一种回忆的练习，自我认知是个体在内在的思想沉思（美、正义、善良）和现实的实践活动之间进行的转换"③。在兰达祖里看来，柏拉图构建的理想城邦中自我认知也是个体靠近善美、发现真理的关键。当然，柏拉图教育哲学思想中自我认知的关键不在于自我理解的思辨行为，而在于自我发现与世界的关系，以及其他真正有价值的东西。最后，兰达祖里还提醒我们注意，自知

---

① ［加］朗佩特：《哲学与哲学之诗：施特劳斯、柏拉图、尼采》，刘旭、吴一笛译，华夏出版社2021年版，第1页。

② Adam David Roth, "Plato's Written Conception of Philosophy and Education", *Journal of Philosophy and History of Education*, Vol. 60, No. 7, 2010.

③ Manuel C. Ortiz DE Landazuri, "The Development of Self-Knowledge in Plato's Philosophy", *LOGOS*, Vol. 48, No. 1, 2015.

之明既是一种沉思的问题，也是一种实践的问题。我们之所以可以认识自己，是因为我们在生活中引入了一种实用的秩序，让人有了沉思的空间。

四 柏拉图的体育思想研究

现在人们对于体育活动的认知是有助于提高参与者的身体机能，而非促进个体的精神发展。区别于现行的体育观念，柏拉图对体育（体操）的功能极为重视，并将之视为促进人身体和灵魂和谐发展的重要基础，即健康的灵魂寓于健康的身体之中。然而，我们在当前流行的体育理论中已经很难看到柏拉图的体育思想。那么柏拉图的体育思想究竟包含哪些内容，是否对今天的体育发展有借鉴价值，这已经引起了很多学者的关注和探索。

其一，体育思想的源头。体育思想究竟是从什么时候生成、发展并影响后世的，这个问题很难得出定论。加拿大西安大略大学费尔斯教授（J. R. Fairs）认为，柏拉图的体育思想影响了整个西方体育文化的发展进程。"西方文化对体育的认识和身体取向的看法来自于两种对立的古希腊体育思想。"[①] 这种矛盾性在柏拉图的体育思想中体现得最为明显，因为他赞同两种相互排斥的宗教和哲学思想。"一种是超自然主义，与柏拉图的理性主义哲学和后来的宗教信仰相一致；另一种是自然主义，与柏拉图的现实主义哲学和传统的希腊宗教相一致。"[②] 于是，在柏拉图体育思想中出现了两种截然相反的身体观念：理性主义身体观强调禁止身体表达相关的欲望，而现实主义身体观则主张人的身体趋向于自然，在人的最高理性指导下认可身体对自然冲

---

① John R. Fairs, "The Influence of Plato and Platonism on the Development of Physical Education in Western Culture", *Quest*, Vol. 11, No. 1, 1968.

② James K. Feiljleman, *Religious Platonism*, London: Allen & Unwin, 1959, p. 67.

动的表达。遗憾的是，柏拉图的理性主义成为柏拉图式的思想传统，尤其是在新柏拉图主义传统的支配下西方文化在中世纪呈现出脱离现实的身体发展取向，包括否定身体的正常欲望、禁止身体的合理表达。这种扭曲的身体价值取向凸显了柏拉图思想对体育问题的一种偏见性理解。当西方近代文化通过"全人"的角度来重新审视体育时，将致力于否定身体的柏拉图身体观揭露出来。人们开始认识到，在这种哲学传统中身体被认为是罪恶、邪恶和堕落的根源，而身体对自然冲动的表达也不可避免地被限制和否定，这意味着身体会被嘲笑、贬低、蔑视甚至忽视。联合国教科文组织总干事勒内·马厄（R. Maheu）总结了身体观的历史发展过程，并提出了发人深省的问题："在我们的哲学、艺术、文学和文化中，身体的地位究竟是什么？人的身体变成了一种不敢讨论的东西。每个人都想努力摆脱身体的束缚，想要将对身体欲求的关注减少到最低限度，因为它通常表现为罪恶、激情、疾病、错误和软弱。"[1] 显然，在两千多年的西方历史文化发展进程中人的身体一直被忽视，而柏拉图作为形而上学二元论的开启者，成为影响体育发展的决定性因素，也成为否定身体的西方文化的象征。

其二，何谓良好的体育。在柏拉图看来，良好的体育既可以对参与者的身体进行锻炼，也有助于其精神的和谐发展。正因为体育对人的发展如此重要，柏拉图在论及体育时投入了大量的笔墨。斯洛文尼亚的研究者皮斯克（Jernej Pisk）直接挑明了问题：什么是好的体育运动？他在分析柏拉图的体育思想后指出，体育运动源于人类活动，并按照柏拉图的思路将体育运动分为三个层次。其中，体育的最低层次即一个层次相当于灵魂的第一部分——欲望的灵魂，体育运动的基础

---

[1] Rene Maheu, "Sport and Culture", *International Journal of Adult and Youth Education*, Vol. 14, No. 1, 1962.

是为了在比赛中获得物质性奖励。从哲学角度来看，这是最不可能达到体育的善的层次。体育的第二个层次相当于灵魂的第二部分——情感的灵魂，体育运动建立在原始竞争的基础之上，追求的是胜利的荣誉和荣耀。体育的第三个层次对应着灵魂最卓越的第三部分——理性的灵魂，体育运动追求的是灵魂的优异和卓越，是为了实现个体精神的完满。此时，体育参与者与其他选手的竞争已经不再重要，因为他们致力于对运动过程的完美执行，即达到理性（灵魂）与身体的完美结合。所以，体育运动最重要的是竞争和战胜自己，而这是每个人都可以去做的，不用考虑自身的身体素质。显然，与灵魂的第三部分相对应的体育运动是最好的，是接近于善的，也是最值得追求的。"在柏拉图看来，良好的体育是一种运动，它指向于自我的实现，一直到理想的状态。这样的运动能给人类带来真正的满足——合理的存在。"① 其实，这个层次的运动实质上是从哲学领域出发的，而不是由时间和空间的物理维度决定的。正如柏拉图所指出的那样，真正的好运动超越了现实的界限。"在这种方式下，体育超越了物质世界，触及了思想的永恒和恒存的世界。"② 因此，在柏拉图思想中体育可以成为人对世界进行哲学研究的有用手段。丹尼尔（M－F. Daniel）和伯格曼（Bergman）则倒转了皮斯克的思路——体育运动是进行哲学活动的工具，认为对哲学的理解是进行体育的前提。"哲学在磨砺批判性思维工具，激发自我反省，帮助解决专业问题，为更好地理解体育活动，提升体育事业的发展水平等方面发挥着重要作用。"③ 西密歇根大学的学者麦克法兰（A. J. McFarland）和麦克丹尼尔（R. L. McDaniel）

---

① Jernej Pisk, "What is Good Sport: Plato's View", *Acta Univ. Palacki*, Vol. 36, No. 2, 2006.
② Jernej Pisk, "What is Good Sport: Plato's View", *Acta Univ. Palacki*, Vol. 36, No. 2, 2006.
③ Daniel Marie－France, Bergman－Drewe Sheryle, "Higher－Order Thinking, Philosophy and Teacher Education in Physical Education", *Quest*, Vol. 50, No. 1, 1998.

则持有更加积极的观点,认为"柏拉图是理性的、智慧的哲人,把体育的重要性提高到了比现代哲学家和教育家还要重要的高度。柏拉图认为哲学为教育的所有方面都奠定基础,并将体育定位为可以发展公民终身自我指导能力的活动,不论男女;还强调体育活动可以刺激和促进个体智力的增长。可以说,柏拉图既是一个哲学家,也是实施体育的支持者"。①

我们可以发现在柏拉图的教育思想中体育活动占据极为重要的地位,远比在现代教育中的地位更加重要。它既可以作用于人的身体,也能够作用于人的灵魂,还可以为人从事哲学研究奠定基础。正如柏拉图在理想城邦中培养哲学王时,首先论述的正是对之进行严格的体操训练。相对于当前狭隘地重视体育对人身体的作用,柏拉图致力于推进人之身心和谐发展的体育思想给我们提供了另外一种思路。

五 柏拉图的思想现实性研究

《理想国》与其说是一部政治哲学著作,毋宁说是一部教育学经典。柏拉图在书中对理想城邦的教育体系进行了系统的设计和详尽的论证,包括教育目的、内容、方法、途径以及教育的阶段性、受教育对象的范围等。然而,这种教育体系是否能够在现实情境中实施,是否可以真正促进儿童的发展,引起诸多学者展开了长久争论,迄今未休。

其一,教育设计的理想色彩。柏拉图虽然从现实城邦和哲人(教育者)境遇出发来阐述教育思想,但其规划的教育体系带有明显的理想主义色彩,尤其是在《理想国》之中。塔尔萨大学的明茨·阿维(Mintz Avi)指出,很多学者认为"在《理想国》中柏拉图提出了全面

---

① Allison J. McFarland, Rhonda L. McDaniel, "Would You Hire Plato to Teach Physical Education at Your School?", *Physical Educator*, Vol. 59, No. 1, 2002.

教育的重要性，却对生产者阶层是否有资格接受教育抱着模棱两可的态度，甚至隐含着将其排斥在教育体系之外的态度"。他们既不赞同柏拉图为城邦设计教育体系的立场，也不支持让所有阶层儿童一起接受完全相同的教育的理念。"柏拉图对《理想国》中第三类受教育者的处理方式是对读者的一种挑衅——也就是说有理由相信，柏拉图可能有意将读者吸引到一个公正社会的形成过程中并参与普通教育的探究。"① 在明茨·阿维看来，柏拉图教育思想的理想色彩是极为浓厚的，而且带有明显的探索性质。汉堡大学古典哲学家多罗西娅·弗雷德（D. Frede）在比较分析了《理想国》和《蒂迈欧》之后，认为"后者不是对前者的直接延续，而是改变了论调，尤其是在教育方面"。随后，弗雷德更加详细地指出，在《蒂迈欧》中柏拉图开始重视天文学、自然科学的作用，还修正了对数学的偏见：不是说数学对他而言不再重要，而是他不再局限于探讨理论层面的数学，转而致力于运用数学来解释世界的秩序。在此过程中，柏拉图的思想已经呈现出从理论到现实的转变倾向。从《蒂迈欧》再到《法义》，柏拉图思想的这种转变趋势变得更加明显。在《法义》中，柏拉图甚至并未预设城邦公民需要接受一套像《理想国》中那样严苛的教育及课程。"标准降低的原因是在理想城邦中不再需要哲学王，而城邦的统治者仅仅是法律的守护者。换言之，统治理想城邦的不再是精神的贵族，而是制定的法制，即城邦由法律统治。"② 显然，弗雷德认为从《理想国》到《蒂迈欧》再到《法义》，柏拉图的教育理想主义色彩在不断弱化，不断趋向于社会现实。拉克斯则持有相反的观点，认为"在《法义》

---

① Mintz Avi, "The Education of the Third Class in the Republic: Plato and the Locus Classicus of Formative Justice", *Teachers College Record*, Vol. 118, No. 10, 2016.

② ［德］多罗西娅·弗雷德：《柏拉图的〈蒂迈欧〉：宇宙论、理性与政治》，刘佳琪译，北京大学出版社2014年版，第40—47页。

中，理想与现实实践之间的差异，甚至比《王制》中还要巨大。这是因为，与《王制》不同，《法义》中的立法过程始终处于人性的支配之下，而在哲人的眼中，人性混晦暗淡"。既然理想城邦的立法过程由人性支配着，那么城邦的统治者——法律只不过是哲学王的变种而已。当然，拉克斯也肯定了柏拉图创设的立法乌托邦极具吸引力，尤其是对生活在法制社会的现代人而言。"倘若真有这样一个城邦，在其中，理性论证的力量竟然凌驾于强制性的律法之上，那么谁不愿生活在其中呢?"①

其二，教育体系的现实属性。柏拉图在《理想国》中构建了完备的教育体系，但是其现实属性一直饱受质疑。保罗·纳特罗普（P. Natorp）对柏拉图的哲学思想进行了康德式解读，使之获得了现代性色彩。他认为柏拉图的思想不是某种确定性的律法，而是关于事物性质和可能性的理论，尤其是一些解释性思想。它是对事物本源的探究，携带着不容置疑的超验理念。因此，在纳特罗普看来柏拉图的思想是一种先验理论，其形而上学亦是建立在此基础之上的，进而"拒绝了所谓的因果关系，认为理性和知识的客观性具有反现实的意义"②。于是，民众的生活意见成了某种低级的谬误，而真正的知识则远在意见之上，却无法直接为民众认识并指导现实生活，除非经由哲学王的转化。英属哥伦比亚大学的埃里克森（C. Erickson）也持有类似的观点。他指出"柏拉图提出了一个模型，即波普尔所说的'乌托邦式社会工程'，而这恰恰证明了柏拉图设想的荒谬和危险"。因为在这个社会工程中教育处于核心地位，致力于培养哲学王却忽视民众教育，完

---

① 拉克斯：《柏拉图的立法乌托邦》，王师译，载刘小枫、陈少明主编《柏拉图与天人政治》，华夏出版社 2009 年版，第 70 页。

② Vasilis Politis, "Anti–Realist Interpretations of Plato: Paul Natorp", *International Journal of Philosophical Studies*, Vol. 9, No. 1, 2001.

全是为城邦的意识形态服务的。埃里克森聚焦关注了柏拉图将理想城邦中的民众分为金银铜三个等级，类似于当代人穿着不同颜色的衣服，接受着不同的教育。"教育是为'正义之城'的公民而设计的。它们正如城市本身一样，只存在于文字之中。随着对话的继续，我们越来越清楚的是教育的目标受众并不纯粹是抽象的。"① 这种打破旧习的乌托邦，从某种意义上讲将是一个比现有的任何社会都更加诚实的社会。遗憾的是，无论是"正义之城"还是相关的教育体系，都缺乏明显的现实性。当然，埃里克森的口吻并未如卡尔·波普尔那般极端，反而极为温和地指出，"柏拉图的社会政治伦理体系（包括教育体系），留给极端主义、教条主义、狂热主义或现代恐怖主义的空间很少（如果有的话）"②。

六　柏拉图的思想价值性研究

柏拉图的思想对西方文化发展产生了深远影响，遍及哲学、法学、政治学、伦理学、心理学等领域。其中，他对教育学理论产生的影响尤为突出，不仅首次建构了完整的教育体系，还对教育目的、课程内容、教学方法等进行了深入探索，极大地推进了人们对教育问题的认识。然而，众多研究者对柏拉图教育思想价值的评估却一直存在争论，赞誉者捧之于至圣，鄙夷者踩之于足下，这意味着柏拉图教育思想的价值尚有待于进一步澄清。

其一，微观层面的评价。柏拉图在论述教育时观照到了儿童、女性等对象，并从阶段施教的角度设计了发展体系。有学者以此为切入

---

① Chris Erickson, "The Republic as Er Myth: Plato's Iconoclastic Utopianism", *Administrative Theory and Praxis*, Vol. 37, No. 2, 2015.

② Chris Erickson, "The Republic as Er Myth: Plato's Iconoclastic Utopianism", *Administrative Theory and Praxis*, Vol. 37, No. 2, 2015.

点，从微观层面对柏拉图教育思想的价值进行了评价。威斯康星大学麦迪逊分校的伯纳黛特·贝克（B. Baker）从优生和儿童培养的角度对柏拉图教育思想进行了分析，认为其涉及儿童部分的观点是值得着重注意的内容。"对比柏拉图式教育和近代化教育的概念，我们会重新燃起对优生和以孩子为中心的教育理念的兴趣。"伯纳黛特·贝克指出柏拉图式的乌托邦和宇宙观有某种内在的相似性，都依赖于年轻人表现出来的品质和德性，而这些都超出了对儿童本身的关注范畴。在柏拉图的理解中儿童扮演了一种角色——作为工具、问题和可能性，是通过新的教育安排可以在乌托邦中改造的东西。其中，《蒂迈欧》描述了宇宙的起源和柏拉图的儿童教育思想；《理想国》论述了通过改变家庭和教育重建城邦，强调了儿童教育的双重意义。柏拉图的教育思想看似将儿童置于中心，其实隐含着巨大的限制。一方面，"'权力'在柏拉图的宇宙论中表征着不平等关系，而在今天的语境中这种对儿童的不平等对待是无法想象的……儿童的'差异'以及扮演的角色被注意到，并被柏拉图充分地应用于城邦的重建过程之中"。另一方面，"柏拉图以灵魂中理性成分的多寡为标准对儿童进行划分，但理性没有理由必然存在于儿童的头脑之中"[①]。纽约州立大学布罗克波特学院的凯瑟琳·麦基恩（C. McKeen）则从女性主义视角出发，指出柏拉图在《理想国》中关于女性教育的认识是存在问题的。"尽管柏拉图自信地保证了女人和男性将'以各种方式分享一切'，包括在理想城邦中占据统治地位和参与军事活动。然而，柏拉图依旧断言女性在所有追求中都比男性更弱。"[②] 在凯瑟琳·麦基恩看来，女性在柏拉图思想中的地

---

① Bernadette Baker, "Plato's Child and the Limit – Points of Educational Theories", *Studies in Philosophy and Education*, Vol. 22, No. 6, 2003.

② Catherine McKeen, "Why Women Must Guard and Rule in Plato's Kallipolis", *Pacific Philosophical Quarterly*, Vol. 87, No. 4, 2006.

位是不容乐观的。"出于优生的原因,柏拉图要求确定女性的统治地位、培育女性的自然能力,但他没有要求(甚至允许)女性从男性那里获得同等的尊重。因此,对于柏拉图视域中的女性而言,这场胜利无疑是喜忧参半的。"① 由此可见,当前学者通过微观层面的分析,关注了柏拉图关于儿童教育、妇女教育方面的观点,但对其教育思想的价值多持有较为负面的评价。

其二,宏观层面的评价。柏拉图的著作宏丰,思想涉及的领域极广,且植根于特定的城邦生活和文化形态之中。这意味着学者们对柏拉图思想的价值进行适切的总体性评价,显然并非简易之事。然而,为了让人们可以对柏拉图思想形成合理的认识,这种评价工作又显得尤为迫切而必要。美国哲学家汉娜·阿伦特(H. Arendt)对柏拉图的核心构想——理想国进行了激烈的批判。"柏拉图以乌托邦式的、体现在哲学王身上的理性来统治,来应对城邦现实……虽然这一点对西方哲学传统造成的关键影响不亚于它对西方政治传统的影响,但他的出发点却完全是政治性的。柏拉图的哲学王和希腊暴君之间存在致命的相似性,而理性和统治相结合对哲学也存在危险。"② 于是,在理想城邦中教育(或者说服)的功用异化为所谓的合理性强制,而非一种积极的引导或思想的解放。沿着汉娜·阿伦特的思想理路,阿本苏(M. Abensour)同样指出,"事实上,阿伦特意识到必须拒绝柏拉图设计的政治能力模型,以便更好地认识到所有人的内在政治能力;她的决心是反对哲学家的政府,即'哲人的政治统治'"③。因为在柏拉图

---

① Catherine McKeen, "Why Women Must Guard and Rule in Plato's Kallipolis", *Pacific Philosophical Quarterly*, Vol. 87, No. 4, 2006.

② [美]汉娜·阿伦特:《过去与未来之间》,王寅丽、张立立译,译林出版社2011年版,第101页。

③ Miguel Abensour, "Against the Sovereignty of Philosophy over Politics", *Social Research*, Vol. 74, No. 4, 2007.

的教育构想中，哲学王将人划分为不同等级再施以不同的教育，呈现出一种极权主义特征。在阿本苏看来，柏拉图教育思想的现实价值是极为可疑的。温尼伯大学的缪尔（J. R. Muir）也对柏拉图教育思想的价值进行了审慎的怀疑，并指出一直以来学者们在相关研究中存在三大误解。"第一个错误是将难以置信的教育理念和实践归咎于柏拉图；第二个错误是夸大了柏拉图教育思想在教育历史进程中产生的影响；第三个错误是忽略了（或不知道）柏拉图的朋友和伟大的竞争对手伊索克拉底对整个教育发展史的影响。"① 基于此三点，柏拉图教育思想的价值的确值得进一步商榷，而这也许是一种自维多利亚时代开启的误解。一旦柏拉图教育思想的理论意义和现实价值被彻底颠覆，那么教育学史就需要重新被解读、定义和建构。

第三节 柏拉图著作的百年译介

从历史的角度来看，国内对西方哲学思想的研究起步较晚，发展缓慢。当代哲学家贺麟先生曾不无遗憾地说道："西洋哲学之传播到中国来，实在太晚！中国哲学家缺乏先知先觉人士及早认识西洋哲学的真面目，批评地介绍到中国来，这使得中国的学术文化实在吃亏不小。"② 柏拉图作为西方哲学和教育源流中的代表性人物之一，其思想影响了西方学界两千余年，理应得到更多学者的关注并对之加以批判性吸收、融合。国内在较为晚近时期才开始接触到柏拉图的著作，从初始阶段散碎性的翻译到后来蓬勃发展为成规模的译介，逐渐产生了极为广泛的学术影响。学者们长期的翻译工作和译介成果让国人可以

---

① Jame R. Muir, "Overestimating Plato and Underestimating Isocrates: The Example of Thomas Jefferson", *Journal of Thought*, Vol. 49, No. 4, 2015.

② 贺麟：《当代中国哲学》，上海书店1945年版，第26页。

跨越语言的障碍较为清晰地了解柏拉图的思想,这在一定程度上也深化了人们对西方文化的认识。从柏拉图著作译介出版的时间来看,我们大致可以将其分为三个时期。

一 柏拉图著作的初始译介期

西方古典文化的译介和传播是一个渐进的过程,在历史进程中呈现出起伏的状态。在明末清初时期,耶稣会传教士曾在中国传教过程中译介过古希腊罗马知识,从梭伦、苏格拉底、亚里士多德到屋大维、托勒密以及其他古希腊罗马文化名人。① 此时,柏拉图和柏拉图主义思想,已点缀于主流的亚里士多德主义哲学和其他西方宗教译著中传入中国。1603 年,利玛窦在呈现给中国士人的《天主实义》中指明了通往天主的三条道路"原因—否定—卓越",其中"原因"与"否定"两条道路都可以直接溯源到柏拉图的著作《理想国》《会饮》。②

柏拉图之名在中国的首次出现,应是在高一志与中国学人合作完成、刊印于 1632 年的《童幼教育》一书中。全书可分为父母和教师的教育之道、童幼诸品格之培养、童幼在饮食和衣裳等方面的习惯之养成三个方面。"罢辣多,上古大贤也,尝谓天主之广泽、父母之养育、贤师之教习,三者必不可测,并不可报,岂不信哉?"③ 在此书中,作为"上古大贤""古学民宗"的"罢辣多"出场十多次,以其言行佐证了童幼教育之道。

19 世纪初期,诸多来华新教传教士为了实现"曲线传教"的目

---

① 利玛窦:《畸人十篇》,载朱维铮主编《利玛窦中文著译集》,复旦大学出版社 2001 年版。
② 谭杰:《柏拉图与柏拉图主义在晚明中国》,《现代哲学》2023 年第 3 期。
③ [意]高一志:《童幼教育今注》,[法]梅谦立编注,商务印书馆 2017 年版,第 166 页。

的,通过各种报纸(如《万国公报》《东西洋考每月统记传》等)、期刊(如《六合丛谈》等)、史学著作(如《希腊志略》《万国通鉴》《罗马志略》等)及考察报告(如《西学考略》等),向中国精英阶层引介古希腊文化知识,以图转变西方人士在中国精英阶层眼中的"蛮夷"形象,进而引发他们对基督教的兴趣和重视。① 1833年,英国伦敦会传教士麦都思(W. H. Medhurst)发表于报刊《东西洋考每月统记传》上的《东西史记和合》,是迄今为止发现的最早系统介绍西方历史发展进程的文章,但并未专文论及柏拉图的著作及思想。1857年,英国传教士艾约瑟(Joseph Edkins)在伟亚烈力主编的中文报刊《六合丛谈》上发表了《百拉多传》,首次将柏拉图的生平、著作及思想的基本面貌呈现于国人视野之中。文中不仅提到了柏拉图有著作十五种,还简要介绍了其中七种著作的名称和主题,包括非随、理西斯、哥尔加、伯达哥拉、非特卢斯、巴美尼代、格拉底罗等。"年二十,师事婆格拉底斯(苏格拉底),后自成性理一大家,所著书皆推明其师之意。时见国王劝以良法美意。国王不听,退而教授著书终老,年八十一卒。至今百拉多遗书皆在。其书十五种。"② 这是第一次有人将柏拉图学说介绍至中国,当然涉及的内容非常简略。19世纪70年代,美国传教士林乐知在《万国公报》上连续撰文引介古希腊罗马时期的历史和风俗。在《论欧洲女子古今地位》一文中,林乐知论述了古希腊女子低下的社会地位,"无论其貌之美与丑,行之善与恶,才之工与拙,总不外乎一端,即不为人所齿及也"。对于柏拉图提出的男女平等教育理论,林乐知认为与古希腊雅典城邦的社会事实相悖。尽管如此,迄至19世纪末期,柏拉图对于国内学者而言还是相对陌生的人物。即使偶有学者

---

① 陈德正、胡其柱:《19世纪来华传教士对西方古典学的引介和传播》,《史学理论研究》2015年第3期。
② [英]艾约瑟:《西学说:百拉多传》,《六合丛谈》1857年第11期。

介绍西方哲学家时提及柏拉图，但了解其思想的人依旧寥寥无几，而他的相关学说也未被系统地介绍。关于柏拉图著作的翻译，则是更迟一些的事情了。

20世纪初期，王国维曾译出柏拉图对话的片段（《会饮》215A—216A，《申辩》41C—42A）。1907年，王国维于《教育世界》（151号）上发表《霍恩氏之美育说》，文中"柏拉图之审美教育说"部分提及"柏拉图于《理想的国家》"一语。① 1918年，沧海在《太平洋》第2卷第4号上发表了《国家篇》节译文。吴献书先生根据乔伊特（B. Jowett）英译本首次将《柏拉图之理想国》全文译为文言文，于1921年上海商务印书馆出版，因大受欢迎而多次再版。1922—1932年，吴宓先生在主编刊物《学衡》上开设了"柏拉图语录"栏目，开始陆续发表郭斌和与景昌极先生翻译的柏拉图相关著作内容，包括《苏格拉底自辩文》《克利陀篇》《筵话篇》《斐都篇》《斐德罗篇》五篇。其后，1933年，张师竹先生初译、张东荪先生改译的《柏拉图对话集六种》在上海商务印书馆出版，包括《欧雪佛洛》《苏格拉地之辩诉》《克利托》《菲独》《普洛他过拉》《曼诺》六篇。1934年，郭斌和与景昌极先生合译的《柏拉图五大对话集》由南京国立编译馆结集出版，另附郭氏之《导言》《柏拉图之埃提论》和景氏之《柏拉图理性说略评》。或出于学术研究的需要，或出于人文关怀的努力，或基于个人兴趣的推动，这个阶段致力于翻译"柏拉图对话集"者不乏其人，如学者杨晦、何子恒等。据初步统计，1922—1937年，共有13篇柏拉图对话的译文问世。② 这是国人首次较为深入地接触到古希腊哲人柏拉图思想的原貌，开始对之形成了初步而零散的认识。

---

① 王国维：《王国维哲学美学论文辑佚》，佛雏校辑，华东师范大学出版社1993年版，第262页。

② 袁鹏：《民国时期柏拉图对话汉译简述》，《党政干部学刊》2016年第2期。

表1-1　　　　　　初始译介期柏拉图著作汉译表

译文名	翻译者	底本	发表/出版情况
国家篇（节译）	沧海	未知	《太平洋》1918年第2卷
柏拉图之理想国	吴献书	乔伊特译本*	上海商务印书馆1921年版
苏格拉底自辩文	景昌极	乔伊特译本，参穆尔英译本	《学衡》1922年第3期
克利陀篇	景昌极	乔伊特译本	《学衡》1922年第5期
斐都篇			《学衡》1922年第10期；1923年第20期
筵话篇	郭斌和	Loeb古典丛书和牛津版Jowett & Campbell希腊文本*	《学衡》1925年第43、48期
斐德罗篇			《学衡》1929年第69期；1932年第76期
苏格拉底自辩文	张师竹	乔伊特译本	《英文杂志》1924年第1—12期
欧雪佛洛	张师竹初译 张东荪改译	初译参考乔伊特译本；改译参考Loeb古典丛书等多个英译本	《柏拉图对话集六种》，上海商务印书馆1933年版
苏格拉地之辩诉			
克利托			
菲独			
普洛他过拉			
曼诺			
克利陀	郭斌和 景昌极	乔伊特译本，牛津版Jowett & Campbell希腊文本和Loeb古典丛书*	《柏拉图五大对话集》，南京国立编译馆1934年版
斐都			
筵话			
斐德罗			
埃提论			

续表

译文名	翻译者	底本	发表/出版情况
埃昂	杨晦	乔伊特译本*	《沉钟》1934年第31期
拉哈斯	严群	乔伊特译本,参考Loeb古典丛书和伯吉斯英译本	《新民》1935年第1卷第4—5期

注：标*号的地方表示原文未标注翻译时参考的底本,为笔者推断。①

二 柏拉图著作的缓慢译介期

  1937年，随着全面抗战的爆发，国内学者的物质生活和学术资源都得不到稳定保障，导致难以有序地开展正常的学术研究和翻译工作，但依然出现了不少译介成果。1943年，何子恒在《学术界》杂志上发表译作《友爱——柏拉图辩证录之一》；1944年又发表了《关于虔诚之论辩——柏拉图辩证录之二》。同年，古希腊哲学史专家陈康先生在重庆商务印书馆出版了译作《柏拉图巴曼尼得斯篇》，并做了创造性阐释。陈康先生在翻译过程中始终坚守以"信"为首的"硬译"，即"'不信'的翻译不是翻译；不以'信'为理想的人可以不必翻译"②。事实上，在这本译注中陈康先生主要着力于对柏拉图核心思想"相"进行研究。因而，《柏拉图巴曼尼得斯篇》的译本成为一部"对柏拉图的《巴门尼德篇》作出创造性阐释"③的研究性专著。1945年，林苑文在重庆国际文化服务社出版了译注《爱的对话》。严群先生于40

---

  ① 此处《初始译介期柏拉图著作汉译表》参考了袁鹏文中的《民国时期柏拉图对话汉译表》。参见袁鹏《民国时期柏拉图对话汉译简述》，《党政干部学刊》2016年第2期。
  ② ［古希腊］柏拉图：《巴曼尼得斯篇》，陈康译注，商务印书馆1982年版，第8页。
  ③ 黄见德：《西方哲学东渐史》（上），人民出版社2006年版，第514页。

年代译有柏拉图对话多篇,经过一再修改润色后于1963年出版柏拉图的后期对话《泰阿泰德》和《智术之师》(后改为《智者》),并于1983年出版前期对话《游叙弗伦 苏格拉底的申辩 克力同》。1957年,吴献书先生翻译的《理想国》得以重印;1959年,朱光潜先生翻译出版了《柏拉图文艺对话集》,将柏拉图前后期五篇对话中关于文艺的内容译出并结集出版,包括《伊安篇》《理想国》《斐德若篇》《大希庇阿斯篇》《会饮篇》。在这个时期,学者们已经开始将研究的视角聚焦,有意识地深入关注柏拉图思想的不同领域。当然,受到外部环境的影响,关于柏拉图对话的译本相对于前一时期明显减少。总体来看,这个阶段关注柏拉图思想的研究者依旧不多,相关翻译工作也略显沉寂。

表1-2　　　　　　　　缓慢译介期柏拉图著作汉译表

译文名	翻译者	底本	发表/出版情况
友爱——柏拉图辩证录之一	何子恒	乔伊特译本	《学术界》1943年第1卷第5期;1944年第1卷第6期
关于虔诚之论辩——柏拉图辩证录之二	何子恒	乔伊特译本	《学术界》1944年第2卷第1—2期
柏拉图巴曼尼得斯篇	陈康	伯奈特古希腊文校本	重庆商务印书馆1944年版
爱的对话	林苑文	乔伊特译本*	重庆国际文化服务社1945年版
泰阿泰德	严群	Loeb古典丛书的希腊原文,参考H. N. Fowler等英译本	商务印书馆1963年版
智术之师			
柏拉图之理想国	吴献书	乔伊特译本*	商务印书馆1957年再版

续表

译文名	翻译者	底本	发表/出版情况
伊安篇	朱光潜	《柏拉图全集》法译本，Loeb 古典丛书，乔伊特英译本	《柏拉图文艺对话集》，人民文学出版社 1959 年版
理想国（卷2—3）			
理想国（卷10）			
斐德若篇			
大希庇阿斯篇			
会饮篇			

注：1. 标＊号的地方表示原文未标注翻译时参考的底本，为笔者推断。

2. 《柏拉图文艺对话集》在 1959 年出版时，朱光潜先生翻译了柏拉图关于艺术的对话 5 篇，或部分或全部译出。在后续修订出版过程中，朱光潜先生又增加了《斐利布斯篇》《法律篇》《题解》《译后记》。

三 柏拉图著作的勃兴译介期

在改革开放后，随着西学东渐风潮的再次兴起，部分学者们将关注的视角转向了柏拉图的著作，因而产生了大量的译著。1980 年，顾寿观先生译注了《理想国》；1985 年，香港学者邝健行翻译出版了《波罗塔哥拉篇》；1986 年，郭斌和与张竹明先生根据希腊原文、参考多种英译本将《理想国》全文译出，现在已经成为流传最广并受到学界认可的权威译本。1993 年，严群先生翻译的《赖锡斯·拉哈斯·费雷泊士》得以出版；1994 年，黄克剑翻译出版了《政治家》；1995 年，苗力田主编的《古希腊哲学》对柏拉图中后期的重要对话都做了选译；1996 年，刘勉和郭永刚翻译出版了《理想国》。1998 年，戴子钦翻译出版了《柏拉图对话七篇》；2000 年，杨绛先生翻译出版了《斐多》。2003 年，王晓朝第一次全文译出了《柏拉图全集》，几乎囊括了柏拉图的所有著作，并初步划分了不同对话的时期，同时对部分对话的真伪进行了考证。2004年，王太庆翻译出版了《柏拉图对话集》；2006年，张子菁译出了《理想国》；2007年，侯皓元、程岚和庞燨春分别译出了《理想国》，并采取英汉对照的方式出版；2010年，张造勋翻译出版了《理想国》；2014年，学者王扬译出了《理想国》，并对其中部分内容的汉译问题进行了辩证；①同年，黄颖翻译出版了《理想国》。2013年，台湾学者徐学庸译注了《理想国篇》，并采取了希腊文和中文对照的方式出版。2016年，刘申丽和唐娜分别翻译出版了《理想国》；2017年，李阳和忠洁分别翻译出版了《理想国》；2018年，刘国伟翻译出版了《理想国》；2019年，黄颖编译出版了《理想国》；2020年，张俊、范晓潮和叶海烟分别翻译出版了《理想国》；2021年，刘丽翻译出版了《理想国》，何祥迪采取希腊文直译的方式翻译出版了《理想国》；2022年，陈丽翻译出版了《理想国》。② 在这个时期，越来越多的学者开始关注并研究柏拉图的思想，不同类型的译本层出不穷，其中尤以《理想国》的译本数量为最。这些译本大多从希腊文直接译出，并参考了经典的英文译本，无论是行文还是译法都愈发精到，基本还原了柏拉图著作的原貌。至此，随着柏拉图著作译注本的相继出版，关于柏拉图思想研究的平台已经大致搭建完成。

因为柏拉图著作相关译本的日益丰富和完善，更多学者可以跨越语言的壁垒直接触摸到柏拉图思想的全貌，并体会到其中蕴含的无穷魅力。其实，学者对柏拉图著作的翻译具有更为重大的意义，正如王太庆先生所云："翻译不只是为了不识外国字的人，也同样是为了识外国字的人，因为优秀的翻译可以纠正误解、加深理解，所以翻译并不

---

① 王扬：《〈理想国〉汉译辨正》，华东师范大学出版社2014年版，第1页。
② 当前关于柏拉图著作的译本层出不穷、不胜枚举，限于本书关注的重点为"柏拉图的教育理想国"，故仅列举了近些年关于《理想国》的代表性译注。

是简单的舌人，负有更多的责任。"① 近些年来关于柏拉图教育思想的研究成果逐渐涌现出来，呈现出"百花齐放、百家争鸣"的欣欣向荣之态。

第四节　柏拉图教育思想的国内研究

柏拉图的著作自从被译介到国内之后就吸引了诸多学者的持续关注，并激发了浓烈的研究兴趣。当前，学者们关于柏拉图思想研究涉及哲学、政治学、教育学、法理学、伦理学、语言学、文学、文艺等领域。为了契合本书主题、避免赘述，笔者将对教育学领域有关柏拉图思想的成果进行分主题综述，以呈现当前研究的贡献及局限。

一　柏拉图的教育本质思想研究

教育诞生于哲学的怀抱，也从未逸出哲学的视界，正如古希腊教师最初来源于爱智者。从那时候开始，哲学的理想就成了教育的价值取向，而哲人也借由教育来"培养好公民"，从而让城邦走向善美和幸福。所以，关于教育本质问题的探讨是柏拉图关注的重点，并在《理想国》及其他著作中进行了深入阐释。学者们对之进行了持续关注，以期从柏拉图的教育思想中获得原初的启示。

其一，教育的两重性问题。教育既具有推动社会发展和变革现实生活的正向功能，也会在某种情况下呈现出特定的保守性特征，从而滞碍社会的发展。在柏拉图建构的理想城邦中，教育的两种功能都得到了体现。晏云访打破以往简单化、绝对化的理解，运用辩证唯物主

---

① 王太庆：《试论外国哲学著作的汉语翻译问题》，载［古希腊］柏拉图《柏拉图对话集》，王太庆译，商务印书馆2004年版，第723页。

义和历史唯物主义观点审视《理想国》中的核心议题——通过教育建立"理想国"。随后，他从现象世界和理念世界的角度揭示了柏拉图教育思想基础的两重性，从先验论和血统论的角度揭示了教育概论中的两重性，从理性和回忆的角度揭示了教学论中的两重性，从理念和善德的角度揭示了德育论中的两重性。晏云访虽然尽量以客观中立的态度阐释柏拉图教育思想中存在的正反两方面矛盾——唯心与唯物对立统一性，并肯定了其教育思想的价值，但依旧没有超脱出阶级的立场，认为"它是西方奴隶社会教育实践的总结，也是专制派奴隶主企望实现的教育蓝图"①。范明生认为，柏拉图的教育理念实际上是在阿卡德米学园中进行了长期实践，为当时希腊世界诸城邦培养出了一批统治者，并推进了对数学、天文、辩证法等学科的研究。同时，他还着重指出了柏拉图教育思想在当代西方社会存在明显的消极影响。"柏拉图的教育理论、内容和目的，一直影响了中世纪、文艺复兴时期……其消极的影响，至今在资本主义的大学教育中仍不同程度地存在着。"② 可见，学者们关注了柏拉图思想中的教育两重性问题，也对其中的有利内容进行了肯定，遗憾的是尚未跳出阶级冲突的分析框架。

其二，教育的本质性问题。教育的本质是指教育作为一种社会活动区别于其他社会活动的根本特征。它依据一定社会的要求，传递生活与生产经验，以促进人的身心发展，培养该社会所需要的人才，是人类特有的一种社会活动。③ 这种关于教育本质的看法是根据马克思经典教育学理论衍生出来的，揭示了教育活动的特殊性，但并未对之进

---

① 晏云访：《试论柏拉图〈理想国〉中教育思想的两重性》，《新疆师范大学学报》（哲学社会科学版）1989年第4期。
② 范明生：《柏拉图哲学述评》，上海人民出版社1984年版，第419—420页。
③ 顾明远主编：《教育大辞典》（增订合编本），上海教育出版社1998年版，第671页。

行哲学层面的考察。其实，教育的本质性问题可以分解为教育的存在论问题（为什么存在"教育"）和本体论问题（"教育"是什么）。陈庆从柏拉图著作中生发出的经典问题"美诺之问"入手，探讨了其中蕴含的教育存在论问题和教育本体论问题。他首先指出教育的目的与德性——人之卓越有关，随后挑明教育的手段存在四种可能性：教授、训练、自然地得到、以某种方式得到，紧接着又指出当我们追问到这里的时候，其实已经预设了一种名为"教育"的存在。① 可见，陈庆从三个核心命题着手：存在名为"教育"的东西、教育的目的与人的德性有关、存在多种教育手段，深入探讨了柏拉图有意言之而未直接言明的教育本质问题。林志猛和王铠也以"美诺悖论"为切入点，指出柏拉图从审视"德性可教"到推论出"德性不可教"，看似得出了前后龃龉的观点，其实是转换了"可教"概念的含义。柏拉图借由否认德性出于自然展现了"可教"意义的变化——从回忆说意义上的内在自我探究，转向狭隘的外在灌输和代际习传。同时，他还着重区分了德性与明智、知识与真实意见、理智之间的含混关系，并表明对于不同类型的民众存在不同层面的德性要求。② 显然，这些研究者纯粹是从哲学视角观照了教育的本质，为我们重新认识教育活动提供了新的思路。

其三，教育的要素性问题。教育要素是指构成教育活动的主要成分和决定教育发展的内在条件，主要包括教育者、受教育者和教育载体等。柏拉图系统讨论了教育的本质问题，也论及了教育的相关要素。一是关于谁是教育者。李长伟关注到了此类问题，围绕柏拉图的著作

---

① 陈庆：《从柏拉图"美诺之问"看教育哲学与教育学的基本问题——反思中国教育学研究之正途》，《教育学术月刊》2017 年第 1 期。

② 林志猛、王铠：《德性的自然与不可教的悖论——柏拉图〈美诺〉中的德性难题》，《浙江学刊》2022 年第 2 期。

《法义》进行了综合分析。"柏拉图一直将苏格拉底视为自己至高的精神导师……柏拉图以雅典异乡人来代表苏格拉底;从柏拉图对'谁是教育者'的回答可以概括出教育者所应拥有的品质,包括卓越的实践智慧、开放的心灵和对伟大心灵的虔敬。"① 二是关于谁是受教育者。教育是建立于教师与学生之间关系之上的社会活动,缺乏其中任何一个要素都难以成立。在柏拉图看来,城邦中的人存在自然差异,这主要体现在灵魂中理性的有无和多少方面;人们依照天赋之理性的有无和多少,形成了一个合乎自然的等级秩序,即灵魂中理性最多者成为城邦的统治者,而灵魂中理性缺乏者则成为城邦的被统治者,可依次分为金质的哲人王(理性充分)、银质的辅助者(理性不足)、铜铁质的劳动者(没有理性)。这意味着无论是对于理想城邦中的哪类教育而言,求学之人的各种天赋都是他们受教育的前提和基础。② 三是关于何谓教育技艺。教育技艺是教育关系中的重要构成,也是构成教育活动的核心要素。从柏拉图的维度观之,教育技艺是以受教育对象的完善为目的的实践活动形式,它不是由掌握教育技艺的教育者主观设定的,而是由学生的心灵是否欠缺规定的。"教师通过出于自然的教育技艺助推学生灵魂的完善,就如同医生通过出于自然的医术帮助人的身体恢复健康一样。"③ 可以说,卓越的教师是通过完善的教育技艺,在对学生心灵之真实问题进行合理研判的基础上,然后用真理之光对其进行有效治疗,引导学术的灵魂走向完善的爱生者。这些研究从教育要素构成的维度梳清了柏拉图教育思想的内核,有助于推进我们关于教育本质的认识。

---

① 李长伟:《谁是教育者——柏拉图〈法义〉解析》,《现代大学教育》2023年第4期。
② 李长伟:《学生是谁?——基于古今之变的视角》,《华东师范大学学报》(教育科学版)2023年第1期。
③ 李长伟:《何谓教育技艺——基于柏拉图自然目的论的视角》,《湖南师范大学教育科学学报》2021年第1期。

其四，教育观的演变问题。国内外学者关于柏拉图著作的具体创作时间存在争论，但都认为可以大致分为前中后三个时期。正是由于著作的创作时间跨度较长，柏拉图在不同时期关于同一问题的看法可能发生了变化，比如其关注的核心问题——教育。朱正贵关注到了这种情况，以柏拉图的中期代表作《理想国》和后期代表作《法律篇》为样本，进行了深入具体的分析，以期梳理出其教育观的演变轨迹。一方面是教育制度和教育目的的变化。朱正贵认为《理想国》中的对话都是"围绕金字塔顶的'哲学王'这根轴旋转的"，包括理想城邦中的教育体制；而《法律篇》中的对话则是为了"实现次一等的政治体制，导致哲学家地位的下降，哲学王的'厄运'引起整个教育体制的改变"。另一方面是教育内容的变化。柏拉图在《理想国》中规定了不同人学习不同的教育内容，而辩证法居高临下，是其他一切学科的"合顶石"；在《法律篇》中则进行了全面的改造，认为一切科目可为一切人所学习，学习具体学科主要着眼于实际应用，而辩证法的学习则被取消了。① 李静含则从公民教育的主题入手发掘了柏拉图教育思想的变化轨迹，指出《理想国》重点讨论的问题是以知识理念为人的正义生活奠基，并使道德教育表现出去情感化的特征，但并未将公民德性真正提上讨论的日程；在《法律篇》中柏拉图则系统性地讨论了公民教育的目标为道德教育，主要原理是让公民的情感秩序化，一方面控制情感，另一方面形成与信念相谐的情感，从而生成公民德性。② 当然，也有学者提出了不同意见。王南湜教授认为，晚年的柏拉图在《法律篇》中的"这种想法并不表明他放弃了先前的信念……而是既未放弃建构理想国的信念，又充分考虑了理想可行性

---

① 朱正贵：《柏拉图教育观演变探微》，《西北师大学报》（社会科学版）1985年第4期。
② 李静含：《德性与情感秩序——论柏拉图〈法义〉中的公民教育》，《道德与文明》2021年第1期。

的双重理路"①。如其所言,柏拉图在《理想国》中体现的教育思想属于理论层面的探讨,与社会现实之间存在较远距离;而《法律篇》中的教育思想则是一种改造,一种贴合城邦现实的改造,但最终目的还是为了实现理想城邦的正义生活。

二 柏拉图的公民教育思想研究

公民教育是贯穿柏拉图前中后期著作的核心问题,也是当前国内教育学者最为关注的问题之一。从"苏格拉底的申辩"到"理想国"的建构,再到探讨城邦"法律"的制定,柏拉图从各个角度探讨了应该如何培养城邦公民。目前,学界对"古希腊是'公民'概念和城邦政治的发源地,公民教育的实践和公民教育思想最早起源于古希腊"②这一说法,已经基本形成了共识。在此基础之上,国内学者对柏拉图的公民教育思想进行了持续的关注和深入的研究。

其一,对公民教育范围的界定。关于"公民"或"公民身份"的概念,及至现在学界研究者们依然争论不休,这也导致公民教育的范围难以准确界定。"再没有哪一个词汇比'公民'这个概念在政治上更为核心,在历史上更加多变,在理论上更具有争议的了。"③ 因此,有学者在研究柏拉图公民教育思想时,试图通过扩大"公民"概念的外延,将之泛化为"国民",认为前者涵括在后者范围之内。韩素玲以《理想国》为文本进行分析后指出:"国民教育不仅可以在日积月累之中渐进地陶冶公民的情操,锻造公民的体魄,促成公民在身心方面的和谐成长,而且能够渐进地促使'灵魂的转向'……从表象的世界走

---

① 王南湜:《从"理想国"到"法治国"——现实性的马克思主义政治哲学何以可能》,《天津社会科学》2006 年第 5 期。
② 段元秀:《柏拉图公民教育思想论析》,《教育评论》2012 年第 2 期。
③ J. Shaklar, *American Citizenship*, Cambridge: Harvard University Press, 1991, p. 1.

向真实的世界。"① 不难看出，这种论点虽然刻意规避了关于公民概念的争论，尝试从柏拉图的公民教育思想汲取营养以建构出一种新的身份概念，却并没有什么特异之处，也未取得突破性进展，更多是一种概念运用的不同。亦有学者采取了相反的策略，将"公民"的范围进一步缩小为"治国人才"，明确指出柏拉图的公民教育在本质上是一种统治者教育，即为了培养理想城邦的护卫者（包括哲学王和战士）。当然，与现实中培养统治者的教育形式存在不同，柏拉图认为"统治者教育，就其实质而言，是使受教育者学习哲学，成为真正具有智慧和知识的哲学家"②。与这种思想存在异曲同工之处，王江涛认为柏拉图的公民教育是一种立法者教育，即将教育的价值取向从立功转向立德，让立法者认识德性的自然秩序，从而形成对立德立法观的主观认同，愿意以完整德性为依托建立法律统治的秩序。③ 李长伟则另辟蹊径地将关注的视角前移，从古希腊传统的角度区分了"好人"与"好公民"，指出柏拉图在"言辞的理想国"里推行的是趋善的公民教育，力图将民众塑造成为"合乎自然正当的好人……从而实现好人与好公民的统一"④。在后续研究中，李长伟又对此观点进行了深化和完善，从目的论视角解释柏拉图的公民教育思想——引导城邦公民转离阴暗洞穴，朝向善的理念。⑤ 这种尝试揭示了柏拉图公民教育思想的理论基础、"好人"与"好公民"的分野，所取得的理论成果是值得肯定的。

其二，对公民教育阶段的划分。柏拉图在多本著作中论及了公民教育思想，尤其在《理想国》中对公民教育进行了系统的论述，

---

① 韩素玲：《论柏拉图的国民教育理念》，《山东社会科学》2007年第9期。
② 曹义孙：《柏拉图论治国人才的教育》，《比较法研究》2005年第2期。
③ 王江涛：《从立功到立德：柏拉图立法者教育》，《浙江学刊》2022年第2期。
④ 李长伟：《古典传统与公民教育》，教育科学出版社2010年版，第78—81页。
⑤ 李长伟：《古典公民教育透析——一个目的论的视角》，《教育研究》2015年第4期。

包括何谓合格的公民、如何培养城邦公民等问题。周小李教授在依循柏拉图思想理路的前提下，抽离出其理想公民教育的四个阶段：学前、初等、中等、高等教育，并指出了其公民教育具有为城邦的政治稳定服务、内容倾向于数理知识、方法主张启发诱导等特点。①在此基础之上，胡晓燕做了更为深入的探讨，首先指出柏拉图的公民教育思想和自身的家庭背景、政治诉求存在密切关系，而苏格拉底遭到政治迫害对柏拉图的公民教育思想也产生了深刻影响。随后，胡晓燕利用哲学诠释法和文献分析法对柏拉图的著作，尤其是《理想国》进行了顺序性呈现，并通过个体人格与城邦政体的类比揭示出公民教育的目的是培养正义的公民；最后，将公民教育分为初等和高等两个阶段，通过对课程（内容）、性质、对象等方面进行分析，指出柏拉图的初等公民教育是为了塑造正义的心灵，而高等公民教育则是为了实现心灵的真正转向。②当然，胡晓燕没有遵从柏拉图在《理想国》中的论述顺序和阶段划分，也没有给出足够的理由，而是直接将柏拉图的公民教育分为初等和高等两个阶段，这种做法有值得商榷之处。

其三，公民教育中的公民权。在现代语境中，公民权是公民身份的核心要素，表征着个人和国家之间的关系。当前，比较受认可的公民概念正是以公民权为基础建立起来的，"公民身份即个人同国家之间的关系，这种关系是个人应对国家保持忠诚，并因而享受国家保护的权利，公民身份意味着伴随有责任的自由身份"③。从现代公民观念来看，公民兼有统治者和被统治者双重角色。与之相异，柏拉图则将二

---

① 周小李：《柏拉图公民教育思想述评》，硕士学位论文，华中师范大学，2005年。
② 胡晓燕：《〈理想国〉的公民教育思想研究》，博士学位论文，吉林大学，2007年。
③ 《大不列颠百科全书》（国际中文版）第4卷，中国大百科全书出版社1999年版，第236页。

者进行区别对待，将统治权专门赋予统治者，而普通民众只能被动地接受统治。无论是《理想国》中按照灵魂属性——金银铜铁进行划分，还是《法律篇》中依据财产多寡进行划分，柏拉图都将统治权完全交给某个人——哲学王或僭主。因此，有学者指出柏拉图"反对民主制，认为民主制将'最优者的统治权'让位给了一种邪恶的'听众的统治权'"①。以此为基础，该学者又阐释了公民教育与城邦政治的关系、哲学教育与城邦政治的关系，乃至哲学教育与贵族文化的关系。与之相反，郑辉等人认为柏拉图从国家和个人相互依存的关系出发，将二者的正义紧密结合在一起，形成了国家与公民合一的正义观；在《理想国》中对国家和个人正义何以一致、如何一致、怎样一致进行了探索，最终借由至善的城邦治理和德性的公民生活，实现统治权和公民权的统一，从而共同走向正义。② 当然，从著作的表面内容来看，柏拉图的教育思想中确实有人治倾向，但我们忽视雅典城邦制度、理论到现实的距离而臆断柏拉图的政治取向是不可取的。

公民概念和民主政制虽然滥觞于古希腊城邦时期，但经过两千余年的时光流转和现实变迁，无论其内核还是外延都已经发生了极大变化。因此，研究者关注公民教育，试图以当代的现实境况反观柏拉图的公民教育思想，抑或是以柏拉图的公民教育思想为当代现实公民生活提供理论支撑，都需要重视二者之间的差别，否则难以避免陷入缘木求鱼的窠臼。

三 柏拉图的道德教育思想研究

在古希腊时期，尤其在柏拉图的话语体系中公民教育与道德教育

---

① 程广云、夏年喜：《哲学教育与公民教育——柏拉图、亚里士多德哲学教育思想三题》，《学习与探索》2012 年第 8 期。

② 郑辉、刘飞：《柏拉图国家与公民合一的正义观——对〈理想国〉的解读》，《河北师范大学学报》（哲学社会科学版）2004 年第 6 期。

是一体的，即合格的公民应该具有正义、智慧、节制、勇敢等德性。随着公共生活的扩张与私人生活的区隔，公民教育逐渐将德性的内涵修改、范围收缩，窄化为对权利、义务等内容的传递。在中国文化语境中道德的内涵与其存在极大的不同，它指向于个人内在的道德建构或对社会规范的认同和遵守。因此，一些学者对柏拉图著作中的德性及德育思想展开了研究，以期建构出更具时代属性和丰富内涵的现代德育理论。

其一，德性与心灵转向。柏拉图将伦理价值的共契视为公共道德生活的根基，正如其先是论述个人的正义，接着延伸讨论了城邦的正义，然后又以之反观个人的正义，认为二者之间存在毋庸置疑的同构性。换言之，个人的德性与城邦的德性是完全一致的。正如金生鈜教授认为，柏拉图为了形成道德的理想国，将教化的目的定位为在个人灵魂中培养出高贵的品格，而"德性教化是为了提高个人对灵魂的自我理解、自我治理、自我更新的能力"。为了论证这种观点，金生鈜教授首先指出理想国中人的德性的实践本质——个人的德性与国家的德性是统一的，即个人的德性在国家里体现，也在国家的影响下获得；随后又指出正义与教化的关系：正义是人的生活德性，也是城邦教化的主要追求；最后明确提出"教化乃灵魂转向"，即教化是引出人的理性，使人的灵魂可以"观赏"真理。① 其他学者，如李润洲教授也持有类似观点，并进一步指出通过"认识自己、求真向善、师者示范"等方式可以唤醒、教化人的心灵，从而濡化出正义而美好的心灵。② 这种对柏拉图德育思想的理解，关注了对人之精神层面的教化，并从古

---

① 金生鈜：《德性教化乃心灵转向——解读柏拉图的德性教化理念》，《湖南师范大学教育科学学报》2002年第2期。
② 李润洲：《柏拉图德性正义论的教育意蕴——对〈理想国〉的一种解读》，《山西大学学报》（哲学社会科学版）2015年第1期。

典的视角反观今日的教育，对日益功利化、物质化、现实化的学校教育具有一定的启示价值。

其二，德性与知识统一。"知识即德性"命题最早是由苏格拉底提出并进行论证，又被柏拉图继承下来并进行了阐发。① 希腊哲学史专家严群先生曾言，"'知=德'之公例虽可互指——以云知等于德可，复谓德等于知亦可——然其所重在知，以为有知则德之问题自解"；因此，"以恶根归咎于无知，抑知而未深"。② 与我们通常的认识存在不同，金生鈜教授限定了知识的范围，认为真、善、美统一才是知识，因为它来源于心灵深处，反过来又涵育灵魂达至智慧、正义、自制、勇敢的最高理性生活。换言之，柏拉图将知识看作人之理性的最高收获，而知识与德性又是合一的。③ 刘铁芳教授则将关注的视角从柏拉图向前延伸，认为在苏格拉底时代，知识就出现了双重指向。一方面，知识向内指向于个体对生命之本真的认同，促成个体德性的内在完满；另一方面，知识向外进行辐射，演变为一种世俗生活中的（权）力，从而成为个体支配他人与世界的依据。④ 这意味着拥有指向德性的知识愈充裕，则个体的心灵世界就愈丰裕，在世界中获得的自由也就越大。通过获得德性知识，个人能从盲目之中解脱出来，自我存在的空间和内涵会不断扩大，成为不断追求人性卓越的存在。⑤ 可见，在柏拉图看来存在高于个人、世俗生活的善美知识，而每个人都应该走上追寻善

---

① 有学者对苏格拉底的"知识即美德"观点进行了考据，认为其是臆造之说。因这个观点与本书无直接关联，故不拟作详细阐发。参见张少雄《所谓苏格拉底"知识即美德"论是臆造之说》，《现代大学教育》2017年第6期。
② 严群：《古希腊哲学探研及其他》，商务印书馆2011年版，第139—141页。
③ 金生鈜：《德性教化乃心灵转向——解读柏拉图的德性教化理念》，《湖南师范大学教育科学学报》2002年第2期。
④ 刘铁芳：《重温古典教育传统》，华东师范大学出版社2008年版，第10页。
⑤ 刘铁芳：《古典传统的回归与教养性教育的重建》，北京师范大学出版社2010年版，第8页。

美之路，在追求知识的过程中不断接近善的理念，从而成为神圣者的近邻。

其三，德性与教育之难。对城邦民众进行教化，移除他们关于德性的偏见，并不是一件容易的事，其中隐藏着诸多困难之处。柏拉图以苏格拉底对阿尔基比亚德的教育为例，呈现了德性教化的艰难过程。刘艳侠以此为突破口，在诠释"爱欲促进德性的产生、不平等的爱欲为教化提供契机、爱欲向往整全"之后，揭示了德性教化引导人从关心身体和财富到关心灵魂的变化过程。① 然而，人的欲望与德性存在现实的对立，导致人无法自动且顺利地获得德性。更为严重的是，教化不能强迫、天赋不等于德性、灵魂的操练是终生的事业，这些特性都决定了德性教化之艰难。詹文杰则通过对《克利托丰》的解读，重新对柏拉图的"教育"进行了划分："教化"和"技术性教导"，认为前者才是其德育思想的真正内涵。随后，詹文杰又进一步指出，"教化的能力存在于灵魂自身之中"，这意味着教化的实现有赖于"自识"（对"愚妄"的克服），而此种能力恰恰是克利托丰这类人所欠缺的。当人们"寄望于'苏格拉底'把道德的定义'植入'自己的灵魂，而不愿意自我进行探索……那么无论他转向塞拉西马柯还是其他什么人，都将注定失败"②。罗峰、林志猛在分析《法律篇》时也沿用了这种思路，即柏拉图区分了两类教育：职业教育和德性教育。德性教育更为根本，旨在培育出城邦所需要的完美公民，并使之对优异的德性产生内在的渴望。这种教育过程存在重重困难，首先要训练人形成正确的苦乐感，然后要借由高贵的谎言进行劝谕，最后要通过立法引导民众

---

① 刘艳侠：《爱欲与教化——柏拉图教育哲学的一种阐释》，博士学位论文，湖南师范大学，2015年。

② 詹文杰：《道德教育何以可能？——柏拉图〈克利托丰〉诠疏》，《世界哲学》2008年第1期。

趋向更高形式的快乐。①

其四，德性与教育技艺。教育技艺是教育中的重要组成部分，在一定程度上决定着教育效果的实现。李长伟教授指出，柏拉图从自然目的论的视角定义了教育技艺。从教师的自然生命和教育技艺的关系来看，教育技艺不仅是一种工具或载体，还是教师自然生命的实践方式和公开显现。从学生的自然生命和教育技艺的关系来看，教育技艺的目的是治愈学生灵魂的疾病，促进学生灵魂的完满与和谐。②可以说，专门的技艺与赚钱的技术存在显著差异，而哲人教育的技艺不是智者赚钱的技艺，前者致力于治愈民众灵魂中的缺失，后者则是为了出售技巧以获取物质报酬。具体而言，柏拉图所谓的教育技艺可以通过多种方式实现，其中以辩证法和"诘问法"最具代表性。詹文杰教授在研究中揭示了柏拉图教育中哲学话语形式或哲学修辞的重要性，明确提出唯有通过辩证法的论证过程才能获致"事物之所是"的知识，而人也才能获得相应的德性。③李若愚和汪正龙依循这种思路，认为作为关照灵魂的话语技艺，诘问法主要是针对错误但无法指明真理，而辩证法则是灵魂通往理念的中介环节。智者的智术技巧仅向对话者提供世俗意见而不关心真理，而哲人的诘问法让对话者的灵魂认识到世俗意见的谬误，辩证法则是"灵魂回忆"和"灵魂转向"的话语技艺，是一种真正的教育技艺。这种教育技艺在运用过程中极具迷惑性，甚至会借助"高贵的谎言"为外衣。作为认识灵魂的直观方式，爱欲、迷狂和神话元素形成了"灵魂之眼"的直观基础。其中，爱欲和迷狂形成了直观的动力条

---

① 罗峰、林志猛：《柏拉图论立法与德性教育》，《北京大学教育评论》2018年第3期。
② 李长伟：《何谓教育技艺——基于柏拉图自然目的论的视角》，《湖南师范大学教育科学学报》2021年第1期。
③ 詹文杰：《柏拉图知识论研究》，北京大学出版社2020年版，第39页。

件，神话则阐释了灵魂在死后世界的命运，确保了"理念"对灵魂的可见性。① 柏拉图运用对话体写作正是为了将哲学生活的场景展现出来，形塑出苏格拉底的"哲人"形象也是为了吸引青年们进行真正的哲学思考。刘艳侠则认为柏拉图通过对话的形式回忆了苏格拉底的教诲，避免了口头谈话的时空限制和惯常的书面写作的僵化问题，可以生动地再现苏格拉底的教育精神。这种对话的教育形式期待真正爱智的读者，是能促使其怀着生命热情在阅读中生成爱智精神的自我培育。② 可以说，对话与灵魂构成了柏拉图独特的"哲学修辞"，他借此开启的是通过形式变化来寻找可能性的思想谱系。还有学者进行了更为具体的研究，分别从道德教育的目标、内容、方法等角度呈现了柏拉图的德育思想，这里不再一一赘述。

从苏格拉底到柏拉图，人之德性都是哲人讨论的核心问题。与其说《理想国》的核心思想是讨论"人应该如何生活"，毋宁说是澄清"人应该具有哪些德性"。从现代语境来看，研究者梳理并阐释柏拉图的德育思想依然具有重要的理论价值和现实意义。我们往往将人之德性视为对社会道德规范的遵守，使道德教育逐渐异化为外在的强制手段，而遗忘了个体对德性的"自识"，对人之卓越的自我要求，对精神和谐的不懈追寻。当然，古今的德性差异与文化之别也是诸多学者在今后推进相关研究过程中必须要跨越的障碍。

四　柏拉图的三大隐喻思想研究

柏拉图的对话录中出现过诸多隐喻，例如"船喻""戒指喻""马

---

① 李若愚、汪正龙：《对话与灵魂——论柏拉图对话何以成为灵魂的"高贵话语"》，《首都师范大学学报》（社会科学版）2022 年第 1 期。
② 刘艳侠：《把苏格拉底的教诲带入当下：柏拉图对话的教育意蕴》，《湖南师范大学教育科学学报》2020 年第 1 期。

车喻""渡河喻"等,其中尤以"太阳喻""线段喻""洞穴喻"最为著名,且思想意蕴最为丰富深刻。柏拉图在著作中关于三大隐喻的论述虽然篇幅不长,但在文中都发挥着重要的节点作用。同时,它们本身也携带着丰富的教育意蕴。国内众多学者关注到了这些隐喻的重要理论价值,并对之进行了持续而深入的研究。

其一,喻示着灵魂转向的可能性。因为灵魂始终被世俗之物拖缀着,所以很难天然地实现自身的完满,且大多数人处于"洞穴"之中而不自知。于是,柏拉图设计"洞穴喻"以形象生动的语言论述了人之灵魂转向的必要性,也论述了教育作用于人之灵魂转向的重要性。范明生在详细论述三大隐喻的基本内容及相互关系之后,综合述评了柏拉图的心灵转向说,认为其"一方面总结了人类认识的大量成果,另一方面又对这些成果作了反科学的宗教神秘主义解释"[①]。当然,也有学者持有完全不同的看法,选择以"洞穴喻"为切入点进行了更深入的分析,展露出更真实的柏拉图思想图景。田海平认为"洞穴喻"是关于人从黑暗走向光明,从无知走向有知,从被遗弃状态走向被拯救状态的哲学寓言,揭示出从黑暗走向光明的"解放"历程遵循的"灵魂转向"的基本原理。[②] 刘铁芳亦坚持相似的观点,并进行了更精细的阐述。他认为柏拉图的"洞穴喻"隐含着两重意义:一方面,它昭示了灵魂的上升过程,即哲学生活习得的过程,也是心灵直面真实的世界,不断趋近于至善理念的过程。另一方面,它暗示了灵魂上升的困难,即走出洞穴的哲人再次返回洞穴,与受缚于洞穴中的民众发生了冲突的过程。这种冲突导致了苏格拉底之死,也牵引出柏拉图后来对民众的灵魂属性进行区别,进而分别实施显白和隐微教诲方式。

---

① 范明生:《柏拉图哲学述评》,上海人民出版社1984年版,第127页。
② 田海平:《柏拉图的"洞穴喻"》,《东南大学学报》(哲学社会科学版)2000年第2期。

因此，刘铁芳认为柏拉图的"洞穴喻"默许了哲人生活与民众生活之间存在难以跨越的区隔，但也有意唤起了个人开展哲学生活的可能性；并在最后以深刻的笔触道出了近现代哲人理想的隐匿，从"化大众"到"大众化"，习俗意见的力量已经压制了哲人的声音。① 孙银光、杜时忠循着柏拉图的思想，通过"洞穴喻"论证了教育对于学生灵魂和教师权威的重要性。洞穴外的"太阳"是真理的标准，是善的理念，用于投射到个体灵魂中晦暗的角落；教师则是先于个体走出洞穴的哲人，出于爱"好"的冲动从洞穴中走出，忍住眼睛的刺痛，追寻眼中的"最明亮者"；然后再转身折入洞穴，忍受洞穴的黑暗和周围的敌意，将真理扩散给依然处于晦暗中的心灵。②柏拉图通过"洞穴喻"表明了教师身负更多的责任，涵括对真理的探寻、对意见的拒斥、对学生的引导。

其二，喻示着知识结构的层次性。柏拉图认为人接受的知识存在不同的类型和层次，如意见、信念、理念等，这意味着人认识知识存在一个层次上升的过程。李长伟认为哲人爱欲的是"善的理念"，这是通过"太阳喻"来进行展示的；对于从意见上升到善的理念的道路，则借由"线段喻"进行了展示。在此之后，"洞穴喻"指代着教育使人的灵魂向善的本源含义：一方面，受教育者从洞穴中被迫上升去目睹善的理念；另一方面，上升的人又被迫下降至洞穴中去教授善的理念。③ 在此基础之上，杨涵深进行了延伸性阐释，明确提出"在《理想国》中，对于认知结构体系的构建是由三个著名的隐喻来完成的"。其中，"太阳喻"揭示了两个层次的认知结构，即可感的现实世界和可

---

① 刘铁芳：《从柏拉图洞穴隐喻看哲学教育的可能性——兼论教育应该怎样关涉幸福》，《教育学报》2008年第4期。

② 孙银光、杜时忠：《教师权威的古典视域及其现代价值》，《教育发展研究》2015年第4期。

③ 李长伟：《古典传统与公民教育》，教育科学出版社2010年版，第130—136页。

知的理念世界;"线段喻"以两个层次的认知结构为基础,划分了从低到高的四个知识等级,阐述了认知的不同阶段——想象、信念、理智和理念,并揭示出它们之间的演进关系;"洞穴喻"则指代了人类被世俗意见洞穴囚禁的灵魂,而囚徒走出洞穴的过程,就是从可见世界上升到可知世界的过程,就是人类灵魂从混沌蒙昧走向和谐完美的过程。① 借助三大隐喻,柏拉图揭示了知识结构的层次性特征,也呈现出人类灵魂的转向过程。在这个过程中教育贯穿始终,让灵魂的转向形成了完整的循环。因为教育,灵魂从穴壁的影响转向了洞穴外的理念;又因为教育,灵魂从洞穴外的理念向洞穴内的民众转身。

其三,喻示着现实教育的可能性。如果我们仅仅将柏拉图的隐喻视为一种哲学层面的譬喻,那么它们将流失大部分的魅力,也不会让诸多教育学者如此着迷。早在20世纪40年代,希腊哲学史专家陈康就阐释了"地洞譬喻"的教育意义,即采取何种路径教化民众,使之从相对的可感世界中超脱出来,走向真实的可知世界。"唯有依赖引导,特别是适当的引导,方可获得高级知识,尤其是关于绝对价值的知识。"② 可见,陈康将"洞穴喻"中所喻指的教育视为促使人的灵魂转向善的技艺,而这种技艺对人性的整全和人的发展可能性具有提升力量。具体而言,"教育首先促成了个体灵魂的卓越,使其成为一个精神和谐的人;尔后,它使这个人成为具有公共德性的、共同体中的一员,成为真正意义上的'政治的动物',即能参与公共生活的人"③。张学强等则综合考量了《理想国》中的三大隐喻,认为其体现了柏拉图精心设计的教育体系,即"太阳喻"论述了教育的终极目

---

① 杨涵深:《〈理想国〉的认知结构与教育理念》,《江西社会科学》2018年第11期。
② 陈康:《论希腊哲学》,商务印书馆2011年版,第72页。
③ 翟楠:《从灵魂到身体——柏拉图的"洞穴隐喻"及现代教育的价值倒转》,《西北师大学报》(社会科学版)2011年第1期。

的——认识并追寻善的理念;"线段喻"彰显了教育的形而上学前提——灵魂认识善的可能性和层次性;"洞穴喻"表现了教育的艰辛历程——灵魂完成转向并追求善的理念的过程。① 总之,张学强等认为三大隐喻指代着柏拉图所建构的整个教育体系,是一个完整的逻辑系统,体现了柏拉图的理性情怀和人本精神。余纪元先生也持有类似的观点,认为柏拉图的三大隐喻勾勒出一幅关于实在世界的真理图画,同时也为培养哲学王提供了极为清晰的教育思路。② 以上诸位学者对三大隐喻的分析虽然略有出入,但大都同意其携带着丰富的教育意蕴,即哲人教育是促使人从世俗的洞穴中突围而出,破除意见的遮蔽,分有善的理念。遗憾的是,教育的"向善性"在当代教育实践中已经基本消失了,现代教育关注的焦点已经从精神的完满转向了欲望的餍足。

除了三大隐喻,柏拉图还论述过其他隐喻,都赋予了其极为丰富的教育意蕴。刘海娟认为"戒指喻"喻示着灵魂为何转向,而戒指象征着灵魂中的欲望;教育是为了培育人的德性,让理性可以发挥领导作用——统领灵魂中的欲望和激情。③ 李长伟还关注到了经常被忽视的"船喻",认为其象征着充满阴谋和杀戮的民主制城邦,并指出哲学与权力合一的必要性和可能性,即城邦要通过教育培养哲学王,以实现良好的政治生态和正义生活。④ 何怀宏则进一步放大关注的视角,认为《理想国》中还有另外两种重要的隐喻:一是"高贵的谎言",即民众是"大地深处孕育"且携带着"金银铜铁"的灵魂属性。这种隐喻指

---

① 张学强、郭文博:《〈理想国〉中三大"隐喻"的教育涵义》,《当代教育与文化》2009年第5期。

② 余纪元:《〈理想国〉讲演录》,中国人民大学出版社2009年版,第204页。

③ 刘海娟:《试论柏拉图教育本质观的证成逻辑——以〈理想国〉的隐喻为线索》,《教育学术月刊》2013年第9期。

④ 李长伟:《古典传统与公民教育》,教育科学出版社2010年版,第120—125页。

代大部分民众灵魂有无知的病症，无法用真理作为医治药，而只能用谎言作为安慰剂。二是"厄洛斯的神话"，即人死后灵魂会接受审判，正义者升天，不正义者下地狱。这种神话喻示着正义本身虽然可以得到报偿，但外在的、作为结果的报偿也必须有，最终回答了"人要如何生活才算好"的问题。① 从目前的研究成果可以发现，学者揭示出的柏拉图的所有隐喻都围绕并推进着自己的核心论题，即通过教育引导人的灵魂转向，最终促使民众过上正义的生活。

柏拉图在论述理想城邦的教育体系时，特意分说了以三大隐喻为代表的众多隐喻。无论关注的侧重点是什么，众多学者几乎都认为柏拉图的隐喻指称着灵魂转向的重要性和教育活动的可能性。现有研究成果让我们可以透过隐喻的表层，抓住柏拉图教育思想的核心特质。然而，我们也可以提出合理的怀疑：柏拉图为什么要运用隐喻，而不是用简单明了的语言来阐述观点、说明问题？如果柏拉图的交谈对象（或读者）无法领会隐喻的喻义，那他的隐喻岂不是无法达到教育效果？因此，在接下来的研究中，我们还应该去揭示柏拉图运用隐喻这种表达方式的深层原因，否则将难以真正触及其教育思想的内核。

五 柏拉图的哲学王思想研究

"哲学王"统治是柏拉图思想中的核心命题，也是一个极具争议性的话题，而柏拉图一系列的教育构想也以此为中心进行展开。我们从《理想国》的行文也能看出来，柏拉图先是论述了个人的正义问题，接着过渡到城邦的正义问题，然后在分析城邦的不同发展阶段之后做了大胆的尝试，即建构一个理想国。沿着这种思路，柏拉图认为若想实

---

① 何怀宏：《柏拉图〈理想国〉中的四隐喻》，《北京大学学报》（哲学社会科学版）2007年第5期。

现公众和个人的幸福，理想国就不能继续沿用以往的统治者。那么，何种统治者是值得欲求的呢？柏拉图给出了明确答案，理想城邦要通过教育培养"哲学王"以实现良序运转和稳定存在。可以说，《理想国》的内容都是围绕哲学王何以必要、何以可能以及如何培育进行展开的。哲学王统治命题在柏拉图思想中的重要地位也被国内研究者所发现，他们从诸多角度对之进行了深入的探讨。

其一，关于哲学王的多重性解读。哲学王统治的命题携带着丰富的意蕴，一直为众多学者所关注，如哲学王统治的真实性、现实性等。一方面，认为哲学王命题存在于理论层面。唐慧玲以理想哲学王到现实政治家的转变为线索，爬梳了柏拉图中后期哲学思想的变化，发现了其思想逐步现实化的演进路径。唐慧玲认为城邦统治者的转变既存在客观的现实原因，也是柏拉图哲学的本性使然；柏拉图思想变化的结果不是哲学思想的世俗化，而是从绝对理想走向了相对理想。① 因此，柏拉图将具有普遍诉求的哲学探究和处于特殊情境中的政治生活联系在一起，让现实的政治建构中富含深刻的哲学运思，从而实现了由哲学向政治的回归。孙银光、杜时忠也持有相似的观点，认为柏拉图试图通过建构理想国和培育哲学王来化解哲人与城邦之间的矛盾，借由哲人依托理性和贴近权力达到改造城邦政治、实现民众幸福的目的；但哲学王统治的命题仅在特定范围内才有真实意义，一旦推进到现实层面中极易演化为思想的暴政和现实的专制。② 另一方面，认为哲学王命题是为了解决理想国的悖论。柏拉图在建构理想城邦时，创设了一套完整的政治制度和公民教育体系。彭刚从制度与公民的关系入

---

① 唐慧玲：《洞穴内外：从哲学王到政治家——柏拉图政治哲学思想的转向分析》，《江西社会科学》2007年第7期。

② 孙银光、杜时忠：《"哲学王"的虚假和真实——兼论柏拉图的教育哲学思想》，《现代大学教育》2018年第4期。

手,以"有好制度才有好公民,有好公民才有好制度"的悖论为切入点,比较了柏拉图的"哲学王"和卢梭的"立法者"之间的差异。彭刚倒转了柏拉图关于好公民和好城邦何者为先的问题,指出"没有好公民就没有好城邦",而若想使民众成为好公民就必须对之施行适切的美德教育,同时提供好的政治环境。为了解决这个悖论,柏拉图引入了哲学王的角色。当然,彭刚也指出了其中存在的另外一重悖论性问题,"哲学王是用来解决制度和公民之间的循环的,却又陷入了哲学王与制度之间的循环"①。余露则越出柏拉图的理论视野,在梳理了众多学者对哲学王的非议之后,借鉴了孔子对"圣人"的定位,重新限定了哲学王的范围——教化意义上的"素王",从而认为柏拉图的哲学王构想不仅可能而且是一种必需。余露先是强调了政治的本性囊括了治统和教统两方面,而非纯粹是政治统治;随后,又指出柏拉图的理想城邦在某种意义上是一个教育系统。于是,哲学王的教育角色开始凸显出来。当然,余露还是倾向于"政治人物作为正义之王、哲人作为立法(教化)之王对国家分而治之,方可造就良善的生活"②。遗憾的是,历史的事实已经证明:教育根本无法脱离国家的制约,而教育独立论已被证明并不可行,它无法摆脱权力实施教化;哲学难以摆脱权力的诱惑,会在制度背景下表现出攫取权力的取向,进而掌控教育以维持统治。因而,这种关于"政治王"和"教化王"分立的构想,还是值得进一步商榷的。

其二,关于哲学王的两极性评价。教育学界研究者对哲学王的评价一直存在争论,并呈现出对立的情况,褒贬意见都趋向极端。一方面,斥之为臆想型政体的代言人。因为柏拉图生活在奴隶制时代,而且出身于奴隶主贵族家庭,所以有学者认为其教育思想是在为奴隶专

---

① 彭刚:《从柏拉图的哲学王到卢梭的立法者》,《求是学刊》2010年第3期。
② 余露:《"素王":对"哲人王"的一种可能解释》,《道德与文明》2015年第3期。

制政体辩护。王天一等从阶级矛盾的立场对柏拉图培养哲学王的教育命题进行了批判,指责其根本目的是"培养奴隶主国家的最高统治者和保卫者……根本目的就是要训练确认奴隶占有制的永恒性,进而捍卫这种制度"①。显然,在王天一看来柏拉图力图培养的"哲学王"成了奴隶主贵族专制政体的代言人。李茜则从哲学王统治命题的理论基础入手,认为这种政治理想是从善的理念中推演出来的,缺乏现实基础与经验依据;柏拉图在实现哲学王统治的进程中无法摆脱政治权威人格化的现实性困境,也难以弥补修德行而未必行德政的程序性悖论,亦未能解决授权而不限权的结构性矛盾。②任剑涛从更宏观的视野分析了在政治观念史上出现过的三种政治体公共性保障的象征符号:上帝、哲学王与民主选民。上帝作为公共保障符号是在神与人之间确立地位的,也是在神权机制中获得认同的。哲学王是在城邦机制中设想出来的,通过获得真理与权力的支持为城邦提供公共权威。民主选民则是现代政治活动的主体,是"人为自己立法"的产物,可以为宪政法治体制提供稳定的条件。相比较而言,从现代政治事务治理的角度来看,民主选民的适应性要强于上帝与哲学王。③另一方面,赞之为理想统治者的模型。柏拉图想要通过建构理想城邦、培养哲学王,让智慧而非意见看顾城邦。基于此,有学者在对"哲学王"评价时不吝溢美之词。程志敏认为"哲学王"观念是一种理论预设,目的在于批判世俗世界的"理想国"、为现实政治寻找理论"模型",从而为现实政治寻找超越性神圣根基并指导尘世国度的统治者进行治理。④这种理论构想以

---

① 王天一等编著:《外国教育史》(上册),北京师范大学出版社1993年版,第45页。
② 李茜:《哲学王何以执政——柏拉图王政失败的学理诊断》,《人民论坛》2012年第11期。
③ 任剑涛:《谁能创制并捍卫公共:在上帝、哲学王与民主选民之间》,《社会科学战线》2016年第5期。
④ 程志敏:《论古典哲学的"哲人王"观念——"乌托邦"辨谬》,《人文杂志》2007年第5期。

知识论、人性论、神义论和形而上学为基础,是为了实现德性、幸福和教化的目标并切实地关注现实生活。张斌贤教授认为柏拉图设想了由"哲学王"治理城邦、不同阶层各守本分的理想国模型,并系统地论述了培养哲学王的教育方案。因此,张斌贤认为哲学王体现了"教育和政治的完美结合,真理和权力的高度统一"①。至此,柏拉图的最高教育目标——培养哲学王,才最终宣告完成。李长伟对哲学王命题也持正面积极的态度,认为"如欲更好地承负恶,应对危机,过善好的生活,就必须由爱智慧的哲人来照看城邦"②。因为哲学王比城邦普通民众拥有更高的德行,即爱智慧或理念的整体德行,可以考虑城邦政体的利益和幸福。基于不同的出发点,关于哲学王的两种评价几乎完全相反甚至各自趋于极端。前者跳出了特定的历史语境,从现代的视角对柏拉图提出了过高的思想要求,显得过于苛刻;后者则以瑜掩瑕,人为地放大了柏拉图哲学王构想的秀异,显得不够客观。

正是因为认识到哲学王统治命题在柏拉图教育思想中的重要地位,研究者从多个切入点对之进行了细致解读,也从多个角度对之进行了或积极或消极的评价。客观地说,这些研究可以让我们对哲学王的统治命题形成更加全面而深入的认识。然而,现有研究依旧存在一些缺憾,即学者始终囿于《理想国》的范围,将柏拉图教育思想视为一个点、一种结果,未能将思维的目光向前向上延伸。一方面,没有关注到苏格拉底之死对柏拉图的触动;另一方面,忽视了哲人的生活境遇以及其与城邦政治发生的冲突。当然,这两个问题其实可以合二为一,也是柏拉图提出哲学王统治命题要化解的最

---

① 张斌贤:《教育:为铸造幸福的国家——柏拉图〈理想国〉研读》,《高校教育管理》2008年第4期。
② 李长伟:《古典传统与公民教育》,教育科学出版社2010年版,第128页。

重要问题。学者们对这种基本矛盾的忽视,导致现有研究尚未真正触及哲学王统治命题的核心要旨,故而就难以真正把握柏拉图教育思想的深刻意蕴。

六 柏拉图的诗哲之争思想研究

"诗哲之争"是公元前5世纪古希腊新崛起的哲学家与诗人之间围绕谁能够言说真理、谁可以教化民众等议题而产生的冲突,是哲学家的理性思维对诗人的感性观念的批判。它最初表现为苏格拉底与诗人的矛盾,后又被柏拉图在《理想国》中重启,结果是哲人赢得了斗争并形成了一套主导西方教育传统的教育方案。国内学界也关注到柏拉图著作中的"诗哲之争"问题,牛宏宝指出诗哲之争的实质并非诗与哲学之间的永恒斗争,而是哲学家的理性思维以及理念规定的自然世界对神话思维的传统世界的批判。这说明诗哲之争不仅意味着古希腊文化从神话世界转向了理性世界,也意味着一场极为重大的古代文化政治革命。于是,柏拉图通过"回忆"灵魂论扭转了长期占支配地位的神话灵魂论,揭示出灵魂具有可以与非感性理念进行沟通的先验理智直观。这种诗哲之争显示出柏拉图用哲学的先验理智直观对神话中的诗性直观进行了彻底清理,从而让先验理智直观可以对感性直观进行制约并与之契合。[①] 刘佳男和孟建伟从"诗哲之争"历史流变的角度持有相反的看法,认为现代思想质疑人类可以从观想自然中获得指导现实生活的理性原则,而这种倾向的出现是诗学与哲学在长久竞争中获胜的结果。"现代性因而是诗学对哲学的压制:人类活动被理解为主体自身的创造,而非自然本身的声音。"换言之,我们若要超越现代性的束缚必须重新发起诗哲之争,让"哲学重返生活世界,以恢复自

---

① 牛宏宝:《理智直观与诗性直观:柏拉图的诗哲之争》,《北京大学学报》(哲学社会科学版)2013年第1期。

然的整全地位"①。曾蒙和赵彦芳选择从《伊翁篇》入手，发现了隐藏在灵感论背后的"诗哲之争"问题，并以此为基础破解了诗学上"灵感论"与"摹仿论"彼此龃龉的难题。柏拉图在《伊翁篇》中指出"灵感论"与"摹仿论"统一于"诗哲之争"的内核议题，也统一于如何让诗歌形而上意义消解的共同目的之下；进而由"诗哲之争"引出诗歌和哲学所指向的不同"世界"——超越性的理念世界和欲望性的意见世界。②谭好哲和徐思雨则将"诗哲之争"还原到历史视野，通过强制性阐释分析了"诗哲之争"的现代性发展——丰富了为诗歌辩护的理论话语，强调了诗性阐释中理性和体验的作用，并发展了诗哲之争的心理学维度。③

在哲人之前，诗人已经成为形塑雅典民众道德和生活的教育家，而这种境况也构成了诗哲之争的现实发展背景。因此，柏拉图发起的诗哲之争具有深刻的现实背景和教育意蕴。周勇认为柏拉图通过与诗人、智者设计的教学内容进行区别从而界定了哲学教育内容，并挑起了何为哲学、知识分裂与灵魂完美之悖论关系等千古课程难题；这种悖论一直未能得到解决，以至于现代哲人尼采、海德格尔等不得不对柏拉图的哲学界定进行重构，但始终无法让教育真正安定下来，让关于教育内容的思考处于分裂与紧张之中。④与之类似，张巍借助语境还原的研究方法，将诗歌与哲学的"古老纷争"回置于柏拉图创建哲学思想的历史事件之中，揭示出柏拉图通过与诗歌和智术的对立来界

---

① 刘佳昊、孟建伟：《"诗哲之争"的流变与现代性的实质》，《北京行政学院学报》2018年第2期。

② 曾蒙、赵彦芳：《"诗哲之争"的隐性书写——柏拉图〈伊翁〉新解》，《贵州社会科学》2019年第2期。

③ 谭好哲、徐思雨：《强制阐释论："诗哲之争"的当代回应与发展》，《河北学科》2022年第1期。

④ 周勇：《哲学、诗歌与智术——柏拉图的千古课程难题》，《北京大学教育评论》2008年第4期。

定哲学。因此,诗哲之争的焦点主要围绕教育:哲学被证明为最佳的灵魂——城邦教育,并足以取代诗歌和智术。①孙银光等沿着相似的研究理路,采用发生学和阐释学方法,指出《理想国》中"诗哲之争"的背后是教育的主导权之争、正统的正义观之争,从本质上来看是人的欲望和理性之争,体现了柏拉图所持哲学教育观和诗歌教育观的冲突;在此基础上,柏拉图建构了一套新的教育方案——哲学对诗歌的统合,彻底净化了教育内容,从而传递真正的正义观。②这种理性和欲望之争一直是西方教育传统的主线,但柏拉图为解决理性的颓颃而提出的教育方案存在固有缺陷,会导致理性对欲望的专制。总而言之,这些研究让学者们对诗哲之争问题的认识从哲学领域延伸至心理学和教育学领域,从而极大地推进了人们对诗哲之争内在实质及教育意蕴的认识。

七 柏拉图思想的中西比较研究

柏拉图作为"希腊三哲"中承上启下的哲学家和教育家,其思想深深地扎根于古希腊文化传统之中,对西方社会文化形态演进的影响迄今余波未尽,且再次呈现出复兴之势。在与之相近的时期,中国也产生了影响中华文明发展进程的三位思想家。因此,有学者尝试通过比较柏拉图与老子、孔子、孟子的思想,从而揭示出中西方文化根源的异同,以便从中寻得可资借鉴的思想资源。

其一,柏拉图与老子思想的比较。作为中国传统哲学最重要的代表人物之一,老子在道德哲学上的建树以及对后来中国哲学发展产生

---

① 张巍:《诗歌与哲学的古老纷争——柏拉图"哲学"的思想史研究》,《历史研究》2008年第1期。
② 孙银光、杜时忠:《诗哲之争:〈理想国〉中教育观的冲突与融合》,《复旦教育论坛》2021年第6期。

的影响是毋庸置疑的。因之,有学者将其比之于西方的柏拉图,并对二者的思想进行了详尽的分析。吴爱邦以"王"的命题为切入点对老子和柏拉图的思想进行了比较,以此透视中西方文化的差异。他认为在定义方面,前者立足现实世界,后者立足理念世界;在质料方面,前者强调人性之王,后者则重视神性之王;在形式方面,前者认为应该无为而于社会,后者认为应该正义地统治城邦。① 当然,也有学者基于更宏大的视野,力图通过比较柏拉图和老子的思想,以期对"轴心时代"东西方两大文明的道德源头进行学理上的探源溯流。王康宁和于洪波认为老子和柏拉图具有共同诉求——"明道救世",即柏拉图的"理念论"与老子的"道论"虽同属于形而上之思,却都落实于形而下之世,最终都是为了实现德性社会之安定、城邦民众之幸福。同时,王康宁和于洪波亦点出了二者之间存在差异之处:一方面,老子认为个人美德与知识获得无关,而柏拉图则认为知识与美德相辅相成;另一方面,柏拉图认为必须构建教育体系行"有为之教",而老子则认为应该顺其自然行"不言之教"。当然,二者的德育目的却是殊途同归,前者是为培育"哲学王",后者是为成就"圣人"。② 学者们对柏拉图和老子思想的比较研究,深化了对东西方政治和德育思想的认识,但未能关注到他们所处的历史背景、文化形态,以至于就思想而论思想,就异同而谈异同,因而不可避免地存在一些缺憾之处。

其二,柏拉图与孔子思想的比较。作为中西方极具代表性和影响力的教育家,孔子和柏拉图教育思想的异同引起了颇多关注。刘萍从教育目的、教育内容、教育对象的角度,对柏拉图和孔子的教育思想进行了较为深入的探讨。首先,刘萍指出时代背景和生活境遇影响了

---

① 吴爱邦:《老子与柏拉图的"王"思想比较》,《兰州学刊》2004 年第 3 期。
② 王康宁、于洪波:《老子与柏拉图道德教育思想比较研究》,《陕西师范大学学报》(哲学社会科学版) 2014 年第 2 期。

二者教育观的形成,"奴隶主(贵族)的统治已经腐朽没落,新兴的地主阶级(或手工业者、平民)正凭借自身的经济实力蚕食甚至鲸吞统治权"。加之,柏拉图和孔子在特定历史境遇中都长期开展教育实践活动,因而形成了较为独特的教育观:在教育目的上,都致力于培养奴隶主(或贵族)政权所需的统治人才;在教育内容上,都非常重视音乐教育、军事训练和数学教育;在教育对象和方法上,二者则存在明显的差异,但都强调学以致用,即把所学知识运用到政治和道德实践中。[①] 朱钦运和朱大可另辟蹊径,以"临终之梦"为突破口,依次分析了孔子的"楹间坐奠之梦"和柏拉图的"树间天鹅之梦",并指出两者之间存在诸多相似及差异之处。前者是未完成的、以自身为客体的临终忧思之梦;后者则是完满自足、以自身为主体的临终喜乐之梦,"正好从一个特殊的角度隐喻着东西方哲学的不同路径"[②]。孙兴彻和林海顺比较了孔子与柏拉图伦理观的异同,认为他们都是在批判相对而可变的善的标准的基础之上论证了永恒不变的、绝对的善的标准。二者的差异之处体现在,孔子认为最高的善是"仁",而柏拉图认为最高的善是"理念"。在道德实践方法上,孔子强调以个人修养为根基,从家庭伦理向社会领域展开,从而形成指向大同社会的高层次道德精神;柏拉图则将个人伦理与国家伦理视为同构,所追求的道德并非是整体主义而是成熟的市民意识。[③] 刘丹忱则从孔子和柏拉图的治国思想入手,试图为中华民族伟大复兴背景下的治国理政提供思想资源。在将孔子和柏拉图定位为轴心时代人类进行精神觉醒的前提下,刘丹忱具体指出孔子将以修己为本、以安百姓为要旨的仁学之道渗透进依托

---

① 刘萍:《试比较孔子与柏拉图的教育观》,《解放军外语学院学报》1998 年第 6 期。
② 朱钦运、朱大可:《临终之梦的哲学意涵——以孔子与柏拉图为例》,《上海师范大学学报》(哲学社会科学版) 2016 年第 2 期。
③ 孙兴彻、林海顺:《孔子与柏拉图的伦理观比较——关于"善"的根据与实践方法》,《中国人民大学学报》2019 年第 3 期。

尊卑之别的君臣父子伦理关系之中，从而生成了以道德和政治高度统一来治平天下的德治路径；柏拉图通过正义与善的理念，构建了以三个等级各司其位、各尽其责为支撑的理想城邦治理模式。① 综而观之，关于柏拉图和孔子教育思想的比较研究，学者们虽然关照到了他们所处的时代背景和生活境遇，也关注到了他们在著作中呈现出的思想细节，从而推进了我们关于中西方早期教育思想异同的认识，但整体上依然没有跳出阶级分析的窠臼且缺乏事实层面的论证支撑，存在削古典之足适现代之履的嫌疑。

其三，柏拉图与孟子思想的比较。柏拉图和孟子的思想都论及了人性，而二者关于人性的不同看法引导了中西方相异的思维方式。谢文郁发现了柏拉图和孟子关于人性看法的歧义，选择以二人思想的共同基础——善的理念问题为抓手，进而对两者的理论进行了细致的比较。谢文郁指出，"对善的问题作出不同概念处理导致了完全不同的思想史方向，从而孵育出不同的文明"。其中，柏拉图在考察了信念认识论与理性认识论之后阐释了善的问题，以真正善的理念作为人生活的基点，并认为人在追求过程中才能获致善，即"人皆为求善"。孟子则首次提出了"人性本善"的观点，认为人依循自身的本性就可以过一种善的生活，而违逆自身的本性则会过一种恶的生活，即"可欲之谓善"。"前者因追问真正的善念而走向认识论，后者则因推论本性之善而走向功夫论。"② 柏拉图和孟子思想的起点及演化的逻辑存在差异，各自引导了中西方哲学迥异的思维方式，也形成了相去悬殊的生存方式。当然，教育与国家（城邦）的关系也是柏拉图和孟子教育思想中的核心要点，他们都持有国家（城邦）教育的理想，但在具体内容上存在极大差别。刘红星指出柏拉图认为人性中有难以根除的贪欲，因

---

① 刘丹忱：《孔子与柏拉图治国思想之比较互鉴》，《孔子研究》2020年第2期。
② 谢文郁：《善的问题：柏拉图和孟子》，《哲学研究》2012年第11期。

而城邦教育需要外化，遵循"教养灵魂—个人正义—国家正义"的逻辑，同时城邦还要制定律法监管公民教育；孟子则强调教育需要内化，遵循"人性善—以善养人—王服天下"的思路。基于此，刘红星认为孕育于专制背景下的孟子教育思想是开放的，寄望于通过教育王天下，而诞生于民主制度中的柏拉图教育思想则主张实施封闭式愚民教育。[①] 尽管二者的教育思想存在诸多殊异观点，研究者却并未忽视其间的相似之处，如他们所求之理想社会实际上都是等级社会、主张精英治理国家等。可见，学者对柏拉图和孟子教育思想的比较研究既是一种相互论证，也是一种互相辩驳，共同推动了我们对相关理论的深入认识。遗憾的是，我们依然难以超离现代性自负，未能将柏拉图教育思想回置于特定历史时期进行客观认识和理性考察，而对之提出了过高的、超出历史境遇的美好期待。

诸多学者关于柏拉图与中国古代教育家思想的比较研究是一种有益的尝试，在一定程度上有利于梳清东西方思想家思维品质和理论视野的异同，如对人性和德性的看法、对教育体系的设计、对教育内容和方法的选择等。然而，我们也能发现现有研究成果存在一些缺陷，如未能关注到中西方教育家所处历史语境、社会背景、文化形态、教育情境的差异，而他们教育理论的形成恰恰和这些要素存在千丝万缕的联系，这导致一些中西方比较研究成了为了比较而比较，相应的比较研究的价值也大打折扣。

八　柏拉图思想的现实可能研究

哲学源自社会现实生活，它"是自己时代、自己的人民的产物，人民最精致、最珍贵和看不见的精髓都集中在哲学思想里"[②]。可以说，

---

① 刘红星：《孟子与柏拉图的国家教育理想比较》，《云南财经大学学报》2006年第6期。
② 《马克思恩格斯全集》第1卷，人民出版社1956年版，第120页。

真正的哲学思想总是回应着每个时代现实生活中的问题，但也总是和社会生活之间存在一定的距离和张力。《理想国》系统而完整地呈现了柏拉图的教育思想，对后世教育实践发展产生了极为重要的影响，但其实践性特征一直为人关注和质疑，也是遭受学者批判最多的地方。关于这一点，一些批评几乎走向了两个极端：要么斥之为纯粹的理论空想，要么指责其试图颠覆现实的政治制度。① 事实上，从学界一般将柏拉图的著作名称"Πολιτιεα"译为《理想国》来看，已经潜在地认为其起码在哲学层面是合理的、值得追求的。当然，亦有学者对这种译法进行了合理的质疑，例如将之翻译为《王制》《政制》《共和国》《国家篇》《治国篇》等，但并未受到广泛认可。② 避开这些悬而未决的争论，我们将以客观立场从两个方面梳理关于柏拉图思想现实可行性的研究成果。

其一，无意义的"国家说"。柏拉图建构的理想国隐含些许原始共产主义色彩，如财产国有、分工简单、妇女共有、幼儿公育等，其是否可以和马克思的共产主义理论相提并论呢？范明生基于马克思主义立场对之进行了激烈的批判，一方面斥其是"建立在剥削基础上的公有制，在人类历史上不仅过去没有出现过，而且将来也不可能出现"，因而柏拉图建构的理想国在理论上是荒谬的，在实践上是行不通的；另一方面，指责柏拉图的理想国是历史的大倒退，通过"人为地杜撰一个小国寡民的停滞不变的封闭的农业社会，把民众束缚在特定地区并胶着在土地上；在统治阶级内部实行所谓的共产、公妻制度，退回到远古的野蛮时代甚至蒙昧时代"。③ 换言之，柏拉图对奴隶民主政体

---

① 李长伟：《古典传统与公民教育》，教育科学出版社 2010 年版，第 166 页。
② 关于对柏拉图"Politeia"翻译的质疑，参见刘小枫《王有所成——习读柏拉图札记》，上海人民出版社 2015 年版，第 179—225 页；谢文郁《正义与真理——柏拉图〈理想国〉的问题、方法和思路》，《中山大学学报》（社会科学版）2017 年第 2 期。
③ 范明生：《柏拉图哲学述评》，上海人民出版社 1984 年版，第 431—437 页。

进行的批判，不是面向将来而是倒向过去的。当代哲学家李泽厚等则从"哲学王"是否成立的角度来进行判定，认为"理论家应该和实践家分开，哲学家、思想家应该和革命家、政治家分开。这二者不能集于一身，混为一谈。哲学家不能去做什么'哲学王'，也不应追求成为'帝王师'"①。在柏拉图教育思想中，哲学王的统治是理想国能够稳定存续的必要条件。可见，若是哲学王成了一个虚假概念，那么理想国自然也就分崩离析了。显然，在一些学者眼中柏拉图的理想国只是无意义的国家学说，而他的思想也缺乏现实的可能性。这种看法看起来颇有道理，其实是以实践来裁剪理论，因为应然和实然之间存在距离，也理应存在必要的距离，否则只会沦为一种经验的解读。

其二，有意义的"乌托邦"。即使柏拉图的思想不具有现实可行性，那么是否意味着没有意义了呢？这里我们首先需要甄别的是哲学的实践性问题，即不能以实践性的欠缺遮掩理论的价值性。游朋轩以鲜明的态度指出，柏拉图的理想国不是流于空想的遐思，而是一种理想城邦的"不在场"状态。换言之，"所谓理想的城邦，实际上是试图为国家生活或政治生活提供终极意义上的价值标准——为了能够正确地判断政治生活问题的是非善恶，就必须建立理想化的是非善恶标准"②。除此之外，游朋轩认为理想国还有另外一重意义，即提醒我们不仅要认识到它的位置与作用，更要识别出在真实生活中因理想的降格或错位而导致的荒谬。王南湜则在对柏拉图思想进行全面的分析之后，指出柏拉图建构的理想国携带着乌托邦精神，即试图"通过改变人性这种限制理想价值实现的事实性，以达成一种理想的价值性与事

---

① 李泽厚、刘绪源：《哲学家不能去做"哲学王"和"帝王师"》，《中华读书报》2012年2月29日第13版。

② 游朋轩：《理想主义还是乌托邦主义——试论柏拉图对理想国的建构》，《河北学刊》2014年第2期。

实性的统一"。在柏拉图看来，理想国中的民众若是可以实现这种改造，那么一切悲惨的命运、一切悖于人性的丑恶都会被革除，从此可以过上德福一致的美好生活。然而，回到真实的社会生活境遇，理想国中预设的事实性改造是没办法实现的。尽管如此，王南湜还是肯定了这种乌托邦精神的意义，"如果没有乌托邦精神，人类还能否称作本来意义上的人类？就赋予人生意义而言，具有乌托邦精神的理想性政治哲学本身就是有意义的，而无待于它对现实政治生活的直接引导作用"①。张波波则指出柏拉图确信"美好城邦"比过去或现在任何现存社会都要好，而且认为其并非永不可能出现，所以说"美好城邦"不是一种缺乏现实根基的理论幻想，更非单纯的乌托邦；柏拉图建构理想城邦是立足自身对哲人想象力的严肃使用，具有一定的现实可行性。② 可见，对某些学者而言，尽管他们同样认为柏拉图思想的现实可能性较弱，但依旧认为其具有着重要的理论意义。

　　学者们关注柏拉图思想的现实可能性，确实抓住了一个要点，即理论的理想性与现实性之间是互相支撑的，而理想与现实也应该互相对质、相互牵引。现有研究成果从多个角度剖析了柏拉图思想的内核，并探求其能否在现实生活中开展，确实有利于我们梳清"理想国""哲学王"的真实意蕴。这种努力是值得肯定的，因为即使在近现代依旧有哲学家为柏拉图的哲学构想所倾倒，如马基雅维利（N. Machiavelli）对君主统治的譬解、费希特（J. G. Fichte）对国家专制的服膺、海德格尔（M. Heidegger）对纳粹政权的拥护，而国内哲人也长期向往着能够成为"帝王师"。作家王小波曾以戏谑的口吻

---

① 王南湜：《从"理想国"到"法治国"——现实性的马克思主义政治哲学何以可能》，《天津社会科学》2006年第5期。
② 张波波：《从喜剧幻想到乌托邦：论柏拉图"美好城邦"之构想的切实可行性》，《浙江学刊》2022年第2期。

道出了此中真意,"有些人喜欢这种角色(哲人王)……无数青年读了这类著作,燃烧起雄心,想要做一个库格斯或者哲人王"①。然而,在此之前我们还要验证一个被无意间忽视的命题——柏拉图的教育思想在理论上是否成立?是否存在某些未被意识到的致命问题?如果理论层面的问题都没有被完全厘清,那么探讨所谓的现实可能性问题也就变成了一种徒然。

九 柏拉图思想研究的整体评价

国内外学者对柏拉图著作及理论一直怀有极为浓烈的情感,对其教育思想的研究更是形成了较为悠久的传统。除以上综述主题之外,关于柏拉图教育思想的研究成果还有很多,诸如女性教育思想、成人教育思想、血气教育思想、和谐发展教育思想、教育伦理思想、教育管理思想等。正似"东西两际海,巨细难悉究。团辞试提契,挂一念万漏"。笔者限于书籍主题和篇幅,仅选取其中最具代表性文献,梳理诸多学者的主要思路及观点,尽量勾画出当前研究的全貌。从现有研究成果来看,学者们关注的范围广泛、分析的角度新颖、研究的程度极深。至此,将对现有研究成果进行整体性评价,以凸显本书拟将突破的要点。

学者们对柏拉图教育思想进行持续而深入的研究,推进了人们的认识,也发掘出了其在当代的重要意义。若简要论述研究的贡献,可大致分为两个方面:一方面,为教育寻得可追溯的历史传统。如果仅以现代语境来考察教育,我们很容易陷入一种"现代"的偏执之中,难以获致对此问题的深层洞察,进而会导致放弃对教育问题真实的直观。学者们对柏拉图教育思想的研究,让人们可以从古典视域对教育

---

① 王小波:《理想国与哲人王》,陕西师范大学出版社2004年版,第104—105页。

进行源流追索，探明其最初的内涵和本质，进而以之观照当前的教育现实，洞察相关问题的根本因由，并汲取古典教育的养分寻求可能的未来。另一方面，为当代教育实践提供丰富的理论智慧。当前学校教育致力于将经过筛选和建构的知识、技能平等地传递给每个学生，以促使其快速获得足以应对未来社会生活的能力。然而，这种对教育的单方面理解肢解了教育的内容，甚至是误解了教育的内核。学者们借由对柏拉图教育思想的系统论述告诉我们，德性的追求或精神的完满理应是教育的重要组成部分，并处于教育的核心地位。这意味着学生的成长应该指向于善美，而非匍匐于生活；应该兼顾及精神，而非趋向于物质。以此作为补充，学校教育活动会变得更加丰富，从而促进学生身心和谐发展，进而追求美好生活。

尽管如此，现有研究依然存在一些局限，或者是因未被关注而亟须突破的地方。

一是对教育对象的认识不清。现有研究成果共同指向于柏拉图的教育对象是精英、贵族等，可并没有给出合理的论证，而更多是从教育目的——培养哲学王来反推教育对象的范围。然而，这种论证逻辑存在极大的漏洞，因为柏拉图设计的教育体系是一个金字塔形的筛选系统，最终遴选出的哲学王无法证实初始的教育对象。所以我们要从柏拉图的著作中重新寻找新的线索以证实教育对象的范围，即他重视教化普通民众吗？还是将教育对象的范围限定在护卫者阶层？我们一旦误判了柏拉图选定的教育对象，就极有可能会误解其所提出的教育理念和建构的教育体系。

二是对教育内容的认识偏狭。当前研究成果习惯于从现代教育的视角将柏拉图提倡的教育内容限定在具体学科——以现代的视角来看，如音乐、体育、军事、数学、辩证法、哲学等。这些特定的学科课程确实是护卫者阶层及哲学王必须研习的教育内容，也是柏拉图专门进行系统阐述过的要点。然而，我们将研究的视野抽离出来会发现，柏拉图用很大篇幅对诗歌（或诗人）进行了批驳。换言之，如果诗歌依旧在理想城邦教育内容中占据主导地位（如现实中的雅典城邦一般），那么根本就无法培养出哲学王。以《理想国》为例，柏拉图先后多次（第二、三、十卷）激烈地批评了诗歌和诗人。诗歌作为雅典城邦教育中的主要内容，却被柏拉图要求从理想国中驱逐出去或进行改造。这种极具反差性的情况不得不引人深思：难道驱逐或改造诗歌是理想城邦实施教育的前提条件？然而，相关学者虽然论及了"诗哲之争"问题，但并未充分揭示其中蕴含的教育价值，这也导致其对柏拉图重视教育内容的认识过于偏狭。

三是对教育目的的认识局限。诸多学者纷纷关注了"哲学王"在柏拉图教育思想中的核心地位，亦将其视为理想城邦教育的最终目的。遗憾的是，他们关注的范围始终拘囿于《理想国》，尚未将思维的探头向前和向上延伸。具体而言，一方面是没有关注到哲人与城邦政治存在的冲突；另一方面是没有关注到苏格拉底之死对柏拉图的触动。其实，这两个问题是合二为一的，也是柏拉图提出哲学王统治命题要化解的最重要的问题。因为即使到了柏拉图生活的时期，苏格拉底被城邦民众恢复了名誉①，哲人教学依旧没有自由，哲学活动也面临着随时中断的风险，这意味着哲人教育和现实城邦存在无法避免的冲突。正是由于研究者未能充分关注到柏拉图所处的社会历史背景和城邦生活环境，也就未能彻底厘清柏拉图教育目的问题的来龙去脉，导致无法深刻认识到哲学王统治城邦命题的真正意义。

---

① 公元前385年，雅典人重新审查了苏格拉底被控案，认定苏格拉底受冤屈，于是关闭一些活动场所（例如体育场），接着判处美勒多死刑，把其他诬告者驱逐出境。苏格拉底雕像（雕刻家吕西波作）作为平反的一项措施，大约在这之后立于一陈列厅。参见严群《柏拉图生平和著作年表》，载［古希腊］柏拉图《游叙弗伦 苏格拉底的申辩 克力同》，严群译，商务印书馆1983年版，第149页。

四是对教育方法的认识模糊。相关学者开展柏拉图教育思想研究活动时依旧停留于著作的文本表面，仅仅笼统地关注到柏拉图通过对话法来让谈话者跟随自己的思路，直接考察民众关于正义的意见，进而促使其实现灵魂的转向，而没有进一步区分对不同谈话者教育方法的差别。这个问题比想象得更加重要，一个明显的例子可以证明：柏拉图作为一个致力于教化城邦的哲学家，为何会在理想城邦中鼓励统治者使用"高贵的谎言"？为何在《理想国》结尾处讲述了民众口口相传又颇为骇人的厄洛斯神话？为何不使用更加简单而直白的话语与对话者交谈？是不是有意识地对不同交谈者进行了区分？显然，柏拉图对不同的谈话者或读者运用了极为不同的教育方法。学者对柏拉图教育或谈话方法的忽视，极易导致对其教育思想的理解浮于表面甚至产生严重误读。

五是对写作技法的理解浅显。学者在研究柏拉图教育思想时，不能忽视其所处的城邦环境。苏格拉底之死的影响超出了自身的历史境遇，标志着批判现实的思想与行动、异于流俗的理论与实践尤其是哲学与政治彼此冲突的开端。事实上，苏格拉底式教育活动在城邦中遇到了合法性危机，甚至让哲人（教师）的人身安全受到了现实威胁。这种恶劣的城邦环境——对哲人的恶意，是柏拉图必须要面对和化解的难题。柏拉图若是不改变写作方式，那么必然会面临如苏格拉底类似的危险境遇。因此，柏拉图将真实的想法隐藏在文字的背后，即在显白教诲的背后藏匿着隐微教诲。"隐微教诲不是藏在低于或高于表面的某处：它就是在表面上，但仍然隐藏着，如果你知道怎么去看，它就藏在稀松平常的观点里。"① 然而，学者对柏拉图教育思想进行研究时尚未充分认识到这种写作技法，而仅仅揭示了浅显的意思。

---

① ［加］朗佩特：《哲学与哲学之诗：施特劳斯、柏拉图、尼采》，刘旭、吴一笛译，华夏出版社 2021 年版，第 5 页。

第五节 柏拉图的现代形象

柏拉图思想自形成以来,经历了漫长的跨区域、跨文化传播的历史,不断转化、变形和适应现实情境,其理论的原貌及真正的形象已经淹没在时空之中。诸多研究者借由贴近阅读原著、深入诠释文本等方式,试图重新走进柏拉图生活的城邦世界,真正勾画出柏拉图教育思想的原初面貌,以便深入理解其承载的价值意蕴。与之相应,众多研究者由于选择的切入角度和关注的研究主题不同,这导致他们描绘的柏拉图形象存在极大差异,甚至呈现了截然相反的柏拉图的形象侧面。

一 空洞的理想主义者

《理想国》是柏拉图最具代表性和影响力的著作,携带的教育思想一直为研究者所关注。从译名可以看出,国内学者普遍认为柏拉图的思想蕴含着某种理想主义色彩。范明生认为,柏拉图建构的理想国中附着了些许原始共产主义的色彩,如财产国有、妇女共有等,这是人类历史发展进程中的极大倒退,不仅过去没有出现过,将来也不会出现。① 换言之,柏拉图的理想国包括其中的教育思想,在理论上是荒谬的,在实践上也是行不通的。王柯平同样认为,柏拉图的思想表现出某种理想主义性质。"从《理想国》到《法律篇》,柏拉图的思路也彰显出一种从理论到实践、从理想到现实的发展态势。但要看到,在其深层意识中,乌托邦蓝图依然挥之不去。"② 最为典型的是,柏拉图旨在挑选城邦优秀公民的教育净化思想,带有明显的理想主义特征。王秀娟在充分肯定柏拉图教育思想的价值之后,指出了其以哲人的理性

---

① 范明生:《柏拉图哲学述评》,上海人民出版社1984年版,第431—437页。
② 王柯平:《柏拉图的城邦净化说》,《世界哲学》2012年第2期。

眼光为人类建构了第一个理想的政治模式,使之成为西方思想史中的第一个乌托邦。遗憾的是,柏拉图对理想城邦及教育体系的规划多流于空想,根本不具备在现实社会中推行的力量和途径。① 成中英等则认为柏拉图根据古希腊的教育思想设计了一套哲人主导的理想教育方案,并将对善的理念的认识作为治理城邦、使事务有序运转的所有行动的来源。然而,这种乌托邦的教育思想面临着很多问题,最根本的问题是如何使理想的国家及教育成为现实。如其所言,"柏拉图创造一个封闭的社会,不允许新的元素,也不允许人们转变角色……理想国仍然锁定在理想的形式之中,它不允许任何角色发挥作用"②。这也就意味着,柏拉图不提倡通过改革或革命来实现理想的国家,也并未在现实的教育活动中做出努力,只是一个空洞的理想主义者而已。柏拉图的空想主义者形象,亦为国外研究者所认可。汉娜·阿伦特认为,"柏拉图以乌托邦式的、体现在哲学王身上的理性来统治,来应对城邦现实"③。在这种乌托邦中,教育涉及的是当前统治者对未来统治者的训练,即统治者被看作教育者,教育者则被要求去统治。伯纳黛特·贝克也认为,柏拉图式的乌托邦和宇宙观有某种内在的相似性,都依赖于年轻人表现出来的品质和德性。在这种理解中,孩子被当作一种工具,是通过新的教育安排可以在乌托邦中被改造的东西。④ 显然,在国内外学术界,部分学者一直认为柏拉图是一个空洞的理想主义者,其教育思想虽然不乏价值,却难以在现实生活中实现。

---

① 王秀娟:《早期乌托邦的理想社会思考——柏拉图和他的〈理想国〉》,《国外理论动态》2008年第7期。

② 成中英、阮凯:《乌托邦吊诡及其解决之道——从柏拉图的理想国到儒家的大同世界》,《探索与争鸣》2016年第12期。

③ [美]汉娜·阿伦特:《过去与未来之间》,王寅丽、张立立译,译林出版社2011年版,第101页。

④ Bernadette Baker, "Plato's Child and the Limit – Points of Educational Theories", *Studies in Philosophy and Education*, Vol. 22, No. 6, 2003.

二 顽固的极权主义者

在《理想国》中，柏拉图试图借由哲学王来统治理想城邦，并对城邦民众进行等级划分，所以经常被研究者认为是顽固的极权主义者。卡尔·波普尔站在自由主义的立场，以"谁应该统治国家"为出发点，揭示出柏拉图的正义理念最根本的要求是：统治者就该统治城邦，天生的奴隶就该被奴役。为了阻止所有的变化，城邦应该是理念的复制，是极权主义的半神半人的世界，即具有静止的、永恒的、拒绝变化的特征。在这种情况下，作为维护城邦统治最重要的机构——教育部门，负载着极为重要的政治使命，也是相当僵化的政治使命，主要是为了筛选最优秀者。可以说，柏拉图的哲学教育有一种明确的政治功能，即给统治者打上明显的印记，并在统治者与被统治者之间构筑坚固的障碍。"除此之外，柏拉图给医学分配的任务也使柏拉图城邦国家的极权主义特征清晰地显现出来，在那里国家的利益支配着公民从摇篮直到坟墓的生活。"[①] 正是因为对权力的集中和对异质性思想的不包容，理想国隐含着极权主义色彩，而柏拉图的教育思想也成了开放社会的敌人。波普尔的观点产生了极为深远的影响，甚至还影响到了后继学者的看法，如帕帕斯认为柏拉图在表面上具有和法西斯令人不快的一面的相似性，包括在出身和配偶上说谎、根据优生学理论控制繁殖、限制诗歌和演讲、对卫国者进行灌输等。"柏拉图式的国家进一步在其独裁主义的基础上建立集权主义的王国。"[②] 徐雪野等也认为柏拉图是从历史决定论的角度来建立理想城邦的。于是，在理想的城邦中，只

[①] [英]卡尔·波普尔：《开放社会及其敌人》第1卷，陆衡等译，中国社会科学出版社1999年版，第282—283页。
[②] [美] N. 帕帕斯：《柏拉图与〈理想国〉》，朱清华译，广西师范大学出版社2007年版，第225页。

有保持各阶层之间的封闭性和差异性，才能保证城邦不受历史衰败规律的影响。"这种阶级的区分和稳定都要建立在个体服从整体的基础之上，而每个阶层的职能都要完全服务于城邦整体的需要，即个人利益要服从于集体利益，这便是集体主义的表现。"① 事实上，社会过于强调集体的利益而忽视个体的需求，会直接滋生出极权主义色彩，进而形成一个封闭压抑的社会控制模式。可以说，卡尔·波普尔率先开启了对柏拉图思想中极权主义色彩的系统批判，并被后来的部分学者继承了下来，这导致在学术研究中柏拉图一直难以摘下顽固的极权主义者的面具。

三 激进的教育革命者

柏拉图创作《理想国》是为了对现实的雅典城邦进行改造，所以其思想中不免带有革命性色彩，甚至在一定程度上背离了城邦现实生活。燕宏远等从当代女性主义理念出发，认定柏拉图是一名女性主义者。"从追求男女政治、教育上平等的视角而言，柏拉图某些关于妇女与男子平等的思想理应看做是'女性主义'的一种开端。"② 同时，燕宏远还着重指出解构家庭是柏拉图最激进的思想。柏拉图为了充分发挥女性的才能，将之从家务劳动中彻底解放出来，使其能够全身心地投入城邦事务之中，直接摧毁了束缚女性的家庭枷锁，并在法律上取消了女性对男性的隶属关系。还有学者沿着这种理路进一步延伸，认为柏拉图思想中最具革命色彩的内容是在女性教育方面。柏拉图生活于古希腊奴隶制社会，当时女性在城邦中的地位极其低下，只作为男

---

① 徐雪野、宋婷婷：《波普尔对柏拉图集体主义正义观的批判》，《学术交流》2016年第12期。

② 燕宏远、梁小燕：《柏拉图：西方"女性主义"的先驱者》，《哲学动态》2005年第10期。

人的附属物而存在，并没有任何受到保障的权利。正如恩格斯所说："她们过着差不多是幽居的生活，只能同别的妇女有所交往。"① 在这种情况下，柏拉图提出男女平等的教育主张，包括肯定男女具有平等天赋、平等的受教育权利、接受共同的教育内容和早期教育等，体现了敢为天下先的大无畏革命精神。② 其实，在更早的时候，布卢斯通（N. H. Bluestone）就将柏拉图视为女性主义者，并进行了详细的论证。"其一，柏拉图提出女性要从抚养孩子和家务事中解放出来，和男人一同接受军事训练、管理城邦事务；其二，柏拉图在《会饮篇》里，通过巫婆狄奥提玛表达哲学洞见，寻爱的真谛。"③ 高利·伏拉斯托斯（Gregory Vlastos）持有同样的观点，认为柏拉图在《理想国》中给予女性七项基本的权利，包括受教育权、性选择权、社交权、财产权、求职权、政治权以及法律上的其他各项权利。④ 这些学者将柏拉图定位为女性主义者并富有革命主义精神，虽然别出心裁但引起了诸多学者反对，如普卢姆伍德（Plumwood）、斯佩尔曼（Spelman）、莫拉戈·巴肯（Morag Buchan）等。其实，柏拉图的女性主义者形象是不甚清晰的，而是从理想城邦建构和治理的维度定位女性的角色和价值，这意味着建立在女性主义者基础之上的教育革命色彩也就更加淡化了。

经过梳理不难发现，在当前研究者心目中柏拉图的形象主要包括空想的理想主义者或顽固的极权主义者，而非激进的革命主义者。然而，柏拉图的形象是否真实？或言之，我们是否充分还原了柏拉图思想的原貌？这是一个值得注意的问题，也是本研究关注的重点。

---

① 《马克思恩格斯选集》第4卷，人民出版社1972年版，第59页。

② 张苡颖、邵彩玲：《柏拉图〈理想国〉的女性教育思想及其现代价值》，《河北师范大学学报》（教育科学版）2009年第4期。

③ Natalie Harris Bluestone, *Women and the Ideal Society：Plato's "Republic" and Modern Myths of Gender*, Amherst：University of Massachusetts Press, 1987, pp. 12 – 24.

④ Gregory Vlastos, *Was Plato a Feminist? In Tuana, Feminist Interpretations of Plato*, Pennsylvania：The Pennsylvania State University Press, 1994, pp. 12 – 14.

第二章　思想的实验：柏拉图教育思想的历史定位

"人应该如何生活",或言之,"怎样过正义的生活",几乎没有人会否认这个问题的重要性,因为它决定着个人的价值,亦关乎人生的根本。正如柏拉图提醒所有人:"这不是一件小事,而是一个人该怎样采取正当的方式来生活的大事。"① 当城邦生活出现动荡、传统价值观念遭受到冲击的时候,这个问题的重要性被进一步凸显出来。然而,让人无助的是对于这个问题,人们不仅不知道答案,甚至不知道如何去寻找答案,结果导致各种无法借由经验复核的歧见彼此对立、相互冲突,从而让人陷于流动的世俗生活中而无法超离。正是意识到这个问题的重要性,柏拉图在《理想国》中深入考察了城邦民众关于"正义"的不同意见,试图回答"何为正义""为何要过正义的生活"等核心问题,并以此来教育民众走出由关于正义的世俗意见编织的牢笼。遵循着这种思路,他由个人到城邦、由民众到统治者,进行了一场思想的实验②——不停衡量着观念、变换着要素,从而探求如何使

---

① ［古希腊］柏拉图：《理想国》,郭斌和、张竹明译,商务印书馆 1986 年版,第 40 页。
② 肖厚国：《古希腊的思想与历史：自由的古典探索》,上海人民出版社 2010 年版,第 106 页。

人获得正义的信念、过上理想的生活。在进行思想碰撞和观念审视的过程中，柏拉图触及了城邦的诞生、发展和统治者的出生、培养等问题，而教育在其中起着非常重要的作用，甚至决定着城邦的稳定性存续、民众的正义性生活。换言之，教育问题实质上是"理想国"的核心问题，尽管它看起来完全从属于城邦，其实决定着城邦。当然，在正式进入这个问题之前，我们需要了解柏拉图之所以构建"理想国"的历史渊源和现实背景。正如马克思所言，"真正的哲学都是自己时代精神的精华……都要和自己时代的现实世界接触并相互作用"①。柏拉图的哲学思想、教育思想正是对城邦现实问题进行的深度反思，并给出了自己的解答。因此，走进真实的城邦生活境况，我们才能拂去历史的尘埃显露出柏拉图真实的影像，才能真正理解他的教育思想、哲学思想。

第一节　城邦民主的沦落

"政治"［politics］源自古希腊文"Πολιτική"［politika］，本义为"城邦中的事务，公共生活方面的事务"；与之相应，公民［polites］则源自希腊文"πολίτη"［polis］，本义为"属于城邦的人，同一个城邦的公民"②。在古希腊时期，城邦政治不仅意味着一种法律结构，更是一种公民的生活方式。事实上，城邦为公民提供了一套关于宇宙论和存在论的完整故事，确保自然和历史、神话和习俗成为通融的整体，进而诉说着明确完整的生活价值和生命意义。于是，作为个体的公民能够在诸事皆由城邦筹划的安排中度过自身充实而有意义的一生。正是基于此，亚里士多德才提出，"人类在本性上，也正是一个政

---

① 《马克思恩格斯全集》第1卷，人民出版社1956年版，第121页。
② 罗念生、水建馥编：《古希腊语汉语词典》，商务印书馆2004年版，第700—701页。

治动物"①，其本意指民众生活在城邦之内，必须参与政治才能充分实现自身存在的价值，而处于城邦之外的人并不完整——非神即兽。可想而知，一旦城邦的民主政制遭到外界的冲击或内部的破坏，公民原本稳定的社会生活将会动荡无依，也就无法获得自身整全的意义。柏拉图关于"理想国"的探讨、正义观的追寻正是在这种宏观的历史背景下展开的。

一 战争：原始民主失利

在古希腊城邦时代，阿提卡半岛和伯罗奔尼撒半岛发生过两次波及范围极广的巨大战争。第一次是公元前 500—前 449 年的希波战争，希腊人（包括雅典人、爱奥尼亚人、色雷斯人、拉栖代蒙人即斯巴达人等）联合起来相继击败了波斯王大流士一世、薛西斯一世率领的侵略军队。"在这次战争中，希腊人使小亚细亚的希腊城市脱离了波斯的羁绊，打通了达到黑海沿岸的道路，在那里取得了奴隶、原料和市场，为其高度的文化发展提供了经济的条件，这一时期是希腊奴隶社会欣欣向荣、向上发展的阶段。"② 公元前 479 年，希腊联军在取得萨拉米斯海战和布拉底战役胜利之后，希波战争已经基本宣告结束，随后以雅典城邦为首的希腊海军转入进攻阶段。③ 在战争期间，雅典城邦的民主政治制度获得了充分发展，并加快了对外扩张的进程。战后，雅典城邦控制了通往黑海的要道，夺取了大量的利益，经济和文化都取得极大的繁荣，一跃成为爱琴海地区的霸主。次年，雅典与米利都、开俄斯、萨摩斯等城邦在希腊宗教圣地提洛岛结成了"提洛同盟"，随后

---

① ［古希腊］亚里士多德：《政治学》，吴寿彭译，商务印书馆 1997 年版，第 7 页。
② ［古希腊］修昔底德：《伯罗奔尼撒战争史》，谢德风译，商务印书馆 1960 年版，第 7 页。
③ ［古希腊］希罗多德：《历史——希腊波斯战争史》（上册），王以铸译，商务印书馆 1959 年版，第 678 页。

在科林斯湾地区发展力量，控制了北部科林斯地峡，进抵以斯巴达城邦为首的伯罗奔尼撒同盟的重要成员科林斯和埃基那城邦。此时，雅典城邦因为对波斯战争的持续胜利，各方面都获得了快速发展，已发展成为不逊于斯巴达城邦的存在。它牵头与数个城邦结成的提洛同盟，也与以斯巴达为首的伯罗奔尼撒同盟势均力敌。因此，无论从城邦的区域霸权层面，还是从联盟的利益争夺层面，两大同盟之间的冲突已经无法避免。公元前461年，与斯巴达城邦交好的雅典将军客蒙（Cimon）被伯里克利（Pericles）放逐，雅典城邦与斯巴达城邦的关系开始急剧恶化。

到了公元前435年，一场突发的城邦动乱成为两大同盟爆发战争的导火索。科西拉城邦的殖民地伊庇丹努城的民主派和贵族派发生激烈冲突，后因向母邦科西拉城邦求助无援而倒向了科林斯城邦。科西拉城邦虽然是科林斯城邦的殖民地，却一直与母邦的关系恶劣。两个城邦因为伊庇丹努城事件发生了战争，而科西拉城邦惧于科林斯城邦的威势，于公元前433年加入了提洛同盟，引得雅典城邦派军队干涉其与科林斯城邦的战争，后被科林斯城邦击败。[①] 随后，雅典城邦和科林斯城邦又因波提狄亚问题发生了激烈的争端并诉诸战争，而雅典城邦赢得了战争的胜利。科林斯城邦是斯巴达城邦维持伯罗奔尼撒同盟的重要盟友，利用同盟治理模式的内在缺陷，形成了以自己为中心的准同盟组织，一方面借助伯罗奔尼撒同盟与雅典城邦争霸，另一方面要挟斯巴达城邦为自身提供支持。最终，在公元前431年，因为无法调和的利益冲突，分别以雅典和斯巴达城邦为首的两大同盟爆发了伯罗奔尼撒战争，并迅速席卷了整个希腊世界。正如修昔底德对之进行的评价："这次战争是一个伟大的战争……我看见希腊世界中其余的国

---

① ［古希腊］修昔底德：《伯罗奔尼撒战争史》，谢德风译，商务印书馆1960年版，第35—40页。

家不是参加了这一边,就是参加了另一边;就是那些现在还没有参加战争的国家,也正在准备参加。这是希腊人的历史中最大的一次骚动,同时也影响到大部分非希腊人的世界,可以说,影响到几乎整个人类。"① 公元前 419 年,阿尔基比亚德(Alcibiades,另译为:亚西比德、阿尔基比阿德斯、阿尔克比阿底斯等)当选为将军,其领导的主战派在雅典城邦取得了统治权力,促成了和斯巴达的宿敌阿哥斯城邦的同盟,导致与伯罗奔尼撒同盟的冲突进一步加剧。公元前 415 年,阿尔基比亚德鼓动雅典城邦发起了远征西西里的战争,后因城邦中的赫尔墨斯石像毁坏被控渎神而逃至斯巴达城邦,这导致了雅典城邦军队远征失败、损失惨重。经过数十次战役,雅典海军于公元前 405 年在伊哥斯波塔米战役(另译为羊河之役)中惨败,而斯巴达海军成功封锁了雅典城邦的门户比雷埃夫斯港,并迫使其投降。

公元前 404 年,持续了 27 年的战争以雅典城邦的失败而告终,以斯巴达为首的伯罗奔尼撒同盟军队踏破了雅典卫城,推倒了城邦的城墙。伯罗奔尼撒战争给雅典城邦民众带来了极大的苦难,当战争结束时他们满怀希望地迎接和平和自由。"雅典接受和平条约后赖山德尔进入比雷埃夫斯。那些被流放的人回到了他们的家园,在笛子音乐的伴随下大家欣乐地开始拆除城墙,因为大家相信,从这一天开始希腊的自由开始了。"② 然而,斯巴达人领导的伯罗奔尼撒同盟虽然赢得了战争,但从未做好领导希腊世界的准备。它以自身的政治制度为模板,在雅典城邦扶持了以克里提阿斯(Critias)和查米德斯(Charmides,柏拉图的两个舅舅,亦是苏格拉底的学生)为首的寡头政权。为了维护自身的统治,三十僭主施行酷烈的专制统治和恐怖政策,规定只有少数有产者享有公民权,并大肆捕杀城邦的民众,从而动摇了雅典民

---

① [古希腊] 修昔底德:《伯罗奔尼撒战争史》,谢德风译,商务印书馆1960年版,第2页。
② [古希腊] 色诺芬:《希腊史》,徐松岩译注,上海三联书店2013年版,第62页。

主政制的社会根基。"在八个月统治期间,雅典寡头政权杀死了许多雅典公民——几乎比战争最后十年斯巴达军队杀死的雅典人还多。"① 次年,色拉西布洛斯(Thrasybulus)和阿尼图斯(Anytus)领导的民主派反抗寡头政权的恐怖统治,首先占领了比雷埃夫斯港②,而克里提阿斯和查米德斯亦在争斗中败亡。随后,雅典城邦的民主派与斯巴达占领军订立条约,重建了城邦的民主政体。从公元前411年由阿尔基比亚德引发、皮山大运作的寡头政变③算起,加上公元前404年寡头政权上台、公元前400年民主制又差点重蹈被推翻的覆辙,雅典民主制度在短短十余年间遭受了难以恢复的重创。正如柏拉图基于在雅典城邦的生活境遇所言,"每个城邦,不管它是如何的小,本身都分成两个敌对城邦,一个是穷人的城邦,一个是富人的城邦,二者处于相互的敌对之中"。尽管雅典城邦根深蒂固的民主基因挽救了自身的政体,然而其长期以来高度繁荣的经济、文化还是无可避免地走向了败落。柏拉图出生于公元前427年,青年阶段正好经历了雅典政治"混乱、动荡、乏味并且让人沮丧"的时刻,加之寡头政治的恐怖,难免陷入极端的失望之中。正如他在给狄翁(Dion)的书信中写道:"那时民主政权为一般人所厌恶,革命发生了……当我看到这些,以及其他种种,我衷心厌恶,决计与这个可耻的政权完全脱离干系。三十人委员会大失人心,被逐下台……当时雅典局势混乱,私人互相报复到处械斗……当

---

① Eduard Meyer, *Geschichte des Altertums* (*Vierter. Bond.* 5), Stuttgart:J. G. Cotta'sche Buchhandlung Nachfolger, 1953, p. 34.

② 伯里克利主持完成了雅典与比雷埃夫斯港之间的城墙修建工程,确保了雅典与海上的交通联系,实现了"雅典海上帝国",标志着雅典民主制的极大繁荣;斯巴达人围困比雷埃夫斯港迫使雅典城邦投降,建立了寡头政权;民主派也是通过占领港口,恢复了民主政制;苏格拉底亦在港口旁的战神山上受审,并被关押在山中央的洞穴里。可以说,比雷埃夫斯港既象征了民主的繁荣,同样也隐藏着民主的危险。柏拉图在《理想国》中以比雷埃夫斯港为引子,用意极深。

③ [古希腊]修昔底德:《伯罗奔尼撒战争史》,谢德风译,商务印书馆1960年版,第624—633页。

初我对于政治，雄心勃勃，但一再考虑，看到政局混乱，我彷徨四顾，莫知所措。"① 可见，柏拉图已经对雅典城邦引以为傲也曾取得过辉煌成就的民主政制极度失望，对在古希腊世界产生广泛影响的寡头政权同样缺乏好感，因而迫切想要寻找一种能给城邦和个人带来幸福的政治制度亦在情理之中。

二 审判：苏格拉底之死

公元前399年，重新夺回政权的民主派人士开始对雅典城邦内的"异见"分子进行清算。苏格拉底因平时在城邦中的言行以及从事的教育活动，而被城邦民众控告亵渎神灵、败坏青年等罪名。控告者有三人："其中阿尼图斯（又译为安尼多、安匿托士）怒气冲冲，他代表工匠和政治家；吕孔（又译为吕空、赖垦）代表修辞学家；美勒托（又译为美勒多、迈雷托士）代表诗人。"② 其实，苏格拉底被控的两大罪状是当时城邦民众攻击一般哲学家的普遍口号——第一个罪状是针对自然哲学家的，如阿那克萨戈拉（Anaxagoras）因提出"太阳是一块红热的金属"被控渎神遭到驱逐出雅典城邦；第二个罪状是针对智者的，如普罗泰戈拉（Protagoras）被控蛊惑青年而逃出雅典城邦，在前往西西里岛的途中遇难身死。苏格拉底不是自然哲学家，尽管做过自然哲学家阿凯劳斯（Archelaos）的学生，但他引入并发展了伦理学、道德哲学，更加关注城邦的世俗生活而非自然世界。换言之，自然哲学在苏格拉底这里被调转了方向，从天上被拉回到人间。至此，哲人将理智的目光从宇宙万物及自然现象转向城邦事务和民众生活，开始注意到社会秩序和

---

① [古希腊]柏拉图：《理想国》，郭斌和、张竹明译，商务印书馆1986年版，第1—2页。
② [古希腊]拉尔修：《名哲言行录》（上），马永翔译，吉林人民出版社2003年版，第107页。

自然秩序之间的差异，关注到城邦人事的变动不居和芜杂多样，恰好与自然的某种稳定性和整齐性形成了对照。可以说，在这个时期，"人"及人事开始代替自然占据了哲人思考视域的中心。西塞罗（M. T. Cicero）曾称赞道："苏格拉底首先把哲学从天上召唤下来，寓于城邦之中，甚至引入家庭，迫使哲学思考人生与道德，善与恶。"① 苏格拉底并非通常意义上的"智者"——收取费用、教授知识，且与智者颇有私隙，认为智者教授的是诡辩的技能而非真正的知识。关于哲人和智者之间的冲突，柏拉图在《高尔吉亚篇》《普罗泰戈拉篇》中有过极为详细的论述。

然而，城邦民众基于自身的偏见对哲人形成的误解极难被消除，阿里斯托芬（Aristophanes）根据流行意见在喜剧《云》中就将苏格拉底塑造成自然哲学家和智者的形象。事实上，苏格拉底是一个思想家或道德哲学家，惯于批评城邦生活的现状和民众道德的信念，尤其是人事方面。上至城邦的民主制度和政治法律，下及民众的道德宗教和价值观念，苏格拉底都进行了评判，并指摘出其中的流弊之处，试图引发民众的思考从而形成正确的观念。遗憾的是，雅典城邦虽为民主制度却对思想和行为的管控甚严，尤其是在宗教信仰方面。可以说，希腊众神和与之关联的信仰是城邦生活的基础，而民众的日常行为、生活方式和价值观念大多与之相关。雅典城邦有众多的宗教节日，贯穿于日常生活的方方面面。"雅典一年有144个宗教节日，雅典人每年至少有120天花在这些名目繁多的宗教节日上。"② 城邦民众非常重视宗教的庆祝活动，并将之视为日常生活的重要组成部分，在参与时获

---

① Marcus Tullius Cicero, *Tusculan Disputation* (*V.* 4), Trans. King, J. E., Cambridge: Harvard University Press, 1996, pp. 10 – 11.

② P. E. Easterling, J. V. Muir, *Greek Religion and Society*, trans. Paul Cartledge, Cambridge: Cambridge University Press, 1985, pp. 98 – 127.

得生活的完整意义。他们在庆祝仪式之前要经过严格的净化过程，而各种仪式操演过程中还伴随着音乐和舞蹈。这些宗教仪式中的舞蹈并非完全出于民众审美的需要，更非一种随意的娱乐方式，而是对城邦民众宗教虔敬和情感依附的形象表达。"在舞蹈仪式中，不仅舞蹈者发生了转变，而且作为观众的人由于被此种舞蹈所吸引，也加入这种转变的行列。"① 这意味着世俗的宗教信仰、流行的道德风俗共同构成了城邦中习传的不成文法，神是不允许随意批评的，更不能进行道德上的指摘。因为在民众心中对希腊众神的虔诚是自身最重要的德性，从而为日常生活提供了价值指引。然而，苏格拉底不仅以诘问法击破了民众心中对诸神看似虔诚实则虚假的信念，还常说有一种神的征兆在心中监督自身的行为，并"肆意"攻击城邦民众信奉的宗教神话，斥之为虚伪的人性表达。例如，苏格拉底在受审之前还在法庭外追问游叙弗伦"何为虔敬"，甚至怀疑民众对诸神的虔诚实质上是一种"神与人互相交易的技术"②；在申辩过程中，他仍坚称自己是神赐给城邦的"牛虻"，负责唤醒、劝告、责备"沉睡"的人们。可以说，在雅典城邦生活中，苏格拉底如果不改变自己身为哲人的理性自觉，不改变对城邦现实事务的批评态度，那么必然会与民众发生激烈冲突，必然会遭到不义的审判，也只能选择泰然赴死。

雅典城邦对苏格拉底的审判是必然性的，也是悲剧性的。正如欧里庇得斯（Euripides）在《帕拉墨得》中谴责道："你们杀死了，杀死了这个全智之人、这个无辜者、缪斯女神的这只夜莺"③。这次审判预

---

① [美]斯特伦：《人与神——宗教生活的理解》，金泽、何其敏译，上海人民出版社1991年版，第244页。
② [古希腊]柏拉图：《游叙弗伦 苏格拉底的申辩 克力同》，严群译，商务印书馆1983年版，第29页。
③ [古希腊]拉尔修：《名哲言行录》（上），马永翔译，吉林人民出版社2003年版，第109页。

示着哲学与政治之间开始产生巨大的割裂,也代表着一个再也无法挽回的转折点。"哲学和苏格拉底从政治和雅典那里疏离出来使得这些对话(《申辩》《克里同》)成为悲剧性的……《申辩》是哲学的悲剧也是政治的悲剧,或者更准确地说,是这两者再也无法建立关系的悲剧。"① 回到城邦现实,苏格拉底受审的悲剧具有两重重要意义:其一,在政治层面,雅典民主整体暴露出鲜明的缺陷。苏格拉底作为第一个由于从事哲学或教育活动而被判处死刑的哲学家,本身就意味着雅典民主制对思想活动的不再宽容,在事实层面形成了一种由思想到现实的暴政。因为学生阿尔基比亚德背叛了雅典城邦、克里提阿斯和查米德斯建立了寡头政权,因为习惯于闲暇时在市井之间与城邦民众闲谈和辩论——既不收取费用也不教导他人,而是与之共同刺破寻常生活中的虚假道德信念、针砭城邦的各种政治问题,苏格拉底就被民众控告亵渎神灵和败坏青年的罪名。在这种情况下,雅典城邦原始民主政体的缺陷充分地暴露出来,它给了巧言令色之徒机会。正如城邦统治者由公民演讲后经投票选举而出,却收紧了言论自由的空间,从而呈现出多数人暴政的典型特征。其二,在文化层面,哲学在城邦中面临着现实危机。哲人把自己从受民众尊敬且认同的意见中解放出来,寻求各种超越性的良善、永恒不变的真理,无异于脱离甚至挑战众神、祖先和习俗编织的权威,所以哲学在本性上是与城邦民众观念和宗教意志冲突的。它会让城邦的根基——自然和习俗的混合物——丧失稳定性,从而失去自我保存的能力。于是,城邦文化的保守性特征就会凸显出来,并与哲学活动发生冲突。可以说,城邦民众对苏格拉底的控告危及了哲学活动在城邦中的合法性地位,也危及哲人是否能将哲人追求的真理传递给民众。"这些控告,不单指涉碰巧是一个哲人的苏

---

① J. Peter Eurben, *The Tragedy of Political Theory: The Road Not Taken*, Princeton: Princeton University Press, 1990, p. 204.

格拉底本人，还意味着谴责哲学活动本身。"① 至此，我们不能再将苏格拉底的遭遇仅仅视为一个简单的或偶然的政治事件，而是雅典城邦政体及文化系统为维护自身存续和稳定而出现的一种排他性举措。因而，苏格拉底之死的影响已经超出了自身的历史境遇，标志着批判现实的思想与行动、异于流俗的理论与实践、哲学与政治彼此区分的开端。

面对哲学的危险处境，苏格拉底选择了慨然赴死，即使他知道只要改变自身的哲学生活方式——不再与城邦生活针锋相对，就能够与城邦民众和谐相处，甚至继续维持希腊最聪明的人的美誉。然而，他依然保持着哲人审慎的思考、疏离的态度和永不停歇追逐真理的方式，直至在法庭上被判处死刑。"怎么一回事，朋友？你就这样丢开我，飘然而去了，我是抱着大希望，想从你学懂什么是虔敬不虔敬，好对迈雷托士说明，关于神道，经过游叙弗伦指授，我已明白了，不会像以前那样愚昧，信口开河，鲁莽行事，今日起重新做人，再也不犯改革神道之过，可以撤销对我的公诉。"② 苏格拉底之死不仅揭示了哲学在城邦中所处的危险境地，还表征了民主政治制度的彻底败坏。事实上，伯罗奔尼撒战争的失利已经摧毁了雅典城邦脆弱的民主制根基，让恢复后的民主政体变得愈发极端。只要雅典城邦的政治制度没有得到修正，只要哲学还关注城邦的现实政治问题，哲人就无法对自身的活动进行合理的辩护，而死亡也不能改变哲学及后来哲人在城邦中会遇到的困境。无论对于城邦，还是哲学和教育，苏格拉底之死都是一种创伤。然而，"固守这一创伤事件（苏格拉底之死）所造成的'鸿沟'，

---

① ［美］布鲁姆：《人应该如何生活——柏拉图〈王制〉释义》，刘晨光译，华夏出版社 2015 年版，第 23 页。

② ［古希腊］柏拉图：《游叙弗伦 苏格拉底的申辩 克力同》，严群译，商务印书馆 1983年版，第 30 页。

掩盖了这样一种可能性：哲学与政治、思想与行动的部分疏离正是苏格拉底生活和教导的关键，而非仅仅只是他死亡那不幸的结果"①。在这种情况下，柏拉图对现实的政治制度彻底绝望，随同其他苏门弟子离开雅典城邦，从麦加拉、爱奥尼亚、埃及一直游历到西西里岛、叙拉古等地，见识了各种政治制度和文化风俗，并得遇爱好哲学的僭主女婿（一说是小舅子）狄翁。在多重因素的影响下，柏拉图的思想逐渐形成，试图以哲学改造城邦，以哲人统治城邦，从而使民众获得真正的幸福。"我反复思之，唯有大声疾呼，推崇真正的哲学，使哲学家获得政权，成为政治家，或者政治家奇迹般地成为哲学家，否则人类灾祸总是无法避免的。"② 然而，哲学和制度、哲人和城邦之间毕竟存在遥远的距离，而且柏拉图遭遇的坎坷现实已经证明无法直接让哲学作用于城邦。就此而言，柏拉图提出的"哲人理想国"更像是脱离城邦社会现实的理论构想。为化解这个问题，柏拉图将实现的路径寄托在教育活动之上，尝试通过教育培养哲学王、改造现实的城邦，进而一步步搭建出教育理想国。

第二节 改造城邦的计划

经由历史的梳理和理论的分析，我们会发现雅典城邦是因战而兴——取得希波战争的胜利而形成爱琴海区域霸权，以对外殖民获得城邦发展资源；亦是因战而衰——在伯罗奔尼撒战争中失利而失去阿提卡半岛的统治地位，无法再获得充分的利益维持城邦发展，从未实现过正义的发展。以此观之，曾经让雅典城邦取得辉煌世俗成就的民

---

① [美] 丹纳·维拉：《苏格拉底式公民身份》，张鑫炎译，华夏出版社2016年版，第17页。

② [古希腊] 柏拉图：《理想国》，郭斌和、张竹明译，商务印书馆1986年版，第2页。

主政制是不完善的，实质上奠立在对外发动战争进行资源掠夺的基础之上。这种城邦和柏拉图探讨城邦正义时提出的"发烧的城邦"别无二致，根本不能带给雅典城邦民众以真正的幸福，不仅会不断以战争掠夺催生民众的欲望，还会危及哲人的生命及哲学活动的开展。一旦拒绝哲学活动，丧失哲人的引导，城邦民众就会陷于膨胀的欲望和流俗的意见之中，永远无法独自走出黑暗的"洞穴"，正如民主政体下的雅典城邦在民众的鼓动下不停地发动战争、掠夺财富一般，陷入欲望的洞穴而无法自拔甚至还自鸣得意。那么，站在哲学的立场，为了让民众获得整全的幸福，城邦的政治制度就必须进行变革、世俗的生活也需要被彻底地改造。为了完成这项宏伟而艰难的变革工程，柏拉图进行了一次惊心动魄的思想历险和教育实验，向对话者呈现了一个似乎可欲又可行的"理想国"。在这个过程中，教育贯穿了改造城邦的始终，起到了铺筑桥梁——培养哲学王进而教化民众的节点作用。

一　思想实验中的城邦

在《理想国》的开篇，苏格拉底从雅典卫城"下行"至比雷埃夫斯港，随后被玻勒马霍斯（Polemarchus）等人强拉至家中进行交谈。当苏格拉底①对克法洛斯（Cephalus）问出"什么是正义"时，这个问题就成了贯穿整场谈话的主线，也正式开启了改造城邦的思想实验。

---

① 柏拉图的著作采取了对话体形式，托以苏格拉底之口论述相关内容，而学界关于对话内容是苏格拉底还是柏拉图的观点一直存在争论。本书以文德尔班的观点为参考系，即认为存在一个"苏格拉底式"的苏格拉底，主要在柏拉图前期的著作中，包括《申辩》《克力同》《游叙弗伦》《李西斯》《拉什斯》《普罗泰戈拉》《高尔吉亚》《美诺》《泰阿泰德》《攸狄底姆斯篇》《克拉底洛斯》；也存在一个"柏拉图式"的苏格拉底，主要在柏拉图中后期的著作中，包括《斐多》《斐德罗》《会饮》《理想国》《费力浦》《蒂迈欧》《法律》《克利底亚》。按照这种观点，《理想国》中的"苏格拉底"其实是在论述柏拉图的思想，而非在转述苏格拉底的观点。参见［德］文德尔班：《哲学史教程：特别关于哲学问题和哲学概念的形成和发展》（上卷），罗达仁译，商务印书馆2009年版，第142—143、161页；［古希腊］柏拉图《柏拉图全集1》（增订版），王晓朝译，人民出版社2007年版，第30—31页。

随后，苏格拉底先是驳斥了克法洛斯和玻勒马霍斯的正义观，即"正义是给每个人恰如其分的报答"，（332D）又在回应色拉叙马霍斯（Thrasymachus）关于"正义是强者的利益""不正义是美德"等被广泛认可的流俗观念时，指出"不论在国家、家庭、军队或者任何团体里面，不正义首先使他们不能一致行动，其次使他们自己彼此为敌，跟对立面为敌，并且也跟正义的人们为敌"。（352A）在这里，苏格拉底已经预设了个人与社会群体之间存在类比。随着对话过程中论证的持续深入，苏格拉底区分了小写的正义和大写的正义，即个人的正义和城邦的正义。既然个人的正义隐藏在灵魂之内且处于成长变化之中，我们难以直接进行考察和审视，那么可以通过考察城邦的正义，进而呈现个人的正义。于是，苏格拉底论述的重点转变为城邦的产生、发展等问题，他在"发烧的城邦"中着重探讨了正义问题。在柏拉图看来，发烧的城邦已经远离了"猪的城邦"，充斥着各种非必要的欲望和利益，但这恰恰是属人的城邦——与现实城邦相似，也有正义存在的空间。这种以城邦喻人、以城邦正义透视人的正义做法的目的正是要通过放大尺度来理解个人，最终阐释个人灵魂中的正义情况，也就是个人如何生活得好的问题。当然，城邦的特征在一定程度上确实源自公民的特性，前者可以由后者来解释。循此逻辑，一旦我们理解了正义的城邦，也就理解了正义的个人。所以，重要的不是城邦的细节，而是它如何与正义进行联结。在辩驳的过程中，苏格拉底不断鼓励交谈者说出心中的正义信念，然后带领他们一起对之进行考察，并不断借由言辞搭建城邦，从而深入对正义本质的认识。柏拉图借助苏格拉底之口建构的"言辞的城邦"实质上是一场理性的实验，而城邦更像是一个衡量正义观念的天平。它在理性的天平上称量民众认可的各种意见和观念的分量，在思维的试管中尝试改变一些条件、加入一些成分，直到获得理想的结果——揭示出正义最本质的特征。这种真正的正义理应是城邦的根本属性，却恰恰是现实城邦所缺失的。

那么，正义的起源和本质究竟为何呢？格劳孔（Glaukon）提出了自己的观点，也是最能体现城邦民众朴素价值观的看法。"人们在彼此交往中既尝到过干不正义的甜头，又尝到过遭受不正义的苦头。两种味道都尝到了之后。那些不能专尝甜头不吃苦头的人，觉得最好大家成立契约：既不要得不正义之惠，也不要吃不正义之亏。打这时候起，他们中间才开始定法律立契约。他们把守法践约叫合法的、正义的。这就是正义的本质和起源。正义的本质就是最好与最坏的折中。"（358E—359A）作为流传至今的国家起源理论①，这种与生活经验相符、容易获得常人认可的观念极难反驳。柏拉图也以常识的观念出发，另辟蹊径地从"人非自足"的角度出发剖析了城邦的起源和发展，以此来反观城邦中正义问题的出现和化解。如其所言，一个城邦是因个人无法满足自身的各种欲望而逐步发展起来的，而正义问题正是滋生于其中。"如果我们能想象一个城邦的成长，我们也就能看到那里正义和不正义的成长。"（369A）于是，他分两步建立理想的城邦：第一步，"猪的城邦"。这种城邦的建立是因为每个人都无法满足自身基本生活的需要，必须依靠相互之间的交换才能生存。"之所以要建立一个城邦，是因为我们每个人不能单靠自己达到自足，我们需要很多东西……因此我们每个人为了各种需要，招来各种各样的人。由于需要许多东西，我们邀集许多人住在一起，作为伙伴和助手，这个公共住宅区，我们叫它城邦。"（369B—C）人们最初需要满足的是衣、食、住、行等生存条件，是维持个体存在的必要基础。在这样的城邦中，

---

① 古代关于国家起源和发展主要有两种基本观点：其一，契约论。格劳孔的国家起源理论，可以被视为社会契约论的雏形，为后世的霍布斯、洛克、卢梭等人继承，并得到进一步的完善。其二，发展论。柏拉图的国家起源论则是发展论的源头，为亚里士多德所继承。参见余纪元《〈理想国〉讲演录》，中国人民大学出版社2009年版，第88页。

人们只会有工作、吃喝、交换、生养等基本活动，也只需要农夫、工匠、商人等人；因为没有欲望的冲突和利益的争夺，所以城邦既没有政府和法律，更没有统治者和战士。民众把肉体需求当作唯一真实的需要，所要调动的任何智识和努力都是为了导向肉体的生存与舒适。① 他们聚合起来建立城邦是为了稳定地满足自身的生存欲望，而非追求更好的生活。在"猪的城邦"里，民众仅仅是在活着而非"活得好"——指向物质和精神的幸福，所以根本没有正义或不义存在的土壤。然而，人们满足基本的生存需要之后会产生更高层次的需求——活得好。于是，柏拉图来到建立城邦的第二步，也是每个初始城邦必然会经历的发展状态：发烧的城邦。它在满足民众必要欲望的基础上还会满足各种非生存性的欲望，如为民众提供调味品、香料、香水、歌伎、象牙等诸如此类的东西。因之，城邦中的职业会进一步分化和丰富，如猎人、教师、厨师、诗人、艺术家、舞蹈队等。值得注意的是，这些非必要性的物质存在一定程度的稀缺，且民众在这方面的需要会无限地膨胀，所以正义问题获得了滋生蔓延的环境，甚至成为城邦存续和发展的核心问题。或言之，在发烧的城邦中，正义问题的两个基本方面——何人分配和如何分配②——就会被凸显出来，并成为一个亟待解决的关键问题。因为民众的非必要性欲望如若不被节制的话，那么城邦必然会产生对土地的过度需求，进而导致对邻邦的战争，而城邦也会面临不正义发展或灭邦的危机。因此，发烧的城邦必须要有保卫者，一方面要扩张领土，反击敌对城邦；另一方面需节制民众，让其非生存性需要不能无限扩大。城邦保卫者的责任如此之重，这意味着他们不仅要有卓越的品性，而且还要经过漫长的教育过程，从而

---

① ［美］布鲁姆：《人应该如何生活——柏拉图〈王制〉释义》，刘晨光译，华夏出版社 2015 年版，第 70 页。

② 何怀宏：《正义理论导引：以罗尔斯为中心》，北京师范大学出版社 2015 年版，第 52 页。

具备能够区分敌友、善待朋友的相应智慧，维护城邦和民众的利益。细细观之，我们会发现"猪的城邦"虽然看起来更加基础和理想，却和现实的城邦生活相去甚远，也不存在所谓的正义问题；柏拉图显然并未想过也知道无法重回城邦发展的起点，而是在不那么完美的"发烧的城邦"中探讨正义问题，进而通过理性的实验得出结论，从而能对雅典城邦有所助益。在他看来，雅典城邦一直处于发烧的状态，不断通过战争从邻邦获得土地和资源，以满足民众日益膨胀的欲望，甚至因为贪图资源而发动远征西西里岛的战争；又因为对外战争的失败，导致自身陷入日益衰落的境地。

在对话过程中，柏拉图通过隐喻提示了对话者：首先，既然生而为"人"，既然无法独自存活而必然会组成城邦，即使知道发烧的城邦会有种种缺陷——妒忌、欺诈、争斗甚至有灭邦之忧，我们还是不可能停留于"猪的城邦"阶段。因为这个阶段的城邦虽然不存在不义的现象，人也会安全无虞、安稳存活，却失去了实现自身整全价值的机会，甚至不知道除了生存还有其他，正如生存在洞穴里一般，和圈养的动物无异。所以，柏拉图宁愿选择在更为真实的、更为纷乱的、也更有意义的"发烧的城邦"中探寻正义的本质，而非重新回到无意义的城邦初始状态。换言之，他只有在与现实城邦相近的城邦状态中探寻正义的本质，才能让实验的结果具备一定的现实意义和参考价值。其次，当时的雅典城邦正处于"发烧的城邦"的状态，民众的欲望不受到统治者的节制，反而得到肆意的鼓励并被付诸对外战争。① 于是，民众各种非生存性需要在增加、感官性欲望在膨胀，而城邦统治者为满足民众的需求走向了掠夺邻邦和殖民地的道路。结果就是，雅典城

---

① 最具代表性的事件是，雅典民众在会议中因为厄基斯泰人和代表团所说的有大量金钱储藏在金库和神庙中可供使用而表决赞成远征西西里。参见［古希腊］修昔底德《伯罗奔尼撒战争史》，谢德风译，商务印书馆1960年版，第430页。

邦不得不连年发动战争，在不正义的困境中越陷越深，导致了伯罗奔尼撒战争中的连年动荡，最终无法逃脱败亡的结果。与之相关，雅典城邦中各种看似合理的"正义"意见横行，例如正义是恰如其分的报偿、正义是对敌人凶狠而对朋友友善、正义是强者的利益等——都具有现实基础且与民众的经验相合，这导致城邦民众在所谓的正义信念中迷失，甚至以此来为生活提供价值坐标，获得生活的意义。正如人被物欲的锁链捆缚着，又陷入了纷繁复杂的穴壁影像。在这种情况下，柏拉图改造城邦的计划显得尤为重要，通过教育来培养统治者才显得尤为迫切。

二 城邦与教育的结合

柏拉图根据城邦的起源和发展中的需要，推断出必须要有兼具智慧和勇敢的护卫者。这就意味着，现实城邦的民主制度通过"豆子拈阄"方式选出统治者是不合理的。① 在这种政治制度的辐射和规制下，城邦已经形成并运行着一套完整的教育体系，不断培养出适合城邦需要的合格公民。具体而言，在儿童出生后，雅典城邦会对之进行严格的挑选。六岁前，儿童由父母在家中养育，并被教授一些诗歌和宗教神话；从六岁开始，男孩进入文法学校和音乐学校，学习文学知识和弹唱，以荷马②和赫西俄德等人的诗歌为主。"《荷马史诗》是文学的主要学习内容。从早期开始，'荷马就在青年人的教育中具有崇高的声望，扮演着重要的角色'。《伊利亚特》和《奥德赛》中的大部分内容都要求背诵。"③ 学生歌唱的内容以简单的宗教诗歌和抒情诗为主，如《荷马史诗》的片段。

---

① ［古希腊］色诺芬：《回忆苏格拉底》，吴永泉译，商务印书馆1984年版，第8页。
② 关于荷马是一个真实存在的诗人还是众多传唱诗歌诗人的总称，学界长期存在争论。因这个问题并非本书的研究重点，亦不影响相关行文和结论，故不做深入探讨。
③ ［英］肯尼思·约翰·弗里曼：《希腊的学校》，朱镜人译，山东教育出版社2009年版，第73页。

十二岁时,学生除了继续在音乐学校、文法学校中学习,还要进入体操学校进行体育锻炼。十五岁左右,少数显贵子弟会进入城邦体育馆,学习五项竞技和"三艺",后者侧重培养学生的演说本领和雄辩才能。体育馆同样重视学生在歌唱、舞蹈及其他文艺方面的练习,并将参加宗教仪式或国家庆典视为必不可少的学习活动。十八岁时,青年经城邦审查确认为正式公民的后裔者,可以进入埃弗比接受两年军事训练。① 可见,雅典城邦的教育体系着重培养儿童的宗教信仰(如对城邦守护神的虔诚)、身心和谐、演说才能,最终使之成为民主政体的合格公民。在民主政体败坏和民众欲望膨胀的情况下,这种教育形式培养出的公民会带领城邦沿着原有的路径向着更坏的方向发展。在"发烧的城邦"中,护卫者必须充满智慧并能够节制民众的需求,而雅典城邦教育培养出的统治者却在鼓励并餍足民众的欲望。这也是雅典城邦自公元前5世纪初期起至前5世纪末连年发生战争的原因之一,因为民主政体下民众的需求日益膨胀,而城邦必须借由战争的形式掠夺邻邦、获取利益,以满足城邦民众的需求。因此,柏拉图若想实现城邦和民众幸福的夙愿,就必须以"正义"对公民进行教育,而哲学正是追求"正义"的。遗憾的是,哲人无法按照自己的想法教育民众,"在一个国家中,谁在教育青年始终是个政治问题"②。换言之,教育是政治的基础,也是政治的手段,因而教育民众是城邦的权力和责任,不允许其他人随意染指,更何况哲人开展的还是与城邦主流价值观念明显相悖的政治教育。正如色诺芬虽然反驳了苏格拉底败坏青年的指控,

---

① 维拉莫维茨认为,雅典建立埃弗比,最初的目的是将军役变成军事教育,主要是为了建立一支能与马其顿相抗衡的军队。所有的埃弗比都是官方的,并且是一直作为公共机构而存在的教育机构。在埃弗比形成之初,阿提卡地区(包括雅典城邦)的年轻男子在成为真正的公民之前,都被要求进入埃弗比接受军事训练。可以说,埃弗比训练已经成为年轻人获得公民权的一种方式。参见 O. W. Reinmuth, *The Ephebate and Citizenship in Attica*, Baltimore: The Johns Hopkins University Press, 1948, pp. 213–231。

② 刘小枫:《王有所成:习读柏拉图札记》,上海人民出版社2015年版,第7页。

却没有否认他在进行政治教育。"（他）不仅没有像控告他的人所指责的那样败坏青年，还明明地诱导了他的门人中那些有犯罪倾向的人停止了罪行，劝勉他们追求那最荣光最美好的德行，正是借着这种德行，人们才能治国齐家。"①

苏格拉底从来没有宣称自己是一名教师，也认为没有什么可以教给别人，却显示了自己就是这样的人。然而，他忽略了或者说并未在乎城邦对教育权的垄断——传递宗教信仰和价值观念，更何况传递的内容还与城邦中的流行意见背道而驰。事实上，"城邦把某种自然与习俗的混合物展现为它的公民必须在其中生活与行动的范围"②。在雅典城邦中，神启构成了习传的世俗，也是引导民众行为的标准。对于民众而言，顺从神的权威是美德，而在苏格拉底眼里未经理性审查的顺从则是"恶习"。习俗要求的个人德性正是民众生活稳定的基石，当苏格拉底直截了当地将其击碎的时候，二者的冲突也就难以避免了。苏格拉底之死喻示着哲学和哲人的教育面临着现实困境，也让城邦与哲学的直接结合无法实现。然而，如果缺乏哲学的引导，"发烧的城邦"根本无法培养出合格的护卫者，那么它也就无法再逐步升级转化为理想的城邦，从而带给民众幸福和正义。问题的症结——教育的重要性重新被凸显出来，在此意义上教育既是城邦政治的手段，也是变革城邦政治的方式。于是，柏拉图紧接着在后文中着重讨论了对护卫者的教育问题，包括选定教育内容、调整教育方式、确立教育课程等。当然，柏拉图选择了和苏格拉底相似的方式，却存在极大不同的教育方案。他以教育为桥梁沟通了哲学和城邦（民众）之间的沟壑，但这种"沟通"是潜藏的、隐微的，在开始的时候并未引起民众的注意。

---

① ［古希腊］色诺芬：《回忆苏格拉底》，吴永泉译，商务印书馆1984年版，第21页。
② ［美］布鲁姆：《人应该如何生活——柏拉图〈王制〉释义》，刘晨光译，华夏出版社2015年版，第64页。

柏拉图看似站在现实城邦统治者的角度,通过修正各种错误的观念来教导民众,从而实现维护城邦稳定存续的目的。例如,作为民众人文修养和道德修养源泉的《荷马史诗》中充斥着诸神的嫉妒、欺诈、通奸、好斗、谋杀等内容。有鉴于此,柏拉图要求"城邦"的教育必须重新审定故事、筛选神话和改造诗人,并编织出"高贵的谎言",从而达到陶冶塑造儿童的目的。"在我们刚才的讨论中所提及的故事里,我们尽量以假乱真,是由于我们不知道古代事情的真相,要利用假的传说达到训导的目的。"(383D)有鉴于苏格拉底的遭遇,柏拉图及至这里都是小心翼翼地站在城邦统治者的立场,直到暴露出"最大的怪浪之论"——"除非哲学家成为我们这些国家的国王,或者我们目前称之为国王和统治者的那些人物,能严肃认真地追求智慧,使政治权力与聪明才智合而为一;那些得此失彼,不能兼有的庸庸碌碌之徒,必须排除出去。"(473D—E)当柏拉图抛出这个观点的时候,所有的谎言、欺骗、不义的手段等都得到了解释,一切都是为了贯彻培养守卫城邦的"哲学王"的教育目的,一切都是为了给城邦以正义、给个人以幸福。柏拉图的谨慎是出于现实的考虑,因为雅典城邦是一个全控社会,它收纳道德、神灵崇拜、戏剧诗歌、教育活动等,并规制了民众的言论、行为和德性。可以说,雅典城邦的社会生活看似是宽松的,但实质上对异质性思想是不包容的,随时都可能会中止哲人的教育活动,所以如苏格拉底一般直接对城邦(民众)进行改造是完全行不通的,而城邦法庭审判的结果也证明了这点。于是,"为了保护哲学,就需要有显白的教诲,哲学必须披挂显白教诲的盔甲才能出场"①。经过柏拉图有意识地加工,真理被隐藏在谎言的背后,躲过了世俗民众的眼光。当民众接受高贵的谎言而服从城邦时,哲学活动也就在城邦中

---

① [美]列奥·施特劳斯:《迫害与写作艺术》,刘锋译,华夏出版社2012年版,第11页。

获得了存在的合法性，而哲人面临的生命威胁也被解除了。更为关键的是，不具备充分理性的民众在接受高贵的谎言后，也在不知不觉间部分地有了真理。至此，哲学以教育为手段对城邦进行了悄无声息的改造，而哲学王的出现则标志着这种改造的基本完成。哲学王会在治理理想城邦过程中，通过教育带领民众走出遍布意见影像的黑暗洞穴，引导他们看见真理的刺眼光芒，从而发现个人意义的整全、生活的幸福。

经过柏拉图的修饰，哲学作为一种生活方式完成了转变："哲学是无畏与温顺相结合的最高形式。"① 与之相关的教育活动也不再锋芒毕露、刺伤民众，从表面上来看它与民众已经打成一片，化身为一种温和的、传递城邦德性的形式。正是借助教育的作用，哲学和城邦联结起来并完成对后者的改造，而哲人（教师）也获得了一道避免遭受政治迫害的防护墙。当然，城邦与哲学（教育）的结合只是一场思想的实验，而作为实验者的柏拉图亦不讳言其难以在现实城邦中实现，甚至视之为"最大的怪浪之论"。正是因为这场思想实验的深刻而复杂、厚重而幽深，且以隐微教诲的方式在对话中进行呈现，以哲人理性的审视挑战了人们心中的信念，致使柏拉图真实的身影被遮蔽了。

第三节 被遮蔽的柏拉图

《理想国》是举世公认的教育学名著，为西方教育传统提供了一套原初的概念和原则，从而构成了西方现代教育思想的基本底色，但学者们对柏拉图的认识却褒贬不一。卢梭对之持肯定的态度，高度赞扬

---

① ［美］詹姆斯·A. 古尔德、文森特·V. 瑟斯比编：《现代政治思想：关于领域、价值和趋向的问题》，杨淮生等译，商务印书馆1985年版，第86页。

了《理想国》的教育价值。"如果你想知道公众的教育是怎么一回事，就请你读一下柏拉图的《理想国》，这本著作，并不像那些仅凭书名判断的人所想象的是一本讲政治的书籍；它是一篇最好的教育论文，像这样的教育论文，还从来没有人写过咧……柏拉图只不过是要人纯洁他的心灵而莱喀古士却改变了人的天性。"① 当然，也有学者持有反对的态度，并提出了极为尖锐的批评。正如卡尔·波普尔从自由主义的视角清理了"哲学王统治"命题的缺陷，认为其携带着明显的"极权主义特征"，包括它给统治者打上了印记，在统治者与被统治者之间构筑了障碍。② 及至当前，学界依然有两种对柏拉图及其教育思想的负面看法影响甚大，让柏拉图的身影被遮蔽在历史的幽深之中。

一 奴隶社会的鼓手

柏拉图生活于古希腊奴隶社会由盛转衰的阶段，经历了雅典城邦民主政制的繁荣与败坏，亦经历了寡头政治的混乱与极端，在游历途中还见证了僭主制度的缺陷与疯狂。正如他在《理想国》第八卷、第九卷中分析过，这些制度没有一种符合正义的标准，更遑论带给民众以幸福。他在极端失望、彷徨踟蹰之下才寄望于改造现实的城邦，通过培养哲学王来引导民众过正义的生活，随后一系列的教育构想也以此为中心而展开。正是考虑到其所处的社会背景，有学者从阶级冲突的立场分析了柏拉图的社会政治观，认为"柏拉图坚决反对雅典的奴隶主民主政体。为使雅典恢复氏族的专制统治，柏拉图写了与雅典共和制相对立的社会政治理论《国家篇》《法律篇》等篇章，以实现其

---

① [法] 卢梭：《爱弥儿：论教育》（上卷），李平沤译，商务印书馆1978年版，第18页。
② [英] 卡尔·波普尔：《开放社会及其敌人》第1卷，陆衡等译，中国社会科学出版社1999年版，第282页。

'理想国家'的愿望"①。在这个理想的城邦里，民众因为灵魂的属性（金银铜铁）而被限定了职业（统治者、军人、技工、农民），"享有属于自己的东西，做自己分内的事情"。以此观之，柏拉图的"理想国"完全是为恢复奴隶主贵族的专制统治寻找理论依据的。奠立于其社会政治观之上的教育目的，正是为了培养哲学王和军人，即培养奴隶主国家的最高统治者和保卫者。"使他们能够接近于'理念'世界，认知最高主宰——永恒真理。实际上，他的根本目的就是要训练确认奴隶占有制的永恒性、进而捍卫这种制度、并为此而奋斗的人。"② 以是观之，柏拉图完全成了古希腊奴隶主贵族专制政体的鼓吹者和代言人。无可否认，柏拉图的身份背景、人生经历以及所处的社会发展阶段确实对其政治哲学及教育思想的形成影响甚大，甚至在著作中也不乏流露出对上层奴隶主的认可、对下层奴隶的轻视。然而，我们不应该遗漏当柏拉图厌恶日益败坏的城邦民主政体，满怀着政治热情想要参与寡头政权（贵族专制政体的一种）的时候，得到的只是更大的失望。尽管自己是奴隶主贵族阶层中的一员，尽管亲戚故旧也是城邦统治者三十僭主中的成员，他仍然决定与这个可耻的寡头政权完全脱离关系。很难想象，柏拉图在如此厌恶贵族专制政体，且僭主们还逼迫苏格拉底行不义之事的情况下，却在建构的理想城邦中转而寻求另一种专制制度，并为之不断地鼓吹和辩护。反言之，如果柏拉图依凭自己高贵的出身和卓越的辩才，他是可以参与城邦民主政体抑或是寡头政体的，甚至可能成为城邦的实际统治者。显然，柏拉图拒绝走上在常人看来最便捷的路径，而是追随哲学、批判城邦、寻求正义，通过教育去引导民众获得真正的幸福。事实上，柏拉图对当时存在的四种主要政制（斯巴达、寡头制、民主制和僭主制）都不满意，而这四种

---

① 王天一等编著：《外国教育史》（上册），北京师范大学出版社1993年版，第43页。
② 王天一等编著：《外国教育史》（上册），北京师范大学出版社1993年版，第45页。

政制恰恰都是建立于奴隶社会且取得极大繁荣的，也都是以维护奴隶主统治为目的的。他所赞成和追求的理想政制一直都是可以带给城邦民众幸福和正义的城邦政体——哲学王统治的政体，尽管这些城邦民众仅仅是数量甚少的自由民而不涵括数量庞大的奴隶群体。更重要的是，我们尚未见到在奴隶制时代有哪一个思想家是反对奴隶主统治，而主张解放奴隶且由奴隶来统治的，毕竟思想家提出的理论构想虽然具有超越现实的特质，但这种超越也存在一定的限度。因而，我们脱离特定的历史语境而基于现实的生活境遇单独对柏拉图提出如此高的思想要求，显然过于苛刻了；合理的评价尺度应该是将柏拉图的思想回置于当时的历史境遇之中，探讨其在当时是否具有理论意义和现实价值。

从柏拉图所属阶层出发来评价其教育思想的价值，其实在学者中并不少见，一直到现在都颇有市场。因为这在某种程度上是将历史因素涵括进去，似乎可以拒绝单纯的时代偏见，从而更加全面地分析柏拉图的教育思想。加布里埃尔·孔佩雷（Gabriel Compayre）也提出了类似的观点："《理想国》确实提出了一些睿智而实际的教育思想，但总体上看，它是理想主义的产物，包含大量的悖论和虚构……在政治方面，柏拉图坚持贵族主义立场，蔑视普通民众，称他们为'健壮的野性动物'。"① 其实，按照柏拉图"灵魂三分"的观点，人灵魂中欲望和激情较多而理性因素最少，无法鉴别对象的好坏，因而基本上是动物层次的冲动。这些人的理性一旦被遮蔽、灵魂由欲望支配，那么就如同"健壮的野性动物"，由此也凸显出哲学（教育）的重要性——培植理性，节制欲望，统领灵魂。可见，柏拉图不是基于阶级的立场，而是从人性意志薄弱的角度来阐述的；他蔑

---

① Gabriel Compayre, *The History of Pedagogy*, Whitefish: Literary Licensing, 2014, pp. 27-28.

视的不是普通民众,而是耽溺于欲望中的每个人。换言之,即使贵族的灵魂由欲望把持着,他们也会被视为一种"健壮的野性动物",而不能成为城邦理想的统治者。由此可知,如果过于强调柏拉图所属阶级,并以之为标准去考察其教育思想其实是相当不适切的,甚至会造成另一重误解。

二 开放社会的敌人

20世纪以来,西方哲学世界兴起了一股回归古典的浪潮,柏拉图的哲学思想重新占据了人们的视界。著名的柏拉图学者格里高利·弗拉斯托斯(Gregory Vlastos)甚至不无兴奋地指出:"过去三十年,在全世界的哲学家中间已经表明了一种对柏拉图的爱好的复兴。柏拉图正在被以前所未有的更大的力量研究着和争论着。"① 在这场激烈的争论中,赞同者有之,反对者亦甚多,其中尤以卡尔·波普尔(Karl Popper)的观点最具代表性,也产生了极大的影响。他站在自由主义的立场,以"谁应该统治国家"为出发点,揭示出柏拉图的正义理念最根本的要求是政治精英就应该统治城邦,而天生的奴隶就应该被奴役。为了阻止所有可能发生的变化,城邦应当是理念的复制,即具有静止的、永恒的和拒绝变化的特征。在这种情况下,作为维护城邦统治最重要的机构——教育部门也是极为僵化的。一方面,对于城邦的普通民众而言,教育是为了让其更好地接受统治,而非自由地实现自身的发展。在柏拉图建构的理想国中,"他的教育的目的不是为了唤醒批判和自我判断的思维,而毋宁说是灌输——如对大脑和灵魂进行塑造,使它们经过长期的习惯,变得根本不能独立地做任何事"② 另一方面,

---

① 范明生:《柏拉图哲学述评》,上海人民出版社1984年版,第514页。
② [英]卡尔·波普尔:《开放社会及其敌人》第1卷,陆衡等译,中国社会科学出版社1999年版,第253—254页。

对于城邦的统治者而言，教育起到了监护、培养未来领袖的作用。在理想的城邦中，哲学王被置于所有普通人之上，不论他的智慧还是权力都不受约束和监督，在治理城邦过程中表现出典型的极权主义特征——审查、谎言、欺骗、宣传等。因为所有治理城邦的权力都被赋予哲学王，而哲学王必须维持理想城邦的存续和稳定；理所当然，选择未来的城邦领袖、训练他们的领导才能是哲学王掌握的教育最主要的任务。可见，"柏拉图的哲学教育就有一种明确的政治功用，它给统治者打上了印记，在统治者与被统治者之间构筑了障碍"①。因此，波普尔将柏拉图试图建构的"理想国"视为一项"乌托邦社会工程"，类比于苏联式计划经济和德国纳粹的种族思想，进而通过抽丝剥茧的方式揭示出柏拉图误导了理想主义者——"他们虽然也想拥有一个'开放社会'，但并未由此吸纳与之相容的思想"。正是由于对权力的集中和对异质性思想的不宽容，理想国披上了明显的专制主义色彩，而柏拉图的教育思想也成了开放社会的敌人。总体来看，波普尔基于自由主义社会的立场对柏拉图思想进行了极为尖锐而深刻的批判，部分论断也不乏精到之处。考虑到德国纳粹对奥地利的侵略，在欧洲大陆的肆虐和产生的危害，我们可以理解波普尔对自由主义的渴望、对历史主义的否弃。然而，波普尔忽略了两个极为重要的问题：其一，柏拉图同样经历了城邦寡头政体的暴虐，眼见了城邦公民被残杀，根本没有理由建构并支持另一种专制统治，即使所谓的城邦统治者是哲学家抑或是自己。"有证据表明，柏拉图赞同苏格拉底对'三十僭主'的勇敢抵抗。训练一个未来的僭主或国王，也许是怀有为了所有人的利益改善其统治的希望，并不必然赞同独裁统治。"② 其二，

---

① ［英］卡尔·波普尔：《开放社会及其敌人》第1卷，陆衡等译，中国社会科学出版社1999年版，第281—282页。
② ［加］罗宾·巴罗：《柏拉图》，王爱松译，黑龙江教育出版社2016年版，第9页。

以现实的专制政体之恶来批判柏拉图的"理想国",忽视了思想和现实之间的界限。理论有着区别于现实的逻辑,它真正地走入现实需要经过一系列的转化,而且也不一定能够取得成功,但这无损理论作为一种构想的价值。它作为一种对现实境遇的反叛、对美好生活的向往,可以成为走出黑暗、照亮未来的资源。事实上,柏拉图同样注意到理想国的现实性问题,"如果我们不能证明一个国家能在现实中管理得像我们所描述的那样好,难道就可以因此说我们的描述是最糟糕的理论吗?"(472E)柏拉图理论的价值在于可以为身处于浅薄而繁乱生活中的我们提供一种前进的可能,一种不用拘囿于现实局限的思考维度。

尽管如此,依然有众多学者持有相似的观点,认为柏拉图的思想会滞碍社会的发展,是一种使权力凌驾于普通人之上的明显退步。杜威从人的发展和社会变革的角度否定了柏拉图的教育思想。一方面,柏拉图从来没有认识到个人和社会群体活动的多元性。正是由于柏拉图缺乏对每个人的独特性的合理认识,因而他不承认现实社会可以变革,主张有限能力和有限阶级的理论,最后的结果就是归结为个性从属于社会,而个人则消失在稳定的社会之中。另一方面,柏拉图忽视了教育对社会的变革作用。杜威指出柏拉图被自身的静止理想所束缚,目的是建立一个不容变革的理想国家。"他不信任教育的逐步改进能造成更好的社会,然后这种更好的社会又能改进教育,如此循环以至无穷。为了这个国家的存在,他不得不信任某种可喜的偶然机会,使哲学的智慧和占有国家的统治权统一起来。"[①] 与之相似,萨拜因则从公民参与的视角指出了柏拉图思想的失败之处。"无论如何,《理想国》中的理想国家是完全否定了城邦的政治信念,否定了城邦的自由公民

---

① [美]约翰·杜威:《民主主义与教育》,王承绪译,人民教育出版社1990年版,第97页。

身份的理想，也否定了城邦的这样一种希望：使每一个人在他力所能及的范围之内有可能成为分担政府职责和分享政府权力的参与者。这个理想是建立在这样一种信念之上的，即服从法律和服从另一人的意志两者之间有着根深蒂固的和道德上的区别，即使那个另一人是个聪明而仁慈的专制君主。"① 柏拉图的哲学及教育思想是基于当时雅典城邦面临的现实问题而提出的理论构想，不仅在中世纪被基督教伦理继承和延续，在文艺复兴乃至启蒙运动时期仍然是教育理念更迭的重要源泉。可以说，柏拉图的教育思想为西方文化传统提供了一套原初的教育概念和原则，从而构成了西方现代教育思想的基本底色。然而，一些学者却要以自由主义社会和成熟民主政体的标准对之进行评判或指责，显然存在一种削古代之足适当代之履的嫌疑。

无论学者们怎么论述和评价，柏拉图的身影始终隐藏在厚重的迷雾之中。那么，我们应该站在什么样的立场、抱有怎样的心态来解读、评价柏拉图的教育思想呢？雅斯贝尔斯（K. T. Jaspers）一语道破了其中的关键，在《柏拉图》一书的扉页写下了这样一段话："柏拉图是一个始创者。在他之后，我们才能开始谈论哲学。因此，要理解柏拉图，不能用哲学的成见去度量他，不管我们跟随他的思想或与他的方向完全不同，都最好把他看成试金石，测试我们自己的思想与继他而起的哲学。"确实，以现在的理论眼光进行审视，以当前的精神发展程度进行考察，柏拉图的思想中肯定存在诸多偏见和谬误，有些论点甚至极为粗糙或落后，但这些缺陷并不能否认其思想蕴含的深刻价值。因为柏拉图是哲学思想的创始，也是教育思想的渊薮。作为柏拉图思想的重要组成部分，《理想国》中开展了一场最为精彩的思想冒险和教育实验，为后世教育学家做出理论探讨提供了样板或标靶。柏拉图不断考

---

① ［美］乔治·霍兰·萨拜因：《政治学说史》，盛葵阳等译，商务印书馆1986年版，第93页。

察对话者——也是生活中的每个人——关于正义的意见，不断查验人们心中的真正信念，不断借由抽象的思考以获取普适的概念，从而在碰撞和辩驳之中逐渐接近正义的本质。在获得真理之后，柏拉图将教化民众的重任移交给了哲学王，力图通过教育协助理想国的稳定存续。当然，面对学者们形成的种种误解，我们有必要以《理想国》为主线，重新掀开柏拉图教育思想的面纱，呈现出柏拉图教育理想国的完整图景。

第三章　艰难的启程：柏拉图教育对象的选定

一场思想实验抑或是教育实验的顺利进行，首先要有合适的实验环境和对象。为了寻求城邦发展的正义之路，柏拉图在《理想国》中展开了一场复杂而曲折的教育实验。他在第一卷①卷首选定了谈话的对象、设计了双方的冲突情境并以此来架构教育实验的环境。柏拉图将苏格拉底置于一个有高度现实性的场景之中，在确定的时间和精心挑选的人物（城邦中的真实人物）进行讨论，以此为基础开始了思想的探险和教育的尝试。换言之，这场谈话看似是完全虚拟的，但谈话的时间、场景和人物是完全与城邦的真实情况相连的，既预示着柏拉图在透视雅典城邦中的现实问题，也预示着苏格拉底思想的重新复活。当然，"思想的复活不是为了取代世界上的事物，而是为了让我们做好准备，与它们一道生活"②。循着这场对话的发展脉络，我们从中不难发现柏拉图想要教育的真正对象、试图解决的真正问题。因此，《理想

---

① 《理想国》的章节划分始于近古编辑，而非柏拉图本人。部分学者认为，第一卷创作于早期，其余章节创作于中期。即使如此，第一卷也是作为序言，奠定了讨论的基本前提，且它涉及的主题也贯穿了思想实验的始终。参见［美］N. 帕帕斯《柏拉图与〈理想国〉》，朱清华译，广西师范大学出版社2007年版，第29—32页。

② ［美］约翰·E. 彼得曼：《柏拉图》，胡自信译，中华书局2014年版，第100页。

国》中看似简单的卷首内容，其实隐蕴着丰富的信息，需要研究者进行细细的推敲。

第一节 民主的混乱：比雷埃夫斯港的景象

《理想国》中的对话发生在公元前421年前后，此时雅典城邦正处于尼西阿斯和平时期，民主制度管理下的城邦生活依旧繁荣。① 然而，一些问题已经开始暴露出来，如城邦经由战争掠夺了大量财富、智者和修辞学家受到追捧、民众的德性开始败坏等。这些正是柏拉图着力于解决的问题，于是他让文中的对话者携带着类似的特性，如色拉叙马霍斯精于诡辩术、克法洛斯家世富裕且信奉城邦等。值得注意的是，此书写于公元前375年前后，其间雅典城邦发生的多件大事都紧紧围绕着比雷埃夫斯港，如斯巴达人通过围困比雷埃夫斯港迫使雅典城邦投降，短暂建立了寡头政权；民主派在穆尼齐亚（Munychia）战役中占领了港口，重新恢复了民主政体；苏格拉底亦在港口旁的战神山上接受审判，并被关押于山中央的洞穴里。可以说，比雷埃夫斯港的纷繁景象既象征了民主的繁荣，同样也隐藏着民主的危险；既凸显了哲人在城邦中遭遇的困境，也暗示了城邦政治需要被改造的现实。显然，比雷埃夫斯港成了柏拉图介入并解决城邦问题的一个良好接入点。

苏格拉底：昨天，我跟阿里斯同的儿子格劳孔一块儿来到比

---

① 学者们关于《理想国》创作年代的看法虽然有所不同，但大都同意其所反映的那些情节的时间是在伯罗奔尼撒半岛战争结束之前。综观《理想国》反映的时空背景和柏拉图经历的社会事件，我们不难发现《理想国》中的对话有一个晦暗不明的背景，其中充满了政治上的仇杀和不期而至的死亡。参见 Charles L. Griswold, *Platonic Readings*, New York: Routledge, 1988, p. 21。

雷埃夫斯港，参加女神的献祭，同时观看赛会。因为他们庆祝这个节日还是头一遭。我觉得当地居民的赛会似乎搞得很好，不过也不比色雷斯人搞得更好，我们做了祭献，看了表演之后正要回城。(327A—B)

一 哲人的被迫"下降"

古希腊哲学诞生的直接背景是宇宙起源诗，它以神话的外衣叙述客观的世界，从而让个人的感悟和想象借助流行的有关万物恒变的观念呈现宇宙创始的过程。当然，"在人类对宇宙世界和自我生活的认识尚缺乏明晰的思维分类和概念抽象的情况下，关于自然、社会、人生等各个领域的各个方面不可能形成明确有序的具体观念和特殊知识，而只能产生一种抽象的统合式或总合式的心灵感悟"①。在这种情况下，个人的想象和理性得到了充分地发挥，而个人的思想表达得愈自由，神话里的神秘因素就消逝得愈快，一些永恒的关系就会凸显出来。随着城邦政治改革和经济繁荣，人们越来越关心社会和人的事务，而哲学关注的视角由自然事物转向了城邦事物，研究的重心也由自然哲学转到了人本哲学。于是，古希腊哲学走上了人类学的道路，或者说走上了主体性的道路：研究人们的内心活动，研究人们的观念和意志力。②此时，哲学的纯理论视角开始下潜，逐渐生成了一定程度的实践关怀取向。与之相关，哲人开始将自己"心智"的目光（理性判断）转向了城邦领域（习俗权威），二者之间的激烈冲突由此展开。其中，苏格拉底的遭遇最具代表性，他拒绝让自己一直滞留在真

---

① 万俊人：《哲学的"孤独"》，《社会科学战线》1993年第3期。
② [德]文德尔班：《哲学史教程：特别关于哲学问题和哲学概念的形成和发展》（上卷），罗达仁译，商务印书馆2009年版，第97页。

理世界,以获得一种完全属于自己的精神愉悦,而是积极关注城邦现实和民众生活。苏格拉底以哲人的身份拉开距离批判城邦政治,并提出"未经审查的公民生活不值得过",应努力成为"哲人型公民"①。即使如此,哲人始终游离在城邦政治事务之外,而是持有一种置身其上或拉开距离的态度,通过理性审视城邦生活的正义性。喜剧诗人阿里斯托芬在《云》中生动地刻画了哲人在民众心目中的形象:"如果我不把我的心思悬在空中,不把我的轻巧思想混进这同样轻巧的空气里,我便不能正确地窥探这天空的物体。如果我站在地下寻找天上的神奇,便寻不着什么……"② 尽管苏格拉底是被误解为而非真正的自然哲人,却也透露出他在城邦民众心目中的形象,即哲人是"愚人"——不过城邦生活,不参与城邦事务;也是"异见分子"——不信城邦之神,威胁城邦政制的稳定。因此,苏格拉底在城邦中被民众控诉而遭到了法庭的审判,这导致哲学活动亦在城邦中遭遇了艰难的现实困境。以此类推,后继哲人若想继续在城邦中从事哲学或教育活动,必然会遭受与苏格拉底相似的危险,而这正是柏拉图要极力避免和解决的问题。

柏拉图在《理想国》第一卷卷首,隐晦地提到了哲人抑或是自己心态的转变:由理智世界下降到现实城邦,或者说他对哲人定位的转变。"昨天,我跟阿里斯同的儿子格劳孔一块儿来到比雷埃夫斯港。"这句看似无关紧要介绍谈话背景的话,却是柏拉图去世前在反复斟酌的句子。古典语言学大师维拉莫威兹(U. V. Wilamowitz)曾专门进行过考证:柏拉图写作的蜡板桌上有几种不同的《理想国》开场手稿,

---

① [美]丹纳·维拉:《苏格拉底式公民身份》,张鑫炎译,华夏出版社2016年版,第12—13页。
② [古希腊]阿里斯托芬:《云》,罗念生译,载罗念生《〈罗念生全集〉第四卷:阿里斯托芬喜剧六种》,上海人民出版社2016年版,第168页。

其中所作的修改全都围绕着开篇的第一句话："Καϲέβην χθὲϲειϲ Πειρανενϲ μετὰ Τλαύκωνοϲ τοῦ我昨天下到比雷埃夫斯。"① 可见，《理想国》的开篇布局是柏拉图精心写就的，必然隐藏着丰富的含义。仔细分析，从这个句子的构成来看，κατέβην 是动词，是 [καταβαινω] 不定过去时的第二种形式，原意为"走下，下去；从内陆到海边去，走下……"② [κατέβην] 被置于句首，表征一种强调的形式。这样安排至少有两方面的意图：其一，交代事实。比雷埃夫斯港位于雅典城邦西南约六公里处，而苏格拉底从卫城城区到海边港口是一个向下走的过程。其二，凸显隐喻。作为哲人的苏格拉底本应沉浸在真理世界，纯粹享受理智的快乐，现在却主动来到城邦的繁乱之地，关注流变的世俗事务，确实是一种"下降"的过程。如果从全书的内容来看，这种哲人下降的隐喻更为明显。在第一卷，哲人从雅典城区下降到比雷埃夫斯港；第七卷哲人从洞穴中走出见到真理的阳光后再次下降到幽暗的洞穴之中；第十卷哲人再次下降到冥府之中引导民众认识正义生活的意义。这种由上升到善的理念和下降到世俗生活构成的升降叙事，凸显了柏拉图试图以哲学正义教化民众的核心主题。③

其中，比雷埃夫斯 [Πειραιενϲ] 是形容词，而省略了海港 [λιμήν]；因此，Πειραιενϲ 是"比雷埃夫斯港"的简称。按照希腊语的使用习惯，Πειραιενϲ 的前面应该加定冠词来界定特指的"比雷埃夫斯港"。柏拉图故意删除了冠词，使原本特指的地名具有了泛指的丰富寓意。④ 对于生活在这个时期或熟悉雅典历史的读者，他们很容易会联想到曾

---

① Ulrich von Wilamowitz - Moellendorff, *Platon*, Berlin: Weidmannsche Buchhandlung, 1919, p. 257.
② 罗念生、水建馥编：《古希腊语汉语词典》，商务印书馆2004年版，第428页。
③ [美] 罗森：《哲学进入城邦——柏拉图〈理想国〉研究》，朱学平译，华东师范大学出版社2016年版，第23页。
④ 刘小枫：《王有所成：习读柏拉图札记》，上海人民出版社2015年版，第35页。

经在比雷埃夫斯港发生的一系列事情。其实,柏拉图这句话中还在故意引导读者进行回忆——"昨天",借着重新叙述发生过的事情来反观当下的生活。如果生活没有经过理性的反思和省察,那么它就不值得过,而我们又何谈追求正义的生活?① 于是,"整个《王制》的谈话都发生在'昨天'与'今天'之间,似乎在提醒世世代代的后人,走向明天之前,应该思考什么"②。如果延伸思考,柏拉图在撰写《理想国》时,雅典城邦早已经不复以往那般繁荣,这也在提示城邦非正义发展,获得的是虚假繁盛,终究会一去不复返。"很久以前,有一个光荣的城邦,叫雅典,有一个著名人物,叫苏格拉底。雅典的光荣凋谢了,残留在我们的记忆之中。现在哲人的任务不是要去追忆雅典的实际历史,而是要回忆起内在真理,及其蕴含的政治可能性。"③ 我们无法得知柏拉图的眼光是否能够穿透几千年的尘埃,但他在卷首暗示哲人的下降过程应该是真实的,即哲人下降到城邦世俗生活之中与普通民众一起考察"何为正义""何为正义的生活",而不是仅仅停留于真理世界与志趣相投的哲人识别、谈论它的细节。当然,这也表明柏拉图将要直面雅典城邦中存在的现实问题,而不是因惧于苏格拉底式的死亡选择视而不见。还有学者认为这句话表达了更为深远的含义,"'我到下面去'也预示出了柏拉图对话中最广泛地为人所知的图像——在第七卷中的洞穴比喻"④。哲人在观看真理之后重新"下降"

---

① 通常在《理想国》的篇名下还有一个副标题"论正义,政治的"(Peri dikaiou, Politikos)。根据 Diogenes Laertius 记载,这是由公元 1 世纪的天文学家色拉西洛斯(Claudius Thrasyllus)附加的。参见 R. D. Hicks, *Diogenes Laertius, Lives of Eminent Philosophers*, Cambridge: Harvard University Press, 1995, p. 58.

② 刘小枫:《西方古典政治哲学新探 柏拉图笔下的佩莱坞港——〈王制〉开场绎读》,《社会科学研究》2010 年第 2 期。

③ [美] 罗森:《哲学进入城邦——柏拉图〈理想国〉研究》,朱学平译,华东师范大学出版社 2016 年版,第 24 页。

④ Nickolas Pappa, *Plato and the Republic*, New York: Routledge, 1995, p. 18.

到黑暗的洞穴之中,将受困于穴壁影像的民众解放出来,一起走上追寻善好理念的道路。事实上,一些极为经典的《理想国》英文译本同样准确地把握到了篇首这句话的独特意蕴:"I went down yesterday to the Piraeus with Glaucon the son of Ariston."①

二 城邦的外神引入

在古希腊时期,每个城邦都有自己信奉的主神,如斯巴达城邦信奉的主神是阿波罗、派罗斯城邦信奉的主神是波塞冬、萨摩斯城邦信奉的主神是赫拉等。城邦每年或每隔几年都会为信奉的神举行盛大的公共祭祀活动,这是民众现实生活中不可缺少的组成部分,也为他们的日常行为提供了价值指引。"据统计,在古典时代全希腊的宗教节日已知的有300余个,分别祭祀400个以上的神祇,遍布希腊全境250个地方。以雅典城邦为例,一年约有144个宗教节日,公民每年至少有120天庆祝各种宗教节日或参与公共祭祀。"②古希腊人确信众神会庇护他们选定的城邦,反过来所有城邦也要虔诚地信仰他们的保护神,尤其是不允许遵从异邦的神。所以,新神极少被引入不同的城邦之中,因为引进新神的代价是失去城邦守护神的庇护。换言之,对于城邦民众而言,虔敬是一种非常重要的德性,即依凭城邦所信之神的启示来生活,并获得生命的意义和价值。雅典城邦的守护神是雅典娜,她是城邦主要的祭祀对象。除此之外,雅典城邦还会祭祀其他十一位主神。以雅典娜神庙为例,浮雕神像还包括神王宙斯、天后赫拉、海神波塞

---

① Plato, *The Republic*, Trans. Benjamin Jowett, 四川人民出版社 2017 年版,第 1 页;另 Bloom 版、Shorey 版都抓住了翻译的要点。相对而言,郭斌和、张竹明先生虽然相对完整地翻译了这句话的意思,却没有把握住要旨。庆幸的是,这种遗憾被后学者弥补,参见[古希腊]柏拉图《理想国》,顾寿观译,岳麓书社 2010 年版,第 1 页;[古希腊]柏拉图《柏拉图全集 6》(增订版),王晓朝译,人民出版社 2017 年版,第 5 页。

② Louise Bruit Zaidman, *Religion in the Ancient Greek City*, Trans. Paul Cartledge, New York: Cambridge University Press, 1992, pp. 98 – 127.

冬、战神阿瑞斯、太阳神赫里俄斯、美神阿芙罗狄忒、农业神萨图努斯、匠神赫菲斯托斯、猎神阿耳忒弥斯、酒神狄奥尼索斯、神使赫尔墨斯等。值得注意的是，城邦在特殊情况下也会引入一些为大多数希腊人所熟识的、具有普遍意义的英雄进行祭祀。在公元前5世纪（公元前499—400年），雅典城邦有两次允许新神进入神庙：阿斯克勒普①和朋迪斯（354A）。前者是希腊人熟知的医药之神，被雅典引入城邦祭祀是由于公元前430—429年暴发的一场大瘟疫。② 这场瘟疫夺走了雅典城邦近四分之一公民的生命，首席将军伯里克利也因之而丧命。后者则是爱琴海以北色雷斯城邦的守护神，对于雅典人而言完全是新奇的事物，并且还是猎神阿耳忒弥斯的竞争者。那么，朋迪斯为何能够进入城邦并被民众公开献祭呢？难道雅典民众不担心失去守护神雅典娜和阿耳忒弥斯的庇护吗？

"因为他们庆祝这个节日还是头一遭。我觉得当地居民的赛会似乎搞得很好，不过也不比色雷斯人搞得更好。"城邦对诸神的祭祀通常和赛会连接在一起，如诗歌比赛、喜剧比赛等，让每个居民都能参与其中。柏拉图在卷首呈现雅典城邦引入新神并举行赛会的举动，用意显然很不简单。它至少携带着两重含义：其一，风俗的败坏。比雷埃夫斯港的赛会虽然依旧热闹非凡，但第一次出现的色雷斯人祭祀和赛会显得尤为突兀。这种热闹的景象掩盖不了城邦风俗和民众信仰的变化，而城邦的风俗和民众的信仰主要基于传统和神话，本来应该是非常稳定的。那么，民众信仰变化的主要原因是什么呢？难道是因为他们对

---

① 阿斯克勒普（另译为阿斯克勒庇俄斯），希腊医药之神，在各城邦都有很大的知名度。希腊人认为，向阿斯克勒普献祭公鸡，可以求得疾病痊愈。苏格拉底在临死前，曾向友人说道："克里托，我们欠阿斯克勒庇俄斯一只公鸡；要用公鸡向他献祭，千万别忘了。"参见［古希腊］柏拉图《柏拉图全集1》（增订版），王晓朝译，人民出版社2015年版，第115页。
② ［美］N. 帕帕斯：《柏拉图与〈理想国〉》，朱清华译，广西师范大学出版社2007年版，第21—22页。

城邦所奉诸神已经不再虔诚？事实上，在伯罗奔尼撒战争期间，色雷斯城邦是雅典城邦极为重要的盟友。因为对手斯巴达城邦拥有强大的陆军，雅典城邦知道这场战争的胜利依赖于能够对抗伯罗奔尼撒同盟的海军，而色雷斯城邦拥有雅典舰队急需的木材。① 于是，在战争进行了几年后，雅典城邦提升了色雷斯城邦守护神朋迪斯的地位，甚至为其在繁荣的比雷埃夫斯港举行了公共庆典，这才是柏拉图在卷首为对话建构的现实背景。由此可见，雅典民主制度首先满足的是城邦的现实需求，追求的是实际利益而非对诸神的虔敬或真理。换言之，城邦引入新神是出于利益的考量，而非完全遵从习传的律法。从传统的眼光来看，雅典民众引入异邦之神的行为，从侧面显示了城邦信仰与世俗风尚的败坏。柏拉图通过一场祭祀游行向我们展示了当时日渐败坏的现实环境和世俗风气，"这个环境就是那个生活在祖先精神之中的古老而高贵的雅典的相反一极。这个环境就表示了传统之光下作为政治衰败而显现出来的东西"②。其二，哲人的问题。公元前399年，苏格拉底因被民众控告亵渎神灵和败坏青年，遭到战神山议事会审判后蒙难。当苏格拉底在书中以另外一种形式"复活"后，重新审视城邦的行为时，相同的问题再次显现了出来。雅典城邦因为自身的利益早已引入了新神，而苏格拉底却因为所谓的"创立新神，不信旧神"，被民众"为了维护旧神而提出公诉"③。两相对比之下，柏拉图的这个安排就变得极具讽刺意味了，从城邦现实的角度给予城邦重重一击。在随后的行文中，柏拉图呈现的内容也颇值得玩味："想要看看人们如何庆

---

① [美] N. 帕帕斯：《柏拉图与〈理想国〉》，朱清华译，广西师范大学出版社2007年版，第22页。
② [美] 施特劳斯：《苏格拉底问题六讲》，丁耘译，载刘小枫、陈少明主编《苏格拉底问题》，华夏出版社2005年版，第61页。
③ [古希腊] 柏拉图：《游叙弗伦 苏格拉底的申辩 克力同》，严群译，商务印书馆1983年版，第11页。

祝节日"[βουλομενος θεασασθαι τινα τροπον ποιησουσιν]。哲人的"静观"和"看看"是同一个词：θεασασθαι①，前者源于"惊异"，带有某种对恒在真理、永恒的善的追寻之心；后者则隐含着自上而下的审视和省察，当然也就不会有任何虔敬之意。紧随其后的苏格拉底的评价之语——"我觉得当地居民的赛会似乎搞得很好，不过也不比色雷斯人搞得更好"也正说明了这一点。更何况，柏拉图还"画蛇添足"般在前面加了个能愿动词：βουλομενος②[想要]，毕竟源于惊异的静观是不需再"想要"的，而是发自内心的"爱欲"。现在看来，这句话隐含着更深的含义，远非表面上单纯为了叙说一场祭祀赛会。引申而言，城邦民众对诸神的虔敬是基于利益的考量而非出于正义的信念，这也恰好印证了苏格拉底对游叙弗伦（Euthyphro）的盘诘："虔敬成了神与人互相交易的技术？"③ 以此观之，雅典城邦的法律、传统、信仰抑或正义观念都是基于自身的利益需求，而苏格拉底之死或哲学活动在城邦中面临的现实困境，更多地是由于触犯了城邦民众的政治利益，而非是由于亵渎了诸神、败坏了青年。当然，柏拉图的这种安排在解释了苏格拉底之死问题的同时，也为自己后面改造诗人教育、传递神话做了铺垫——不是在引入或创造新神。

比雷埃夫斯港是雅典海上力量与商业力量的所在地，一直被视为雅典城邦民主制的坚强堡垒。④ 正是由于港口的繁荣景象，所以表征着城邦民主政制的成功；也正是因为其繁荣，所以思之其二十年后的破败才尤为令人扼腕痛惜。因此，与其说柏拉图在卷首呈现的是一番港

---

① Θεασασθαι 是 "θεαομαι" 的不定过去时，原意指 "看，观看，瞧，注视"。参见罗念生、水建馥编《古希腊语汉语词典》，商务印书馆2004年版，第381页。

② βουλομενος 在古希腊阿提卡方言和荷马史诗中意指 "意欲，愿意，打算"。参见罗念生、水建馥编《古希腊语汉语词典》，商务印书馆2004年版，第381页。

③ [古希腊]柏拉图：《游叙弗伦 苏格拉底的申辩 克力同》，严群译，商务印书馆1983年版，第22页。

④ Leo Strauss, *The City and Man*, Chicago: The University of Chicago Press, 1964, p. 62.

口的鲜花着锦之象，毋宁说他是穿透城邦繁荣的表象而揭示了背后的危如累卵之势。比雷埃夫斯港的乱象是雅典城邦民主生活的缩影，无论是外神的引入还是政治的媾和，都预示着城邦生活由于非正义发展而导致的败坏结局，而这些都是由于民主政体存在缺陷、统治者缺乏智慧、城邦民众欲望膨胀造成的。在这种境况下，哲人下降到城邦的世俗生活，改造政制、教导民众显得尤为必要。此时柏拉图还没暴露出自身真正的目的，等他"牵着"民主制和寡头制的受害者考察完各种政体之后，卷首的意义才会充分地凸显出来。当然，在实现目的之前，他还面临着一系列的困难。

第二节 哲人的无奈：来自权势阶层的胁迫

在柏拉图生活的年代，作为典型民主制城邦雅典组建了环爱琴海军事联盟——提洛同盟，并将此联盟逐渐转化为帝国。作为提洛同盟的主导者，雅典城邦在阿提卡半岛产生了极大的影响力，军事强盛、商业繁荣和文化昌盛，吸引了很多其他城邦的民众前来生活，如即将出场的富商克法洛斯一家、修辞学家色拉叙马霍斯等。很多哲人和智者也来到雅典城邦，他们很快就发现民主堡垒之邦并不是所有人的乐土，尤其对于常与民众意见相左的哲人而言。公元前434年，哲人阿那克萨戈拉因被控"宣传邪说、不敬神灵"的罪名而被驱逐出雅典城邦；公元前411年，智者普罗泰戈拉也被民众指控与苏格拉底相似的罪名——蛊惑人、使民众不信神。[①] 同时，雅典的民主政治制度让善辩的公民更有机会成为城邦的统治者，而哲人很多时候在这些权势阶层面前也只能束手。换言之，柏拉图若想对城邦进行改造、对民众进

---

① ［古希腊］柏拉图：《游叙弗伦 苏格拉底的申辩 克力同》，严群译，商务印书馆1983年版，第118、130页。

行教育，要么成为城邦的统治者，要么选择对城邦的权势阶层进行教育。

我们做了祭献，看了表演之后正要回城。

这时克法洛斯的儿子玻勒马霍斯从老远看见了，他打发自己的家奴赶上来挽留我们。家奴从后面拉住我的披风说："玻勒马霍斯请您们稍微等一下。"

我转过身问他："主人在哪儿？"家奴说："主人在后面，就到。"格劳孔说："行，我们就等等吧。"

一会儿的工夫，玻勒马霍斯赶到，同来的有格劳孔的弟弟阿得曼托斯①、尼克阿斯②的儿子尼克拉托斯，还有另外几人，显然都是看过了表演来的。

玻：苏格拉底，看样子你们要离开这儿，赶回城里去。

苏：你猜得不错。

玻：喂！你瞧瞧我们是多少人？

苏：看见了。

玻：那么好！要么留在这儿，要么就干上一仗。

苏：我还有第三种办法。要是我们婉劝你们，让我们回去，那不是更好吗？

玻：瞧你能的！难道你们有本事说服我们这些个不愿意领教的人吗？

格：当然没那个本事。

---

① 格劳孔和阿得曼托斯是柏拉图的兄弟，他们的父亲阿里斯同是雅典最后一位君王科德鲁斯的后代，母亲珀里克提俄涅则出身于梭伦家族，身世极为显赫。

② 尼克阿斯（另译为尼昔亚斯、尼西阿斯）是雅典城邦的著名将领，声誉卓著。公元前421年，尼克阿斯主持与斯巴达签订了《尼克阿斯和约》；公元前419年，尼克阿斯和阿尔基比亚德一起当选为将军；公元前415年，尼克阿斯和阿尔基比亚德率军远征西西里，后因阿尔基比亚德叛逃导致远征失败，投降被杀。

玻：那你们就死了这条心吧！反正我们是说不服的。

……

玻：……可以见见这儿不少年轻人，我们可以好好地聊一聊。别走了，就这么说定了！

格：看来我们非得留下不可了。

苏：行哟！既然你这么说了，咱们就这么办吧！（327A—328B）

一　两次强制的"邀请"

苏格拉底的遭遇显示出哲人在城邦中的政治处境并不尽如人意，其实他在日常生活中的状态也相当艰难。"因为他在辩论中非常激烈，人们经常对他拳打脚踢甚至扯脱他的头发；在很大程度上他总是被人鄙视嘲弄。"① 普通民众有时会敬重哲人的学识，却也畏惧他们对城邦生活的颠覆。因为对于民众而言，哲人沉思并讨论的"何谓正义""何谓正义的生活"等问题毕竟只是一种可能性，甚至会造成自身生活的不稳定。对于权势阶层而言，哲人亦不比普通人更值得尊重，甚至还经常将之视为奚落的对象。他们依靠自身的财力、家世和雄辩的才能获得民众的支持，在城邦民主制度中占据着统治地位，始终自负于正义的信念——"应得之份""强者的利益"。可见，哲人和权势阶层的正义观是存在极大不同的，在柏拉图的笔下发生了两次短促而激烈的碰撞。第一次碰撞：玻勒马霍斯强制苏格拉底停下等候。玻勒马霍斯看见苏格拉底准备返回城邦，于是 Κελενσαι② ［命令；吩咐］奴隶赶

---

① ［古希腊］拉尔修：《名哲言行录》（上），马永翔译，吉林人民出版社 2003 年版，第 98 页。

② Κελενσαι，本意为"命令，吆喝，呼唤"。参见罗念生、水建馥编《古希腊语汉语词典》，商务印书馆 2004 年版，第 453 页。郭斌和、张竹明先生将之翻译为"请"，显然是过于客气了。王晓朝先生则将之译为"要"，带有几分强制的意味，反而道出了几分神韵。其实，经典的 Benjamin Jowett 英译本亦将之译为"bid"，亦有着"命令"的意思。

上来，为的是 Κελενσαι［命令；吩咐］苏格拉底和格劳孔"等他"。在这里，柏拉图用的是同一个动词，不仅未区分哲人和奴隶的差别，还从形式上体现出一种双重强制的意味。① 我们再看随后奴隶的动作，"家奴从后面拉住［λαβομενος］② 我的披风"；同时，奴隶的话语中再次用到同一个词：Κελενσαι［吩咐］。玻勒马霍斯指使奴隶强留苏格拉底，这其实是城邦中财富化为强力的体现，而他显然并没有感到任何不妥之处。反观之，苏格拉底是否愿意等玻勒马霍斯呢？答案是否定的。他住在雅典城区（比雷埃夫斯港口的六公里以外），做了祭献、看了表演之后正在急忙赶回城区，却因为住在比雷埃夫斯港富商克法洛斯大儿子的"吩咐"而不得不停下等候。按照哲人的生活方式——无畏的疯狂，苏格拉底会拒绝这种不合理的要求。正如在担任雅典法庭轮值主席时，他不愿因畏缧绁、斧锯而附和民众的意见而判处海军十大将有罪③，亦不愿畏于城邦僭主的威权而停止在街头与青年人讨论。"结果，除了一个人，所有普利塔涅斯由于惧怕，而同意此事通过民众投票表决来判决，这位坚决不同意这样做的倔人，就是索弗

---

① 刘小枫：《西方古典政治哲学新探 柏拉图笔下的佩莱坞港——〈王制〉开场绎读》，《社会科学研究》2010 年第 2 期。

② λΛαβομενος 是"λαμβανω"的不定过去时，意指"抓紧，握有；捉住，追上，夺走"。参见罗念生、水建馥编《古希腊语汉语词典》，商务印书馆 2004 年版，第 497 页。

③ 在伯罗奔尼撒战争期间，古希腊雅典城邦通常会为海军选定十位将领。在其间的阿吉努塞海战中，雅典城邦的海军十大将为科浓（Conon）、阿里斯托克拉特（Aristocrates）、狄奥麦顿（Diomedon）、伯里克利（Pericles）、爱拉辛尼德斯（Erasinides）、普罗托玛库斯（Protomachus）、特拉叙鲁斯（Thrasyllus）、吕西亚斯（Lysias）、塞拉麦涅斯（Theramenes）、阿里斯托根尼（Aristogenes），他们带领军队战胜了斯巴达海军，但除科浓和塞拉麦涅斯以外其他八位将军均因为未能救助落水的船员而遭罢免，并在城邦公民大会上被塞拉麦涅斯（在战后被安排救援船员而因风暴未能有效执行）正式控告，后经公民投石表决，八位将军被判有罪，其中六位在雅典城邦的将军都被处死（普罗托玛库斯和阿里斯托根尼因一直在外征战没有回过雅典城邦而得以幸免）。这是雅典人滥用民主而造成重大恶果的重要例证，也成为日后人们批评雅典民主制的重要口实。参见［古希腊］色诺芬《希腊史》，徐松岩译注，上海三联书店 2013 年版，第 38—46 页。

隆尼斯库斯之子苏格拉底。他坚称，处理任何讼案，都必须依法行事。"① 因而，苏格拉底之死带来的伤害是永恒的，它让哲人无法再直接袒露真实的想法，而是必须转变自身的教育方式。柏拉图当然不愿放弃哲人的生活方式，但也不愿直接与权势阶层发生碰撞，于是审慎地隐藏了自己的心思。他在文本中让格劳孔出面答应了下来，从而暂时消弭了哲人与权势阶层之间的决裂，因为这种决裂会彻底丧失双方对话的可能性，也就无法完成对权势阶层进行教育的目的。

随之而来的是第二次碰撞，这更加凸显了权势阶层和哲人之间的紧张关系。除了拥有财富，玻勒马霍斯一群人在城邦民主制度中同样占据优势，如格劳孔和阿得曼托斯（Adeimantus）出身高贵的氏族，尼克拉托斯（Niceratus）亦为城邦将军之后。在现实生活中，财富和权力作为社会中具有优势且稀有的资源，同样会勾连在一起，正如这一群人的组合。"你瞧瞧我们是多少人？"玻勒马霍斯让苏格拉底遵循城邦民主制的一个基本原则：服从多数人的意志，无论多数人的意志是对还是错。在此基础之上，玻勒马霍斯还要求"要么你们证明自己比我们强大，要么留下来"②。可见，玻勒马霍斯很熟练地利用了民主制的外衣来施行强制的手段，并没有给苏格拉底留下选择的机会。在这里，我们不能遗漏了柏拉图的匠心，即κρείττους的原型是"κρεισσον"，意指"更强大的，更强有力的；更好的"③。"这里不仅有'更强的'含义，也有'更好的'含义，从而'你们变得比这伙人更强'也暗含'你们显得比这伙人更好'的意思。"④ 显然，按照玻勒马霍斯给出的

---

① ［古希腊］色诺芬：《希腊史》，徐松岩译注，上海三联书店2013年版，第42页。
② ［古希腊］柏拉图：《柏拉图全集6》（增订版），王晓朝译，人民出版社2017年版，第6页。
③ 罗念生、水建馥编：《古希腊语汉语词典》，商务印书馆2004年版，第480页。
④ Seth Benardete, *Socrates' Second Sailing*, Chicago: The University of Chicago Press, 1989, p. 10.

标准，苏格拉底处于绝对的劣势，而这恰恰也是雅典城邦被广泛认可的标准。随后，尽管苏格拉底提出："我还有第三种办法。要是我们婉劝你们，让我们回去，那不是更好吗？"然而，玻勒马霍斯还是蛮横地拒绝了，"瞧你能的！难道你们有本事说服我们这些个不愿意领教的人吗？"（327C）回到真实的历史境遇之中，苏格拉底正是因为无法用言语说服雅典城邦的民众，而被"强大的""正义的"民众判处了死刑。这也充分说明了哲人的真理很难借由话语进行传递，而民众也常常无法被理性的言语说服，更多是屈从于激情的诱导和欲望的作祟而尊崇诗人、智者和修辞学家。基于此，柏拉图在后文中借用牧羊人和羊群、水手和乘客、医生和病人的关系为譬喻，以寻求不借助外在暴力手段的强迫方式让民众服从哲人的教诲，这也就不难理解了。① 苏格拉底和玻勒马霍斯之间这场简短的交锋出现了两次强制，其实也在某种程度上说明玻勒马霍斯秉持的"正义"观已经在城邦生活中成为常态，从而被民众广泛认可且以之作为日常行动的道德标准。换言之，城邦的大部分人尤其是权势阶层都持有"正义是遵守法律规定，是强者的利益"的信念，因为他们正是城邦中的强者，即正义代表着他们自身的利益。遗憾的是，在城邦中"有智慧的哲人未必具有强力，而有强力的多数人则常常没有智慧。针对苏格拉底想要说服他们的企图，由于玻勒马霍斯表示他们根本不听，于是僵持出现了，强力一点都不服从言语的论说，智慧与权力处于尖锐的对立中"②。如果将视线拉得更远一点，我们很容易联想到哲人在现实城邦中的处境——"最优秀哲学家的无用其责任不在哲学本身，而在别人不用哲学家"。（489B）那

---

① ［美］汉娜·阿伦特：《过去与未来之间》，王寅丽、张立立译，译林出版社2011年版，第102—103页。
② 成官泯：《试论柏拉图〈理想国〉的开篇——兼论政治哲学研究中的译注疏》，《世界哲学》2008年第4期。

么，这样一个不求智亦不求真，而是奉行强权式正义的城邦难道真的可以发展好吗？难道真的不需要被改造吗？持有这种正义观念的统治者和民众难道真的不需要被教育吗？

二 被迫进行的对话

在苏格拉底和玻勒马霍斯激烈交锋时，阿得曼托斯参与了对话，试图缓解紧张的谈话气氛。他以新奇的火炬赛马吸引了苏格拉底惊异的目光，积极促使双方的让步，从而让智慧和权力可以达成初步的妥协，形成了一个简单且不够稳固的共同体。在这种情况下，"一个具体而微型的政治共同体出现了，所有政治活动都建基于这个基础之上"①。然而，这个政治共同体又是如此的脆弱，很容易因为权势阶层权力的作祟而解体。玻勒马霍斯显然不愿意在谈话中做出任何妥协，反而在与苏格拉底之间的紧张关系再次被缓和时，仍然完全无视后者的意见而轻易地代之做出了决定："别走了，就这么说定了。"（328B）确实，无论是在城邦的现实生活中还是在柏拉图构建的对话情境中，苏格拉底的意见都是不被大部分民众重视的。因为在民主制度中公民的意见也许不一定是理性的，却通常是最具权威性的。公民的意见"是城邦及其法律——最庄严的约定——批准或认可的"②，而玻勒马霍斯一群人正是城邦中的民意代表。在他们的心中，依仗财富和人多势众的强大就是一种所谓的"好"，一种理所当然的"正义"。格劳孔比苏格拉底更了解城邦的政治生活，因而未待其反驳就出声答应了下来。苏格拉底也不再反对既成的事实，和众人一起来到了玻勒马霍斯的家里。于是，一场关于"正义"的谈话正式开始了。此时，反观《理想国》

---

① A. Bloom, *The Republic of Plato*, New York: Basic Books Inc., 1968, p.1.
② ［美］列奥·施特劳斯、约瑟夫·克罗波西主编：《政治哲学史》（上），李天然等译，河北人民出版社1993年版，第4—5页。

卷首以"不义"的开端来讨论正义的本质和价值，这种巨大的反差让人不得不深思：究竟何为正义？城邦中流行的"正义"为何显得如此不义？哲人在艰难的处境中又如何实现真正的正义？正如施特劳斯所言："《理想国》是唯一一篇由苏格拉底叙述的、被迫进行的对话"①，而探讨的又恰恰是正义问题，实在让人很难不产生吊诡之感。显而易见，在这两次交锋中最终还是玻勒马霍斯一群人获得了胜利，他们迫使苏格拉底不得不屈从留了下来。然而，我们将视线向后移二十年，公元前404年雅典城邦的民主政体被推翻而建构了寡头政制，三十僭主以同样的"强大"和"正义"处死了玻勒马霍斯、尼克拉托斯、克勒托丰，并迫使吕西阿斯（Lysias）流亡。② 如果用这样的事实来考察玻勒马霍斯的正义观——"正义是强者的利益"，那么他的结局也就不言而喻了，世俗的正义观不仅无法让城邦获得良序发展，还会危害到个体的生命，更遑论实现公民的幸福。

当然，柏拉图在卷首精心设计的这场哲人与权势阶层短促而激烈的冲突，用意并不局限于此。它还表征着更深的意义：哲人被强迫留在城邦。按照自然哲人的本性，他们更愿意对世间万物葆有无穷的惊异，从而穿透变化的事物寻求对世界的解释。苏格拉底将哲学的目光从自然万物转向了城邦人事，正如艾迪（J. M. Edie）所言："自从苏格拉底将哲学从天上带回人间之后，人便成为哲学的中心。"③ 苏格拉底对城邦生活中的善和恶、道德与人生重新进行省察，寻找永恒的善美理念。尽管如此，苏格拉底式哲人依旧超脱于城邦政治和世俗

---

① ［美］施特劳斯：《苏格拉底问题六讲》，肖涧等译，载刘小枫、陈少明主编《苏格拉底问题》，华夏出版社2005年版，第60页。

② Mark Munn, *The School of History, Athens in the Age of Socrates*, Berkeley: University of California Press, 2000, p. 23.

③ J. M. Edie, "On Confronting Species‑Specific Skepticism as We Near the End of the Twentieth Century", *Person and World* (*Netherlands*), Vol. 25, No. 3, 1992.

生活之外，正如他在法庭上申辩时所言："我到处巡游，席不暇暖，突不暇黔，私下劝告人家，而不敢上公庭对众讨论国事、发表政见……雅典人啊，你们应知，我若从事政治，吾之死也久矣，于己于世两无益也。"① 可是，民众会以公民的标准要求哲人，并强迫他们参与城邦生活。因为在雅典公民看来，如果一个人不参与城邦的日常政治活动，不承担政治责任和义务，那么他就没办法过上完满的生活。伯里克利的演说传递了这种信念："在我们这里，每一个人所关心的，不仅是他自己的事务，而且也是国家的事务：就是那些最忙于他们自己的事务的人，对于一般政治也是很熟悉的——这是我们的特点；一个不关心政治的人，我们不说他是一个注意自己事务的人，而说他根本没有事务。"② 然而，现实的城邦没有正确地对待哲人，而是让其放弃真理屈从于世俗的意见，这导致二者的冲突无法避免。为了化解这种冲突，并让哲人可以引领城邦走向正义，柏拉图在理想城邦中让哲人成为统治者。在这种情况下，为了保证哲人愿意舍弃静观理念的愉悦而下降到城邦世俗生活之中，民众对哲人的强迫则变得更为必要。"我们强迫他们关心和护卫其他公民的主张是公正的……我们已经培养了你们——既为你们自己也为城邦的其他公民——做蜂房中的蜂王和领袖；你们受到了比别人更好更完全的教育，有更大的能力参加两种生活。"（520B—C）可以说，卷首这幕场景的象征意义，也是后文中哲学王在"上升"看见善被强制"下降"到城邦的预演。柏拉图似乎在暗示：若想实现真正的正义，不义的手段是不可避免的。既然城邦对哲人存在不义的强迫，那么哲学王在治理理想城邦时采用强制民众服从的方

---

① ［古希腊］柏拉图：《游叙弗伦 苏格拉底的申辩 克力同》，严群译，商务印书馆1983年版，第56—57页。

② ［古希腊］修昔底德：《伯罗奔尼撒战争史》，谢德风译，商务印书馆1960年版，第132页。

式也就是理所当然的了。

玻勒马霍斯两次强制的要求已经让城邦中"不义"的信念初现端倪，随之而来被迫进行的对话也揭示了民主制度的败坏以及哲人在城邦中的尴尬处境。显然，现实城邦中的境况需要被改变，而教育民众正是一个适切的方式。然而，苏格拉底之死已经证明教育不能再直接面向普通民众，那么柏拉图必须重新界定教育的对象，从而以此为起点建立新的教育方案。

第三节 教育的对象：针对有识之士的改造

哲人改造城邦的努力从来没有停止过，主要方式是通过教化普通民众进而变革现实城邦。苏格拉底投身城邦公民的道德再教育，以培养出有德之辈参与城邦事务，从而消除城邦生活中的种种不义。正如色诺芬认为："他不仅没有像控告他的人所指责的那样败坏青年，还明明地诱导了他的门人中那些有犯罪倾向的人停止了罪行，劝勉他们追求那最光荣最美好的德行，正是借着这种德行，人们才能治国齐家。"①然而，苏格拉底最终因被城邦民众控告"败坏青年"而蒙难，这也预示着以普通民众为教育对象是不可行的。于是，柏拉图修正了苏格拉底的教育路线，选择了有识之士作为教育对象，试图借此彻底地变革城邦并维护哲人的安全。

一 民众无知的自负

《理想国》卷首苏格拉底和权势阶层的冲突异常短促却也足够激烈，揭示了哲人与城邦民众尤其是权势阶层的深刻矛盾——既是正义

---

① ［古希腊］色诺芬：《回忆苏格拉底》，吴永泉译，商务印书馆1984年版，第22页。

观念的冲突，也是治理权力的争夺。细细分析冲突的场景，我们能粗略地勾勒出城邦公民的结构：权势阶层、普通民众、哲人。① 这三个阶层既是现实城邦的实际构成成分，也是理想城邦的基本结构。换言之，所有的政治问题、教育问题都是在这三个阶层之间进行展开的，因而这也是柏拉图展开论述的重点。其中，权力掌握在权势阶层的手中，他们拥有比普通民众更多的知识和技巧，也认同世俗生活中流行的正义观念，因而可以在城邦政治生活中以雄辩术取悦民众而获取他们的支持，但却从不追求真正的正义。在日常生活中，权势阶层可以役使城邦中的多数人，以至于即使超脱于政治生活之外的哲人也无法逃脱被胁迫的境遇。正如玻勒马霍斯、阿得曼托斯、尼克拉托斯等人一旦成年，就可以凭借家世、学识和财富等方面的优势参与政治活动，迅速成为雅典城邦的统治阶层。因此，若想改变城邦的现状、实现民众整体的幸福，哲人最可取的途径是教育这些在城邦中占有地位的有识之士，让其认识到自己的信念是荒谬的，从而甘愿接受哲人的教育和领导。"克法洛斯诸子可以说是资产阶级之子，可以说服他们考虑另一个社会，以取代这个养育他们的社会。"② 当然，哲人对有识之士的教育也是最困难的，因为他们不仅拥有自己的正义信念，且这种信念支撑着自身优渥的世俗生活状态，让其依凭诸神的启示和习传的法律过着看似美好的生活；同时，有识之士还凭借自身的雄辩才能参与政治活动，影响并支配着普通民众的价值信念。柏拉图在检视民主政体时指出："在民主社会里这部分人是处于主宰地位的，很少例外。其中最强悍的部分，演说的办事的都是他们。其余的坐在讲坛后面，熙熙攘

---

① 在这场冲突中，奴隶虽然也有出场，但并未出现在后文的对话中。同时，无论在现实的城邦中，还是在理想的城邦中，奴隶都不是城邦的公民，因而不属于城邦阶层的构成部分。

② ［美］罗森：《哲学进入城邦——柏拉图〈理想国〉研究》，朱学平译，华东师范大学出版社2016年版，第27页。

攘、喊喊喳喳地抢了讲话，不让人家开口。因此，在民主国家里一切（除了少数例外）都掌握在他们手里。"（564D—E）因此，哲人必须刺破有识之士自负的正义信念，告诉他们选择生活方式事关重大且非常危险，所以必须要有人教导"人应该如何生活"——甄别高尚的生活与卑微的生活，这样才能获得整全的幸福。毫无疑问，哲人的正义观很难得到权势阶层的认同，而且还会因之遭遇很多危险。"如果有人从神圣的观察再回到人事；他在还看不见东西还没有变得足够地习惯于黑暗环境时，就被迫在法庭上或其他什么地方同人家争论关于正义的影子或产生影子的偶像，辩论从未见过正义本身的人头脑里关于正义的观念。"（517D—E）与之类似，苏格拉底在第一卷卷首先是遭受不正义的胁迫，随后不得不与克法洛斯等从未真正认识"正义"的人谈论正义，争论"穴壁"上正义的影像，显然处于极不利的地位。

于是，比雷埃夫斯港的富商长者克法洛斯第一个出场了，并以主人的姿态支配了谈话现场，而其他人则成了听众。"年龄是他统治的资格，几乎在所有由祖传惯例统治的政制中都是如此。年龄之所以是智慧的实际替代物，是因为与智慧不同，它在政治上可被识别，且易被确定。"① 在对话过程中，我们会发现克法洛斯满足于现在的"好生活"，满足于生活富足带来的内心宁静，并意欲将之以人生经验的形式传递给年轻人。他不是真正的爱智之人，对机智清谈的喜爱也是出于肉体享受的衰减和对死后惩罚的恐惧。尽管如此，苏格拉底依旧没有打算轻易"放过"他，而是从其述说的年龄、财富、生活方式、宗教态度中，抽离出关于"正义"的观念——"有话实说、有债照还"，以此来正式展开所要讨论的内容。当自身的正义观面临颠覆的时候，克法洛斯想的不是去深究而是迅速脱身，将话题移交给了玻勒马霍斯。

---

① ［美］布鲁姆：《人应该如何生活——柏拉图〈王制〉释义》，刘晨光译，华夏出版社 2015 年版，第 29 页。

"好！好！我把这个话题交给他和你。因为这会儿该我去献祭上供了。"（331D）对于克法洛斯而言，正义等同于城邦的习传法律和生活习惯，而依循这些内容进行生活是为了得到诸神的庇护。因而，他认为自己持有的正义观是好的、适宜的，没有任何想要改变或被别人说服的意愿，反而更希望被子女继承下去。按照苏格拉底的观念，"未经考察的生活不值得过"①，但事实上并不是每个人都愿意考察自己的生活。"克法洛斯的生活观念代表了一般人的正义观念。他把正义看作老年面临死亡时心灵宁静或安宁的一种手段。"② 可以说，将正义视为一种工具或手段，正是城邦生活中普通民众的正常心态。结果就是他们衡量正义观的标准演变为：只论利弊，不论真假，这种正义观念是出于朴素的功利主义思维，也极为容易获得民众的认同。尽管关于正义的话题还未深入，克法洛斯就迅速地离场，但苏格拉底与之进行的简短谈话给《理想国》随之而来的对话奠定了基调。因为整篇对话都是在记录苏格拉底对民众的正义意见进行的批判性考察，撕破那些未经省察的生活所笼罩的极具诱惑力和威胁性的华丽外表；同时也记录了柏拉图坚韧不懈的努力，即克服那些极具诱惑力的生活样态对哲学生活方式的挑战。于是，玻勒马霍斯很好地继承了乃父的正义观，并运用诗歌对之进行了补充和完善， "正义是给每个人恰如其分的报答"（332C），正像克法洛斯对父亲留下遗产稍作增益一般，且同样用诗人的话语来论证自己的观点。因为诗人（如荷马、索福克勒斯、品达、西蒙尼得等）的诗以押韵的句子叙说着诸神的言行和生活的经验，其巨大的魅力起到了道德权威的作用，也让对之深信的民众难以发现潜藏于背后的谬误。可见，叙说神话的诗歌对城邦民众及其生活产生了

---

① ［古希腊］柏拉图：《游叙弗伦 苏格拉底的申辩 克力同》，严群译，商务印书馆1983年版，第63页。

② 余纪元：《〈理想国〉讲演录》，中国人民大学出版社2009年版，第30页。

巨大的影响，所以哲人想要教育有识之士必须要与诗人展开竞争。"苏格拉底正在与荷马从事一场为争夺希腊人或人类的教师之头衔而进行的竞赛。他的基本目标之一，就是让自己取代阿基琉斯从而成为最好的那类人的真正代表"。① 在这里，柏拉图埋下了在理想城邦中改造诗歌和神话，甚至驱逐诗人的种子。随后，他在讨论过程中一步步击穿了玻勒马霍斯看似坚固的正义观，也在奠立于神话、诗歌、习俗等基础之上的价值观念幕布上撕开了一道口子，让理性的目光可以穿透进来继续审视各种正义的信念。

二 哲人艰难的改造

当玻勒马霍斯的正义观被击破转而认同苏格拉底的看法时，色拉叙马霍斯愤怒地跳了出来表示反对。他首先质疑的不是苏格拉底的观点，而是其在讨论问题过程中运用的方法。这种做法是有原因的，也体现了深刻的现实背景。公元前5世纪，自称"智者"的人从事一种新的职业。他们收取费用教授学生演说的技巧，一度受到众多城邦民众的追捧，如普罗泰戈拉（Protagoras）、高尔吉亚（Gorgias）等人。"听众，特别是那些既有钱又有政治前途的青年听众所需要的，是他们梦寐以求的社交技巧和政治手腕：字面含义的解释，政治学，尤其是在大庭广众面前演说的能力或修辞法。"② 色拉叙马霍斯正是当时赫赫有名的修辞学家，擅长的修辞术是不遭质疑地进行长篇演说的技艺，目的是用尽手段尽力赢得听众的认可，以获得胜利的荣誉。正如柏拉图在《斐德罗》中对之进行的评价："要是提到用哀婉动人的语言来使穷人和老人落泪，那么没有人在这方面的本领大过那位卡尔凯顿人了，

---

① ［美］布鲁姆：《人应该如何生活——柏拉图〈王制〉释义》，刘晨光译，华夏出版社2015年版，第81页。

② ［美］约翰·E. 彼得曼：《柏拉图》，胡自信译，中华书局2014年版，第41页。

他在激起民众愤怒方面是个专家,而把民众煽动起来以后,他又能用咒语使民众的情绪平息下去。用他自己的话来说,在进行诽谤和破除诽谤方面无人能胜过他,无论谣言来自何方。"① 相反,哲人的辩证法技艺则是通过平等的讨论以寻求共同的认识,从而使一种理念得到对话者的认同。色拉叙马霍斯将哲人的辩证法视为修辞术的对手,想要通过击败苏格拉底向听众展示修辞术的优越性。他当众说出了权势阶层内心持有也经常诉诸行为的正义观——"正义是强者的利益"(383C—341A),即用城邦的权力运行逻辑来解释正义的根源。这就意味着谁掌握了权力,谁就可以根据自身的利益来界定和评判正义。这种正义观深深地植根于城邦的政治结构和世俗生活之中,以至于如此顽固及至当前依旧具有很大的影响力,如资产阶级剥削工人阶级并通过建立上层建筑与意识形态来维护自身的利益。因为任何集团或阶层统治城邦都会制定有利于自身的制度和法律,而民众遵守制度和法律一般都被认为是正义的。换言之,"政治制度本身,而非我们这些旁观者的偏见迫使我们想知道哪些政治制度更好"②。显然,在雅典城邦中每个遵守法律和积极参与城邦政治生活的公民都会认同这种正义观,而掌握权力的权势阶层基于自身利益更会进行积极的宣传,这也让苏格拉底对城邦民众教育的难度陡然急剧增加。

依照修辞术的特点,色拉叙马霍斯还以牧人和牛羊类比统治者和被统治者,展开了长篇论述。文中的苏格拉底从五个角度进行了反驳:其一,统治者是会犯错的,不一定会知道自己的真正利益;其二,正义作为一种技艺,是为了增进对象的利益,如牧羊术也是为了把羊照

---

① [古希腊] 柏拉图:《柏拉图全集5》(增订版),王晓朝译,人民出版社2016年版,第128页。
② [美] 詹姆斯·A. 古尔德、文森特·V. 瑟斯比编:《现代政治思想:关于领域、价值和趋向的问题》,杨淮生等译,商务印书馆1985年版,第80页。

顾好；其三，正义的人从不逾越同类，而只想胜过不同类的人；其四，正义能带来和谐，而不正义会导致斗争、仇恨；其五，正义的人的灵魂是和谐的，会活得更加幸福。（341C—354A）即使苏格拉底花了大量的篇幅驳斥了色拉叙马霍斯的正义观，可依旧没有能够说服对方。色拉叙马霍斯抵挡不住苏格拉底的诘问，却并不认为自己的正义观是错的，甚至不无戏谑地说道："苏格拉底呀！你就把这个当作朋迪斯的盛宴吧！"（354A）可见，色拉叙马霍斯将二人关于正义观念的讨论，视为言辞技巧的竞争性活动而非形成真理的认识，甚至就像朋迪斯的祭祀活动一样是给色拉叙马霍斯等权势阶层观看的娱乐活动。这种漫不经心的态度既显示出权势阶层对哲人的毫不在意，也反衬出民众心中错误的正义信念的根深蒂固。反观在开始讨论"正义"时借献祭神灵而离开的克法洛斯，又何尝不是如此呢？尽管意识到心中的正义信念存在缺陷，克法洛斯依然不准备做出改变，而还是愿意像大多数人一般继续蒙昧地生活着，唯一恐惧的是无法摆脱的死后状态——这也是柏拉图在《理想国》结束时下降到冥府的原因所在。由此可见，柏拉图若想真正实现对有识之士的教化，不仅要在辩论中驳倒他们，还要使其在内心中真正的信服，否则对正义本质的考察将无法顺利进行。这也难怪苏格拉底在第一卷卷末说道："我情不自禁又探索了一番。现在到头来，对讨论的结果我还一无所获。因为我既然不知道什么是正义，也就无法知道正义是不是一种德性，也就无法知道正义者是痛苦还是快乐。"（354C）柏拉图指出的两个"无法知道"① 再次昭示了哲人对有识之士教育的艰难，还需要付出更大的努力，并会在后续章节中继续展开。

---

① 为了便于理解，译者将两处的译文处理得一致，但此二处在古希腊文中的表达有所不同，前者用"μη"，意指为"不，没，没有"；后者则用"σχολη"，表示"决不"。参见罗念生、水建馥编《古希腊语汉语词典》，商务印书馆2004年版，第543、864页。

从《理想国》的内容来看,苏格拉底的教育不是为己,而是为了城邦。"他并没有宣称自己是这样的一位教师,但由于他显示了他自己就是这样的人,这就使那些和他交游的人可以满怀希望,相信自己如果效仿他那样为人,也可以成为像他那样的人。"① 柏拉图的教育则不局限于此,他不仅是为了城邦,也是为了自己或者说是为了哲人。因为他们面对的问题是不同的,苏格拉底是过一种哲人的生活,既不畏于习传的法律也不惧于顽固的习俗,如牛虻般叮咬民众从而唤醒其对正义的思考;柏拉图除了要坚守哲人的生活方式,还要解除哲学在城邦面临的困境。或言之,对于苏格拉底来说,哲人是"对死亡持有高尚的人,即背离了人类天性的那些人"②,他们必须离开真理的光亮,负载着善美的理念,重返被遮蔽的黑暗洞穴,以直接的方式去解救被束缚的民众。可是,只要哲人无法对自身的活动进行合理的辩护,死亡也不能改变哲学及后来哲人在城邦中会遇到的现实困境。"公开言说最危险之事,在讨论似乎最不可能危及实际的或想象的城邦之事保持克制,或采取迂回的修辞。换一种略显不同的说法,苏格拉底所言的辩证法偷偷进入城邦,它必须如此,才能保证哲学在城邦中安然无恙。"③ 因此,与苏格拉底不同,柏拉图必须积极介入并改造城邦政治,而最好的方式正是以教育有识之士为中介,从而逐步改革现实的城邦并最终建构出属于哲人的理想国。当然,真正的有识之士都集中在权势阶层,所以为了能够改造现实的城邦,柏拉图的教育对象始终局限于上层。值得注意的是,柏拉图虽然在第一卷卷首就选定了有识之士作为教育对象,但并未完全放弃对普通民众的教化和引导。这一方面是因为理想国

---

① [古希腊] 色诺芬:《回忆苏格拉底》,吴永泉译,商务印书馆1984年版,第7页。
② [美] 艾伦·布鲁姆:《走向封闭的美国精神》,缪青等译,中国社会科学出版社1994年版,第306页。
③ [美] 罗森:《哲学进入城邦——柏拉图〈理想国〉研究》,朱学平译,华东师范大学出版社2016年版,第8页。

的统治者——哲学王是从灵魂具有金属性的儿童培养、筛选而来；另一方面是因为普通民众只有经过教化才会听从哲学王的统治，才能保证理想城邦的稳定存续。如果将思维的视角拉得更远，我们会发现在《理想国》的视野之内已经积聚起来战争的阴云——对话者都会死于这场战争，这会强化柏拉图在后续对话中构建的高贵而美丽的理想城邦的可欲性，也会凸显理想城邦与丑陋不堪的雅典政治现实之间的反差度。这样一种颇具戏剧张力的安排，让《理想国》中讨论的核心问题——最佳生活的本性和最佳政权的形式——带有了一种刻不容缓的意味。

第四章　诗哲的融合：柏拉图教育内容的净化

在现代意义上，教育内容是指为了实现特定的教育目标，经过选择而纳入教育活动过程的知识、技能、价值观念、行为规范等文化总体。① 它是教育目标的具体呈现形式，在某种意义上体现了教育的方向性；它也是受教育者需要掌握的内容，在一定程度上影响着其发展进程。这意味着柏拉图为了建构出教育理想国，真正掌握教育的方向，必须对现实城邦的教育内容进行彻底的改造。在雅典城邦中，诗歌有着独特而重要的地位。民众在祭祀、典礼、演讲、聚会和宴饮时都会吟诵诗歌，在生活中进行价值选择、确立行为规范时也会以诗歌传递的德性伦理作为依据。事实上，在苏格拉底和柏拉图生活的时代，以荷马为代表的诗人是希腊人的真正导师，形塑了希腊人的生活及其对生命的想象。在学习和咏唱诗歌过程中，民众知道了宇宙的起源、历史的初始、诸神的生活和人生的路向，从而获悉了生命较为完整的意义。城邦为了自身的稳定和存续，也将诗歌和神话接纳进来。在这种情况下，诗歌不仅渗入民众生活的方方面面，而且占据着教育内容的主体，主导着城邦的教育方向，从而影响甚至左右着儿童的生

---

① 顾明远主编：《教育大辞典》（增订合编本），上海教育出版社1998年版，第831页。

活观念、道德品质等。然而，当诗人们塑造的传统已经风雨飘摇的时候，当苏格拉底将哲学从天上拉到人间的时候，当哲人试图对城邦进行彻底改造的时候，诗人和哲人之间的冲突就无可避免地开始了。诗人坚守着诸神的意旨、维护着城邦的传统，而哲人则持守着理智的信念、追求着超越的真理。于是，二者在城邦中展开了激烈的冲突并延至教育领域，甚至将教育领域作为主战场。苏格拉底被控"挑选了著名诗人的最坏的诗句"来教唆门人①，从而被城邦法庭判处死刑；柏拉图继承并重启了诗哲之争，力图在理想城邦中修正、剔除不合适的诗句，以此来净化教育内容，从而满足理想城邦培养合格统治者的需要。神话作为古希腊诗歌的主要内容，受到了柏拉图的指摘。"柏拉图神话的意义问题，关系到理性与想象、哲学与诗的关系问题。"②那么，承载着神话的诗歌也就成了理解柏拉图教育哲学思想的关键所在。

第一节　诗歌的支配地位

古希腊的诗歌描述的是人和神共处的世界，其中想象与事实并存，过去与现在交融，通过对影响人的生活、思想、行为等一系列问题的描绘，探索左右人们行动的因素，阐释人与神之间的关系，从而以神为中心厘定人的属性和价值。在此过程中，诗歌与神话对接，与宗教相连，成为联结人与神的重要纽带。对于古希腊人而言，诗歌和神话中蕴含了全部的智慧和知识，因而在城邦生活中占据着支配性地位。"在柏拉图的时代，神话仍然是一种活生生的力量。它是希腊人的传统宗教……希腊人的'信仰'大多是荷马和赫西俄德缔造出来

---

① ［古希腊］色诺芬：《回忆苏格拉底》，吴永泉译，商务印书馆1984年版，第19页。
② 张文涛选编：《神话诗人柏拉图》，董赟等译，华夏出版社2010年版，第46页。

的。从被接受的那天起，神话就开始渗入人们的整个存在。"① 当然，诗歌也主导着城邦教育的内容，甚至左右着教育的方向。

一 诗歌的缘起和发展

古希腊的文化始于诗歌，而诗歌则始于神话。在理性精神还未充分发展的阶段，人们以神话的外衣叙述客观世界史前的故事，以自身为模板塑造出具有超凡力量的神灵，从而获得身心的慰藉。维柯在《新科学》的开篇就以神话的方式开启了富有诗性的历史。他论述的历史开端不是时间序列的源头，而是人类觉醒自我意识的初始，建构而成的是一种人文性历史。如其所言，也许史诗的内容充斥着不可思议的描述，却是作为对人类最初记忆的保存。"这种天神或英雄的人物性格就是些真实的故事，而它们所寓的意义并不是比拟的而是只有一个意义，不是哲学性的而是历史性的。"② 关于诗性历史的开端如是论述：很久以前，一群原始人在大地上到处流浪。他们的行为粗蛮无礼、内心懵懂简陋，缺乏理性的意识和行为的规范，不知道新奇和畏惧、刺激和庸常。直至有一天，雷电撕裂了夜空，树木燃烧起来。他们第一次意识到自然的存在，感到了自身的畏惧和渺小，也领略到了火的威力和神奇，于是拜倒在地称雷电为天神约夫（天帝）——这就是历史的神话起源。③ 此时，有个人自称懂得雷电降落的征兆，懂得与天神进行沟通，并且可以占卜生活之中的吉凶，于是就成了群体中的祭司。天空、荒地、火和人构成了原始社会的主要元素，也构成了神话的基本成分，从而形成了诗性历史的核心内

---

① Ludwig Edelstein, "The Function of the Myth in Plato's Philosophy", *Journal of the History of Ideas*, Vol. 10, No. 4, 1949.
② ［意］维柯：《新科学》（上册），朱光潜译，商务印书馆1989年版，第31页。
③ ［意］维柯：《新科学》（上册），朱光潜译，商务印书馆1989年版，第183—186页。

容。"神话在思想史上的地位正是在于它是对起源的保存"①,可以告诉人们"从何处来",进而让其生成一种心灵的归属感。古希腊的诗歌正是承载了具体的神话内容,从而搭建出一个久远而绵延、人与神共处的神圣世界,为希腊人提供了关于历史起源的解释和日常生活的指引。

在初创的古希腊神话中,神明的数量难以计数,几乎每个地区、每座山峰、每条河流甚至每眼泉水都有神灵,这些神灵之间的关系错综复杂甚至相互冲突。因为人们以自身为样本对之进行想象和塑造,神灵除了拥有超凡的力量和永恒的特性,与普通人同型同性、几无二致。在《奥德赛》中,众神还经常扮演城邦民众的保护者、指引者、预言家、调解人等角色,让人摆脱厄运或受到惩处。例如,雅典娜始终是英雄奥德修斯的保护神,否则后者很难重返故土。"宙斯的女儿雅典娜这时却另有打算。她阻止所有其他方向的狂风的道路,要它们全都停止逞能,安静下来,只激励迅捷的北风,劈开前面的波澜,让神明养育的奥德修斯抵达喜好航海的费埃克斯人那里,逃脱灾难和死亡。"② 神还会救人逃离死亡的境地,如波塞冬救埃涅阿斯③;神会直接指挥作战,如宙斯派伊里斯指导赫克托尔④等。可见,在古希腊的诗歌和神话中,神与人的交往是具体而直接的,始终参与着诸种人间事务的发生和发展,并决定着事情走向和结果。显然,赫西俄德和荷马在神话演进和宗教形成过程中,扮演着极为重要的角色。正如希罗多德所言:"他们把诸神的家世教给希腊人,把它们的一些名字、尊

---

① 刘晨光等:《希腊四论》,华东师范大学出版社 2006 年版,第 35 页。
② [古希腊] 荷马:《奥德赛》,王焕生译,人民文学出版社 1997 年版,第 99—100 页。
③ [古希腊] 荷马:《伊利亚特》,罗念生、王焕生译,人民文学出版社 1994 年版,第 469 页。
④ [古希腊] 荷马:《伊利亚特》,罗念生、王焕生译,人民文学出版社 1994 年版,第 243—244 页。

荣和技艺教给所有的人并且说出了它们的外形"①。借此，古希腊人才逐渐认识到诸神源自何处，他们是否能够永存，他们的外形是什么样子，从而形成了自身的信仰、理解了生命的意义。

在古希腊人看来，诗人传颂的诗歌不是一种空洞的想象，而是一种生活的事实，因而携带着关于生命的意义。正如狄金森（G. Lowes Dickinson）认为："我们只视为一堆故事的神话，在希腊却视为实在的事实；或者至少十个希腊人中有九个不把这些事看作是假的，看作只是故事。这些神的历史自然一部分是诗人的想象构成的，不过诗人也只是形成他们和一切人所信以为真的。"② 可以说，诗歌或者说神话中的诸神支配着古希腊人的生活，也指导着民众的日常行为。因为民众将广为传唱的诗歌中的神意作为一切行为合法性的来源，也视为日常道德正当性的标准。柏拉图亦从未回避过这种事实，如在《理想国》的第一卷：克法洛斯用索福克勒斯（Sophocles）和品达（Pindar）的诗句来证实自己的正义观念；（329C；331A）色拉叙马霍斯也用荷马和西蒙尼得（Simonides）的诗句论证自己的正义观（332A；334B）。城邦民众已经习惯于祭祀诸神，并借由诗歌传递的神意来修正行为。"在现实生活中，从荷马史诗中摘章引句，用以解答人们有关道德与行为的问题，对于希腊人来说就是一种再自然不过的方式。"③ 换言之，城邦的风俗习惯和道德权威主要是建立在神歌传递的神意基础之上，不仅引导着民众的现实生活也规限着他们的日常行为。

二 雅典教育中的诗歌

承载神话的诗歌勾画了诸神之间的完整谱系、神与人之间的故事，

---

① ［古希腊］希罗多德：《历史：希腊波斯战争史》（上册），王以铸译，商务印书馆1959年版，第135页。
② ［英］狄金森：《希腊的生活观》，彭基相译，华东师范大学出版社2006年版，第2页。
③ 吴晓群：《希腊思想与文化》，上海社会科学院出版社2009年版，第43页。

成为古希腊人认识神、理解神的最好途径。在记诵和传唱过程中，诗歌对古希腊人进行了一种关于神的教育，促使他们对神灵形成了共同认识。事实上，诗歌不仅支配着民众的日常生活，还深深地渗透进城邦的教育之中，伴随着青少年的整个成长过程。可以说，"诗是他们教育的基础，是他们实际的指导与批评，并也是他们玄想的灵感。假使他们有一个辩论的命题，他们必用之为引证；假使他们要举行一个会，他们亦必用之为诗歌"①。在雅典城邦，早期的教育活动是为了给城邦培养祭司、诗人和写工，而专门的学校出现于公元前6世纪末，后来逐渐形成了一套较为完整的教育系统。具体而言，在进入学校之前，儿童大多在家里或育儿所中学习各种流行的民谣、寓言、神话——大多以城邦中传颂的诗歌为基础。到了六岁左右，儿童会进入城邦学校接受教育。学校教育主要由三个前后相继的部分组成：文法学校、弦琴学校、竞技学校。"文法学家教授阅读、写作和一些算术，强迫儿童阅读和背诵荷马、赫西俄德等伟大诗人的作品。弦琴教师教男孩弹奏七弦琴，同时也吟诵抒情诗人的诗歌。"② 竞技教师则以较为科学的方法促进儿童身体的发展，并对之进行多种体育训练，如赛跑、跳跃、投标枪等。

　　以雅典城邦的文法学校为例，教师先会指导学生掌握字母，然后开始教授单词。学生座位旁边会放置一些经典的诗歌作品以供其阅读、背诵，而这些诗歌中往往包含很多道德说教的内容。"大多数教师认为，一个受到良好教育的男孩应当熟悉所有的诗歌，包括戏剧和严肃作品。他们主张，在阅读教学时，男孩们应当有机会聆

---

　　① [英]狄金森：《希腊的生活观》，彭基相译，华东师范大学出版社2006年版，第173页。

　　② Kenneth J. Freeman, *School of Hellas: An Essay on the Practice and Theory of Ancient Greek Education from 600 to 300 B. C.*, London: Macmillan and Co. Ltd., 1907, p.50.

听到大部分诗歌作品，并有机会去学习它们——实际上，男孩们要背下所有作品。"① 当然，《荷马史诗》是文法学校教授的主要内容，《伊利亚特》《奥德赛》的大部分内容都要求学生背诵。可以说，荷马在城邦初等教育中具有极为崇高的地位和声望，亦在青少年成长过程中扮演着非常重要的角色，即使哲人也不得不承认这点。正如色诺芬在《会饮篇》中借助人物内克拉托斯（Cratus）所言："我的父亲希望我成为一个好人，强迫我学习荷马的所有作品；现在，我可以毫不费力地背诵完整的《伊利亚特》和《奥德赛》。"② 在文法学校之后的弦琴学校教授的歌唱内容也是以简单的宗教诗歌和抒情诗歌为主，如荷马史诗的片段；竞技学校同样重视学生在诗歌歌唱、宗教舞蹈及其他文艺方面的练习。事实上，雅典城邦教育中诗歌占据主导地位的情况，在一定程度上也是受到了当时社会风气的影响。③ 在城邦日常生活中，诗人会在节日庆典中吟唱《荷马史诗》的内容，而民众也热衷于通过书面和口头的方式解释《荷马史诗》中的神话和寓言，以至于成为一种社会风尚。"在雅典，'几乎每天'都可以听到朗读《荷马史诗》的琅琅读书声。希腊人从不让他们的伟大诗人受到忽视，或者让他们沉寂较长一段时间之后再'复活'。荷马在人们的心目中是无所不能的教师，尤其擅长教授勇气与

---

① Kenneth J. Freeman, *School of Hellas: An Essay on the Practice and Theory of Ancient Greek Education from 600 to 300B. C.*, London: Macmillan and Co. Ltd., 1907, p. 93.

② ［古希腊］色诺芬：《色诺芬文集 会饮篇、运动篇、财源篇》，中国民艺出版社2005年版，第22页。

③ 荷马在古希腊城邦文化中的地位和影响比起赫西俄德等其他诗人更为显著，这部分是因为《伊利亚特》和《奥德赛》通过诗人的节日表演在希腊城邦中有一种制度化地位。尽管没有一位艺术家或戏剧家选择让他们的作品完全依赖于荷马文本的内容，但是荷马诗歌的精神逐渐渗透进古典时期雅典的艺术和戏剧之中，以至于极大影响了城邦民众对伦理和道德价值的论证。参见 G. H. R. Parkinson, S. G. Shanker, *Routledge of History Philosophy* (Volume I): *From the Beginning to Plato*, London: Routledge, 1997. p. 19。

道德。"① 质言之，古希腊人以《荷马史诗》作为教育青少年和规范成年人的蓝本，他们所采纳的不仅仅是古老的遗产，维护城邦的历史崇拜或充满魅力的童话故事，而是这样一些诗篇——它们包含了将希腊文明塑造成如此这般面貌的优异素质。②

《荷马史诗》在雅典城邦教育中占据最重要的位置。"荷马史诗的成书和流传对希腊人的教育做出了独特贡献，反过来说，我们从当时的教育状况中也能大体看出荷马史诗在希腊古典时期就已经成书，且流布极广，殷实人家欲诗书继世者，必藏有《伊利亚特》和《奥德赛》。亚里士多德也曾给他的学生亚历山大大帝送过一册《伊利亚特》，并给他讲过荷马史诗。"③ 事实上，古希腊其他一流诗人的诗歌也未被城邦忽视，几乎所有伟大诗人的作品都被列为学校教育的内容，如慕塞俄斯的诗歌被用来协助少年领悟神意和学习医药；俄耳斐乌斯的诗歌被用来帮助儿童习得礼仪和避免杀戮；赫西俄德的诗歌被用来教导学生理解土地的耕作，以懂得春华秋实。"在古希腊时代，尤其是雅典城邦，对儿童的教育主要是通过《荷马史诗》、赫西俄德及其他诗人的作品来进行的……于是，它们就成了古希腊人文化教养和道德教养的源泉与基础。"④ 除此之外，在古希腊特别是在雅典城邦，观看戏剧尤其是悲剧同样是一件非常严肃且重要的事情。这种活动不仅属于高尚的精神生活，而且具备一定的政治意义，从而成为城邦对民众进行公民教育的一种重要方式，而非一些可有可无的娱乐调剂。与诗歌内容极为相似，"悲剧从古希腊神话中汲取

---

① ［英］肯尼思·约翰·弗里曼：《希腊的学校》，朱镜人译，山东教育出版社2009年版，第73页。
② ［英］基托：《希腊人》，徐卫翔、黄韬译，上海人民出版社1998年版，第65页。
③ A. Heubeck, S. West, J. B. Hainsworth, *A Commentary on Homer's Odyssey*, Oxford: Oxford University Press, 1988, p. 37.
④ 余纪元：《〈理想国〉讲演录》，中国人民大学出版社2009年版，第99页。

养料，而古希腊神话中充斥着恐怖。它们触及的是人与人之间最初的关系"①。这些悲剧同样突出地表现了人类自己所无法掌控的境况，不断地指出存在神圣的力量决定着人的命运。当青少年在背诵欧里庇得斯（Euripides）、索福克勒斯（Sophocles）和埃斯库罗斯（Aeschylus）等人的悲剧作品时，他们往往还会伴有形象的表演，即通过丰富的戏剧化台词和肢体语言来呈现作品中的悲剧情节。几乎每天都在进行的悲剧诗背诵以及大量的舞台表演，为儿童们学习诗歌表演提供了非常丰富的模仿资源。由此可见，诗歌在雅典学校教育中占主导地位是毋庸置疑的，而这种崇高地位的确立与诗歌、悲剧作品的主题特性是密切相关的。古希腊时期的诗歌作品大多是对诸神事迹的歌颂，而悲剧原意为"用于献祭的山羊之歌……剧目几乎全部局限于神话，鲜以当时的事件或历史为主题"②。可以说，古希腊的诗歌（包括悲剧）和宗教神话是一体的，在文化或精神层面形成了一种耦合。在这种情况下，诗歌促进了城邦民众对宗教信仰的虔诚，而宗教又反过来巩固了诗歌在城邦生活中的地位。于是，在诗歌的串联和晕染下，宗教生活成了城邦民众日常生活的必要组成部分。"生活在古希腊城邦中就是生长在一个生活从一开始就为仪式所塑造的世界中。在这些仪式中，遭遇诸神是平常而重要的。"③ 这也意味着诗歌成了联结民众和宗教的中介，其重要地位正如《圣经》之于清教徒一般，那么它蔓延到城邦生活的各个层面并支配着学校教育也就不足为奇了。

在公元前5世纪的雅典城邦，宗教和诸神依然指导并规制着城邦

---

① ［法］雅克利娜·德·罗米伊：《古希腊悲剧研究》，高建红译，华东师范大学出版社2017年版，第190页。

② ［英］莱斯莉·阿德金斯、罗伊·阿德金斯：《古代希腊社会生活》，张强译，商务印书馆2016年版，第320—321页。

③ G. H. R. Parkinson, S. G. Shanker, *Routledge of History Philosophy（Volume I）：From the Beginning to Plato*, London：Routledge, 1997, p.19.

民众的生活，即为民众提供了一种稳定的生活方式和完整的精神世界，如行为的正当性、受到推崇的品质、死后的生活世界等，与之相连的诗歌也是地位尊崇、不容辩驳。"像《会饮篇》中的斐德罗那样，人们可以引述埃斯库罗斯和索福克勒斯，正如人们可以引述《圣经》那样，以显示传统价值观念的权威性。"① 宗教中的诸神在诗人编织的神话中与人共处，指引民众的生活、调节民众的冲突，牵引他们死后进入冥府或天堂，定义并诠释了民众一生的价值和意义。因而，诗人在某种意义上已经成为诸神在世俗生活中的"代言人"，而神庙的祭祀则是诸神在神圣领域的"使者"。在城邦生活中，诗人的地位也相当崇高，例如"希腊的虔敬、希腊的宗教……都体现在仪式、节日、竞技、神谕和祭祀活动中"②。这些隆重的庆祝活动往往都会伴随着诗人的诗歌合唱、朗诵比赛。可以说，雅典城邦中诗歌的地位一旦受到挑战，习传的宗教信仰将会被动摇，而民众的稳定生活也会出现动荡。

第二节 诗哲之争的本质

诗歌的背后是希腊诸神，是城邦民众信仰的宗教。在这种意义上，诗人是诸神在人间的代言人，通过诗歌联系着奥林匹亚山上的诸神，让其与城邦民众共同生活在一个世界。事实上，诗歌不仅影响着民众的日常生活，还支配着学校的教育活动。"同哲学是政治教化一样，诗本身也是一种政治教化，诗人即是城邦公民的教师。"③ 雅典城邦的教

---

① [美]约翰·E.彼得曼：《柏拉图》，胡自信译，中华书局2014年版，第43页。
② P. E. Easterling, J. V. Muir, *Greek Religion and Society*, trans. Paul Cartledge, Cambridge: Cambridge University Press, 1985, p. 98.
③ 李长伟：《古典传统与公民教育》，教育科学出版社2010年版，第153页。

育被诗人把持着，并最终掌握在看似不在场的诸神手中，即诸神借由诗歌教育着青少年、引导着成年人。"对教育来说，至关重要的是诗歌和神话。"① 哲人若想变革城邦的政治现实、民众的生活样态，就必须夺回教育的主导权，那么对诗歌（宗教）的清理就是无法避免的了。因为在理想的城邦中，"监护未来领袖的机构可称为国家的教育部门。从纯粹政治的视角看，在柏拉图的社会里，它是最最重要的机构"②。苏格拉底在击破城邦宗教传统和民众道德观念的过程中，也触及了这个重要问题，所以遭到了诗人阿里斯托芬的戏弄、遭到了城邦民众的控告。柏拉图没有回避这个问题，而是以颇为隐蔽的方式再次主动挑起了"诗哲之争"。"如果不对诗人进行审查，那么他们就会成为社会未被承认的立法者，由此篡夺理应由哲人履行的职责。"③ 这是柏拉图必须解决的问题，否则就无法通过教育变革现实城邦、建构理想国家，当然，他没有像苏格拉底一样直接攻击城邦民众的宗教信仰、动摇诸神的地位，反而以哲人的目光洞察诗人的弱点，站在诸神的立场提出要剔除或修正部分诗歌，迂回地实现了净化教育内容的目的。

一 教育权的归属之争

"诗哲之争"肇始于苏格拉底和诗人的冲突，却并未随苏格拉底之死而彻底消解。众所周知，苏格拉底因被控渎神和败坏青年的罪名而慨然赴死。如果深入分析原告的指控，我们会发现这次审判的背后

---

① ［美］罗森：《哲学进入城邦——柏拉图〈理想国〉研究》，朱学平译，华东师范大学出版社2016年版，第107页。
② ［英］卡尔·波普尔：《开放社会及其敌人》第1卷，陆衡等译，中国社会科学出版社1999年版，第255页。
③ ［美］罗森：《哲学进入城邦——柏拉图〈理想国〉研究》，朱学平译，华东师范大学出版社2016年版，第3页。

另有深意。第一条指控:"用豆子拈阄的办法来选举国家的领导人是非常愚蠢的……这一类言论激起了青年人对于现有的政府形式的不满,并使他们趋向于采取暴力行为。"① 苏格拉底被控告不满于雅典城邦的民主政制,并非法地将之传递给城邦的青年人,导致了民主政体被暴力推翻。② 巧合的是,宙斯用暴力夺取了其父克罗诺斯的统治,随后因分配世界的统治权而与兄弟们互不相让。为了避免战争,普罗米修斯提议用抓阄的方式来决定世界的统治权,而这种方式与民主政制的选举方式相同。那么,苏格拉底反对城邦的这种选举方式,其实也是在亵渎神灵。事实上,雅典公民围绕重大城邦事务,确实会通过公民大会以投掷鹅卵石的方式进行选举或审判。"每个部落的面前摆放着两个投票瓮,每个部落都有一位公共传令员,他们高喊着,告诉人们投票的规则'凡是认为诸位将军在最近的海战中对落水的英雄们坐视不救有罪的,把票投到第一个票瓮中;凡是认为他们这样做无罪的,把票投入第二个瓮中'。"③ 第二条指控:"克里提阿斯和阿尔克比阿底斯(另译为阿尔基比亚德)在和苏格拉底交游之后,使国家蒙受了大量的祸害。"④ 这种指控涉及苏格拉底是否能作为一名教师,教授了什么内容,在何种程度上从事教育活动。尽管苏格拉底从未宣称自己是一名教师,也不认为自己有知识可教,但他的确在城邦民众面前显示出自己是这样的人。换言之,苏格拉底一旦

---

① [古希腊] 色诺芬:《回忆苏格拉底》,吴永泉译,商务印书馆1984年版,第8页。

② 公元前415年,阿尔基比亚德因被控意图推翻民主政制而逃往斯巴达城邦,而他的叛逃直接导致了雅典远征西西里战争的失败;公元前404年,雅典城邦被斯巴达军队击败,随后以克里提阿斯为首的寡头集团上台,对雅典民主制度造成难以恢复的重创。两次颠覆城邦民主政制的始作俑者恰好都是苏格拉底的学生和好友。

③ [古希腊] 色诺芬:《希腊史》,徐松岩译注,上海三联书店2013年版,第40页。公元前5世纪时,雅典城邦公民的"选票"是很小的鹅卵石,票箱则是陶瓮;选民将手中的小鹅卵石投入相应的瓮中,再由专门的负责人进行清点。

④ [古希腊] 色诺芬:《回忆苏格拉底》,吴永泉译,商务印书馆1984年版,第9页。

被判无罪，那么就赢得了合法教育民众的权力，而这种权力一直都是属于城邦的，更是属于诗人所有的。值得注意的是，阿尔基比亚德的叛逃也是因为他被控破坏了城邦内的赫尔墨斯神像，其罪名正是亵渎城邦所奉之神。随后的两条指控则直接表明了苏格拉底在民众中展开的哲学活动已经触及了诗人的根本。第三条指控："苏格拉底不仅使他的门人轻视他们的父母，同时他也使他们轻看别的亲属。"① 对父母的轻视很容易激起民众的愤慨，因为年龄在雅典城邦中几近等同于权威，这在所有由祖传惯例统治的政制中大都是如此。同时，尊崇父母也是诗人教导民众的要点之一。在宗教和神话中，诸神之间同样具有清晰的家庭谱系和等级制度，如从乌拉诺斯—该亚到瑞拉—克罗洛斯到宙斯—赫拉等，而宙斯—赫拉和雅典娜、阿瑞斯、赫柏、伊利梯亚、赫费斯托斯等之间也有着严格的等级之分。② 父母的权威借由诗人吟唱的诗歌在城邦生活中弥散，已经在民众中形成了不容置疑的共识，而苏格拉底却被控告试图推翻这种传统。第四条指控："苏格拉底挑选了著名诗人最坏的诗句，用它们作为证据，来教导他的门人做无赖汉和暴君。"③ 这条指控直接挑明了哲人和诗人之间的矛盾，也显示出苏格拉底从事的哲学活动——在街头与青年人交谈、辩论，已经将反对的矛头对准了长期教导城邦的荷马、赫西俄德等诗人。经过分析，我们会发现城邦民众对苏格拉底的指控，桩桩都没离开诗哲之争的范畴，也没离开教育权的归属问题。尽管色诺芬和柏拉图分别为苏格拉底进行了辩解，却从未直接否认过苏格拉底对诗人的责难。

---

① ［古希腊］色诺芬：《回忆苏格拉底》，吴永泉译，商务印书馆1984年版，第18页。
② ［法］裘利亚·西萨、马塞尔·德蒂安：《古希腊众神的生活》，郑元华译，上海人民出版社2008年版，第1—2页。
③ ［古希腊］色诺芬：《回忆苏格拉底》，吴永泉译，商务印书馆1984年版，第19—20页。

事实上，在苏格拉底受审之前，诗哲之争早有征兆：阿里斯托芬在其广受欢迎的剧作《云》中就曾戏弄过苏格拉底。他将苏格拉底"打扮"为自然哲人，研究自然为万物，如"我在空中行走，在逼视太阳……窥探这天空的物体"；"化妆"成智者，擅于诡辩之术，如将青年人培养成"一个老练的雄辩家、一个多话的人、一个圆滑的人"。① 同时，剧中的苏格拉底还否认宙斯、阿波罗等众神的存在，教授的学生斐狄庇得斯殴打自己的父亲，嘲讽西蒙尼德和埃斯库罗斯是很坏的诗人。"我也把埃斯库罗斯当作头一个诗人吗？他的诗前后不连贯，充满了吵闹的声音、夸张的言辞和粗糙的字句。"② 阿里斯托芬的喜剧《云》成为控告苏格拉底的有力证据之一，这也许是阿里斯托芬未曾想到的。"与悲剧不同，喜剧不是通过神话传说来表现主题，而是嘲弄、歪改和夸张同时期的人或事，以及神明、神话及宗教仪式等。"③ 这意味着喜剧中的故事情节和人物话语会极尽夸张之能事，更多是为了投合人们的激情、迎合民众的喜好，而非完全地尊重事实。于是，阿里斯托芬在剧中尽可能地夸张情节、炮制闹剧，使之充满各种新颖的奇思异想。从表面上看，《云》成了一幕苏格拉底鄙视宗教诸神、破坏城邦传统、败坏城邦青年的教育荒诞剧。于是，剧中的斐狄庇得斯在得到苏格拉底的教导之后，摆脱了城邦传统的观念和习传的律法，却没有习得苏格拉底那种极端自制和忍耐的生活，反而转向了歪改主张的生活方式。④ 事实上，阿里斯托芬并不是一味地

---

① ［古希腊］阿里斯托芬：《阿里斯托芬喜剧六种》，罗念生译，上海人民出版社 2004 年版，第 168—169 页。
② ［古希腊］阿里斯托芬：《阿里斯托芬喜剧六种》，罗念生译，上海人民出版社 2004 年版，第 206 页。
③ ［英］莱斯莉·阿德金斯、罗伊·阿德金斯：《古代希腊社会生活》，张强译，商务印书馆 2016 年版，第 322 页。
④ ［美］施特劳斯：《苏格拉底与阿里斯托芬》，李小均译，华夏出版社 2011 年版，第 53—54 页。

贬低哲人，反而在字里行间隐蔽地透露出欣羡之意。他在剧目中对苏格拉底给予了极高的评价："你这位想追求我们的大智慧的凡人啊，你会变作全雅典里、全希腊人里最幸福的人，只要你的记性很好，又惯于思索……"① 阿里斯托芬之所以通过夸张的手法描绘哲人疯狂的理智探索以及怪诞的教育方式，与其说是表达一种不屑的嘲讽，毋宁说是为了提请苏格拉底注意在城邦中可能遭遇的潜在危险。正如剧中斯瑞西阿得斯的愤怒（也代指城邦中的每个父母），"除非我的斧头不中用，或是我立刻就跌下来，摔断了脖子；不然的话，我这个希望（代指杀人放火）总是可以实现的"② 联想到苏格拉底后来在城邦中因同样的罪名受审而死，这出荒诞喜剧的结局似乎成了一种预演。当然，我们纵观《云》剧情的发展可以得知，无论阿里斯托芬怎么同情哲人苏格拉底，但还是不同意他的教育方式和内容，更希望将教育权掌握在诗人手里。

因而，苏格拉底之死不仅没有解决诗哲之争的问题，反而进一步激化了矛盾。其实，只要诗人的诗歌还支配着民众的生活，还在学校教育中占据主导地位；只要哲人还寄希望以哲学来改造城邦，还想让民众获得整体的幸福，那么诗哲之争就必然会演化到分出胜负的境地。就此而言，柏拉图在理想国中再次挑起的"诗哲之争"既是继承了苏格拉底的"遗志"，也是为了解决哲学（教育）在城邦中遭遇的问题。归根结底，这是城邦教育权的归属问题，即"诗哲之争"的结果决定了学校教育是在哲人还是在诗人，或是在哲学还是在神话（诸神）的支配下开展。

---

① ［古希腊］阿里斯托芬：《阿里斯托芬喜剧六种》，罗念生译，上海人民出版社2004年版，第174页。

② ［古希腊］阿里斯托芬：《阿里斯托芬喜剧六种》，罗念生译，上海人民出版社2004年版，第211页。

二　正义观的归属之争

诗人吟咏的诗歌除了教导民众对诸神的崇拜，还携带着特定的、朴素的正义观念。借由城邦中盛行的宗教信仰和众神崇拜，这种正义观深深地扎根于民众的现实生活之中，从而影响了他们的道德选择，进而左右了其在现实生活中的日常行为。正如布鲁姆（Allan Bloom）认为，"每个社会都以神话为基础，正是神话使被并入一个系统中的正义的特殊形式为人所接受"①。为了改变这种情况，柏拉图在厘清诗歌正义观在民众心中的影响之后，以新型的正义观与之进行了交锋。

其一，诗歌中的正义观。在《理想国》的第一卷中，克法洛斯、玻勒马霍斯的正义观都受到诗歌的影响，并逃过理性的审视以至于习以为常；色拉叙马霍斯认为"正义是强者的利益"，而所谓的强者与宙斯的角色也并无二致。宙斯有专制、贪婪、善变、撒谎、好色等缺陷，却因为是万物最高的统治者而被民众尊崇、献祭，正如世俗的城邦统治者因强大的正义观而让民众服从。苏格拉底虽然相继击破了克法洛斯、玻勒马霍斯、色拉叙马霍斯等人的正义观念，却并没有真正将他们说服，尤其是色拉叙马霍斯过早地放弃了论证而显得颇为敷衍，这也预示着哲人教育城邦青年人的艰难和城邦习传正义观的根深蒂固。到了第二卷，格劳孔重新提出并演化了色拉叙马霍斯的理论，进一步系统地阐述了"人为什么要正义"的问题。诗歌携带的正义观如此顽固，导致人们普遍认为"不正义之人日子过得比正义的人要好得多……我满耳朵听到的都是这样的议论，色拉叙马霍斯也好，其他各色各样的人也好，都是众口一词"（358C—D）。随后，格劳

---

① ［美］布鲁姆：《人应该如何生活——柏拉图〈王制〉释义》，刘晨光译，华夏出版社2015年版，第98页。

孔展开了长篇大论论证不正义更值得选择，并让苏格拉底以同样的方式论证"正义"更值得选择。① 他认为人们行正义不是由于正义本身的价值，而是因为附着于它的声誉或奖励。正义的本质是"最好和最坏的折中——所谓最好，就是干了坏事而不受罚；所谓最坏，就是受了罪而没法报复"（359A）。引申而言，那些做出正义行为的人不是出于心甘情愿，而是因为没有本事作恶。当本分的牧羊人古各斯戴上隐身戒指后，他也会杀掉国王、夺取王位。这种观念及至现在亦不少见。戒指喻真切地说明：正义本身不吸引人，人们遵守道德主要是因为结果。②

紧随其后，阿得曼托斯对格劳孔的观点进行了补充论证："父母教导子女为人必须正义，也并非因为正义本身，而是正义带来的好名声。"（362E—363A）"两人都理所当然地认为正义就是做有利的事情；他们都不承认正义会是无关利益的善。"③ 阿得曼托斯和格劳孔关于正义的观点是对玻勒马霍斯、色拉叙马霍斯看法的延伸，同样表征着城邦民众的世俗正义信念。诗人及其代表的诸神也站在了他们的立场，诗歌中的诸神会把一大堆好东西赏赐给虔敬的人，而不管这些人是否真的正义。赫西俄德言说诸神会让"正义"的人生活富足、免遭厄运："饥荒从不侵袭审判公正的人，厄运也是如此。他们快乐地做自己想干的活计，土地为他们出产丰足的事物。山上橡树的枝头长出橡实，蜜

---

① 虽然格劳孔与苏格拉底的关系较好，且比其他人具备更多对智慧的"爱欲"，但他毕竟不是哲人，仍不免受到诗歌或世俗中正义观念的影响。当然，格劳孔的观点也促使苏格拉底将对正义的看法论证得更加深入。同时，格劳孔与色拉叙马霍斯一样，要求苏格拉底以同样的方式论证"正义"，其实也侧面反映了城邦对哲人的不友善。因为哲人难以与仅仅见过正义影像的人辩论正义的本质，这会显得举止可笑。参见［古希腊］柏拉图《理想国》，郭斌和、张竹明译，商务印书馆1986年版，第16、44、279—280页。

② 余纪元：《〈理想国〉讲演录》，中国人民大学出版社2009年版，第75页。

③ ［美］罗森：《哲学进入城邦——柏拉图〈理想国〉研究》，朱学平译，华东师范大学出版社2016年版，第48页。

蜂盘旋采蜜于橡树之中；绵羊身上长出厚厚的绒毛；妇女生养很多外貌酷似父母的婴儿。"① 荷马认为正义者还会有其他赏心乐事，"一位无瑕的国王，敬畏神明，统治无法胜计的豪强勇敢的人们，执法公允，黝黑的土地为他奉献小麦和大麦，树木垂挂累累硕果，健壮的羊群不断繁衍，大海育鱼群"。② 同时，诗人们关于正义和不正义的另一种说法："节制和正义固然美，但是艰苦。纵欲和不正义则愉快，容易，他们说职责不正义为寡廉鲜耻，不过流俗之见一番空论罢了。他们说不正义通常比正义有利。"（363E—364A）荷马也鼓励了这种正义和利益联结的观念，"人们用献祭、可喜的许愿、奠酒、牺牲的香气来向他们诚恳祈求，使他们息怒，人犯规犯罪就这样做"③。可见，诗人们在创作诗歌的时候，从英雄到普通人，没有一个人真正地歌颂正义、谴责不正义，即使歌颂正义或谴责不正义，也不外乎从名声、荣誉、利禄等方面入手。显然，诗歌中携带的正义观念指向行为带来的后果，而非正义本身。如若不正义可以带来好的结果，诗人也会鼓励民众去追寻，只要他们别忘了对诸神的虔诚。于是，在诗歌携带"正义观"的教导下，人们确实没有理由选择正义而舍弃不正义，尤其当不正义与良好的物质生活联系在一起的时候。其实，格劳孔提出的正义观不再是生活经验的总结，而是涉及了正义的起源问题，可以说是以最极端的形式挑战了苏格拉底。正如布鲁姆所言，"一个东西的本性，是要通过它的起源，亦即通过它的开端而非它的终结来理解"。④ 阿得曼托斯

---

① ［古希腊］赫西俄德：《工作与时日·神谱》，张竹明、蒋平译，商务印书馆1991年版，第8页。
② ［古希腊］荷马：《奥德赛》，王焕生译，人民文学出版社1997年版，第354页。
③ ［古希腊］荷马：《伊利亚特》，罗念生、王焕生译，人民文学出版社1994年版，第206页。
④ ［美］布鲁姆：《人应该如何生活——柏拉图〈王制〉释义》，刘晨光译，华夏出版社2015年版，第65页。

则陈说了格劳孔的正义观念在诗歌中的体现，在现实生活中被认可、遵行的情况。因而，苏格拉底若想驳斥格劳孔和阿得曼托斯的正义观，必须考察正义的真正起源，进而通过将正义化为现实来检验。这种辩驳要困难得多，既要论证出正义是一种无关利益的善的理念，也要证明其可以指导民众获得幸福的生活。柏拉图通过将正义在个体层面上的表现——灵魂不同要素之间的和谐与正义在城邦层面上的体现——不同属性民众的有序对接起来，完成了对正义作为一种无关利益的理念的必要性和可能性论证。

其二，新型的正义观。为了寻找正义的本质，驳斥诗歌携带的正义观，苏格拉底对城邦起源和发展做出了不同的解释，并预设了一个命题：城邦的正义与个人的正义相同。"也许在大的东西里面有较多的正义，也就更容易理解。如果你愿意的话，让我们先探讨在城邦里正义是什么，然后在个别人身上考察它，这叫由大见小。"（368E—369A）在当前语境下，我们很难接受这种类比，可若是考虑到当时盛行的"物活论"① 观念，那么就不难理解了。城邦的第一个发展阶段是"猪的城邦"，即没有匮乏、满足基本需要的城邦形态。这是一种把身体最基本的生存欲望作为唯一真实需求的城邦发展阶段，所进行的任何努力都是为了身体的保存。虽然这种城邦看起来简单得过分，但它很健康且与善恶无关，没有正义存在的土壤，也就无法完成灵魂的培育。"如果能找到某种正义的话，最多也就只是平等交换的正义，也即克法洛斯欠债还钱式的正义。"② 格劳孔不同意苏格拉底的观点，认为人有着更为复杂的欲望，因而仅仅建立"猪的城邦"是不充分的，

---

① "物活论"最早由古希腊时期米利都学派提出，他们认为宇宙物质永不停息的变化是一种自明的事实，是某种活着的东西；他们认为宇宙生气勃勃，正如特殊的有机体一样。参见［德］文德尔班《哲学史教程：特别关于哲学问题和哲学概念的形成和发展》（上卷），罗达仁译，商务印书馆2009年版，第48—49页。

② 余纪元：《〈理想国〉讲演录》，中国人民大学出版社2009年版，第90页。

也是不符合现实情况的。于是,城邦发展到了第二个阶段:"发烧的城邦",即满足民众各种享受欲求的城邦形态。最初的城邦形态无法满足民众滋生的诸多不必要欲望,所以必然会经历一个发展过程。换言之,"人类需要比生命更多的东西;他们需要非必须的雅致和快乐"①。民众欲望的膨胀会导致城邦物质的匮乏,毕竟不是每个城邦都能支撑民众拥有令人满意的生活;或者说,随着民众欲望的不断膨胀,城邦在不正义发展过程中必然会走向战争的境地。悖谬的是:对于健康、和平的生活来说,猪的城邦样态已经足够,但因缺乏正义的根基而无法培育灵魂;一个"发烧"的城邦会腐化人的灵魂,甚至会在战争中走向灭亡,但它却又是一个真正属于人的城邦。它离原初的健康城邦已经很远,但可以在现实生活中找到影子。"这种区别表明了人类城邦的内在缺陷,它们被它们最迷人的特征所毁灭。"② 此时,城邦的"正义"问题得以真正凸显出来。

为了处理正义问题——外部的战争和内部的分配,苏格拉底引入了城邦的护卫者阶层。他们充满激情、喜好战斗、坚韧勇敢,完全为了保卫所属的城邦、维护城邦的稳定。"战士构成了正义城邦的三个普遍阶级之一,构成了智慧和欲望之间的中介。"③ 然而,护卫者的激情是中性的,目标亦是不明确的,既可以转化为愤怒而勇于冲锋陷阵,也可能因好勇斗狠而破坏城邦内部的和谐。因此,城邦护卫者不仅要有好的天赋品质,而且性格中还要有对智慧的爱好。"他们还应该对自己人温和,对敌人凶狠。否则,用不着敌人来消灭,他们自己就先

---

① [美] 布鲁姆:《人应该如何生活——柏拉图〈王制〉释义》,刘晨光译,华夏出版社2015年版,第72页。
② [美] 罗森:《哲学进入城邦——柏拉图〈理想国〉研究》,朱学平译,华东师范大学出版社2016年版,第98页。
③ Leon Harold Craig, *The War Lover: A Study of Plato's Republic*, Toronto: University of Toronto Press, 1994, p. 439.

消灭自己了。"（375C）这两点之所以重要是因为有血勇的护卫者将在城邦中占据统治地位，毕竟他们相对于农民、工人等阶层是强大的。"在每个公民社会中，都有一个团体拥有最大的力量，它能够并总是在对其有利的条件下制定法律。无论这个阶层的品格如何，城邦的生活方式都将由它来决定。"① 苏格拉底虽然驳斥了色拉叙马霍斯的正义观，却在建构理想国的过程中仍然接受了这种观念。因为这种正义问题在发烧的城邦（现实的城邦）中是真实存在的，而且只有化解了正义问题才能让城邦实现真正的正义。至此，苏格拉底的言说完成了两项任务：一方面，塑造了一种新型的正义观。不同于格劳孔在阐释城邦起源时提出的，并经由阿得曼托斯以诗歌论证的功利性正义观——人因其结果而求正义，同样因其结果求之不正义；苏格拉底认为，人既因正义本身亦因其结果而求之正义。当然，此时苏格拉底对新型正义观的塑造还未彻底完成，而诗哲之间的交锋也未真正结束，一直延续到《理想国》的第十卷。"正义和不正义既已判明，我要求你把正义从人神处得来的荣誉归还给正义，我要求我们一致认为它被这样认为，以便相信它能够把因被认为正义而赢得的奖品搜集起来交给有正义的人，既然我们的讨论已经证明它能把来自善的利益赠给那些真正探求并得到了它的人而不欺骗他们。"（612D—E） 另一方面，将正义问题演化为护卫者的教育问题。尽管护卫者阶层拥有"强力"，他们却并不必然拥有智慧和德性，后者必须经由教育方能获得。于是，"从此以后，教育成了《王制》的中心主题。城邦的生活方式取决于统治者的品格，从而取决于统治者的教育"②。当苏格

---

① ［美］布鲁姆：《人应该如何生活——柏拉图〈王制〉释义》，刘晨光译，华夏出版社 2015 年版，第 76 页。
② ［美］布鲁姆：《人应该如何生活——柏拉图〈王制〉释义》，刘晨光译，华夏出版社 2015 年版，第 76 页。

拉底重新阐释了城邦的起源和发展，随着奢侈的城邦演变成理想的城邦，金银属性的护卫者被教育成哲学王，哲人的正义观也逐渐显露出来，即城邦民众各司其职，灵魂要素各安其分，并暗中与诗人正义观进行了交锋。

现在，重新回到诗哲之争的问题。现实城邦中的民众、战士、统治者都受到诗人的教育，其行为、德性亦受到诸神的钳制。正如苏格拉底指出："这种教育就是用体操来训练身体，用音乐①来陶冶心灵。"（376E）古希腊雅典城邦的音乐教育主要是通过赫西俄德、荷马以及其他诗人所讲的神话故事来影响民众的心智水平和道德观念。然而，诗人们传递的正义观是"正义是应得之份"（例如对诸神虔敬获得的赏赐）、"正义是强者的利益"（例如遵从宙斯的要求），使民众和统治者成为流行意见和顽固传统的仆役，根本无法获得节制的德性，更无法让城邦获得正义的发展。"潜在的思路是，当节制失败时——这是必然的——人类就需要勇敢去占有更多的东西，从而满足他们的欲望。"②结果就是，城邦统治者为满足民众日益膨胀的欲望，连年发起不义的战争，从而能够掠夺财富和奴隶。因此，为了彻底地变革城邦的政治、改善民众的德性，诗哲之争是无法避免的。这既是一场关于教育权的争夺，也是一场不同正义观的对决。"这场斗争是重大的。它是决定一个人善恶的关键。不能让诗歌诱使我们漫不经心地对待正义和一切美德。"（608B—C）

---

① Μουσικη（mousike），原意指"缪斯们掌管之诸艺术"。古希腊重要的文娱活动是听民间艺人弹着竖琴演唱史诗故事，故此处"音乐"泛指一切诗歌、故事、歌唱、文学等义。参见罗念生、水建馥编《古希腊语汉语词典》，商务印书馆2004年版，第557页。
② ［美］罗森：《哲学进入城邦——柏拉图〈理想国〉研究》，朱学平译，华东师范大学出版社2016年版，第101页。

第三节 理想国中的教育净化

在现实城邦中,诗人和诗歌一直牢牢地把持着城邦教育——决定了教育内容和方向,影响着每个儿童的成长。儿童恰恰是最容易被教育的。"在幼小柔嫩的阶段,最容易接受陶冶,你要把它塑成什么形式,就能塑成什么形式。"(377B)哲人是诗人的竞争者,而诗人也一直对哲人开展的教育活动持有异常谨慎的防备态度。"哲学和诗歌的争吵是古已有之的。例如,什么'对着主人狂吠的爱叫的狗';什么'痴人瞎扯中的大人物';什么'统治饱学之士的群盲';什么'缜密地思考自己贫穷的人力',以及无数其他的说法都是这方面的证据。"(607B—C)"苏格拉底正在与荷马从事一场为争夺希腊人或人类的教师之头衔而进行的竞赛。他的基本目标之一,就是让自己取代阿基琉斯从而成为最好的那类人的真正代表。"[①] 因此,柏拉图在建构城邦过程中让哲人获得教育权后,将清理的矛头首先瞄准了诗人和诗歌,借以完成对城邦教育内容的净化,传递哲人的正义观,从而扭转对统治者的培养方向。沿着这种思路,"《理想国》中的人物在清理城邦的教育内容时,首先从神话故事入手,因为这些故事是我们在今后生活中所信奉的那些价值观念的基础"[②]。

一 传统诗歌的教育缺陷

尽管雅典城邦政制经过几次颠覆,民众的生活也处于动荡之中,但诗歌在城邦中的地位依旧根深蒂固,其负载的宗教和神话仍然支配

[①] [美]布鲁姆:《人应该如何生活——柏拉图〈王制〉释义》,刘晨光译,华夏出版社2015年版,第81页。

[②] [美]约翰·E.彼得曼:《柏拉图》,胡自信译,中华书局2014年版,第149页。

着学校教育。"在柏拉图的时代,神话仍然是一种活生生的力量。它是希腊人的传统宗教……希腊人的'信仰'大多是荷马和赫西俄德缔造出来的。这里有诸神、精灵和英雄,还有世界的产生以及冥府里将来的生活。从被接受的那天起,神话就开始渗入人们的整个存在。"① 正是因为诗歌的地位稳固,且与民众信仰的宗教纠缠在一起,所以即使在自己建构的城邦中,柏拉图也无法直接夺取诗歌的教育权,否则可能在现实生活中遭到与苏格拉底相似的审判。同时,我们不应该忘记《理想国》是写给城邦中的普通民众看的,那么哲人必须向民众证明"哲学何以必要""与诗歌相比,哲学为何更为重要"等问题。哲人无法做到比诗人更擅长说服普通民众,毕竟真理很难经由言辞进行传递,否则苏格拉底也不会在法庭自辩后依旧被民众投票判处死刑。因为民众正是站在诗歌、传统、宗教的立场来审判哲人的,"荷马和其他伟大的诗人一起构成了值得尊敬的特别法庭,哲学在它面前被审判"②。结果显而易见,哲学未能在民众面前证明自身的合法性,那么诗歌和神话支配的城邦也就不会接纳哲学活动和哲人教育。有鉴于此,柏拉图不再与诗人或其背后的民众信仰针锋相对,而是站在诸神的立场和城邦的角度,通过暴露诗人及诗歌的缺陷来证明哲学的优越性以及正义生活的可能性。柏拉图的批判方式比苏格拉底的街头辩论更加迂回而隐蔽,也更不容易引起城邦民众和统治者的警惕和排斥。有学者甚至直白地挑明:"由于在智慧和教育方面,诗人是哲人的竞争者,柏拉图又用第十卷来批判诗人的认知水准。"③

---

① 张文涛选编:《神话诗人柏拉图》,董赟等译,华夏出版社2010年版,第47页。
② [美]布鲁姆:《人应该如何生活——柏拉图〈王制〉释义》,刘晨光译,华夏出版社2015年版,第172页。
③ 余纪元:《〈理想国〉讲演录》,中国人民大学出版社2009年版,第8页。

在哲人批判的眼光审视下，传统诗歌暴露出两大缺陷：其一，模仿［μιμσις］①事物，而非分有理念。诗歌一直指导着民众生活，左右着他们的行为，俨然成了"真理"的化身。然而，苏格拉底将诗人类比于画家——城邦中地位较低的一类人，满足于人非必要的欲望，开始了对诗人及诗歌的批判。"虽然我从小就对荷马怀有一定的敬爱之心，不愿意说他的不是……但是，不管怎么说，我们一定不能把对个人的尊敬看得高于真理，我必须（如果所说的）讲出自己的心里话。"（595B—C）首先，苏格拉底提出万物皆有对应的理念（也被译为"型""相"）——由神创造出来，而工匠根据相应的理念打造出现实生活中的床或桌子，画家则模仿现实生活中的床或桌子画出作品。可见，画家能把握的不是事物的本质，而是现实世界中事物的影像，这与理念之间已经隔了两层，无论如何都无法更多地分有理念。他们精通的是模仿的技艺，画出看似真实的事物，但也只能够蒙骗无知的小孩和笨人。诗人亦是如此，看似明晰一切技艺，知晓一切与善恶有关的人事，甚至以众神代言人的形象论述诸神众事，实质上仅是精通模仿而已。"从荷马以来所有的诗人都只是美德或自己制造的其他东西的影像的模仿者，他们完全不知道真实。"（600E—601A）或言之，诗歌依赖于我们周围的世界；它不制造表现的对象，其力量来自自身对事物把握的深度。② 既然诗人与画家类似，与理念隔了两层，那么他们创作的诗歌也是对模仿者的模仿，其中对诸神的行为、言谈的论述以及正义观念的传递都是非常值得怀疑的，因为他们并不知道诸神和正义的实质，反而因为迎合民众的欲望而让其陷于流俗观念之中。如果借

---

① μιμσις，原意为"模仿，仿效，仿照"。参见罗念生、水建馥编《古希腊语汉语词典》，商务印书馆2004年版，第549页。
② ［美］布鲁姆：《人应该如何生活——柏拉图〈王制〉释义》，刘晨光译，华夏出版社2015年版，第175页。

由柏拉图厘清的知识等级来进行衡量，诗人传唱的诗歌仅仅属于最低层次的意见，反映的是假的城邦世俗观念，无法分有善的理念，也就根本不是真正的知识。"诗人并没有说自己是木匠或者医生，而是注重要教我们某种有关人类的事情。正是在这一点上，诗人和哲学成为对手。"①

其二，投合激情，而非促进理性。诗歌最主要的特征是自身的诗性魅力，即利用大众化的内容和精巧性的言辞吸引民众。这意味着诗人吟唱的诗歌必须投合民众的兴趣，符应其灵魂中固有的欲望和激情。一方面，诗人惯于编造诸神的故事。他们肆无忌惮地解说众神，让民众模仿众神而随之放纵激情，进而不自觉地陷入流行的偏见和感官的欲望之中。经由诗歌教育后，儿童学会了胆小、畏惧、怯懦（381D—E），成人学会了自私、妒忌、争斗（386B—391D）。另一方面，诗人工于精巧的言辞、韵律。"诗人虽然除了模仿技巧而外一无所知，但他能以语词为手段出色地描绘各种技术，当他用韵律、音步和曲调无论谈论制鞋、指挥战争还是别的什么时，听众由于和他一样对这些事情一无所知，只知道通过词语认知事物，因而总是认为他描绘得再好没有了。所以这些音乐性的成分所造成的诗的魅力是巨大的……"（601B）诗歌的言辞韵律培育并加强了听众心灵中的低劣成分，败坏理性部分，进而放松了对情感的监督。如果去除诗歌中的音乐色彩，它将会变为平淡无奇的散文，无法再吸引民众的注意。总而言之，诗人模仿的不是人的冷静理智的精神状态，而是暴躁多变的性格部分。"舞台演出时诗人是在满足和迎合我们心灵的那个本性渴望痛哭流涕以求发泄的部分。而我们天性最优秀的那个部分，因未能受到理性甚或习惯应有的教育，放松了对哭诉的监督。"（606A）可见，诗歌两方面的

---

① ［美］罗森：《哲学进入城邦——柏拉图〈理想国〉研究》，朱学平译，华东师范大学出版社2016年版，第128页。

缺陷恰恰迎合了城邦民众灵魂中的低劣部分，很容易让听者成为诗人的拥趸，进而成为懦弱的伙伴。

其实，诗歌教育对城邦民众之所以有如此大的作用，还因为人既是自然的产物，也是习俗的存在。正如"洞穴喻"所描述的：人在原初状态生存于黑暗的洞穴之中，受到锁链（亦即习俗）的束缚，被迫接受穴壁影像（亦即法律）的改造。教育本应是促使人们从黑暗走向光明的活动①，而诗歌却是对黑暗影像的模仿，其支配的教育让民众深陷于穴壁的影像之中无法脱离。"诗倾向于在事物中混合自然的要素和习俗的要素；它以这种方式使人们着迷，以致人们再也看不到这两种要素联合处的裂缝。"② 按照柏拉图的"灵魂三分法"，诗歌教育非但无法促进民众服从理性的引导，反而让其更加专注于欲望的餍足、激情的满足。因此，经由诗歌教导的民众，根本无法涵育和谐的灵魂。显然，诗歌固有两种的缺陷导致自身不能在理想的城邦中合法存在，更遑论如在现实城邦中那般掌控着教育权；与之相反，哲学则致力于提升民众灵魂中的理性，使之能够摆脱激情的支配和感官的诱惑。③ 当然，柏拉图没有直接否认诸神的存在，而是将抨击的焦点集中在诗人对诸神肆意歪曲的解读方面。这既避免了与民众信仰的正面冲突，也消解了诗人在城邦中的地位。

二 审查诗歌的教育标准

正如书中的苏格拉底所言，诗人创作的诗歌与理念隔了两层，相

---

① ［美］艾伦·布鲁姆：《走向封闭的美国精神》，缪青等译，中国社会科学出版社1994年版，第283页。
② ［美］布鲁姆：《人应该如何生活——柏拉图〈王制〉释义》，刘晨光译，华夏出版社2015年版，第180页。
③ 历史哲学家维柯（G. B. Vico）以更形象的语言区分了诗人与哲人的不同："诗人们可以说就是人类的感官，而哲学家们就是人类的理智。"参见［意］维柯：《新科学》（上册），朱光潜译，商务印书馆1989年版，第172页。

关内容缺乏必要的真实性，且和心灵的低贱部分打交道，因而会在每个人的心灵里建立起一种恶的政治制度。"因为他的作用在于激励、培育和加强心灵的低贱部分毁坏理性部分，就像在一个城邦里把政治权力交给坏人，让他们去危害好人一样。"（605B）就此而言，柏拉图完全有理由拒绝诗人进入治理良好的城邦。然而，柏拉图没有借苏格拉底之口在理想城邦中彻底地消灭诗歌，而是采取了更为适切的方式——审查并改造诗歌。这主要是基于两方面的考虑：一方面，哲学始终是少数人的事情。哲人离群独处、追求真理、练习死亡，而这种生活方式不是每个人都能接受的，甚至大部分人都是无法理解的，正如苏格拉底为了追求真理而宁愿慨然赴死。所以，柏拉图无法用哲人的标准要求普通民众，也无法用哲学的方式直接教导普通民众。那么，哲人针对城邦大多数人的教育就必须假手于人，而诗人正是一个可以考虑的选项。另一方面，城邦民众的灵魂中存在无法根除的欲望和激情，容易受到流变世界的引诱。"各种各样的欲望、快乐和苦恼都是在小孩、女人、奴隶和那些名义上叫做自由人的为数众多的下等人身上出现的。"（431C）我们不能寄望于每个普通民众都具备充分的理性，从而完全克服心灵中的欲望和激情。"作为哲人，柏拉图考虑政治制度的稳健时，主要顾及两种因素：作为少数哲人的生活方式和习传的多数人的生活方式。"① 当然，柏拉图也许还有现实层面的顾虑，毕竟苏格拉底亦是因被控渎神而被处死，而直接驱逐诗歌实质上也是拒绝了让诸神进入理想城邦，这种做法的后果是他无法承受的。于是，即使在哲人主导的理想城邦中，柏拉图还是以颇为谨慎的态度对待诗歌，对其进行审查改造而非彻底地驱除。尽管如此，柏拉图对诗歌内容建构的审查制度一直饱受诟病，甚至直接忽视了哲学在现实城邦中遭遇

---

① 刘小枫：《施特劳斯的路标》，华夏出版社2011年版，第56页。

的困难。"柏拉图使他的文化中最有道德声望的诗歌屈从于如此严格的审查,这说明,他是在鼓吹一种比当代民主国家所熟知的任何审查制度都更广泛的审查制度。"①

在具体审查过程中,柏拉图的论证不是完全从哲学的角度出发,而是更多站在诸神的立场,提出了筛选诗歌的两个标准。首先,诗歌对诸神的真实性描写。柏拉图认为诗人编织的是假故事,将最伟大的诸神描写得丑陋不堪,而非直接将诸神掀翻在地。"赫西俄德和荷马以及其他诗人所讲的那些故事,须知,我们曾经听讲过,现在还在听讲着他们所编的那些假故事。"(377D)在这些假故事中,古希腊众神自私、嫉妒、乱伦、卑劣,彼此钩心斗角、相互争斗,有着普通人的一切劣根性。诗歌呈现出诸神的这些恶劣行径,完全不值得民众去模仿,更遑论对儿童进行良善的教导。如果对诗歌的内容不加以严格的区分,而民众又以之为道德的表率和行为的标杆,极有可能会做出错误的行为,灵魂也会充斥着各种作祟的欲望。在这种情况下,诸神的形象会受到负面影响,而民众的信奉也不会再虔敬。有鉴于此,在理想城邦中"绝不该让年轻人听到诸神之间明争暗斗的事情(因为这不是真的)……我们更不应该把诸神或巨人之间的争斗,把诸神与英雄们对亲友的种种怨仇作为故事和刺绣的题材"(378C)。例如,宙斯随意给人福祸混合的命运②;赫淮斯托斯为了帮助母亲赫拉而被宙斯从天门抛出③等。至此,柏拉图借由苏格拉底之口认定传统诗歌虽然广为流传,却杂糅着对诸神不实的描写,以至于让听众生成诸多

---

① [美] N. 帕帕斯:《柏拉图与〈理想国〉》,朱清华译,广西师范大学出版社2007年版,第75—76页。
② [古希腊] 荷马:《伊利亚特》,罗念生、王焕生译,人民文学出版社1994年版,第572页。
③ [古希腊] 荷马:《伊利亚特》,罗念生、王焕生译,人民文学出版社1994年版,第15页。

不义的信念。"他的审查制度似乎只是反对错误,并且只是针对那些过于年幼和易于上当受骗的,以及不能批判地阅读哲学作品的读者。"① 柏拉图站在城邦宗教信仰的角度对部分诗歌内容进行了批驳,以便让民众可以真正地接近诸神、信仰诸神,这也符合民众的心理预期。那么,真正的诗歌应该怎样描写诸神,才能引导城邦民众向善、建立正确的信念?

随后,柏拉图顺势提出了审查诗歌的第二个标准,即诗歌对至善的合理性表达。他认为诸神是善者,是所有好事物的原因,而非一切事物的原因。这也就意味着诗歌对诸神违背誓言、破坏停战、争执分裂等不义的描写都是虚假的表达,传递的是虚假的意见,完全无法助益于人的生活。于是,柏拉图在对话中抛出了一个民众难以拒绝的论点:"神不肯定是实在善的吗?故事不应该永远把他们描写成善吗?"(379B) 即使有诗人争辩说神虽然本身是善的,可是却产生了恶,这也被苏格拉底认为是一种谎言。换言之,"他们应该宣称神做了一件合乎正义的好事,使那些人从惩罚中得到益处……坏人的日子难过,因为他们该受惩罚。诗要在这个标准下写——神是善的原因"(380B—D)。既然诸神是尽善尽美的,那么他们就不会离开自身的本相,更不会乔装打扮以惑世欺人。反观之,诗人咏唱的很多诗歌都是编织的谎言,是自身心灵上无知的表征,也是为诸神所深恶痛绝的。因此,在理想城邦中,"任何诗人说这种话诽谤诸神,我们都将生气,不让他们组织歌舞队演出,也不让学校教师用他们的诗来教育年轻人,如果要使未来的城邦护卫者在人性许可的范围内,成为敬畏神明的人的话"(383C)。

此时,苏格拉底才顺势暴露出真正的想法:要求删减并改造诗歌。

---

① [美] N. 帕帕斯:《柏拉图与〈理想国〉》,朱清华译,广西师范大学出版社 2007 年版,第 74 页。

"苏格拉底城邦中的哲人王想要限制人性中的异质性和可塑性，而不想颂扬它，描绘它……现在苏格拉底说，如果真的允许卫士模仿的话，那么他们就只能模仿'勇敢、节制、虔诚、自由等等'的人，决不能模仿与之相反的人，如奴隶或者像奴隶一样行为的人，或疯子。"① 诗歌中有很多可怕的词语，如英雄的痛哭、软弱、争斗和诸神的悲伤、贪财、凶暴、卑鄙等，而这些内容都是虚假的描述，是诗人心灵上无知的表现，应该从诗歌内容中删除。他明确指出诗人创作的这些内容既不真实，也对儿童未来的发展有害无益。"实际上我们是只许可歌颂神明的赞美好人的颂诗进入城邦的。如果你越过了这个界限，放进了甜蜜的抒情诗和史诗，那时快乐和痛苦就要代替公认为至善之道的法律和理性原则成为你们的统治者了。"（607A）在祛除诗歌中存在的虚假内容之后，柏拉图还要求诗人们必须按照审查的标准创作新诗歌，即诗歌的内容必须表达善，必须能够对听众进行正确的引导。当然，"柏拉图并不认为应该由他来重新缔造新的神话故事。他只是制定了一个关于怎么书写它们的模式"②。在传统诗人看来，如果诗歌服从了柏拉图提出的两条标准，它在某种意义上就成了彻底的失败者。因为按照哲人确定的标准，传统诗人不仅很难完成诗歌创作，新诗歌也会丧失自身原应携带的诗性特征从而变得枯燥乏味，更遑论吸引并教育民众。这种新诗歌既不具有《荷马史诗》、赫西俄德《神谱》的诗性魅力，也无法与埃斯库罗斯、索福克勒斯等人的悲剧相媲美。然而，柏拉图相信经过哲学改造的、追求最高真理的诗人，可以达到教化民众的目标。新诗歌的主题与荷马、赫西俄德等诗人的诗歌内容相似，也

---

① ［美］罗森：《哲学进入城邦——柏拉图〈理想国〉研究》，朱学平译，华东师范大学出版社2016年版，第128页。
② Ludwig Edelstein, "The Function of the Myth in Plato's Philosophy", *Journal of the History of Ideas*, Vol. 10, No. 4, 1949.

叙说天堂和冥府、诸神和人类、战争和英雄、世界起源、黄金时代等民众最感兴趣的话题，只是不再传递虚假而恐怖、软弱而悲伤等满足人之低劣欲望的内容。"歌唱世界的创生和冥府中的审判——如《高尔吉亚》和《斐多》所描绘的；歌唱天堂、那些双轮马车中的诸神和灵魂们——如《斐德若》描绘的；歌唱黄金时代——如《治邦者》所诉诸视觉的；一首歌唱这一切的史诗，是何其的浩大！"①

三　哲学与诗的教育融合

正如苏格拉底在对话中所言，传统诗歌精于模仿、擅于言辞、长于韵律和工于技巧，投合民众的欲望和激情，败坏人们的品质和道德。那么，柏拉图在理想城邦中为何没有直接驱逐所有的诗人，反而仅仅是剔除部分坏的诗歌，而对其他诗歌进行修改后继续将之用于教育城邦民众？"苏格拉底是在对希腊神学进行彻底批判，作为其修正传统善恶观的意图的一部分。但他并不能简单拒绝整个希腊的善恶经验，因为正是这种日常的常识性经验为我们提供了善恶的观念。"② 事实上，柏拉图认为人的灵魂中的欲望和激情是无法根除的，理性只能对之进行统领，从而形成一种和谐的状态。在这种情况下，哲人如何教育灵魂中欲望和激情占主导地位的城邦民众就成了一个极为关键的问题。因而，柏拉图虽然站在哲学的角度审判了诗歌，随后又对之进行了审查，却未完全驱逐诗人、剔除诗歌。他以更加烦琐的方式审查、筛选和改造诗歌，进而将之整合进哲学教育方案之中，以便最终实现以新型诗歌为中介让民众接受理智的命令，从而协调人性中的理性方面和

---

① Ludwig Edelstein, "The Function of the Myth in Plato's Philosophy", *Journal of the History of Ideas*, Vol. 10, No. 4, 1949.
② ［美］罗森：《哲学进入城邦——柏拉图〈理想国〉研究》，朱学平译，华东师范大学出版社2016年版，第111页。

非理性方面。① 柏拉图在《蒂迈欧》中也明确指出："在一切事物中，尽我们的天性所能，去寻求神圣之物，以求获得幸福的生活，同时为了神圣之物而寻求必然之物，因为如果没有后者，就不可能单凭神圣之物来辨明我们所追求的神圣对象，也不可能理解它或者以任何方式去享用它。"（68E—69A）基于此，柏拉图为诗歌设置了关于真实性和有用性的审查，让诗歌摆脱民众欲望的投射，学会在本性中表现诸神，承载善的理念，成为真正的知识。"如果诗'不仅令人愉悦，而且有益于有序的统治和所有人的生活'，如果诗'不仅仅给予快乐还有益处'，聆听它显然就是一种收获，她就可以正当地从其流放中归来。只要诗服从这一审查，诗和哲学之间就没有真正的纷争。"② 换言之，正因为传统诗歌没有揭示真理，所以必须被哲学改造；正因为诗歌能作用于灵魂的非理性部分，所以哲学必须倚重诗歌。在审查和改造之后，柏拉图尝试对哲学和诗歌进行了融合，并将新诗歌作为提升普通民众理性能力的一种有效手段，恰如人的灵魂中的非理性部分能被理性部分统领。"诗人忽视人类灵魂是不对的。但是在苏格拉底看来，他们是危险的，因为他们毫无差别地描写了人类灵魂的邪恶、羞耻与善良和高贵。诗人讲了许多苏格拉底不想让卫士们知道的人的事情，也讲了许多他们不能听的诸神的事情。"③ 因此，柏拉图是带着无限的关怀来构

---

① 正是因为柏拉图对诗歌进行了异于常理的处理，导致一些学者，如古典学家塞戈尔（Charles Segal）认为《理想国》和《荷马史诗》有着内在的一致性。按照塞戈尔的看法，二者的相似之处是通过对于某些共同神话传说和文学母题的运用而得到表现。例如，人死后在冥府旅行的神话、从冥府向人世复归的神话、穿越魔幻之地的神话；此外，还有一些反复出现的隐喻，如在水中的艰苦航行，从暗无天日的地域（洞穴）进入光天化日之下等。参见 Charles Segal, "The Myth Was Saved: Reflections on Homer and the Mythology of Plato's Republic", *Hermes*, Vol. 106, No. 2, 1978。

② Ludwig Edelstein, The Function of the Myth in Plato's Philosophy, *Journal of the History of Ideas*, Vol. 10, No. 4, 1949.

③ [美] 罗森：《哲学进入城邦——柏拉图〈理想国〉研究》，朱学平译，华东师范大学出版社2016年版，第144页。

建新诗歌的，选取了最恰当的、最能体现人类所有发现的题材，致力于把握住最好、最令人信服的"逻各斯"，从而让故事最大程度地按照标准被描述。在这种情况下，诗歌与哲学联结在一起，也在一定程度上与宗教解除了联盟。"苏格拉底批评诗歌是为了鼓励其与哲学结为同盟，放弃与教士的联盟。"① 至此，在理想城邦中，宗教神话无法再完全地垄断生活习俗、习传律法和教育话语，而在诗歌被审查改造的过程中被不经意地注入了新的内容。柏拉图在新诗歌中植入了哲学话语模式和相应的正义观、生活观，也确立了哲学在生活层面、教育层面的优势地位。换言之，新诗歌及其负载的神话必须符合哲学的结论，而不再是一些可怖的言辞、虚幻的景观、甜蜜的仙露，也剔除了正义是强者的利益、是对诸神的虔诚等信念。当然，作为对辩证法真理的另一重反映，这些神话故事也只能讲给灵魂中理性不足的儿童们或普通民众听，从而引导他们健康成长、追寻善美。随着受教育程度的提高，一些人还需要接受哲学的训练。至此，柏拉图在理想城邦的教育系统中应用了一套新的教育方案——哲学和诗歌的融合，从而彻底净化了教育内容，修正了教育方向，传递了哲人的正义观。

当然，柏拉图也意识到在理想城邦中诗歌和哲学的融合是有限度的。一方面，将创造诗歌限定为诗人的任务。尽管诗歌和音乐为灵魂教育所必须，但柏拉图并没有主动去创造诗歌，而更多地是站在对之改造后进行统合的立场。② 即使在《理想国》中设计写成的诗歌或神话，如那些用来教育城邦护卫者的故事，柏拉图也是利用了已经流传

---

① ［美］艾伦·布鲁姆：《走向封闭的美国精神》，缪青等译，中国社会科学出版社1994年版，第301页。

② 从另外一个角度来说，苏格拉底和柏拉图也是诗人。"我本来就作诗，因为哲学就是最高的诗，我一直在专攻哲学呀。可是在这次审判之后，节日偏又推迟了我被处死的时间，我一想，那一再出现的梦分明是叫我写通常所谓的诗，我必须作，不得不服从。"参见［美］罗森《诗与哲学之争》，张辉译，华夏出版社2004年版，第216—217页。

甚广的神话。"这是一个老早以前在世界上许多地方流传过的腓尼基人的传说。它是诗人告诉我们,而我们也信以为真的一个故事。"(414C)柏拉图将创作诗歌的任务依旧交给诗人,而让哲人掌握诗歌的主题,从而管控教育内容的方向。另一方面,将诗歌的教育对象限定为普通民众。"可以肯定地说,统治者(他们是哲人)不会被高贵的谎言的真理说服,但是会因高贵或者有用而接受它。"① 即使经过审查改造的新诗歌,它也只是部分地分有了理念,可以用来引导普通民众脱离欲望的羁绊,从而走向对善念的寻求。成熟哲人的灵魂中理性已经占据了绝对的统领地位,是为了"观看"完全的理念,成为神圣者的近邻。在这种情况下,新诗歌对哲人起到的更多是滞碍作用。"对民众来说,神话体现了所有他们能够学到的关于神圣的东西。柏拉图认为,哲学仅仅是为少数人的,即大多数人并不具备求取真知的理性。甚至政治家们也结合修辞来引导人民,通过'讲故事'来劝说他们。"② 与沉沦于流行意见的迷醉相比,城邦民众不会因为接受了诗歌中虚构神话的教育而感觉到上当受骗或动摇信念。他们虽然被限制了对辩证法知识的学习和思考,被剥夺了对真理和理念的哲学化理解,却也从宗教信仰和虚假神话的统治生活中脱离出来,可以真正启程走上寻求正义和幸福的道路。

四 诗哲之争的教育余韵

城邦的普通民众因受到欲望和激情的支配,不具有直接理解真理的理性能力,所以哲学王必须借助诗歌教化民众。"作为爱智慧的哲学

---

① [美]罗森:《哲学进入城邦——柏拉图〈理想国〉研究》,朱学平译,华东师范大学出版社2016年版,第120页。

② Ludwig Edelstein, "The Function of the Myth in Plato's Philosophy", *Journal of the History of Ideas*, Vol. 10, No. 4, 1949.

不能提供哲学高贵的谎言，也不能说服非哲人和大众。于是哲学需要诗歌来补充，要求一种附属的诗。"① 借由诗哲之争，柏拉图将哲人智慧和诗人谎言有机融合在一起，将哲学和诗歌教育互补嫁接在一起，将理性和欲望成功贯通在一起。这种处理方式既完成了哲学对诗歌的改造，也确立了哲人对教育的主导，让理想国的教育内容方案具备一定的可行性。柏拉图坚称理性在灵魂中应占据主导地位，教育的目的是让欲望和激情服从于理性。于是，人的激情、欲望等非理性要素被排斥至教育的边缘。学生需要超越情感到达理性的最高境界，从而分有恒在的理念。柏拉图教育内容方案的理性内核先被亚里士多德、珀尼西厄斯（Panaetius）等继承，后又被西塞罗（M. T. Cicero）、托马斯·阿奎那（T. Aquinas）等进一步发展。"西方哲学中理性主义和非理性主义的关系结构在柏拉图这里可以说已经大致定了调。"② 这种奠立于理性基础之上的教育思想在与异文化的冲突与调和过程中不断转化、融合并生成了新的教育理论样态，但理性内核一直被保留下来并绵延至近代，为西方教育传统提供了一套原初概念、原则和底色。

然而，柏拉图对理性的重视在近代教育中异化为唯理智主义并走上了绝路，如只关心学生的认知发展而忽视情感和意志、肯定形而上的"形式"而轻视学生的生活状态。③ 卢梭（J. J. Roussea）在批判理性驯制的基础上，将人的感觉、炽情置于中心地位，引领了浪漫主义思潮，并通过自然教育内容实现了情感的复归。同时，他还更新了对理性和正义的理解，使激情在品质上优先于理性。④ 随着休谟

---

① [美]施特劳斯：《苏格拉底问题六讲》，孙向晨译，载刘小枫、陈少明主编《苏格拉底问题》，华夏出版社2005年版，第75页。

② 邓晓芒：《西方哲学史中的理性主义和非理性主义》，《现代哲学》2011年第3期。

③ ME. Jonas, "Three Misunderstandings of Plato's Theory of Moral Education", *Education Theory*, Vol. 66, No. 3, 2016.

④ 戴晓光：《〈爱弥儿〉与卢梭的自然教育》，《北京大学教育评论》2013年第1期。

(D. Hume)、谢林（F. Bacon）、尼采（F. W. Nietzsche）等哲人颠覆了基于理性的至善理念，证实了人自主地自我规定的可能性，教育内容的情感转向也被拓宽了路径。当杜威将儿童的生活经验和情感体验置于教育的核心时，现代教育思想的蓝图也被勾勒出来。如其所言，教育内容是在经验中产生，借由经验而发展，为了经验而进步，而情感则"使学生能够理智地进行分析和决定工作的兴趣的均衡"①。尽管如此，当前教育中理性要素依旧占据支配地位，从教育目标的厘定、内容的筛选到活动的组织、评价的实施都被科学理性和工具理性主导。人之情感、欲望等非理性因素因所谓的混沌和不可捉摸而被搁置一旁，导致教育结构中理性与情感要素的比例严重失衡。其实，现代教育学的发展早已证实：情感是人的生命和生存的重要表现方式，与理性认知存在同一性关系，具有动力系统的优势，能打开教育通往价值理性的道路，在学生发展中发挥引导和提升作用。② 因此，柏拉图认为应教育学生让理性统领激情和欲望，形成心灵的和谐状态，避免沦为欲望的奴隶，具有特定的合理性，但对情感要素的过分压制则会让理性的作用发生偏离，从而滞碍学生的良序发展。可以说，这种延存至今的教育方案看似完善，却存在固有的缺陷，甚至会导致理性的专制。

到这里，《理想国》中诗哲之争的结果已经显而易见：诗歌因自身的缺陷而不得不听从哲学的改造。在对诗歌进行审查和改造之后，理想城邦中教育的内容得到了净化，教育的方向也得到了修正。这种对诗歌的审查不是完全的剔除，而是借由适当的标准进行筛选，从而达到整合利用的目的。随后，高贵的谎言的出现证明了理想的城邦依旧需要诗歌（神话）的存在。"高贵的神话显然就是那些用来在仍然可塑的儿童心灵中培养高贵性的深化……因此我们必须从监督即审查神话

---

① [美]约翰·杜威：《哲学的改造》，张颖译，陕西人民出版社2004年版，第93页。
② 朱小蔓：《情感教育论纲》，人民出版社2007年版，第35—58页。

的创始者开始，只能允许那些高贵的神话。"① 因为城邦中的大部分民众依然会受到灵魂中欲望和激情的影响，并不具有求取真理的理性能力。所以，为了维续理想城邦的稳定存在，统治者必须借助诗歌的力量；哲人并未完全贬斥诗歌是假的，而是诗人没有高贵地说谎。"作为爱智慧的哲学却不能提供哲学高贵的谎言。作为爱智慧的哲学也不能说服非哲人和大众，不能蛊惑他们。于是哲学需要诗来补充。哲学要求一种附属的诗。"② 柏拉图将哲学智慧和神话谎言有机地融合在一起，将哲学和神话学的互补性嫁接在一起，将理性和诗性成功地贯通在一起。结果就是，城邦中的普通民众可以更容易地接受诗性哲学内容的教导。因此，我们"不把柏拉图说成是热衷于希腊文化之传统神话的哲学家，而要将他说成是热衷于创造旨在抵消旧神话魅力的新神话的哲学家"③。其实，这种处理方式完成了哲学对诗歌的改造，既确立了二者之间的关系，同时也疏通了理想和现实的沟壑，让理想的城邦显得不是完全的不切实际。可以说，"柏拉图是唯一一个相信理想和现实之间有鸿沟的人，也是最后一个相信神话之中蕴涵真理的人"④。值得注意的是，在凸显哲学重要性的情况下，柏拉图并未完全放弃对其他教育内容的关注，在"最大的一波浪潮"时依旧认为教育哲学王的内容包括文艺、体操、数学、天文学、辩证法等。当然，这些学科都是为了给受教育者未来学习哲学奠定基础，都是建立在哲学获得教育主导权并对教育内容进行净化的基础之上，否则一切的努力都是徒劳的。

---

① [美]罗森：《哲学进入城邦——柏拉图〈理想国〉研究》，朱学平译，华东师范大学出版社2016年版，第107页。

② 施特劳斯：《苏格拉底问题六讲》，孙向晨译，载刘小枫、陈少明主编《苏格拉底问题》，华夏出版社2005年版，第75页。

③ Roger D. Wooddard, *The Cambridge Companion to Greek Mythology*, Cambridge: Cambridge University Press, 2007, p.211.

④ 张文涛选编：《神话诗人柏拉图》，董赟等译，华夏出版社2010年版，第62页。

第五章　必要的谎言：柏拉图教育方式的选择

　　为了将净化后的教育内容传递给受教育者，柏拉图必然会选择适切的教育方式。苏格拉底之死让柏拉图不再相信直接说服足以引导众人，也不再相信可以将真理教授给所有人。因此，"他要寻找某种既能强迫他们，又不借助外在暴力的东西"①，从而引导城邦民众认识自明的真理。在这里存在一个难以化解的问题，经由理性来强迫只能让少数人听从，从而产生了如何确保多数人，即组成政治体的大多数成员服从于统一真理的问题。于是，在发展的城邦中（此时城邦还未发展到理想的阶段），柏拉图区分了两类人：一是护卫者，二是普通民众。随后，针对这两类人，他采取了高贵的谎言和冥府的谎言来传递教育内容。前者是讲给少数护卫者听的，后者则是讲给多数普通民众听的。"我们必须从'监督'即审查深化的创造者开始，只能允许那些高贵的神话。"② 与此同时，柏拉图还区分了哲人和非哲人，借由显白教诲和

---

① ［美］汉娜·阿伦特：《过去与未来之间》，王寅丽、张立立译，译林出版社2011年版，第102页。
② ［美］罗森：《哲学进入城邦——柏拉图〈理想国〉研究》，朱学平译，华东师范大学出版社2016年版，第107页。

隐微教诲的方式既传递了真理也保全了自身。显然，柏拉图为了将净化后的教育内容传递给城邦中所有人，培养出与城邦同构的护卫者和公民，确立了独特的双重教育方式。

第一节 "高贵的谎言"与护卫者教育

柏拉图在阐述城邦的起源和发展时，将之对应着人的灵魂状态，将城邦中不同阶层对应着人灵魂的不同成分。其中，"猪的城邦"相当于人的灵魂的欲望层面，即民众对生存的需要表征着灵魂中欲望占主导地位。此时，人灵魂中仅仅存在生存的欲望，而不具有其他非必要的欲望，所以不存在理性及正义问题。"发烧的城邦"则相当于灵魂的激情成分，而护卫者充满血勇、护卫城邦代表着灵魂中的激情部分。[①]这种灵魂中的激情成分是中性的，既可能服从理性的领导也可能满足欲望的餍足，所以在这个发展阶段城邦及人灵魂中的正义问题得以凸显出来。既然作为城邦的护卫者，他们必须热爱城邦、关注整个城邦的发展状况，并将自己的利益和城邦的利益结合在一起。然而，因为人性普遍存在的弱点，"一个人总是最爱那些他认为和自己有一致利益，和自己得失祸福与共的东西"（412D—E）。因此，尽管护卫者拥有良好的素质、识别敌友的能力，但他们还是需要接受漫长的教育过程，从而获得智慧、节制、正义等品性，并形成城邦利益和自身利益一致的价值观念。为了实现这个目的，柏拉图选择借由高贵的谎言来教育护卫者。

---

① 余纪元：《〈理想国〉讲演录》，中国人民大学出版社2009年版，第91页。城邦发展的第三个阶段是哲学王统治阶段，表征着理性对激情和欲望的统领。这个阶段最难实现，也是柏拉图追求的理想城邦状态。

一　高贵谎言的内容构成

在城邦护卫者成长过程中，相关教育主要包括两个部分：音乐教育灵魂、体育锻炼身体，而前者则更为基础和重要，因为它包含了儿童初始的言说。"苏格拉底开始就坚持，不是有用的或者健康的身体令灵魂优秀，而是优秀的灵魂使身体健康。"① 因此，柏拉图要求诗人创作优秀的艺术作品，让护卫者从童年时就受到熏陶，进而让优美和理智融合为一，使他们的心灵成长得既善且美。随后，护卫者还要进行体育训练，在战争中锻炼自己应对困难的能力，养成节制的优秀品质。经由音乐的熏陶和体育的训练，他们的心灵受到呵护、体力得到增加，形成了温文而又勇敢的和谐心灵。尽管如此，柏拉图还是不认为这些护卫者可以成为合格的城邦统治者。一方面，护卫者无法调节个人与城邦利益的冲突。因为护卫者掌握着管理发烧的城邦的权力，却还没有能力将自身的利益和城邦的利益统一起来，从而关注城邦整体的发展。一旦二者的利益出现分离，城邦就会出现腐败问题，从而走上不正义发展的道路。"权力导致腐败，绝对的权力导致绝对的腐败。"② 所以，唯有当护卫者与城邦结为一体时，他们才能合理地统治城邦。另一方面，护卫者不具备统治城邦的能力。到了"发烧的城邦"阶段，城邦内部民众的阶层已经发生了层级分化——统治者和被统治者。他们在地位上存在高低之分，身份上存在上下之别，权力上也存在强弱之差。合格的统治者必须让每个阶层的民众都接受自己在城邦中所处的地位，各司其职地进行工作，这样才能让城邦稳定地存在。然而，

---

① ［美］罗森：《哲学进入城邦——柏拉图〈理想国〉研究》，朱学平译，华东师范大学出版社2016年版，第141页。
② ［英］阿克顿：《自由与权力——阿克顿勋爵论说文集》，侯健、范亚峰译，商务印书馆2001年版，第286页。

"如何才能让每个阶层接受其自身在城邦中所处的地位呢？尤其是对于较低的阶层"①。可见，每个阶层都能处理好私人利益与公共利益的冲突成了影响城邦存续的关键要素，尤其是对于护卫者阶层而言。基于此，柏拉图在培养护卫者时编织了"高贵的谎言"，以此让他们可以真正具备统治城邦的能力。"在这样的城邦中，诗人实属多余，这并不是因为他们完全不懂灵魂，而是他们太能引出人性中的异质性了。"② 因而，柏拉图对不服从的诗人进行驱逐，对不合格的诗歌进行了改造，并运用神话编织了可以教化护卫者的谎言。

高贵的谎言由两个部分构成：首先，民众在城邦土地里出生。高贵的谎言告诉城邦中的所有成员尤其是护卫者，他们都是从城邦土地里出生的，而且他们在从地里显现之前就已经被教育好了。"他们是在地球深处被孕育被陶铸成的，他们的武器和装备也是在那里制造的；地球是他们的母亲，把他们抚养长大，送他们到世界上来。他们一定要把他们出生的土地看作母亲看作保姆，念念不忘，卫国保乡，御侮抗敌，团结一致，有如亲生兄弟一家人似的。"（414D—E）如果护卫者相信了谎言，那么他们与城邦民众之间就建立了亲密的血缘关系，即兄弟的关系；民众之间的关系也由陌生人转变为亲近的家人。于是，城邦不再是与己无关的管理机构，而是所有亲人生活的大家庭。以此为基础构建出来的制度，其中的人为性因素会被隐藏起来，反而凸显出不容置疑的自然性色彩。"在这个谎言的基础上，处于非常好的信仰和良知中的公民，可以为他们的政制之正义感到骄傲，并且，不满者没有任何进行叛乱的正当理由。土生土长的优势就是如此。"③ 在这部

---

① 余纪元：《〈理想国〉讲演录》，中国人民大学出版社2009年版，第93页。
② ［美］罗森：《哲学进入城邦——柏拉图〈理想国〉研究》，朱学平译，华东师范大学出版社2016年版，第127页。
③ ［美］布鲁姆：《人应该如何生活——柏拉图〈王制〉释义》，刘晨光译，华夏出版社2015年版，第96—97页。

分谎言中，护卫者的角色不再是与民众对立的城邦统治者，而是与之联结在一起的家庭共有者。在这种情况下，护卫者当然不会再损公肥私，而是会将自己的利益和城邦的利益对接，以此实现共同利益的持续增长，因为个人的利益和普通民众的利益是一致的了。

其次，民众的灵魂具有不同属性。城邦民众出生的谎言，让柏拉图再次确认了民众之间，或言之护卫者与民众之间的关系，"他们一土所生，彼此都是兄弟"。随后，柏拉图进一步将其延伸，给予不同民众的禀赋差异和德性悬殊以神圣的认可，从而化民众之间的不平等为政治优势。"老天铸造他们的时候，在有些人的身上加入了黄金，这些人因而是最可宝贵的，是统治者。在辅助者（军人）的身上加入了白银。在农民以及其他技工身上加入了铁和铜。"（415A—B）于是，等级制灵魂正义的观点被顺而牵引出来。高贵的谎言不仅给每个民众都安排好了出身，而且促使他们将现实生活中的不平等视之为常。当然，柏拉图也没有断绝不同阶层之间民众的流动，为城邦的稳定存续增加了一层保证。"虽则父子天赋相承，有时不免金父生银子，银父生金子，错综变化，不一而足。所以上天给统治者的命令最重要的就是要他们做后代的好护卫者，要他们极端注意在后代灵魂深处所混合的究竟是哪一种金属。如果他们的孩子心灵里混入了一些废铜烂铁，他们决不能稍存姑息，应当把他们放到恰如其分的位置上去，安置于农民工人之间；如果农民的后辈中有金有银者，他们就要重视他，把他提升到护卫者或辅助者中间去。"（415B—D）与此同时，柏拉图借由谎言还给出了一个极为重要的暗示：城邦必须拥有某个能够准确识别民众灵魂品质的智慧统治者，以防"铜铁当道国破家亡"[①]。这个谎言通过否定个人利益的正当性，取消了个人与城邦利益的冲突；又通过灵魂属

[①] [美]布鲁姆：《人应该如何生活——柏拉图〈王制〉释义》，刘晨光译，华夏出版社2015年版，第98页。

性的命定性，取消了普通民众反抗护卫者统治的可能。因而，一旦护卫者相信了这个谎言，并用之来教育城邦的民众，让其可以各安其所、各司其职，那么城邦就不会出现动荡，更不会经历雅典城邦的颠覆。因为这则谎言让城邦秩序看起来不是人为的设计，而是在诸神首肯下的自然安排，所以能克制护卫者对个人利益的索取，化解身处底层民众的嫉妒和不满。换言之，民众若是肆意地让欲望膨胀，提升自己在城邦中的地位，实质上是破坏了城邦固有的自然秩序，也会失去诸神的庇佑，而这在以神启为行为准则的城邦生活中是难以想象的。柏拉图运用高贵的谎言表明那些具有害怕说谎在政治中发挥作用的看法的人们极为天真；"从政治的立场来看，谎言高过真实"①。显而易见，高贵谎言的第一部分和第二部分的侧重点并不相同。前者试图让民众对城邦及其政治制度的习俗性依恋显得更加自然，而后者则为人们有理由忘记地位及身份差异提供一种神秘性的支持，从而限制人性中的异质性。当然，高贵谎言的最终目的是将改造后的神话并入一个正义系统之中，使之能更容易为所有城邦民众接受。

二　高贵谎言的护卫者教育

柏拉图在这里制造了很多困扰，大多数人显然不能理解他身为哲人为何会大胆而直白地公开宣称要使用谎言，并将教导谎言作为教育的重要组成部分，将政治宣传代替了艺术自由。从现在的观点出发，柏拉图作为真理的追求者竟然在理想城邦中公然采用欺骗的手段，蓄意制造和利用虚假的意识形态。正如卡尔·波普尔批判柏拉图的谎言，"宣传，一门控制……被统治的大多数人行为的技术。柏拉图愿望的动机是，统治者自己应当相信，宣传的谎言是增加他的健康功效的希望，

---

① ［美］罗森：《哲学进入城邦——柏拉图〈理想国〉研究》，朱学平译，华东师范大学出版社2016年版，第109页。

也即是加强对精英种族的统治、最终阻止一切政治变化的希望所在。"①其实,柏拉图编织并利用谎言具有更深的用意,主要包括两个方面的目的。

一方面,基于现实的考量,利用谎言可以让对护卫者的教育得以施行。苏格拉底在雅典城邦中遭遇的现实困境,也证明了与之相关的教育形式的合法性危机,这导致哲学教育不能再以直接的方式面向民众、面向德性、面向灵魂,甚至哲人的生命也受到了严重威胁。换个角度来看,"哲学的政治或社会地位造成了关键性的难题:在柏拉图时代的国家和城邦里没有教学和探究的自由"②。在没有教学和探究自由的情况下,哲人的教育活动随时都可能由于城邦的强制而被迫中止,并且还要承担一定的人身风险。当然,对于苏格拉底而言,哲人背离了人类畏死天性而无惧死亡,依照本性离开真理的光亮,负载着善美的理念重返被遮蔽的黑暗洞穴。他甚至在被投票宣告有罪后还有心情对众人说道:"每日讨论道德与其他问题,你们听我省察自己和别人,是于人最有益的事。未经省察的人生没有价值……分手的时候到了,我去死,你们去活,谁的去路好,唯有神知道。"③ 然而,完全依从苏格拉底的教育方式显然是不可行的,更无法教育城邦的护卫者,更遑论变革现实城邦、建立理想城邦。因此,柏拉图转换了教育思路:看似站在城邦统治者的角度来教化护卫者,一切都是为了实现城邦的稳定性存续,而非哲人的反叛性思想;唯有如此,现实发烧的城邦的统治者和民众才会接受哲人的教育内容,宗教和诗人才会认可哲人的教

---

① [英]卡尔·波普尔:《开放社会及其敌人》第 1 卷,陆衡等译,中国社会科学出版社 1999 年版,第 265—266 页。

② [美]列奥·施特劳斯:《迫害与写作艺术》,刘锋译,华夏出版社 2012 年版,第 10 页。

③ [古希腊]柏拉图:《游叙弗伦 苏格拉底的申辩 克力同》,严群译,商务印书馆 1983 年版,第 63—66 页。

育形式。如果对护卫者的教育到此为止，那么柏拉图编织的谎言就是不义的，但若是将之视为渐进性教育或城邦发展过程中极为必要的环节，我们也就不难理解这种方式了。"在讨论发烧的城邦所需的教育的过程中，苏格拉底通过制定一种旨在去烧并且实际上也消除了大量奢华的音乐和体育的规划，特别是净化了的神话，修正了他的程序。"①

另一方面，区分了两种谎言，让高贵谎言发挥教育作用。柏拉图在《理想国》第二卷末区分了两种谎言：一类是真正的谎言。这种谎言会让人上当受骗，对真相一无所知，从而在自己的心灵上一直保留着假象，为所有的神和人憎恶。"受骗者把心灵上的无知说成是非常真的谎言（如我刚才所做的）肯定是完全正确的。因为嘴上讲的谎言只不过是心灵状态的一个摹本，是派生的，仅仅是形象而不是欺骗本身和真的谎言。"（382B—C）苏格拉底在理想城邦中对诗人的驱逐和对诗歌的清理，正是为了清除教育中真正的谎言。"在苏格拉底看来，无知是万恶之源；修理撒谎的诗人，以免他们亵渎神灵、败坏青年；让人勇敢而不怕敌人，就不会撒人神共愤的'真实谎言'。"②另一类是字面上的谎言。这种谎言是借假话达到教育的目的，而不是为了欺骗听者。正如柏拉图借书中苏格拉底之口所言："在我们刚才的讨论中所提到的故事里，我们尽量以假乱真，是由于我们不知道古代事情的真相，要利用假的传说达到训导的目的。"（382D—E）在对话中，柏拉图利用腓尼基人的传说编织城邦的神话，用来解释城邦护卫者和民众的来源以及作为界定身份等级的依据，正是为了对他们进行教育，从而实现城邦的稳定存续。可以说，这个谎言是高贵的，因为它"迎合"

---

① ［美］罗森：《哲学进入城邦——柏拉图〈理想国〉研究》，朱学平译，华东师范大学出版社2016年版，第115页。
② 程志敏：《从"高贵的谎言"看哲人与城邦的关系——以柏拉图〈理想国〉为例》，《浙江学刊》2005年第1期。

了流行意见,借用民众熟悉的传统因素建构出城邦的神话,从而实现对真理的政治表述。同时,"这些特征不会打搅那些只见树木、不见森林的人的酣睡,但对那些能够见到森林的人来说,它们则是具有唤醒作用的绊脚石"。① 真正有理性而热爱真理的人并不会被高贵的谎言所诱骗,而会在高贵的谎言引导下细细思量。这也是柏拉图作为一个哲人为何愿意讲述谎言的原因。

其实,柏拉图在《理想国》第七卷的"洞穴喻"中也对高贵的谎言进行了详细的阐述,因为爱智慧的只是极少数人(这个阶段的护卫者依然不是真正的爱智者,而是从金属性民众中筛选出的具有良好品性的常人),大多数人则更愿意待在黑暗的洞穴里观看穴壁上的影像,而没办法走出洞穴、观看真理。"如果有人硬拉他走上一条陡峭崎岖的坡道,直到把他拉出洞穴见到了外面的阳光,不让他中途退回去,他会觉得这样被强迫着走很痛苦,并且感到恼火;当他来到阳光下时,他会觉得眼前金星乱蹦金蛇乱串,以致无法看见任何一个现在被称为真实的事物。"(515E—516A)可见,哲人无法将寻求的真理经由理性说服的方式直接传递给护卫者,更合理的方式反而是经由看似不义的"高贵的谎言来传递"。"对于不相信哲人会说谎的学术浪漫主义,我们不要给它留下任何余地。而对于苏格拉底区分了灵魂中的谎言和城邦利益所必须的疗治性谎言的事实,我们应该感到慰藉。"② 当然,高贵的谎言并不容易取信于人,而且还存在诸多破绽;不过经由护卫者反复地讲述,城邦的子子孙孙迟早总会相信的,从而倾向于爱护他们的国家和相互爱护。(415D—E)

---

① [美]列奥·施特劳斯:《迫害与写作艺术》,刘锋译,华夏出版社2012年版,第30页。
② [美]罗森:《哲学进入城邦——柏拉图〈理想国〉研究》,朱学平译,华东师范大学出版社2016年版,第153页。

总而言之，高贵的谎言不是面向普通民众而是面向护卫者的，目的是为了消解公私利益的冲突，维护城邦内部的阶层秩序，让护卫者带领普通民众过上正义的生活；它不是面向现在的而是面向未来的，最终为培养出理想城邦合格的统治者服务。尽管听了高贵的谎言，护卫者和普通民众会受到一些欺骗，可由之获得的信念却是有益的，因为这些信念可以引导他们走出黑暗的洞穴、通向善好的世界。

第二节 "冥府的谎言"与普通民众教育

在高贵的谎言之后，柏拉图在《理想国》第十卷又讲述了一则更加匪夷所思的谎言——冥府的神话。它作为全书结尾处的神话谎言，具有极为深刻的意蕴，既是对第一卷卷首处苏格拉底从雅典城区"下降"至比雷埃夫斯港、第七卷苏格拉底下降至洞穴的呼应，也是对普通民众格外关心的死后生活的解答与训诫。在现实生活中，人的生命不仅极为脆弱，而且终归会走向尽头。因之，人们不仅关心在世的生活，对死后的情况也殊为关注，尤其是普通民众会畏惧死亡，忧虑死了之后会怎么样？会过什么样的生活？灵魂会有怎样的遭遇……在《理想国》的开篇，老人克法洛斯就提及了这个问题："当一个人想到自己不久要死的时候，就会有一种从来不曾有过的害怕缠住他。关于冥府的种种传说，以及在阳世作恶，死了到阴间要受报应的故事，以前听了当作无稽之谈，现在想起来开始感到不安了……如果他发现自己这一辈子造孽不少，夜里常常会像小孩一样从梦中吓醒，无限恐怖。"（330D—331A）克法洛斯在年轻时沉迷于满足肉体的欲望，但在年老面临死亡之时这种耽溺让位于一种难以自拔的死后恐惧，而这种恐惧也将其圈禁起来，以至于不敢再恣意纵情于声色犬马。① 在古希腊时期，荷马的《荷马史诗》、赫西俄德的《神谱》、阿里斯托芬的《蛙》等诗歌中将冥府描写得极为恐怖、阴狠却又令人无可奈何，城邦的普通民众作为有死之人，无法躲得过命定之事，因而惧于死后冥府的恐怖而不敢随意作恶。《奥德赛》中英雄奥德修斯的冥府之旅，不仅是各式冥府题材的源头，也因为荷马史诗哺育了全体希腊人，成为诗教的基础而最为深入人心。② 在这种情况下，城邦民众会趋向于过一种看似正义的生活，即有债必偿、对神虔敬。如果缺失了对死后境况的考察，人们可能会因为命运在今生的混乱而相信正义不得报答、不义不受惩罚。因此，柏拉图对正义的考察范围超出了人之在世，而延伸至死后和来世的生活。于是，他在第十卷的最后再次描述了冥府的可怖景象，告诉民众正义的人不仅现世能够得到奖励，在死后还能得到报偿，从而实现对普通民众的教育作用。③ 经由生前和死后情况的结合论证，正义的生活才会对城邦的普通民众产生更大的吸引力。

一 冥府谎言的内容构成

在《理想国》的第十卷末，苏格拉底以厄洛斯（又译为"爱若"）为主角讲述了人死后在冥府的遭遇，呈现出一幅末世审判和命运有常的图景。这种冥府神话的建构与《奥德赛》诗歌的构成存在异曲同工之妙，后者借由奥德修斯之口讲述了在阴森恐怖的幽冥世界，无数凄厉悲苦的亡魂让他感受到前所未有的恐惧，前后两次以"苍白的恐惧"来形容内心的惊惧，及至结束冥府之行依然无法摆脱对死亡的恐惧。④

---

① Brann, "Plato's Theory of Ideas", *St. John's Review*, Vol. 32, No. 2, 1982.
② [美] 多佛等：《古希腊文学常谈》，陈国强译，华夏出版社 2012 年版，第 31 页。
③ 余纪元：《〈理想国〉讲演录》，中国人民大学出版社 2009 年版，第 337 页。
④ 贺方婴：《两种幽暗——比较荷马〈奥德赛〉与柏拉图〈斐多〉的冥府教谕》，《思想战线》2013 年第 1 期。

结合前文对人的灵魂的关注，我们可以发现在柏拉图看来人的灵魂状态是极为重要的哲学问题。值得注意的是，柏拉图之所以着重探讨人的灵魂问题，和他作为哲人如何看待灵魂状态有关；他始终认为人的灵魂具有永恒性，是不死不灭、不可化约的，而生前的身体状态会影响到死后的灵魂属性。"苏格拉底的教导中最具特色的部分是：灵魂不可化约，并且它在某种程度上是宇宙的原则。"① 其实，不仅在《理想国》中，柏拉图在其他地方亦多次谈论过人的灵魂和冥府问题，教导人们如何在追求真理后平静地面对死亡的到来。例如，在《斐多篇》中苏格拉底平静且从容地面对即将到来的必然死亡，丝毫不像奥德修斯那样畏惧冥府的幽暗与阴寒。苏格拉底带领一直追随其左右的青年友伴们（厄刻克拉底、斐多）通过言辞游历了居于大地深处的冥府，以诗般的语言描绘了冥府的另一番样子：围绕生前之事对灵魂进行商谈，但看起来幽暗平静而非全是恐怖。"人在今生必须尽力获取美德和智慧，因为他以后能获得的奖赏是美好的，希望是巨大的。"②

厄洛斯神话与雅典城邦长期流传的冥府神话相似，是通过对相应诗歌内容的改造，以完成教化普通民众的目的的神话。冥府的谎言主要包括两个部分：其一，关于灵魂审判的景象。厄洛斯死后，灵魂和其他鬼魂结伴而行，看到四个洞口，其中两个并排的洞口通往地下，另外两个并排的洞口则通往天上。法官们坐在天地之间，根据每个灵魂生前是否正义进行审判，判定有些灵魂可以升到天上，另外的灵魂则要降入冥府，分别给予十倍的报偿或惩罚。在四个交错出入天堂与

---

① ［美］布鲁姆：《人应该如何生活——柏拉图〈王制〉释义》，刘晨光译，华夏出版社 2015 年版，第 182—183 页。

② ［古希腊］柏拉图：《柏拉图全集 1》（增订版），王晓朝译，人民出版社 2015 年版，第 111 页。关于柏拉图讲述的冥府谎言，有学者指出其参考了《奥德赛》中的相关论述并进行了调整。可见，柏拉图颇为重视冥府的谎言，不仅在《理想国》的结尾进行着重阐述，还在《高尔吉亚篇》《斐多篇》（另译为《裴洞》）结尾处专文论述，而后者正是描述了苏格拉底去世前的景象。

冥府的洞口之间，有象征新生和常绿的草场位于中心。来自天上和冥府的灵魂分别从洞口走出，在草场上相互交谈，追述各自在天上生活的美好和冥府生活的悲惨，正与奥德修斯看到的情形相仿。与此同时，厄洛斯还看到了阿尔蒂阿依俄斯等暴君不被洞口接纳，反而被捉起来鞭打然后丢进塔尔塔洛斯地牢之中备受煎熬。（614B—616A）阿尔蒂阿依俄斯等暴君在现世中的生活景象岂不正是印证了色拉叙马霍斯、格劳孔等人的正义观——"正义是强者的利益""所谓最好，就是干了坏事而不受罚"。然而，阿尔蒂阿依俄斯等暴君生前看似过着令人艳羡的生活，死后灵魂的处境却真实地说明了不正义的生活为何不值得过。柏拉图关于"正义即灵魂的和谐"的论断再次得到了验证，让听者明白正义的人不仅生前幸福，死后也会得到报偿。

其二，关于灵魂重生的选择。厄洛斯和众灵魂来到纺锤形的世界，这个世界共分为八层，中间由光柱贯穿，"喻示着宇宙道德法则的纺锤贯通天地，决定万物命运的神灵位列上方，由此构成天、地、神、人的有序空间，其中天地相对、神人交织"①。我们所有在世的人，无论是过着正义还是不正义的生活，死后都会面临审判，无人可逃脱宇宙的道德法则之外。随后，在拉赫西斯神使的指挥下，每个灵魂都要通过抓阄的方式自由选择另一个轮回的生活模式。"不是神决定你们的命运，是你们自己将来必须度过的生活。美德任人自取。谁抓得第一号，谁就第一个挑选自己将来必须度过的生活。每个人将来有多少美德，全看他对它重视到什么程度。过错由选择者自己负责，与神无涉。"（617E—618A）这里分别呈现了城邦现实生活中真实存在的僭主生活模式、荣誉生活模式，还有混合着富裕或贫穷、疾病或健康以及各种程度的生活模式。显然，这个时刻对于任何人而言都很难抉择。因为

---

① 王柯平：《厄洛斯神话的哲学启示》，《哲学研究》2011年第1期。

他们无法辨别哪种生活模式更值得过,所以每个人都应该寻师访友,请他们指导如何辨别善恶生活。以普通民众为例,他们经常被财富、权力、美色或其他诸如此类外表光鲜的恶所迷惑,依凭自身根本无法做出合乎理性的抉择。正如有个克法洛斯一般的人,前世循规蹈矩地生活,死后的灵魂在天上享受了幸福快乐,却因为愚蠢和贪婪没有进行全面的考察,挑了一个最大僭主的生活模式。他要面临吃自己孩子等可怕的命运,"于是捶打自己的胸膛,号啕痛哭"(619C)。事实上,如此情形在城邦生活中同样存在,有些人因为欲望或血勇而父子相残,这也与诗人传唱的诗歌中描述的内容相符。柏拉图在此处的譬喻意蕴深长,这个生前在城邦传统风俗规范下不敢作恶、死后也得到报偿的亡灵,却在选择来世生活时犯下了严重的错误,结果要面临悲苦的来世生活。可见,普通民众在城邦现实生活中所谓的"善行善言"既非由于学习哲学所得,也非发自内心的真正向善——更为注重善的后果,而仅仅是依从城邦中由诗歌塑造出的风俗习惯进行生活。所以,他们本质上缺乏生活的智慧,亦不具备自省的能力,反而在犯错了之后只会埋怨他人。在此种意义上,"这个神话把发生在人们身上之事的所有责任都归给人们,从而教导道:除了无知没有任何罪孽"①。

面对这种困难又艰险的情况,人们究竟应该怎么做才能保证现世、死后和来世有良好的生活呢?"这就是说,传统的或者民众的德性不足以保证持久的幸福。"② 关于作为有死之人——民众最关心的问题,柏拉图给出了确切的答案:忠实地追求哲学的智慧,去除无知的弊病。正是因为缺乏审慎的态度,人们才无法全面考察所要选择的生活模式,

---

① [美] 布鲁姆:《人应该如何生活——柏拉图〈王制〉释义》,刘晨光译,华夏出版社 2015 年版,第 184 页。

② [美] 罗森:《哲学进入城邦——柏拉图〈理想国〉研究》,朱学平译,华东师范大学出版社 2016 年版,第 467 页。

才会陷于各种声色、权力、财富等编织的陷阱之中。若究其深层原因，民众缺乏审慎的态度主要是因为没有真正的智慧，是生前没有认真学习哲学、追求真理的必然结果。换言之，那些依从理性追求真理的人不会受到现实困厄的影响，亦不会屈从声色犬马的引诱。"这样的人不仅今世可以期望得到快乐，死后以及再回到人间时走的也会是一条平坦的天国之路，而不是一条崎岖的地下之路。"（619E—620A）其实，冥府的谎言很容易让人联想到《高尔吉亚篇》和《斐多篇》中的另外两则末世的神话。例如，柏拉图在《斐多篇》中呈现的神话与厄洛斯神话在结构上有颇多相似之处，"正好体现在天、地、神、人和正义这五位一体的形象上，其中正义又是其他四个元素的关节点"①。仅就厄洛斯神话而言，它分为两个相互对立又互相连接的部分：一方面以可怖的冥府景象震慑有心选择过不正义生活的人，另一方面以天堂和来世的美好来吸引民众过正义的生活。两相比较之下，民众选择的结果也就不言而喻了，于是柏拉图顺而借由苏格拉底之口抛出早已设定的结论：既然普通民众缺乏哲学智慧，那就要接受哲人的治理、过正义的生活；统治者也应该学习哲学，从而获得关于统治的智慧。可以说，《理想国》及至文末依然在围绕核心话题——以哲学王治理城邦，以谎言教化普通民众。

二 冥府谎言的民众教育

柏拉图通过苏格拉底讲述冥府的谎言是对正义问题的最后一次回应，也是最能说服普通民众的论证。他要告诉听者，正义作为善不仅自身值得追求，它的后果同样值得追求；不仅在世的生活值得追求，死后的报偿也同样值得追求。因此，这则看似荒谬绝伦（比"高贵的

---

① [法]马特：《柏拉图与神话之镜：从黄金时代到大西岛》，吴雅凌译，华东师范大学出版社 2008 年版，第 186 页。

谎言"更加荒谬）且非常突兀的谎言①，实质上携带着极为深刻的教育意蕴。当然，为了揭示冥府谎言的教育意蕴，我们必须先梳清谎言可以成立的前提条件，即人死后灵魂是不朽的。在追述冥府的谎言之前，柏拉图引入了"灵魂不朽"的论断，明确指出"灵魂既不会减少，因为其中没有一个能灭亡。同样，也不会有增加"（611A—B）。如果人死后灵魂也随之消散，那么在世的正义生活对民众的吸引力就会大大减弱，反而僭主的感官纵欲生活更加吸引人。正如赫西俄德所言，"邪恶很容易为人类所沾染，并且是大量地沾染，通向它的道路既平坦又不远。然而，永生神灵在善德和我们之间放置了汗水，通向它的道路既遥远又陡峭，出发处路面崎岖不平"②。既然如此，人生在世短短几十年，而不正义的生活容易得到且恶报也不一定会来临，那么民众就不会主动选择过不易得到的正义生活。"如果说肉体的恶不能在灵魂里造成灵魂的恶，我们就永远不能相信，灵魂能被一个外来的恶（离开灵魂本身的恶）所灭亡，即一事物被它事物的恶所灭亡。"（610A—B）如其所言，人们若确信灵魂是不朽的还难以逃脱命运女神的审判，那么为了避免必然遭遇的死后惩罚和可能到来的在世之报，也就更可能选择过正义的生活。可以说，柏拉图提出灵魂不朽的论断正是冥府谎言能够成立的前提条件，也是其能够发挥教育作用的前提条件。

当然，不同于高贵的谎言，冥府谎言的教育对象主要是普通民众而非城邦统治者。正如柏拉图在《斐多篇》中再次论及冥府的谎言时

---

① 诸多学者不认可柏拉图讲述的冥府谎言，甚至认为《理想国》第十卷是一个附录或者说赘余。"我们不能明白柏拉图为何认为它同《理想国》其余部分有关，但是其哲学论证水平和文学技巧都要远逊于该著的其余部分。"参见 Julia Annas, *Introduction to Plato's Republic*, Oxford: Oxford University Press, p. 335。笔者不认可这种判断，反而认为柏拉图借助冥府谎言将哲人坚持的灵魂不朽与民众的畏死心理进行了有机融合，重新回到传统宗教和诸神传说，以实现对普通民众的教育。

② ［古希腊］赫西俄德：《工作与时日·神谱》，张竹明、蒋平译，商务印书馆1991年版，第9—10页。

直言:"没有一个聪明人会坚持认为我说的这些事情是真的,但我认为人值得冒险相信它——因为这种冒险是高尚的——也就是说,这件事,或者其他相似的事,对我们的灵魂和它们的住处来说是真的,因为灵魂显然是不朽的,人应该向自己反复讲述这件事,就好像念咒语,这就是我拉长了我的故事的原因。"①（114D—E）在《理想国》的第五卷,柏拉图已经论证出理想城邦的统治者应该是哲学王。他始终追求真理、灵魂和谐,会主动过善好的生活。尽管流变的世俗生活中有着各种重负,而这些重负"是拖住人们灵魂的视力使它只能看见下面事物的那些感官的纵欲如贪食之类所紧缠在人们身上的"（519B—C）,哲学王不会因之而受困。因为哲学王灵魂的每一个部分从小就已经得到锤炼,它们看真理时会有非常敏锐的视力,且不会畏惧理念散发的刺眼光芒。即使哲学王死后,他的灵魂也会升到天上享受千年的福祉;在重新选择下一世轮回的生活模式时,他的灵魂也可以凭借哲学的智慧全面审视各种生活模式,会依从理性的考察选择过正义的生活,绝不会因为愚蠢和贪婪犯错。因此,冥府的恐怖景象和痛苦的惩罚不会对哲学王产生任何影响。值得注意的是,这点与荷马的冥府观存在极大区别,奥德修斯不能将在世的智慧与理智带到幽冥之地,这无疑是奥德修斯最为惧怕的事;对于奥德修斯这类善于思考、心思缜密的人而言,基尔克的话无疑是毁灭性的打击,使得奥德修斯一度产生了简直不想活下去的想法。② 普通民众则不然,他们缺乏理性,对哲人也不够信任,一直依从着灵魂中的欲望和激情过活。哲人或哲学王无法通过理性思辨说服他们,剩下的方式则是"威逼"和"利诱",而冥府

---

① ［古希腊］柏拉图:《柏拉图全集1》（增订版）,王晓朝译,人民出版社2015年版,第112页。
② ［美］伯纳德特:《弓弦与竖琴:从柏拉图解读奥德赛》,程志敏译,华夏出版社2003年版,第114页。

的谎言正好可以发挥类似的作用。

因此，正如汉娜·阿伦特在论及柏拉图的冥府谎言时所言，"他明示的关于来世赏罚的教导，则是讲给大多数人听的"①。一方面，柏拉图告诉民众，一旦此生过了不正义的生活，不仅生前可能会被神识别而遭受惩罚，而且死后灵魂也会进入冥府承受十倍的苦难、千年的惩戒，如暴君阿尔蒂阿依俄斯一般。即使人们在这一世因为城邦习俗的规范而没有作恶，但下一世轮回也会因为内心欲望的贪婪而选择错误的生活模式，从而遭受百年的痛苦困厄。显然，冥府谎言的恐怖景象会对普通民众产生极大的震慑作用，让他们既不敢肆意地妥协于内心膨胀的欲望，自矜于过不义的放纵生活，也不敢仅仅停留于城邦的世俗生活层次，简单听从诗人的教导而循规蹈矩地生活。另一方面，柏拉图告诉民众，正义的人不仅在世之时会得到诸神的赏赐，而且死后灵魂也会得到报偿。"这个神话故事目的是要说明，正义的人在今世也能从神与人中受到益处。但这种益处与他死后能受到的相比，则是小巫见大巫，不值一提。"② 对于普通民众而言，这样的好处是非常有吸引力的。及至启蒙运动后的现代，各种宗教依旧沿用这种对死后和来世的解释模式来吸引民众。当然，柏拉图在这里呼吁的正义，和格劳孔、阿得曼托斯以及诗人们的正义观有着本质上的不同。"我们没有祈求正义的报酬和美名，像你们说赫西俄德和荷马所做的那样，但是我们已经证明了，正义本身就是最有益于灵魂自身的。为人应当正义，无论他有没有古格斯的戒指，以及哈得斯的隐身帽。"（612B—C）其实，柏拉图之所以在《理想国》结尾讲述一则看似荒谬的谎言，归根结底是因为对不同层次的听众必须借助双重属性的教育方式。"在这

---

① ［美］汉娜·阿伦特：《过去与未来之间》，王寅丽、张立立译，译林出版社2011年版，第123页。

② 余纪元：《〈理想国〉讲演录》，中国人民大学出版社2009年版，第337页。

里,柏拉图也是想劝说更多的人皈依正义生活。他在《斐多》(77E)中说,我们每个人心中都有童心。这份童心只是回应于故事,而不是理性论证。所以故事能说动更多的人。"①

哲人凭借灵魂的完满和追求真理所得的智慧,会有在世的正义生活和死后的天上生活。除此之外,所有人都会因为无知而总是命途多舛,福祸难料。"厄洛斯神话将生活中的所有责任都交付给个人,让每个人为自己的境遇各负其责,同时还教导他们只存在无知,而不存在难以摆脱的罪恶。"② 柏拉图指出这些罪恶始终是存在的,而且会遭到命运之神的审判,但导致罪恶的根由不是其他,正是每个人心中对正义的无知和对欲望的放纵。因此,按照柏拉图的思路,民众要摆脱生活的罪恶、过上正义的生活,就必须首先克服内心的无知;而克服无知的有效方式,是真诚地学习哲学、爱智求真。

第三节 显白与隐微:教育方式的两重性

高贵的谎言和冥府的谎言都是以雅典城邦习以为常的神话为基础进行的改造,具有极为丰富和深刻的教育意蕴,前者致力于将护卫者教育成与城邦同构的无私守护者,后者潜心于教授普通民众服从城邦统治者的治理,能够走上学习哲学、追求善美理念的道路。然而,我们尚未厘清柏拉图采用这种写作方式的深层用意。换言之,既然柏拉图想要教育统治者和普通民众,那么他为什么不直白地表达出来,反而采取了更容易被误解的谎言的形式?事实上,在柏拉图的著作中这种以谎言、寓言或神话等方式进行论述的地方并不少见,如在《斐多》《会饮》《斐德罗》《高尔吉亚》中都有出现。例如,柏拉图在《斐多》

---

① 余纪元:《〈理想国〉讲演录》,中国人民大学出版社2009年版,第339页。
② Allan Bloom, *The Republic of Plato*, New York: Basic Books Inc., 1968, p.436.

中论述:"死者到达那个地方以后,各自被看护他的精灵领走,首先要被交付审判,看他们以前是否过着善良和虔诚的生活。那些生活被裁定得不好不坏的灵魂启程去阿刻戎,它们在湖边上船,被送往湖中……那些曾经犯下重罪的灵魂——它们恰当的命运是被扔下塔塔洛斯深渊,再也不能出来……那些被认定以往过着一种极为虔诚生活的灵魂会得到解放,它们启程向上去一个纯洁的居所,在大地表面生活。"①(113D—114C)可见,柏拉图对谎言的利用不是偶尔为之,而是贯穿于多部著作之中,发挥着特定的教育价值。柏拉图之所以采取这种教育形式是考虑了不同听众的理性水平,同时为了传递哲学教育内容,分别教化护卫者和城邦民众。其实,这种谎言的教育形式还隐含着柏拉图教育或写作方式的两重性。

一 哲学教育的修辞术

哲人与城邦的冲突造成了一个悲剧,苏格拉底被指控行不义之事——亵渎神灵和败坏青年。这些控告不仅指涉苏格拉底本人,还意味着谴责哲学活动本身,即哲学的实践性受到了质疑。因为对于城邦和民众而言,"哲人超逾了道德或政治事务的领域,投身探询所有存在的本质,他必须通过回答'为什么要哲学'这一问题给自己的所为一个说法"②。对于哲人而言,他们不会顺从城邦的传统习俗,在引导民众过正义生活的过程中必然会与流俗的意见发生碰撞;对于民众而言,哲人沉思并讨论的"何谓好人""何谓美好生活"等问题毕竟只是一种可能性,甚至会造成自身现实生活的不稳。此时,苏格拉底面临着

---

① [古希腊]柏拉图:《柏拉图全集1》(增订版),王晓朝译,人民出版社2015年版,第111页。

② C. H. Zuckert, *Postmodern Platos*, Chicago: The University of Chicago Press, 1996, p. 113.

一个相当棘手的抉择：要么选择顺从城邦民众的虚假意见和错误的生活方式，从而保全自己的生命；要么选择坚守自己的哲人生活，会因为不顺从城邦生活方式而走向死亡。在进入法庭之前，苏格拉底"揪住"了城邦中负有盛名的神学家游叙弗伦，一直追问他：虔敬的本质是什么，可见苏格拉底依然在怀疑习俗权威的神圣性。面对政治上的危险，苏格拉底实际已经做出了选择，或者根本就不认为需要选择，因为哲人生活方式的美好正是在于思考"何谓好人""何谓美好生活"等问题。对于苏格拉底而言，生活在习传的世俗和虚假的德性中，就等于生活在昏暗的洞穴里。因此，尽管他面临着指控还是在坚持追问，"怎么一回事，朋友？你就这样丢开我，飘然而去了，我是抱着大希望，想从你学懂什么是虔敬不虔敬，好对迈雷托士说明，关于神道，经过游叙弗伦指授，我已明白了，不会像以前那样愚昧，信口开河，鲁莽行事，今日起重新做人，再也不犯改革神道之过，可以撤销对我的公诉"。① 显然，即使还没进入法庭申辩，苏格拉底的结局也已经注定了，因为他没办法也不准备改变自己的生活方式与城邦的习俗、民众的信仰和谐相处。苏格拉底在城邦中遭遇的困境也是这种教育方式的合法性危机，导致哲学教育不能再以直接单纯的形式面向民众、面向德性、面向灵魂，甚至哲人式教师的生命也受到了威胁。如果教育还保留着最初直白的形式，哲人以直接的方式面向所有民众，并使之能够更接近真理，那么结果就是后来的哲人会由于从事教育民众的活动而再次蒙难。"他净化了人们的'意见'，即净化了那些未经审查的先入之见；这些先入之见会阻碍思考，因为它让我们在不仅不知道而且也无法知道的地方错以为知道。正如柏拉图说的那样，苏格拉底是在帮助人们去除身坏的部分即意见，但是并未同时让他们变好或给他

---

① ［古希腊］柏拉图：《游叙弗伦 苏格拉底的申辩 克力同》，严群译，商务印书馆1983年版，第35—36页。

们以真理。"① 以苏格拉底为代表的哲人（其他如阿那克萨戈拉、普罗泰戈拉等）的现实遭遇已然证明，这种直白的教育方式是行不通的，它既会让自身陷入困境，也会让开展教育活动的哲人遭难。

与苏格拉底相比，柏拉图面对的问题变得更加棘手，即他不仅要设法保存自己免受城邦和民众的迫害，还要论证哲学活动和哲人教育在城邦生活中的合法性和必要性。然而，"无论保护还是辩护，都不是为了寻找哲学在政治上的清白，而是通过哲人自己改变生存方式摆正哲学与城邦的关系"②。换言之，柏拉图要通过可以被城邦普通民众接受的方式说明：哲学活动和哲人教育何以是必须的，何以能够带给他们美好正义的生活。柏拉图恰切地把握了这个问题，也意识到难以借由真理说服民众，于是转换了哲学教育的方式。他不再赤裸裸地将真实的哲思透露出来，而是对之进行了一定程度的修饰，形成了一套教育修辞术。因为真理按其本质是自明的，因而不能通过理论的思辨证明给众人看。"对于那些看不到自明的，同时也是不可见的、超出论辩之外的真理的大众来说，信仰就是必要的了。所以适宜少数人讲给多数人听的故事是死后赏罚的故事，它们包含着真理；说服公民相信冥府的存在，就会让他们像认识了真理的人那样行事。"③ 柏拉图知道城邦民众不是从土地中诞生的，而民众死后灵魂也不会受到诸神的审判进入冥府或天上。然而，除了改造神话、编织谎言之外，他没有更好的方式教育民众。布鲁姆曾毫不讳言地指出，"哲学家们从事着一种说谎的艺术"④。事实上，柏拉图热爱真理，因为这是心智的美德（对于

---

① Hannah Arendt, "Thinking and Moral Considerations: A Lecture", *Social Research*, Vol. 38, No. 3, 1971.
② 刘小枫：《施特劳斯的路标》，华夏出版社 2011 年版，第 136 页。
③ [美] 汉娜·阿伦特：《过去与未来之间》，王寅丽、张立立译，译林出版社 2011 年版，第 126—127 页。
④ [美] 艾伦·布鲁姆：《走向封闭的美国精神》，缪青等译，中国社会科学出版社 1994 年版，第 299 页。

哲人而言）；但他不再去直接阐明真理，因为需要世俗的美德（对于民众而言）。当然，柏拉图不愿意去说谎，可若是为了生存的需要亦不反对去说谎。如其所言，"不久前，我们刚谈到过偶然使用假话的问题，现在我们或许可以用什么方法说一个那样的高贵的假话，使统治者自己相信（如果可能的话），或者至少使城邦里其他的人相信（如果不能使统治者的话）"（414B—C）。这种谎言带给民众的不是心灵上的无知，不是满足膨胀的欲望，亦不是迎合躁动的激情，而是携带着真理的因素，滋养灵魂中理性的成长。城邦的统治者和普通民众若是相信了教育的谎言，也会慢慢过上正义的生活。所以，与作为低贱存在的诗人谎言不同，哲人的谎言是高贵的，正如书中苏格拉底在叙述冥府的谎言时说道："如果我们相信它，它就能救助我们，我们就能安全地渡过勒塞之河，而不在这个世上玷污我们的灵魂。不管怎么说，愿大家相信我如下的忠言：灵魂是不死的，它能忍受一切恶和善。让我们永远坚持走向上的路，追求正义和智慧。"（621B—C）由此可见，柏拉图借助神话编织的谎言不是为了欺骗民众，而是一种出于无奈的教育修辞术。换个角度来看，《理想国》（副标题为"论正义"）是为了向城邦民众阐明正义的生活是好的，从而是值得追求的。柏拉图将"谎言"赤裸裸地暴露出来，显然不是为了实现以言辞技巧故意欺骗民众的目的，而且我们也无法相信作为真理的追求者会蓄意编织一个如此低劣的谎言，反而是为了在哲学教育和民众教化、哲人安全和城邦稳定之间寻求平衡而选择的一种方式。

二 显白教诲与隐微教诲

柏拉图的谎言不是出于主动而是迫于无奈，没有放弃传递真理而是对一些民众无法理解的理念进行了修饰，让他们即使仅仅理解谎言的表面也能够有所受益。当然，那些真正爱智的人能够透过谎言察觉到背后的深层含义。其实，柏拉图除了分别将"高贵的谎言"和"冥府的谎言"讲给统治者和普通民众听，还以识别真理的能力为标准区分了谎言的浅层受众和深层受众。至此，柏拉图扭转了苏格拉底式的、直接面向所有人的教育形式，正式开启了教育方式的两重性传统。

一是显白教诲，即面向城邦民众的教育。它是一种处在前台的教诲，旨在让大部分人都能理解表面的意思。苏格拉底在城邦中的现实遭遇让柏拉图清醒地意识到，哲人和普通民众之间存在一道天然的沟壑，这是人类本性的一个基本事实。"哲人的姿态是一种舟客的出离，一种不带任何世俗牵挂的出世，他所欲的是对美善海洋的凝视和由此而来的神圣迷狂。"[①] 不管民众教育取得怎样的进展，这种情况都不会对之产生丝毫影响：哲学始终是少数人的"特权"。加上雅典城邦是一个全控社会，它收纳道德、神灵崇拜、戏剧诗歌、教育活动等，并规制了民众的行为、言论、德性。在这种情况下，雅典城邦中存在一种强制——人们的言论（包括哲人）必须与统治阶层认为合宜的或严肃持有的观点相一致。苏格拉底被控告"亵渎神灵"和"败坏青年"的罪名，归根结底是由于他向城邦民众传递了违背世俗的观念。事实证明，哲人的天性与城邦、民众的观念不和。柏拉图清楚地知道如下事实：虚构的神话或谎言是民众意见的凝结，不会打扰到城邦世俗生活的稳定。因而，他借由城邦中流传已久的神话，重新编织了容易被统治者和民众接受的谎言，从而构成了一种显白的教诲。当然，那些真正爱智的读者同仁会注意到，这些看似怪诞庸常的谎言背后携带着更为深刻的意义。于是，经过柏拉图有意识地加工和伪装，真理被隐藏在谎言的背后，从而躲过了城邦世俗意见的审判。这也意味着，"哲人

---

① 李长伟：《古典传统与公民教育》，教育科学出版社2010年版，第118页。

的公开言辞,必须由审慎而非对真理的热爱所指导;哲人的哲学活动在根本上似乎是私人性的"①。当民众接受高贵的谎言而服从城邦时,哲学活动就获得了合法性,哲人的生命威胁也被解除了。更为重要的是,尽管民众往往屈从感官的纵欲而受缚于芜杂流变的现象世界,却也能在接受高贵谎言的同时部分地分有善的理念。

二是隐微教诲,即面向爱智者的教育。这是一种藏在幕后的教诲,那些懂得哲学的人才能从谎言的表述中将真理剥离出来。柏拉图在坚持心智德性的前提下,生成了一种审慎德性,即将只有爱智者能理解的真理隐藏起来,从而避免与现实政治、民众信念发生直接的冲突。究其实质,"高贵的谎言"暗示着民众的德性不是源于自然的善好,而是基于城邦的利益。在雅典城邦的现实生活层面,民众为了伯罗奔尼撒战争的胜利引入了色雷斯城邦的保护神朋迪斯,并为之举行了盛大的祭祀和赛会,这也验证了柏拉图关于民众德性基于利益的论断。以是观之,城邦之"好"与自然之"好"并不完全一致。柏拉图通过高贵的谎言告诉爱智者,出生的神话是虚构的,但能够让护卫者和城邦的利益保持一致;通过冥府的谎言则告诉爱智者,地狱的恐怖和天上的美好虽不是真实的,却可以引导普通民众走向正义。归根到底,柏拉图意图告诉哲人神话即谎言,包括诗人传唱的所有神话。他排斥并修改诗歌不是因为其虚假,而是因为其未能传递真正的正义观。因此,柏拉图采用显白教诲和隐微教诲两重教育方式是相辅相成的。"在显白著作中,哲人通过小心翼翼地排列布局和择取他要表述的观点,使其与习俗意见显得一致,而将暗藏或隐微的教诲传达出来。"② 民众接受

---

① [美]布鲁姆:《人应该如何生活——柏拉图〈王制〉释义》,刘晨光译,华夏出版社2015年版,第80页。
② [美]迈克尔·S. 科钦:《〈迫害与写作艺术〉中的隐微论》,唐敏译,载[美]列奥·施特劳斯《迫害与写作艺术》,刘锋译,华夏出版社2012年版,第197页。

哲人特意编织的各种谎言，会习得显白的教诲，接触到真理的要素；爱智者听到这些谎言，则会透过谎言的表述，将其中的真理提炼出来。其实，这两重教育方式几乎贯穿于柏拉图的所有著作之中，当然他也不仅仅是借助谎言。例如，在《斐德罗》中对同性之爱的详细描述和对灵魂种植的简单提及；在《会饮》中对爱神的长篇礼赞和对善美的简略呈现；在《法律篇》中对饮酒伦理的分说和对"好的"法律的隐藏。假如注意不到这两种教诲的方式，我们会迷惑于柏拉图对苏格拉底的彻底反叛：因为苏格拉底去法庭时还在不停地盘诘游叙弗伦何为虔敬，在怀疑城邦民众的世俗德性，而柏拉图在《法律篇》中却主动要为敬神奉献智慧了。

实际上，柏拉图在很多论辩场合都会通过一些神话故事或相应的谎言来说明或修正自己的观点，用神话或谎言的多层意蕴来深化和隐藏其思想的真正内涵。可以说，经过柏拉图的改造，神话成为一种关于灵魂历险的语言。塞戈尔（Segal）曾因之而推测："恐怕只有通过神话和神话性的意象，才能从根本上揭示灵魂的秘密。"① 经过柏拉图的修饰，哲学作为一种生活方式发生了转变："哲学是无畏与温顺相结合的最高形式。"② 与之相关的教育方式也不再锋芒毕露、刺伤民众，从表面上看来它与民众已经打成一片，化身为一种温和的、传递城邦德性的形式。哲人依旧可以持守沉思和静观的生活方式，依旧可以传递善美的理念，而不再直接与城邦的世俗生活针锋相对。于是，借助教育方式的两重性，哲人（教师）构筑了一道避免遭受城邦政治迫害的防护墙。当然，哲人们还在期待着那一天的到来，任何人都不会因

---

① Charles Segal, "The Myth Was Saved: Reflections on Homer and the Mythology of Plato's Republic", *Hermes*, Vol. 106, No. 2, 1978.
② [美] 詹姆斯·A. 古尔德、文森特·V. 瑟斯比编：《现代政治思想：关于领域、价值和趋向的问题》，杨淮生等译，商务印书馆1985年版，第86页。

为听到真理而受到伤害，而柏拉图建构的"理想国"正是为了实现真理的完全传递。

苏格拉底对持有习传意见的城邦民众直接进行了考察和盘诘，导致二者之间产生了无法缓和的冲突。柏拉图则在表面上规避了哲人和民众固有的矛盾，利用神话或谎言对护卫者或理想城邦中的民众进行了两种方式的教诲。换言之，他通过修正直接表达整全正义的公开教诲方式，迂回地解决了哲人在现实城邦中一直面临的政治问题，而这种经过修饰的正义观满足了多数普通人对正义施行于生活的道德渴望。教育方式的两重性被后来的哲人继承了下来，更多哲学家在开展教育活动和撰写著作时运用了显白和隐微教诲的方式，如亚里士多德、阿尔法拉比（Al-Fārābī）、迈蒙尼德（Maimonides）等。[①] 莱辛（Gotthold Ephraim Lessing）甚至直接断言，"所有古代哲学家都运用两种教诲方式：一为公开的方式，一为隐讳的方式"[②]。它表征着一种审慎的德性，同时也是基于对人性中邪恶永恒增长的可能性的顾虑？事实上，"柏拉图之后，这种教诲被私下向年轻人或公开向大众如此传授——灵魂不朽以见证未来由律法审判定夺的奖励和惩罚"[③]。当然，随着近代哲学在"城邦"中取得的合法地位，教育变为国家的支配性活动，柏拉图开启的教育方式的两重性传统也随之消失了。

[①] 亚里士多德继承了柏拉图的两种教诲方式，在《伦理学》《政治学》《诗学》等著作中广泛运用。后来，这种传统在宗教世界中得到了更好地运用，如伊斯兰教哲人阿尔法拉比坚持德性的教化，借用"伊玛目"改造并复活了"哲学王"，隐秘地构建了自己的理想国；犹太教哲人迈蒙尼德则考察了传统的信仰，通过隐喻性诠释调和了理性和信仰的冲突。

[②] Leo Strauss, *The Rebirth of Classical Political Rationalism*, Chicago: The University of Chicago Press, 1989, p. 68.

[③] [美] 迈克尔·S. 科钦：《〈迫害与写作艺术〉中的隐微论》，唐敏译，载 [美] 列奥·施特劳斯《迫害与写作艺术》，刘锋译，华夏出版社2012年版，第203页。

第六章　哲人的统治：柏拉图教育目的的确定

在确定了教育对象、清理了教育内容、选定了教育方式之后，柏拉图一直小心翼翼隐藏的教育目的也逐渐暴露出来。柏拉图之所以将教育目的隐藏到后面才呈现出来，是因为其很难与现实城邦相容，必须在廓清其他问题之后才能有被接受的可能。他想要实现的是城邦整体的幸福，而不是单个人或少数人的幸福，这与现实城邦的状况恰恰相反。在理想城邦中即使作为统治者，为了实现的也是城邦的利益而没有任何常人所欲的幸福。"他们从城邦得不到任何好处，他们不能像平常人那样获得土地，建造华丽的住宅，置办各种奢侈的家具，用自己的东西献祭神明，款待宾客，以争取神和人的欢心，他们也不能有你刚才所提到的金和银以及凡希望幸福的人们常有的一切。"（419A—420A）显然，任何目之所及的古希腊城邦统治者都无法忍受这种情况，这也就限制了理想城邦转化为现实的可能性。"护卫者不幸福，这就阻碍了政制的可欲性。"① 为了实现城邦形态的进阶——从"猪的城邦"到"发烧的城邦"进而到"理想的城邦"，并论证这种理想城邦的治

---

① ［美］布鲁姆：《人应该如何生活——柏拉图〈王制〉释义》，刘晨光译，华夏出版社2015年版，第102页。

理可能性，柏拉图顺势抛出了"最大的怪浪之论"，即揭示出最终的教育目的——培养哲学王。"苏格拉底现在准备指出一个对于将现实城邦改造成善的城邦来说实属必要的转变。"① 当然，柏拉图提出这种教育目的既是对雅典城邦存在问题的回应，也是对以教育实现城邦变革的承接和推进，从而进一步推导出实现教育理想国稳定和存续的具体路径。

第一节　哲学王的诞生

柏拉图阐释城邦产生和发展的过程时，在"发烧的城邦"阶段已经论及了对护卫者的教育，但这时城邦的护卫者还不是哲学王，而是有经验的世俗统治者。此时，统治者信奉的世俗正义和哲人持守的永恒理念是存在冲突的；对于统治者来说顺从神的权威是美德，而在哲人眼里这种顺从却是"恶习"。然而，城邦不会一直处于这个阶段，而是会在民众欲望膨胀的动力推动下不断向前发展。"国家一旦很好地动起来，就会像轮子转动一般，以越来越快的速度前进，因为良好的培养和教育造成良好的身体素质，良好的身体素质再接受良好的教育，产生出比前代更好的体质，这除了有利于别的目的外，也有利于人种的进步，像其他动物一样。"（424A—B）随后，柏拉图在此基础之上又谈及了正义城邦的状态，即"国家的正义在于三种人在国家里各做各的事"（441D）。到了理想城邦阶段，所谓合格的护卫者已经无法承担统治城邦的重任，因而城邦必然要培养出新的统治者。至此，柏拉图终于暴露出自己处心积虑想要实现的教育目的——培养哲学王。当然，他之所以在深思熟虑之后依然提出这个看似非常不现实的教育目

---

① ［美］罗森：《哲学进入城邦——柏拉图〈理想国〉研究》，朱学平译，华东师范大学出版社 2016 年版，第 151 页。

的，是基于极为深刻的哲学祈愿和社会背景。

一 哲学对自然世界的解释

在当前语境下，"所谓哲学，按照现在习惯的解释，是对宇宙观和人生观一般问题的科学论述"①。其实，这种被普遍使用的含义是对哲学的原始意义做了一定程度的改造之后形成的。因为古希腊哲学诞生的直接背景是宇宙起源诗，它以神话的外衣叙述客观的世界，从而让个人的感悟和想象借助流行的有关万物恒变的观念呈现宇宙创始的过程，乃是"某种介乎神学与科学之间的东西"②。当然，"在人类对宇宙世界和自我生活的认识尚缺乏明晰的思维分类和概念抽象的情况下，关于自然、社会、人生等各个领域的各个方面不可能形成明确有序的具体观念和特殊知识，而只能产生一种抽象的统合式或总合式的心灵感悟"③。在这种情况下，个人的兴趣和想象得到了充分的发挥，而个人的思想表达得愈自由，相应的神话里的神秘因素就消逝得愈快，而一些永恒的关系就会逐渐凸显出来。于是，"最后出现了这样的问题：'超越时间变化的万物始基是什么？万物始基如何变成特殊事物，特殊事物又如何变成万物始基？'"④ 这些永恒的关系透过流变的表象进入哲人的视界，他们对之感到惊异并进而展开探索，从而产生了"爱欲"⑤。可以说，经验生活中事物的互相转化——这个事实触发了最早

---

① ［德］文德尔班：《哲学史教程：特别关于哲学问题和哲学概念的形成和发展》（上卷），罗达仁译，商务印书馆2009年版，第5页。
② ［英］罗素：《西方哲学史》（上卷），何兆武、李约瑟译，商务印书馆1963年版，第11页。
③ 万俊人：《哲学的"孤独"》，《社会科学战线》1993年第3期。
④ ［德］文德尔班：《哲学史教程：特别关于哲学问题和哲学概念的形成和发展》（上卷），罗达仁译，商务印书馆2009年版，第40页。
⑤ Ἔ. ρως，又作"ἔρωτος"，原意为"爱情，情欲，爱神"。参见罗念生、水建馥编《古希腊语汉语词典》，商务印书馆2004年版，第330页。

的哲学思考。随着以上问题的展开，爱智者尝试对世间万物进行解释并做出较为合理的论证，从而构建出初始形态的自然哲学。在这个过程中，古希腊哲人完成两大构建。

其一，变动的宇宙观。古希腊哲人认为宇宙物质处于永不停息的自发变化之中，并将其视为一种自明的事实，正如他们认为万变和生成是自明之理一样。其中，影响比较大的是米利都学派（Miletus School），他们初期主要关注自然物理问题，后转向地理问题和天文学问题，如地球的形成，太阳、月亮和行星的性质，它们的运动状态和原因等。他们持有"物活论"的观点，认为自然世界、目之所及的所有事物都是某种活着的东西，生气勃勃，正如特殊的有机体。由之扩展，作为整体的宇宙也都沉浸在持久的、流变的、永无休止的变化之中：万物流动，无物永存。其二，恒定的始基论。透过流变的自然事物的表面形态，古希腊哲人致力于探究事物永不停息变化的根源。他们超离经验范围的禁锢而大胆地坚持在变化的经验世界之外，存在永恒不变、超越变化的万物的基质，这种基质被叫作始基。这种始基具有一切性质赋予的"无限"，具有不生、不灭、不竭、不可摧毁等特征，因而万物来源于它而又复归于它。其中，比较有代表性的是赫拉克利特的"火说"，他宣称世界的始基是一团永恒的活火。一方面，火经过"向下的道路"变成万物；另一方面，万物经由"向上的道路"返回变成火。"世界以不断重复的节奏，以固定的时间间隙产生于火；然后又在火中燃烬，从中产生一只长生鸟。"① 当然，还有哲人将世界的始基认定为水（泰勒斯）、气（阿那克西美尼）、原子（留基伯）、种子（阿那克萨戈拉）等。宇宙物质经历百转千变，万物产生于始基而又重归于始基，其中隐含着世界统一而稳定的

---

① ［德］文德尔班：《哲学史教程：特别关于哲学问题和哲学概念的形成和发展》（上卷），罗达仁译，商务印书馆2009年版，第73页。

假定。事实上，为复杂的世界寻找稳定的基质一直是哲人的野望，只不过现代哲人关注的目光从自然基质转向了个人基质。现代哲学坚信人具有亘古不变的本质，或表现为天赋的、无限的认识能力，或呈现为丰满的、充裕的精神世界。于是，复杂多样的世界被现代哲学家简化为一种单一纯粹的个人性质，从黑格尔的"精神"到叔本华的"意志"，从尼采的"强力意志"到弗洛伊德的"力比多"等，莫不如此。① 可见，古希腊哲学尚不具有清晰的定义，而是涵括了各种神秘的、统合性的想象和个体性的心灵感悟。在宽松的氛围中，自然哲人们始终对自然万物葆有无穷的惊异，总是试图穿透变化的事物寻求对世界的解释。他们对宇宙万物葆有无穷的惊异，还未将理智的目光投向城邦事务、民众生活，但已经逐渐将宗教、神话等神秘要素排除。所以，自然哲人对世界万物的解释，如太阳、月亮和天空，依旧是对城邦意志的背离。② 这种自然哲人和日常习俗的冲突导致了哲人被城邦排斥，例如阿那克萨戈拉被民众控告亵渎神灵而被驱逐出雅典城邦。

二 哲人与城邦政治的冲突

城邦生活的稳定性依托于宗教和神启，而民众也生活在由之构成的习传律法中。显然，哲学自诞生之初就与城邦的政治生活无法相容。随着城邦政治改革和经济繁荣，人们越来越关心社会和人的事务，而哲学研究的重心也由自然哲学转到了人本哲学。此时，哲人们研究的重心由自然万物转向人类事务，古希腊哲学"走上了人类学

---

① 陈亚凌等：《从中心到边缘：教育人学观的变迁及重构》，《现代大学教育》2017年第6期。
② [古希腊] 拉尔修：《名哲言行录》（上），马永翔译，吉林人民出版社2003年版，第89页。

的道路，或者说走上了主体性的道路：研究人们的内心活动，研究人们的观念和意志力"①。此时，哲学的理论视角开始下潜，逐渐生成了一定程度的实践取向。与之相关，哲人开始将自己心智的目光（理性判断）转向城邦领域（习俗权威），二者的冲突变得更加激烈。其中，"苏格拉底首先把哲学从天上召唤下来，寓于城邦之中，甚至引入家庭，迫使哲学思考人生与道德，善与恶"②。苏格拉底拒绝一直滞留在真理世界以获得一种完全属于自己的精神愉悦，而是积极地关注民众生活、批判城邦政治，扮演着"哲人型公民"的角色。同时，他对城邦现实生活中不义的拒绝也在提醒民众，无论在个人层面还是在城邦共同体层面，始终存在朝向不义的下拉力。基于此，苏格拉底运用诘问法来瓦解城邦公民错误的信念——自以为了解正义和德性的本质，而这种盲目的自信造成诸多不义，例如正义是欠债还钱、适当的报偿、对诸神的虔敬、强者的利益等。当然，苏格拉底并不认为自己是德性教师。色诺芬在回忆苏格拉底时说道："他从来没有宣称自己是这样的一个教师。但是，由于他显现出自己就是这样的人，这就使那些花时间和他交游的人，希望可以通过模仿他从而成为像他那样的人。"③ 事实上，他虽然怀疑民众关于德性的认识，但是并未论证出任何确定的结果，正如关于虔敬的讨论结果是游叙弗伦落荒而逃。因此，苏格拉底式教育的目的，与其说是向民众传授具体的德性知识，毋宁说是通过诘问瓦解人们心中的意见和偏见，从而帮助他们直面各种问题和价值冲突。阿伦特（H. Arendt）

---

① ［德］文德尔班：《哲学史教程：特别关于哲学问题和哲学概念的形成和发展》（上卷），罗达仁译，商务印书馆2009年版，第97页。

② M. T. Cicero, *Tusculan Disputation* (*V.4*), Trans. J. E. King, Cambridge: Harvard University Press, 1996, pp. 10 – 11.

③ Xenophon, *Memorabilia*, Trans. A. L. Bonnette, Ithaca and London: Cornell University Press, 1994, p. 6.

曾恰切地评价道："他净化了人们的'意见'，即净化了那些未经审查的先入之见；这些先入之见会阻碍思考，因为它让我们在我们不仅不知道而且也无法知道的地方错以为知道。正如柏拉图说的那样，苏格拉底是在帮助人们去除身坏的部分即意见，但是并未同时让他们变好或给他们以真理。"①

在关注城邦民众生活过程中，苏格拉底对他们的德性进行了审慎的分解，却从未直接进入政治领域对民众进行改造。伏拉斯托斯（G. Vlastos）同样认为，苏格拉底是一位道德改革家：不是社会改革家，而是良知改革家，这种良知在漫长的过程中能够建立起或者毁掉一个社会的习俗制度。② 然而，在雅典城邦中诸神的启示是习传的律法，是引导民众日常行为的重要标准，也是人们判断道德的价值规范。因此，对于民众而言顺从神的权威是美德，但在苏格拉底眼里这种顺从却是恶习。于是，苏格拉底在教育城邦民众移走阻碍自身认识德性的巨石的过程中，不可避免地触碰到城邦中的信仰问题，从而遭到城邦民众的指控。他被指控行不义之事——亵渎神灵和败坏青年。"这些控告，不单指涉碰巧是一个哲人的苏格拉底本人，还意味着谴责哲学活动本身。"③ 例如，同时期的自然哲人阿那克萨戈拉（Anaxagoras）、普罗泰戈拉（Protagoras）都因类似的罪名遭到城邦民众的控告。作为哲学活动的延伸，苏格拉底式教育在城邦之中也遇到了合法性危机，甚至导致哲人（教师）的人身安全都遭受现实威胁。正如他被民众控告的罪名是败坏青年，"他使他的同伴轻视现行的律法，因为他说用抓阄的方式选举城邦的统治者是非常

---

① Hannah Arendt, "Thinking and Moral Considerations: A Lecture", *Social Research*, Vol. 38, No. 3, 1971.

② G. Vlastos, *The Paradox of Socrates*, Garden City: Doubleday, 1971, pp. 1–21.

③ [美] 布鲁姆：《人应该如何生活——柏拉图〈王制〉释义》，刘晨光译，华夏出版社2015年版，第23页。

愚蠢的"①。显然，哲人只要关注城邦事务，引导民众识别德性的意见，就会触及城邦的教育问题，而他们与城邦政治的冲突也就无法避免。因为"在一个国家中，谁在教育青年始终是个政治问题"②，更何况哲人们传授给青年的还是与城邦世俗德性相悖的观念。

三 哲人与城邦民众的和解

苏格拉底之死表征着哲人与城邦之间存在冲突，而且这种冲突如此激烈以至于二者无法共存。此时，哲学与政治之间开始形成巨大的鸿沟，也代表着一个再也无法回去的转折点。"哲学和苏格拉底从政治和雅典那里疏离出来使得这些对话（《申辩》《克里同》）成为悲剧性的……《申辩》是哲学的悲剧也是政治的悲剧，或者更准确地说，是这两者再也无法建立关系的悲剧。"③ 其实，这也是苏格拉底式教育的悲剧，它让教育不能再直接面向民众、面向道德、面向冲突。随着政治环境的恶化，哲人和城邦政治之间的裂隙越来越大。柏拉图寄望于建构理想国、培养哲学王来消弭哲人与城邦的矛盾、弥合哲学与民众的距离，从而实现二者之间的和解。他先是借由"船长"的譬喻委婉地道出哲人在城邦中的艰难处境，"城邦对那些最优秀的人的态度是如此恶劣，以至于世界上没有任何一种单一的事物与之相似"（488A）。并且，柏拉图认为哲学家所表现出来的无用，其责任不在于哲学本身，而在于城邦不任用哲学家。正如在航海过程中，狡诈的水手不择手段地将"高贵的船长"困住，夺取船只的领导权，然后吃喝玩乐、随意航行（488B—489B）。正是为了弥合二者之间的沟壑，柏拉图通过扭

---

① Xenophon, *Memorabilia*, Trans. A. L. Bonnette, Ithaca and London: Cornell University Press, 1994, p. 6.
② 刘小枫：《王有所成：习读柏拉图札记》，上海人民出版社2015年版，第7页。
③ J. Peter Eurben, *The Tragedy of Political Theory: The Road Not Taken*, Princeton: Princeton University Press, 1990, p. 204.

转哲学的前进路径,从而为哲学活动在城邦中的合法性进行辩护。他在分析现行的政治制度全都不符合哲学本性之后,进行大胆的尝试,即建构一个理想国。如其所言,"现在,我们正在建构一个幸福的城邦,不是零碎的幸福或者为了少数公民的幸福,而是整个城邦的幸福"(420C—D)。当然,若想给民众带来真正的幸福,理想国就不能继续沿用以往的统治者,如"发烧的城邦"的护卫者。① 这种城邦的统治者即使做得再好,也只能满足并节制民众的欲望,却会因智慧的缺失而无法实现城邦整体的正义。换言之,因为他们缺乏对正义的理解,导致根本无法正确地运用谎言、诗歌,无法领导城邦及民众过正义的生活。那么,究竟何种统治者是值得欲求的呢?柏拉图给出了明确而充满挑战的答案:"除非哲学家成为国王,或者现在的国王和统治者拥有哲学的精神和力量,使政治权力和智慧合而为一,而那些顾此失彼的庸碌之辈必须被强行排除出去,否则城邦将因为自身的邪恶而永无宁日。我相信,(在此之前),无论是人类还是我们的城邦绝不会有存在的可能和成功的一线希望。"(473D—E)

正如柏拉图所言,除非让哲学王来统治城邦,否则民众将难以获得正义和幸福。所以,柏拉图将培养哲学王视为终极的教育目的,以完成维持理想城邦稳定和存续的最重要一环。至此,他的这种论断依然缺乏说服力,也引起对话者的激烈反驳:"我想你得考虑到,一旦你抛出这样的说辞,很多并非泛泛之辈的人将会脱下上衣赤膊拿起任何武器以如此快的速度冲向你,对你做出不可思议的举动。"(474A)因而,柏拉图还必须说明理想城邦教育的哲人将"看到"的真理用于人类各事务领域的有效性。于是,柏拉图进行详细的论证:一是除了哲

---

① 护卫者接受的教育,是让身体健壮和内在和谐,但因为体操训练和文艺教育关注的都是可感世界的事物,无法让护卫者达到在理智层面认识善的形式的程度,因为不能引导其走出遍布意见影像的黑暗洞穴。所以,发烧城邦的护卫者无法成为理想城邦的统治者。

学家，没有任何人喜爱各种知识（474C—475C）；二是存在各种类型的知识（475C—480A）；三是各种类型的知识会产生德性（485A—486E）。所以，喜爱各种类型的知识使人能成为有德性且专业的统治者。最后书中的苏格拉底得出结论，一个有德性且专业的统治者，当且仅当是哲学家。直至《理想国》第七卷卷末，我们才能再次清晰地把握柏拉图论述的教育目的——培养哲学王。柏拉图毫不掩饰地说道："这也就是说，当真正的哲学王诞生在城邦之中，无论是一位还是多位……他们将会把城邦中所有超过十岁的儿童送到乡村，并对这些儿童进行培养，从而让他们摆脱父母习性的影响；他们会以自身的方式和法律养育这些孩子。"（540D—541A）经由哲学王统治的命题，柏拉图将一种理性的维度引入城邦之中，而这个维度在之前的讨论中虽然有被提及，但尚未被清晰地认识和重视。① 一旦理想国和哲学王统治的命题得以实现，哲学（教育）活动在城邦中就取得了合法性，哲人（教师）的政治安全就会得到保证。此时，我们不难看出柏拉图的宏愿：哲人取得统治权力以推进理论到实践的转化，从而将思想落实为行动，最终实现哲学与城邦政治的和解。在这个过程中，教育发挥着促进转化过程的重要作用。

依循柏拉图的思考路径，我们不难得出一个基本论断："哲学家不但知道些什么，而且他们知道那些伦理事务的知识能够使他们成为最好的统治者。他们必须具有伦理事务的知识，并且这种知识能够领导城邦。"② 在此基础上，柏拉图推崇培养"哲学王"是值得呼吁和追求的，他甚至为哲学王的成长规划了系统的教育工程。站在哲学的立场，

---

① ［美］布鲁姆：《人应该如何生活——柏拉图〈王制〉释义》，刘晨光译，华夏出版社2015年版，第131页。
② ［美］N. 帕帕斯：《柏拉图与〈理想国〉》，朱清华译，广西师范大学出版社2007年版，第127页。

考虑城邦现实的困境，柏拉图的构想是可以理解的，也是值得尊敬的。当然，柏拉图也对哲学王的培养过程提出了警告，民主制下的大众意见将会卷走一批有天赋的青年，从而产生大量的冒牌货、伪哲人、江湖骗子、意识形态家和政治诡辩家，他们不追求哲学而是用自己的聪明和荣誉心成为暴民的工具，正如阿尔基比亚德抛弃哲学而进入政治领域，以自己的诡辩技能获得城邦民众的支持，试图去征服希腊满足自身的荣誉心。①

第二节　哲学王的成长

城邦若要实现正义和幸福，真正达到并维续理想城邦的状态，就必须让哲人成为统治者或统治者成为哲人。换言之，哲学王的统治是实现理想城邦的途径，亦是城邦正义的典范和保证。正如柏拉图所言，"在哲学家成为城邦的统治者之前，无论城邦还是公民个人都不能中止邪恶，我们用理论想象出来的制度也不能实现"（501E）。于是，柏拉图在确立培养哲学王的教育目的之后，便展开了漫长而又复杂的教育工程。② 然而，哲学家在学成之后，却想停留在真理领域从事理性思辨活动，不愿意回到城邦中进行统治，从而产生了哲学王的悖论——理想城邦的实现需要哲学王统治，而哲学家却并不愿意治理城邦。在这里，柏拉图再次论证了强制手段对于实现城邦正义的合法性，并呼应了书中多次提及的强制过程，如从书中苏格拉底被强迫对话到牧羊人对牛羊的强制，再到医生对病人的治疗等。

---

① ［美］罗森：《哲学进入城邦——柏拉图〈理想国〉研究》，朱学平译，华东师范大学出版社2016年版，第285—287页。
② 孙银光、杜时忠：《"哲学王"的虚假与真实——兼论柏拉图的教育哲学思想》，《现代大学教育》2018年第4期。

一 哲学王的教育前提

柏拉图在论证出哲学家最适合统治理想的城邦后,再次点出哲学家在城邦中面临着很多困难。① 他通过"船长喻"委婉地点出了哲人的处境,谴责了民主制下暴民的统治,即大多数人的暴政。"船上水手们都争吵着要替代他做船长,都说自己有权掌舵,虽然他们从没学过航海术,都说不出自己在何时跟谁学过航海术……同时,他们围住船长强求他,甚至不择手段地骗他把舵交给自己;有时他们失败了,别人被船长同意代为指挥,他们就杀死别人或把别人逐出船去,然后用麻醉药或酒之类东西把高贵的船长困住;他们夺得了船只的领导权,于是尽出船上库存,吃喝玩乐,他们就照自己希望的这么航行着。"(488B—D)作为哲人的苏格拉底,正是被城邦民众围观、审判后被药酒毒死,于是民主制下的民众遵循自身的欲望让雅典城邦走向了败亡。因此,为了保证哲学家能够顺利成长并具有统治城邦的能力,柏拉图为之设计了一套复杂的教育工程。在此之前,柏拉图还明确了培养哲学王的两个前提。

一是确定了哲学家的天赋。柏拉图在"高贵的谎言"中已经明确指出,城邦中不同的人具有不同的素质、天赋和灵魂属性,也暗示了唯有那些具备突出天赋的人才有可能成为城邦的统治者,其他人则需要依守本分从事各行各业。在正式开始培养哲学家之前,柏拉图划定了潜在哲学王必须具有的天赋,主要包括两方面:其一,具有敏于学习、强于记忆、机智、灵敏以及其他诸如此类的优秀品质;其二,具有进取心、豁达大度等良好的心理状态。这些天赋必须生长在一起,

---

① 事实上,这也是雅典城邦民主制度面临的困境。巧舌如簧之徒借由雄辩术赢得了普通民众的支持,获得了城邦的统治权力,而将真正有能力统治城邦或对城邦有益的人排除在外。

形成一种有秩序的和平稳定的状态。"一个人必须具有这两方面的优点，并且结合妥当，否则就不能让他受到最高教育，得到荣誉和权力。"（503D—E）护卫者具有这两方面的卓越禀赋，才可能借由努力学习完成自身的特有使命——关于善的理念的知识学习问题，而关于正义等知识要从善的理念中演绎出来才是有用和有益的。"一个人如果不知道正义和美怎样才是善，他就没有足够的资格做正义和美的护卫者。"（506A）随后，柏拉图用"太阳喻"（508A—509C）和"线段喻"（509D—511E）对善的理念的层次性和灵魂的四种状态分别进行了形象细致的譬解，进一步说明了潜在哲学王为何需要学习善的理念。"哲人所爱的是'善的理念'，这是以'太阳之喻'来展示的，而对于上升到善的理念的道路，则由'线段之喻'进行了展示。"① 在柏拉图看来，善是人的灵魂的根本属性，而唯有在求善向好的过程中才能成全自身。护卫者在成为哲学王之前，与城邦普通民众没有本质差别，因而必须在充分了解善的内涵、确立对善的稳固信念之后，逐步走向善的理念，才能充分实现灵魂的完满。当然，这个向善的过程需要教育来引导。

二是论证了教育的重要性。柏拉图认为受过教育的人和没受过教育的人存在本质的区别，前者如洞穴中被捆缚的囚徒，安逸地受困于穴壁上的虚假影像；后者则可以克服困难主动走出洞穴，寻找真理的刺眼光亮。这些被世俗意见的绳索束缚的囚徒究竟应该如何才能走出洞穴，逃离各种穴壁虚假影像的迷惑呢？柏拉图给出了答案：接受教育，尤其是哲学教育。事实上，普通民众接受教育的过程存在重重困难。一方面，习惯于洞穴生活的囚徒并不愿意改变生活的状态。相对于转身观看未知且刺眼的真理光芒，囚徒会觉得洞穴里的生活更加舒

---

① 李长伟：《古典传统与公民教育》，教育科学出版社2010年版，第130页。

适,穴壁上的虚假影像更加真实。因为他们自出生以来都是依循着习传世俗的德性,也一直受到自身无思灵魂的支配,这导致城邦民众接受世俗观念并不需要像接受教育一样克服困难、挑战信念甚至面临危险。① "如果他被迫看火光本身,他的眼前会感到痛苦,他会转身走开,仍旧逃向那些他能够看清而且确实认为比人家所指示的事物还要更清楚更实在的影像的。"(515E)另一方面,洞穴中的囚徒认识真理存在困难。由于灵魂中缺乏理性的视域,囚徒会在欲望和激情的刺激下深陷于流变的世俗生活,获得感官的满足,而很难自主地认识真理。"如果有人硬拉他走上一条陡峭崎岖的坡道,直到把他拉出洞穴见到了外面的阳光,不让他中途退回去,他会觉得这样被强迫着走很痛苦,并且感到恼火;当他来到阳光下时,他会觉得眼前金星乱蹦金蛇乱串,以致无法看见任何一个现在被称为真实的事物的。"(515E—516A)"构成洞穴的形象,是为了强调智慧与日常生活之间的彻底断裂……苏格拉底设想一个囚徒从锁链即无思想的糟糕状态中解放出来,获得'痊愈'。"② 这意味着若想从世俗意见中解脱出来必须观想自然的真理,而若想解决其他受缚的民众必须经由哲人的教育。无论教育过程中存在多少困难,我们都无法否认它的重要性,因为教育可以让人的灵魂转向,使整体的灵魂转离流变的可见世界,使它的"目光"可以观看可知世界的实在,使它能够"看到"所有实在中的最明亮者——善的理念。以此观之,教育对于潜在的哲学王同样重要,可以让其灵魂的每个部分都得到锤炼,"如同释去了重负,——这种重负是这个变化世界里所本有的,是拖住人们灵魂的视力使它只能看见下面事物的那些感官的纵欲如贪食之类所紧缠在人们

---

① Leo Strauss, *The City and Man*, Chicago: Rand Mcnally, 1964, p.125.
② [美]罗森:《哲学进入城邦——柏拉图〈理想国〉研究》,朱学平译,华东师范大学出版社2016年版,第330页。

身上的。——假设重负已释,这同一些人的灵魂的同一部分被扭向了真理,它们看真理就会有同样敏锐的视力,像现在看它们面向的事物时那样"(519B—C)。

我们可以看到"洞穴喻"的寓意如此深刻,对生活于启蒙时代的人们依然具有极大的现实意义和参考价值。也许接受过教育的人们会沾沾自喜于逃离了柏拉图口中囚徒所处的蒙昧洞穴,但事实上及至今日我们依然被捆缚于"意见的洞穴"之中,只不过构成洞穴的要素发生了变化,变得更加隐蔽、严密和惑人心弦,也更容易让人沉浸其中难以自拔。现在的洞穴是我们生活中的价值观念、习以为常的风俗习惯、各种欲望支配的日常行为,而穴壁则是报纸、电视、手机、互联网、自媒体等。"我们用以指导生活行为的价值观大多是通过他们形成的。社会习俗、传统价值、伦理道德其实都是把我们圈于其中的洞穴。"① 这些意见或价值观念不是对正义的精确反映,而是被改造成适合于社会和民众日常生活需要的世俗状态。或言之,所谓的价值观是特意为了使我们认同习俗的生活而被设计出来的,是远离真正的正义观念的。在这种情况下,人们服膺于某些权威的意见,所见所闻并非其理应所是的样子,而是"立法者和诗人所呈现给我们的样子"②。我们是否能够拒绝日常生活中充斥的各种穴壁影像?是否可以克制日益膨胀的感官欢愉?是否愿意克服困难去追求精神的完满?答案对于大多数人而言显然是否定的。没有经过哲人教育、启蒙的芸芸众生,没有生成识别虚假信念能力的我们会一直沉湎于错综复杂、欲望丛生的流变世界,为各种习惯性日常信念所束缚和支配着。

---

① 余纪元:《〈理想国〉讲演录》,中国人民大学出版社2009年版,第233页。
② [美]布鲁姆:《人应该如何生活——柏拉图〈王制〉释义》,刘晨光译,华夏出版社2015年版,第144页。

二　哲学王的教育工程

在梳清潜在哲学王的天赋和教育的重要性之后，柏拉图紧接着论述了一套复杂而又有序的教育工程。"这看起来不像是游戏中翻贝壳那样容易，这是心灵从朦胧的黎明转到真正的大白天，上升到我们称之为真正哲学的实在。"（521D）柏拉图将教育工程的对象瞄向了护卫者阶层①，即"发烧的城邦"阶段的治理者，这和第一卷开篇设定的教育对象是一致的。经过挑选的护卫者具有卓越的素质、心性和灵魂，在成年之前已经接受了体操和音乐教育，且两种教育形式互相结合、相互平衡，让护卫者具有较为和谐的身心状态。（376C—412E）其中，"体操关心的是生灭事物；因为它影响身体的增强与衰弱……音乐是和体育相对的，它通过习惯以教育护卫者，以音调培养某种精神和谐（不是知识），以韵律培养优雅得体，还以故事（或纯系传说的或较为真实的）语言培养与此相近的品质"（511E—522B）。当然，这两种途径没有任何一个可以让护卫者获得哲人所应寻求的善的理念，而是致力于让其节制欲望和约束激情。或言之，无论护卫者有多么优秀，他们都无法直接成为哲学王，也就不具备直接统治理想城邦的能力。

因此，这些护卫者还必须经过筛选，在后续成长过程中仍要继续接受不同类型的教育，主要是学习经过归纳综合后的学科知识。在二十岁时，城邦要遴选出一批最优秀的护卫者，进行下一步的教育训练。"以前学习各种科目是杂乱无章的，而现在这批人要把学习的各个科目整理分类，寻找到一些共同的方面和因素。"② 首先，柏拉图认为潜在的哲学王需要学习一切技术、思想和科学都要用到的算学。"我们应当

---

① 针对潜在哲学王的教育只是护卫者阶层内部的教育，是将拥有天赋的护卫者子女培育成未来的护卫者。"发烧的城邦"的护卫者已经接受了体操和文艺教育，经过筛选后再进行数学、天文学、辩证法等方面的教育。详见《理想国》389B—E、401B—402C。

② 余纪元：《〈理想国〉讲演录》，中国人民大学出版社2009年版，第242页。

劝说那些将来要在城邦里身居要津的人学习算术，而且要他们不是马马虎虎地学，是深入下去学，直到用自己的纯粹理性看到了数的本质……为了用于战争以及便于将灵魂从变化世界转向真理和实在。"（525B—C）算术之所以如此重要，是因为数可以将理念展现为理想的映像，而数字王国的结构中也反映着理念王国的结构。① 它是对现实世界事物的抽象，不再受生灭的制约，因而可以体现事物的部分本质。护卫者认识数的本质之后，目光会离开生灭世界，灵魂也会逐渐上升——从变化的具象到稳定的抽象，从流变的世界中超离出来通向真理本身。"我们必须认为它们也是记忆或科学，但是它们与其他技艺和科学的区别在于，它们使我们离开大众的、肉体的和特殊的事物，从而使我们离开某某种类事物的生灭实例的领域。"② 其次，柏拉图认为护卫者还需要学习几何学。在较浅的层次上，几何学可以满足城邦军事方面的需要，如安营扎寨、划分地段、行军作战中排队列队形；在较深的层次上，几何学则可以让人的灵魂转向上面，去除长短、粗细等形式方面的对立而关注永恒的事物，通过纯理论的方式认识真理。（526C—527C）尤其是立体几何，可以帮助护卫者研究一切有厚度的事物，更加接近纯粹的真理。"你的美丽城邦决不会以任何方式忽略几何学。"③ 最后，柏拉图要求潜在的哲学王学习天文学。区别于雅典城邦常规的也是低级的天文学——关注日、月、星等天体，柏拉图认为真正的天文学不应该只关注天空中肉眼可见的天体，而应该如几何学一般促进人灵魂中的天赋理智，使之认识纯粹的真理。（527D—530D）

---

① ［德］弗里德兰德、［美］克里格、［德］沃格林：《〈王制〉要义》，张映伟译，华夏出版社2006年版，第34页。
② ［美］罗森：《哲学进入城邦——柏拉图〈理想国〉研究》，朱学平译，华东师范大学出版社2016年版，第346页。
③ Jocab Howland, "The Republic's Third Wave and the Paradox of Political Philosophy", Review of Metaphysics, Vol. 51, No. 3, 1998.

"对天体中可见模式的研究并不能将哲人的视力从变易转向真正存在的领域。必须以这些模式为辅助,去研究与真正的快慢一致的纯粹理智的运动。"① 在柏拉图看来,天体以恒在的方式运动,体现出不受世界变化影响的规律,所以是一种纯粹的真理。当然,潜在的哲学王学习的算学、几何学、天文学都是基础,是为了学习一切学科的"合顶石"——辩证法。因为这些学科内容关注的是"善的理念"中的"部分",无法真正把握住事物的本质,而辩证法则能观照善的理念,接受并发表逻各斯(logos)。"每一事物自身究竟是什么,这一点只有当人们把观照到的内容本身,那个不变的一,从所有'其他理念'中凸显出来时,也即只有当人们以理性的方式来把握它既与其他理念相区别,又融入理念世界的'有机'结构时,人们才能在一切理念中,也在善自身中观照到。"②

按照柏拉图的设想,通过遴选的护卫者到了三十岁时必须修习辩证法,通过理智认识真正的知识。我们可以借用"洞穴喻"进行譬解,囚徒从洞穴的桎梏中解放出来到认识真理,需要经由好几个步骤:从观看阴影转向投射阴影的影像,进而再转向火光,然后从洞穴里走出来到看见阳光,正如从认识想象、信念、推理思维到知识的过程。潜在的哲学王学习辩证法之前所接受的所有音乐熏陶、体育训练、学科学习都还是让个人逐步从洞穴中脱离出来,却依旧停留在可见的意见世界,无法上升到可知的永恒世界认识善的理念。"我们考察的这些科学技术的全部这一学习研究过程能够引导灵魂的最善部分上升到看见实在的最善部分,正如在我们的那个比喻中人身上最明亮

---

① [美] 罗森:《哲学进入城邦——柏拉图〈理想国〉研究》,朱学平译,华东师范大学出版社2016年版,第357页。
② [德] 弗里德兰德、[美] 克里格、[德] 沃格林:《〈王制〉要义》,张映伟译,华夏出版社2006年版,第35页。

的东西被转向而看见可见物质世界中最明亮的东西那样。"(532C—D)辩证法教育则不一样,它是唯一的研究方法,可以让人不用假设而一直上升到第一原理本身,即让人的灵魂从可见世界上升到可知世界,认识到善的理念。"当灵魂的眼睛真的陷入了无知的泥沼时,辩证法能轻轻地把它拉出来,引导它向上。"(533C—D)正因为辩证法如此重要,所以柏拉图将之放在理想城邦教育体制的最顶层。"这些人原来描述为热爱所有的学问。真理,热衷精神快乐,而非肉体快乐,充满激情,不贪欲,不怕死等等。"[1] 到了三十五岁,学习过辩证法的潜在哲学王还被强制要求下降到理想城邦之中——正如从洞穴走出后观照善的理念之后重新返回黑暗的洞穴之中,负责指挥战争或处理城邦公务,从而获得丰富的实际经验并经受各种诱惑的考验。这个阶段长达十五年,在此期间他们会应用习得的理论知识处理实际事务。到了五十岁,在实际工作和知识学习方面表现优异的护卫者会接受最后的考验,通过之后将会成为统治城邦的哲学王。"我们将要求他们把灵魂的目光转向上方,注视着照亮一切事物的光源。在这样的看见了善本身的时候,他们得用它作为原型,管理好国家、公民个人和他们自己。"(540A—B)在成为哲学王之后,他们用大部分的时间用来研究哲学,用其余的时间来管理城邦。除此之外,哲学王还必须承担更为重要的责任,即培养出像自身一样的继承人,可以取代他们充任卫国者。其实,柏拉图所谓的教育哲学王,正是引领潜在哲人之灵魂爱善、向善、思善,并把这种"爱""向"以及"思"视为一种生活方式。[2] 至此,柏拉图为理想城邦设计了一套完整而闭合、循环而往复的教育体系,既可以教导城邦中灵魂优异的民众,又

---

[1] Plato, *The Republic*, Transl. Tom Griffith, Cambridge: Cambridge University Press, 2000, p.244.

[2] 李长伟:《古典传统与公民教育》,教育科学出版社2010年版,第133页。

能够逐步筛选出适合治理城邦的人，从而充分实现培育哲学王的教育目的。

三　哲学王的统治悖论

培养哲学王是柏拉图确立的终极教育目的，最终是为了给理想城邦找到合适的统治者，不仅能够实现哲人与城邦的和解，也可以保证城邦整体的正义和稳定的存续。然而，让哲人治理城邦与世俗生活现实相背离，想要获得民众的认可极为困难，因此柏拉图进行了看似荒谬实则用心的论证。这种艰苦的努力是非常必要的，它让理想的城邦更加完整，也更加值得追求。随后，柏拉图在《理想国》第八卷和第九卷中又以此为参照物依次考察了现实城邦中存在的四种不正义的政制以及与之相适应的个人品质。柏拉图先是指出，与斯巴达荣誉政制相对应的是争强好胜、爱好虚荣的人；寡头政制下的个人则爱好财富、崇拜金钱；民主制度（实为简单的多数人暴政）下的个人没有节制地追求自由与快乐，集善与恶的品质或君子与小人于一身；僭主政制下的个人则是醉汉、色鬼和疯子。（543D—580C）柏拉图以理想城邦及哲学王为标准对之进行考察，发现这四种政治制度显然都是不正义的，而与此相对应的个人也是不正义的。两相比较之下，哲学王统治下的理想城邦才是真正应该追求的城邦形态。然而，如若无法培育出哲学王，理想城邦既无法出现也无法存续，更遑论实现城邦和个人的正义。这就要求通过系统的教育工程将护卫者转化为哲学王，并关注此过程中存在的悖论性问题。

其一，哲学王统治命题消解了一个悖论。城邦若想获得正义、生成德性，就不能没有哲学，但是城邦也无法完全容忍哲学。[①] 因为哲

[①] ［美］布鲁姆：《人应该如何生活——柏拉图〈王制〉释义》，刘晨光译，华夏出版社2015年版，第130页。

学关注的事物、生成的观念、追寻的真理指向善的理念,但与城邦的世俗观念之间存在内在的张力,以至于会让民众的日常生活不稳定。这就形成了一种悖论,具体表现为在发烧的城邦中,民众需要的是"政治的善"——符合欲望、激情等,而非"理念的善"——理性追求的结果。"'政治的善'乃是'在不惊吓如山的成见的同时消除积压如山的邪恶'的东西,而'单纯的善'则是'出于自然而根本不同于祖传之物的善'。"① 这两种善之间的巨大区别意味着在追求妥协的、稳定的世俗统治者和追求彻底的、决裂的哲学家之间存在异常明显的差距。柏拉图从未隐藏过二者之间的冲突,如在《理想国》第一卷卷首设计的哲人与有识之士的冲突、"洞穴喻"和"航海喻"中民众对哲人的不满。"你再说说看,在发生过这种变故之后的船上,一个真正的航海家在这些篡了权的水手中会被怎样看待呢?他们不会把他叫做唠叨鬼、看星迷或大废物吗?"(489A)在城邦世俗生活中,哲学与生活、哲人与民众的矛盾是难以化解的,而苏格拉底之死正是这种矛盾爆发的结果。于是,城邦会拒绝甚至抛弃哲人,在民众欲望和激情的催促下不断发动战争、掠夺财物,一直处于发高烧的状态,以至于必然走向自我毁灭的道路,正如雅典城邦在战争频仍之中无可避免地走向了败亡。为了化解城邦和哲人之间的冲突,也为了让城邦和民众可以获得正义,柏拉图建构了哲学王统治命题。哲学王"把灵魂的目光转向上方,注视着照亮一切事物的光源。在这样地看见了善本身的时候,他们得用它作为原型,管理好国家、公民个人和他们自己。"(540A—B)在哲学王的统领下,城邦民众和哲人的冲突被化解,理想城邦也得以产生和维续,从而实现了整体的正义和幸福。

---

① [美]列奥·施特劳斯:《自然权利与历史》,彭刚译,生活·读书·新知三联书店2003年版,第155页。

其二，哲学王统治命题产生了一个悖论。在真正地爱好哲学之前，城邦的统治者或言之护卫者依旧是不完善的，因为他们缺乏关于善的理念，也不具备追寻理念的充足理性。所以，潜在的哲学王必须接受系统的训练和教育，如学习算学、几何学、天文学、辩证法等科目。在接受教育的终点，护卫者获得了对善的理念的观照，成为真正的哲学家，目光从流变世界转向了永恒世界。他们关注知识和真理，超越了生灭的束缚，获得了思辨的幸福。这种幸福使哲人处于一种"死亡"（肉体）状态，即灵魂不受肉体的束缚和羁绊，达到了智慧的和不朽的境地。"灵以这种状态走向与它相似的不可见者、神圣者、不朽者、智慧者，到达那里时它是快乐的，它摆脱了自己的困惑、无知、恐惧、激情和人的其他毛病，像那些加入秘仪者所说的那样，真正地与众神一道度过余下的时光。"① 哲人对真理的思辨、理念的观照，让不幸被肉体拘囿而受困于各种感官刺激的灵魂重新长出已经折断的翅膀，回到神居的永恒世界。因此，哲学家在观照善的理念之后，更愿意停留在理智的世界。"因为他们相信自己虽然还活着，但已经居住在神所居住的福岛上了。"（519C）正因为哲学王在思辨活动中获得了不朽的幸福，所以他们不愿意回到现实城邦之中，处理繁杂的行政事务，让灵魂重新被肉体拘禁。"学习对哲人而言是一种充满爱欲的活动。爱欲是灵魂对整全的渴望，成为存在之完满的渴望，认识万物之所是的渴望。"② 此时，哲学王统治命题出现了一个悖论：理想城邦培养哲学家成为统治者，而哲学家学成之后却不愿意返回城邦进行统治。为了解决这个问题，理想城邦采取强制的措施使哲学家"下降"。"我

---

① ［古希腊］柏拉图：《柏拉图全集 1》（增订版），王晓朝译，人民出版社 2015 年版，第 76 页。
② ［美］布鲁姆：《人应该如何生活——柏拉图〈王制〉释义》，刘晨光译，华夏出版社 2015 年版，第 142 页。

们作为这个国家的建立者的职责,就是要迫使最好的灵魂达到我们前面说是最高的知识,看见善,并上升到那个高度;而当他们已到达这个高度并且看够了时,我们不让他们像现在容许他们做的那样。"(519C—D)其实,这种强制的手段贯穿于《理想国》的始终,例如在《理想国》第一卷卷首谈话者对苏格拉底的强迫、羊群服从牧羊人的管理、病人服从医生的权威等。在柏拉图看来,为了实现城邦整体的正义,牺牲个人——无论是哲人还是民众——的利益是可取的方式。当然,这种作用于哲学家身上的强制必须由哲学王掌握,因为它来源于超越性的存在,是"洞穴喻"中的"太阳"。"强制力并非存在于人身上或不平等本身中,而存在于哲学家观看到的理念当中。这些理念之所以可用作人类行为的尺度,是因为它们超越了人类事务的领域,如同一个在万物之外、之上的尺度一样,超出了它所衡量的万物。"①

事实上,理想城邦中的正义问题还是没有完全得到解决,依旧存在一个困局:如果哲人下降到城邦之中进行统治,那么城邦得到了正义而哲人却处于不正义之境;如果哲人停留在理智的世界,哲人得到了自身的正义而城邦却无法实现正义。当然,柏拉图不会关心这个问题,因为他一直在强调:"我们的立法不是为城邦任何一个阶级的特殊幸福,而是为了造成全国作为一个整体的幸福。它运用说服或强制,使全体公民彼此协调和谐,使他们把各自能向集体提供的利益让大家分享。"(519E—520A)即使这个所谓的"阶级"是哲学家群体,他们也必须为成全城邦整体的正义和幸福而牺牲自身。尽管如此,理想城邦实现的可能性依然微乎其微,而且存在无法破解的内在症结:少数哲人与世俗民众的冲突,关注理念的哲学与城邦实务的距

---

① [美]汉娜·阿伦特:《过去与未来之间》,王寅丽、张立立译,译林出版社2011年版,第103页。

离等。"至于城邦的可能性,问题在于少数哲人如何能够行使创造城邦所需的暴力以及如果城邦创造出来以后,又是否能够抵抗城邦的内在张力,即由于城邦永远存在的少数和多数之间的分别而一开始就面临的内部分裂的危险。"① 至此,柏拉图在理想城邦中确立的教育目的已经完成。哲学王会从理念世界下降到城邦之中,将看见过的美者、正义者和善者的真实应用于管理城邦事务,最终实现理想城邦的运转和维续。

第三节 哲学王的实质

柏拉图一再强调,若想让城邦达到完善,若想让民众获得幸福,理想城邦必须培养出哲学王。他坚定地认为:"无论他们愿不愿意,他们都要照顾城邦,且城邦必须服从他们;或者国王、国王的儿子或其他统治者受到神圣的激励真正爱上哲学,城邦、政体和个人才能达到完善。"(499C—D)然而,无论是哪一种情况,问题的关键都在于,权力应由有知识的人掌握。② 柏拉图抛出并论证哲学王统治的命题,正是为了化解哲学与城邦的矛盾,消解哲人和城邦的距离,实现知识和权力的联结。就呈现的理想城邦的理论图景而言,柏拉图确立的教育目的确实可以解决给哲人带来危险的"苏格拉底问题"③,并带给城邦民众幸福和正义。当然,这种教育目的还携带着更深层次的意义,即哲学与政治权力的联结、哲人对理性的筹划。

---

① [美]罗森:《哲学进入城邦——柏拉图〈理想国〉研究》,朱学平译,华东师范大学出版社 2016 年版,第 287—288 页。
② [法]普拉多:《柏拉图与城邦——柏拉图政治理论导论》,陈宁馨译,华东师范大学出版社 2016 年版,第 48 页。
③ B. Williams, *Ethics and the Limits of Philosophy*, London;New York:Routledge, 2006, p. 4.

一　哲学与权力的联结

苏格拉底在雅典城邦中的处境和结局,表明哲学和哲人是被现实政治和生活所排斥的。正如"洞穴喻"所诠释的那样,"在洞穴式的地下室中,人们感到自己'在世界上','在家中',并且在这里找到了依靠"①。人群的聚集促使城邦建立,而政治也就随之产生。可以说,洞穴从存在就是政治的存在,而哲人在洞穴中的危险指代着自身在城邦政治中遇到的困境。柏拉图在论述"洞穴喻"时也对之做出了极为生动的诠释:"如果有人从神圣的观察再回到人事,当他的眼睛在习惯周围的黑暗之前而变得视力模糊时,他被迫在法庭上或其他地方与人争论正义的影像的阴影,且要竭力符应那些从未见过正义的人的观念。"(517D—E)受缚的民众在黑暗洞穴中沾沾自喜,自负于穴壁上遍布的意见,并让哲人按照他们的要求进行论辩。如此观之,"人日常的生存就像是被囚禁在没有阳光的洞穴中的囚徒的命运"②。对于苏格拉底而言,哲人必须离开真理的光亮,负载着善美的理念,重返被遮蔽的黑暗洞穴。他想让灵魂摆脱感官纵欲的紧缠甚至练习死亡,是"对死亡持有高尚的人,即背离了人类天性的那些人"③。如果活着的时候不能劝导城邦民众把身体里无用的和无益的东西去掉,去追求最光荣、最美好的德行,那么哲人还不如接受死亡的结果。因此,在面对城邦民众的控告时,苏格拉底并未对自身的行为多做辩解而是试图以追求善的理念引导民众认识自身虚假的道德信念;在面对城邦法庭的审判时,他毫无畏惧地坦言道:"分别的时候

---

① [德]海德格尔:《路标》,孙周兴译,商务印书馆2000年版,第246页。
② N. Pappas, *Plato and the Republic*, New York: Routledge, 1995, p. 18.
③ [美]艾伦·布鲁姆:《走向封闭的美国精神》,缪青等译,中国社会科学出版社1994年版,第306页。

到了，我们各自走自己的路——我去死，你们去活。谁的去路好，只有神知道。"① 然而，哲人若是无法对自身的活动进行合理的辩护，死亡也不能改变哲学及后来的哲人在城邦中会遇到的困境。

面对这种境况，柏拉图扭转了苏格拉底的思路——与城邦保持距离并持批评的态度，重新为哲学寻找前进的路径——与政治权力结合并统治城邦。其实，柏拉图在"洞穴喻"中已经触及了哲学与权力的结合。哲人在离开黑暗的洞穴走向理念的明亮天空之后，又折返洞穴解救在人类事务中迷失的民众，可他的眼睛因无法适应洞穴的黑暗而盲，也无法顺利地说服和教育他人，由此导致自身的生命受到威胁。于是，哲人不得不借助获致的理念作为取得城邦统治权力的工具（514B—520D）。随着哲人获得城邦的权力，成为事实上的哲学王，他就会以自身分有的理念为标准建立一套政治制度。在理想国中，哲学王会举着幸福的旗帜将城邦和人的素质就像画板一样擦净，然后再实行全部理想的制度，并推行与之相应的法律和惯例。正如书中的苏格拉底所言："他们将拿起城邦和人的素质就像是拿起一块画板一样，首先把它擦净；这不是件容易事；但是无论如何，你知道他们和别的改革家第一个不同之处就在这里：在得到一个干净的对象或自己动手把它弄干净之前，他们是不肯动手描画个人或城邦的，也不肯着手立法的。"（501A—B）一种政治制度的设立，必然携带着关于生活理想的主张，并会对内部的价值冲突做出裁决。这种价值裁决的目的涉及政治及制度问题的本质："政治制度本身，而非我们这些旁观者的偏见迫使我们想知道哪些政治制度更好。"② 当哲学王通过制度的重构完成对

---

① Plato, *The Dialogues of Plato*: *Apology* (*The Death of Socrates*), Trans. B. Jowett, Oxford: Oxford University Press, 1871, p. 25.
② [美]詹姆斯·A. 古尔德、文森特·V. 瑟斯比编：《现代政治思想：关于领域、价值和趋向的问题》，杨淮生等译，商务印书馆1985年版，第80页。

民众的改造、建立理想的王国、培养出哲学王,哲学与权力的联结过程也就随之完成了。然而,哲学与权力结合的初衷——化解二者之间的冲突——是好的,但对哲学的发展而言却是非常不利的。因为每一种哲学都有真理化的诉求和冲动,而哲学与政治权力的结合会促使自身利用多种方式奠定在城邦中的真理地位。在这种情况下,哲学思想会陷入一种发展的困境:一方面,哲学的真理化让自身依托权力进入城邦的文化教育系统而快速扩散,正如诗歌借由自身在城邦文化教育系统中的支配地位影响民众的观念和行为;另一方面,哲学自身会因为缺少异质性思想的挑战而逐渐僵化,进而阻碍城邦和民众的发展,陷入一种平静的僵化状态之中,甚至会异化为束缚民众的思想暴政。那么,与哲学一体两面的教育也会匍匐于政治,成为服务于城邦统治的工具。一旦教育不再揭示矛盾和冲突而是灌输既定的观念,学生进行价值选择的机会就被取消了。于是,不同民众被动地接受着统一的价值观念,教育也就丧失了本真意蕴,因为"教育就是要把人引上一条询问之路——对于自己生活、自我存在的询问"①。可见,在理想城邦中,教育会逐渐异化为一种监护未来统治者的特殊部门,成为服务于城邦统治的有力工具。此时,教育不再揭示矛盾和冲突而是传递既定的观念,一步步培养、筛选出哲学王。

当然,柏拉图认为这种平静而稳定的城邦状态是值得追求的,也是城邦良序发展的最高状态。他在《法律篇》中依旧强调:"我们在平时就应该训练青少年养成领导他人和被他人领导的习惯;那种无序的状态必须从所有人生活中,甚至也要从人类饲养的动物中驱除出去。"②在柏拉图看来,哲学王是哲学与政治权力的完美结合,因而已经实现

---

① 鲁洁:《道德教育的期待》,《高等教育研究》2008年第9期。
② [古希腊]柏拉图:《法律篇》第二版,张智仁等译,商务印书馆2016年版,第381页。

整体正义的城邦中的一切都是静止和不容变革的。在这种教育目的的支配下,城邦教育让素质不同的儿童接受统一的价值观念,培养出合格的城邦统治者,以维持理想城邦的静态存续。因此,卡尔·波普尔曾激烈地批判理想国中的教育,指出其"教育的目的不是为了唤醒批判和自我批判的思维,而毋宁说是灌输——如对大脑和灵魂进行塑造,使它们'经过长时期的习惯,变得根本不可能独立地做任何事情'"①。可见,理想国和哲学王的出现或许会解除哲人(教师)的生存危机,却也会让哲学(教育)失去极为重要的特质。换言之,哲学与政治权力的结合,其实是让相应的教育完全为城邦的统治服务,而不再服务于受教育者的天性。

二 哲人对理性的筹划

哲学家具备认识事物真理的理性,观照的对象是永恒的善的理念,思考的问题是作为整体的城邦,所以是理想城邦最佳的统治者。同时,柏拉图也认为正是因为哲学家具有节制、正义、勇敢、性格和谐、公正温良、敏于理解等优秀品质,他们才能成为理想城邦的统治者。(485D—487A)可见,理想城邦实行的是一种精神的优良政制,即具有优秀品质的人才有资格支配城邦的统治权力。换言之,如果一套政治制度是"好的",就应该由"好人"来统治。统治的正当性问题就被化约为:"严肃关切生活共同体的美好——而非仅是个人的美好,要求更高的美德。"② 循此逻辑,理想城邦的政治和教育制度既不是中立的,也不是宽容的。它仲裁价值冲突,排斥多元价值,例如诗人因为

---

① [英]卡尔·波普尔:《开放社会及其敌人》第1卷,陆衡等译,中国社会科学出版社1999年版,第254页。
② [美]列奥·施特劳斯:《自然权利与历史》,彭刚译,生活·读书·新知三联书店2003年版,第133页。

按照个人的欲念来解读诸神的事迹而被城邦驱逐（377B—383C），而裁决的标准取决于哲人借由自身理性对真理的分有。在这个过程中，哲人的理性必然会过度蔓延，直至渗透到城邦政治和生活的方方面面。与哲人理性蔓延相伴随的是，柏拉图对合法性强制的推崇。一方面，苏格拉底之死让柏拉图认识到民众的意见虽然不一定是理性的，却是最具有政治权威性的，因为"这些意见是城邦及其法律——最庄严的约定——批准或认可的"①，所以，哲人如果直接与现存的法律或习俗发生冲突，就会身处危险的政治境地。"雅典人啊，你们知道，堪诺努斯法令是最具公信力的。按照这项法令，无论是谁，只要他犯有背叛雅典人民的罪行，他就要被戴上镣铐，在人民的面前接受审判。"② 另一方面，他也不再相信哲人的论辩可以教育众人，而倾向于"以说服或强制的手段使公民们和睦相处，使他们相互之间分享他们每一人能向社会提供的利益"③。正如书中苏格拉底所言："幸福应该遍及整个城邦，统治者以说服或强制的手段使公民们和睦相处，使他们每个人都能有益于城邦并相互受益。"（519E）基于这些考虑，柏拉图在尝试建立合法强制的原则和程度，如牧羊人和羊群的关系、舵手和船员的关系，或者主人和奴隶的关系。最终，他将强制的合法性建构在哲人对理念的认识之上，从而让民众在哲学王的引导下按照预先描绘的轨迹生活。在理想城邦中，所有的自由都会集中到哲学王身上，而民众因缺少理性、欲望膨胀、难以认识真理被剥夺自由生活的权利。事实上，即使身为理想城邦统治者的哲学王，也是不完全自由的。如果可以自由选择的话，哲学王在学成辩证法之后，更愿意停留在理智的世

---

① 刘小枫：《施特劳斯的路标》，华夏出版社2011年版，第43页。
② ［古希腊］色诺芬：《希腊史》，徐松岩译注，上海三联书店2013年版，第43页。雅典城邦的司法程序中有一个重要原则，被称为堪诺努斯法令，即严禁任何形式的集体审讯，所有案件都必须由公民进行投票表决。
③ 王扬：《〈理想国〉汉译辨正》，华东师范大学出版社2014年版，第259页。

界享受思辨的幸福,而不是下降到城邦与"囚徒"同劳苦共荣誉。然而,他们没有自由选择的机会,而被强制要求去管理城邦,因为"我们培养了你们——既为你们自己也为城邦的其他公民——做蜂房中的蜂王和领袖;你们受到了比别人更好更完全的教育,有更大的能力参加两种生活"(520B—C)。

当然,也许与柏拉图站在一边的哲人会为这种强制的合理性进行辩解:把自由视为一种目的,意义不明确,因为这意味着对邪恶和善良都是自由的,所以我们关于善的知识必须来自更高的原则。① 然而,这种论断并不能支撑取消自由的合理性,因为当哲学王意在遏制邪恶的时候,也在强迫民众向善爱好。退一步而言,即使它有一定的说服力,也不值得采用,毕竟自由是人之为人不能剔除的本质属性,"放弃自己的自由,就是放弃自己做人的资格,就是放弃做人的权利,甚至就是放弃自己的义务"②。其实,理想国本身就是哲人借由理性筹划而建构出来的宏观想象,通过"高贵的谎言"为城邦中的每个人划定属性(金银铜铁)和职业(统治者、军人、技工、农民),而统治者的首要任务正是识别民众灵魂深处所具备或混合的究竟是哪一种金属,从而为成长为哲学王或护卫者提供基础。可见,城邦统治者被赋予识别灵魂属性的理性能力,而这种能力发挥的作用,也将会蔓延到民众的生活、职业等各个方面。随后,在此基础之上,城邦会对灵魂属性高贵的儿童进行系统完备的教育,从体育、音乐到数学、几何再到天文、辩证法。在学习过程中,儿童因为身心易受不利影响而被取消了自主选择的权利,只能按照规划进行活动,直至由于自身的素质而通过教育筛选成为无论在道德上还是在理智上都非常优越的哲学王。"人们会奇怪,为什么柏拉图知道人性脆弱易于败坏,而这没有引导他看

---

① [美]施特劳斯:《什么是政治哲学》,李世祥译,华夏出版社2011年版,第42页。
② [法]卢梭:《社会契约论》,李平沤译,商务印书馆2011年版,第12页。

到民主制的好处。"① 如果考虑到柏拉图既经历了民主制的败坏，也遭遇过僭主制的混乱，那么我们对柏拉图基于哲学王的理性统治而建构出理想城邦的构想也就不难理解了。于是，在理想国的图景中，哲学王借由理性规划着民众的生活，而教育则是被操纵的，即为哲学王的成长服务。

从苏格拉底开始，古希腊哲人就认为自己可以让城邦变得美好。面对"苏格拉底问题"，柏拉图扭转了哲学的前进路线并向前走了一大步，试图让哲学贴近政治权力，让哲人借由理性改造城邦。柏拉图确立培养哲学王的教育目的，通过建构系统的教育工程实现了这种理论规划。他考虑到雅典城邦的现实和哲人遭遇的困境，培养哲学王的教育目的具有理论层面的合理性。然而，柏拉图的教育构想一旦进入现实层面，很可能导致思想的暴政和现实的专制，当然其实现的可能性也微乎其微。柏拉图亦意识到这个问题，对此并不讳言："或许天上建有它的一个原型，让凡是希望看见它的人能看到自己在那里定居下来。至于它是现在存在还是将来才能存在，都没关系。"(592B) 正如有学者认为："《理想国》确实提出了一些睿智而实际的教育思想，但总体上看，它是理想主义的产物，包含大量的悖论和虚构。"② 遗憾的是，后来的哲人似乎忘记了理论与现实之间的距离，他们从未遗弃过改造现实的野望，也从未摆脱过摆脱理性的自负，一直尝试着介入国家的政治生活，从而为哲学获得"权力寻租"。从马基雅维利（N. Machiavelli）对"专制政治的服膺"③ 到海德格尔汲汲

---

① [美] N. 帕帕斯：《柏拉图与〈理想国〉》，朱清华译，广西师范大学出版社2007年版，第139页。

② Gabriel, Compayre, *The History of Pedagogy*, Whitefish：Literary Licensing, 2014, p. 27.

③ Machiavelli, *The Prince*, Trans. Mansfield, Chicago：The University of Chicago Press, 1998, p. 65.

于"为哲学准备适当的执行地点"①,再到中国哲人长期以来的"好为帝王师"②。现实的发展也验证了这点,自负于理性的哲人往往难以经受政治权力的诱惑,而与之共谋甚至为之辩解。其实,康德对此早已做出过论断:"不能期待着国王哲学化或者是哲学家成为国王,而且也不能这样希望,因为掌握了权力就不可避免地会败坏理性的自由判断"③。

至此,柏拉图已经完成对教育工程的系统建构,也完成了艰难的思想实验。他在对话过程中不断地调整一些要素、改变一些条件,借由城邦的发展来考察正义的本质,最终在理想城邦中实现了自己的政治愿景,为我们呈现了一幅宏大的想象图景,搭建了一个诱人的理想世界。尽管如此,我们还是不能草率地对柏拉图教育思想的价值下定结论,因为对之进行评价要放在特定的历史语境和社会背景之中。从人类精神成长的全过程来看,无论中国还是西方,都经历了一个相同的发展阶段。在这个阶段,中西方的思想家们将幸福、正义和国家的善治,几乎不约而同地寄托在某个人身上。当然,"他"并不是存在于生活中的常人,而是远远超出一般人的英雄、完人,集知识、智慧、德行、勇敢等诸多优秀品质于一身,如柏拉图提出的哲学王、孔子提出的圣人等。这样的哲学王治理国家或城邦,才能实现个人与公众的幸福。面对当时的历史现实,按照柏拉图的思路,我们终归会得到哲学王的结果。换言之,这种看似荒诞的理想国构想,其实是柏拉图面对生存的困惑而做出的探索,也是人类处于初级发展阶段的想

---

① [德] 瓦尔特·比默尔、[瑞士] 汉斯·萨纳尔编:《海德格尔与雅斯贝尔斯往复书简(1920—1963年)》,李雪涛译,上海人民出版社2012年版,第235页。

② 李泽厚、刘绪源:《哲学家不能去做"哲学王"和"帝王师"》,《中华读书报》2012年2月29日第13版。

③ I. Kant, *Perpetual Peace*: *A Philosophical Essay*, Trans. M. C. Smith, London: George Allen and Unwin Ltd., 1917, p.60.

象。当然,我们还是要警惕这种过于乐观的想象会带来的后果,尤其是哲学(教育)与权力的媾和、哲人(教师)对理性的自负。因为柏拉图比苏格拉底要走得更远,却也忘记了哲人应谨记的出发点——"哲人的起始点乃是认识到人在智慧上的不足,哲人也不可能未经思考地进入一种生存可能性;哲人生活方式的美德是对'好的'生活可能性持审慎态度"①,这种审慎的态度要求哲人必须明确对权力的警惕,洞识理性的局限。当哲学王以理性统治理想国的时候,自身与权力由疏远变为融合,自身的理性会由审慎变成自负,甚至以强制的原则让民众过某种善美的生活。权力的操纵和理性的自负让哲人始终处于高高在上的顶端,难以实现对权力的监督和对自身缺陷的审视。

人的理性毕竟是有限的,并且"是易犯错的,只有在人能够'公共地'运用它的情况下才正常运转……任何共同体的灾难性后果都始于极力想要遵循从单个的人那里得出的伦理教训,无论是苏格拉底、柏拉图的,还是基督教的"②。就此而言,哲人不应该继续自持理性的优越,自信于对权力的应用,而强行推动民众走向所谓的"美好生活"。相反,他们应当认识到,"指导人们如何生活,既不是小说家的责任,也不是道德哲学家的责任。道德哲学家的任务,仅在于帮助人们面对问题,面对可选择的行动范围,向他们解释有哪些选择以及做出某种选择的原因"③。哲人放弃理性的自负、承认人心的晦暗和软弱,就会将关于美好可能生活的讨论限定在思想层面,而非直接迁移到现实之中,更不会寄望于以政治行动强迫让所有人都去过某种良善生活。

---

① 刘小枫:《施特劳斯的路标》,华夏出版社2011年版,第74页。
② [美]汉娜·阿伦特:《过去与未来之间》,王寅丽、张立立译,译林出版社2011年版,第218页。
③ [英]布莱恩·麦基编:《思想家:当代哲学的创造者们》,周穗明、翁寒松译,生活·读书·新知三联书店1987年版,第32—36页。

柏拉图在让哲人贴近于权力、自负于理性时,已经部分地忘记了老师苏格拉底的教诲,或者说在规避政治风险时过度扭转了苏格拉底的道路。这种对权力和理性的警惕,反而被一直流亡在外的色诺芬继承了下来。"凡被我们强迫的人,会像我们这里抢夺了他们的东西似的那样仇恨我们,而凡被我们说服的人,会像从我们这里受了什么恩惠似的那样爱戴我们。"①

---

① [古希腊]色诺芬:《回忆苏格拉底》,吴永泉译,商务印书馆1984年版,第9页。

第七章　历史的演进：柏拉图教育思想的发展进程

近百年来，中国学者在柏拉图思想的史料整理、学说译介、文本解读等方面做了极为扎实的工作，相关研究也取得了长足的进展。因为柏拉图关注的核心问题是"人类生活面对的根本困难"或"人如何正义地生活"，所以研究者几乎不约而同地思考并激活了柏拉图著作中蕴含的教育思想。这些研究在一定程度上推进了我们对柏拉图教育思想丰富内涵及现代价值的认识，却往往将之视为一种结果、状态或抽象的点，而忽视了思想的产生过程、发展线索以及所处的历史背景和文化形态，因而既未能充分还原它的理论原貌，也无法真正实现其现代转化的目的。有鉴于此，我们运用了发生学方法，聚焦于柏拉图教育思想的产生和演变过程，揭示其在现代社会中遭遇的困境，在此基础上为促使其完成现代转化提供切实的路径。

第一节　柏拉图教育思想的历史回溯

柏拉图教育思想的形成经历了数十年的时间，随后又开始了漫长的跨区域、跨文化传播的历史。在传播过程中，柏拉图教育思想的内核虽然被继承了下来，但其外延屡经变化。因此，为了认识柏拉图教育思想的真实面貌，破除从著作中寻章摘句而形成的刻板印象，我们有必要梳理其形成和发展的历史图谱。

一　柏拉图教育思想的形成理路

古希腊人的道德意识或者说道德观念起源于神话，这在荷马和赫西俄德等人的著作中已经有所体现。后来经由苏格拉底、柏拉图、亚里士多德等哲人的提炼、总结和发展，逐渐形成了较为完整的思想和教育体系。

第一阶段，神性教育阶段。在理性精神还未充分发展的阶段，人们以神话的外衣叙述客观世界史前的故事，以自身为模板塑造出具有超凡力量的神灵，从而获得身心的慰藉。① 在神话演进的过程中，古希腊诗人完成了两项工作。其一，建构了诸神之间的谱系。在初期时，不同神明之间的关系紊乱，导致衍生出错综复杂又繁乱无序的神话故事。随着人类精神的成长，"希腊人试图阐释神话，而这些经调整抑或虚构的神话，目的是为特殊的人创立家谱"②。这项工作主要由诗人赫西俄德完成，他在《神谱》中进行了详细的论述："最先产生的确实是卡俄斯（混沌），其次便产生了该亚……他们之后，狡猾多计的克洛诺斯降生。"③ 赫西俄德系统地论述了宇宙的起源和诸神的谱系，基本完成了希腊神话的统一。其二，构建了神与人之间的关系。神话的出现是为了解释自然、生活中不可思议的事件，如自然灾难、战争胜负、生死无常等，而神灵被视为这些事件之所以发生的终极原因。

---

①　[意]维柯：《新科学》（上册），朱光潜译，商务印书馆1989年版，第184页。
②　[英]莱斯莉·阿德金斯、罗伊·阿德金斯：《古代希腊社会生活》，张强译，商务印书馆2016年版，第358页。
③　[古希腊]赫西俄德：《工作与时日·神谱》，张竹明、蒋平译，商务印书馆1991年版，第30页。

人神关系的建构工作主要是由荷马完成的,他在《伊利亚特》的开篇就明言:导致无数苦难、将许多战士的英魂送往冥府的特洛伊战争是"实现了宙斯的意愿"①;在《奥德赛》中,众神还经常扮演人类的保护者、指引者、预言家、调解人等角色,如雅典娜保护奥德修斯重返故土②等。正是因为诸神之间有着和人类相似的谱系,且和人类生活在同一个空间之中,所以古希腊人认为神话不是一种空洞的想象,而是一种生活的事实,携带着关于生命和道德的意义。他们会在节日里祭祀诸神,借由获得的神意进行生活。"希腊人的'信仰'大多是荷马和赫西俄德缔造出来的。从被接受的那天起,神话就开始渗入人们的整个存在。"③ 神话左右着人们的日常行为,支配着城邦的教育活动,而城邦民众接受神性教育,以神为中心厘定自身的价值。事实上,此时城邦的教育观念都是建立在神话基础之上的,虔敬、勇敢、礼仪占据着神性教育的核心地位,进而规限并引导着民众的行为。

第二阶段,理性教育阶段。公元前5世纪前后,随着城邦的政治改革和经济繁荣,人们越来越关心社会和人的事务,一些原来由神性教育支配的生活观念开始受到质疑。哲人将自己心智的目光(理性判断)转向了城邦领域(习俗权威),二者之间爆发了激烈的冲突。苏格拉底从理性的角度审视城邦中的生活观念,提醒民众无论在个人层面,还是在城邦共同体层面,始终存在朝向不义的下拉力。例如,对于民众来说,顺从神的权威是生活的美德,而在苏格拉底眼里,这种不经理性复核的顺从是一种"恶习"。于是,苏格拉底用诘

---

① [古希腊] 荷马:《伊利亚特》,罗念生、王焕生译,人民文学出版社1994年版,第1页。
② [古希腊] 荷马:《奥德赛》,王焕生译,人民文学出版社1997年版,第99—100页。
③ Ludwig Edelstein, "The Function of the Myth in Plato's Philosophy", *Journal of the History of Ideas*, Vol.10, No.4, 1949.

问法瓦解了城邦公民关于德性的错误信念，坚称"未经审查的人生没有价值"①。柏拉图循着苏格拉底的思路进一步指出，人在城邦中面临的最重要问题是"如何过善好的生活"②。而若想过上善好的生活，人必须有和谐的灵魂，即以理性统领灵魂中的激情和欲望，为整个心灵的利益而谋划，最终分有至善的理念。在此基础之上，他相应地确定了四种主要的美德——正义、节制、勇敢、智慧，并试图建构一套完善的教育系统来传递。亚里士多德继承了柏拉图的教育观及相关原则、概念，继而发展出由道德德性、具体德性、理智德性构成的道德概念③，并以此为基础建构了教育体系。可见，在这个阶段，哲人们反思了教育的内涵、范围及属性，初步完成了理性教育体系的建构，并逐步清理了教育中的神性色彩。

当然，柏拉图教育思想的发展是对苏格拉底教育思想的基础和发展，并形成了一套独特而规范的体系，而非是学者们认为的凭空想象抑或是擅自臆测。这种教育思想基于城邦的现实境况，渗透着柏拉图的一些理想性色彩，而且与当时人类的精神发展阶段相一致，与社会生活和文化形态相适应。换言之，柏拉图教育思想的产生正是为了回应古希腊雅典人在城邦生活中面临的生活问题，因而必然根植于特定的历史文化之中。正如麦金太尔（A. Macintyre）准确地认识到，"希腊哲学伦理学在某些方面不同于后来的道德哲学，这反映的是希腊社会不同于现代社会"④。

---

① ［古希腊］柏拉图：《游叙弗伦 苏格拉底的申辩 克力同》，严群译，商务印书馆1983年版，第63页。
② ［古希腊］柏拉图：《理想国》，郭斌和、张竹明译，商务印书馆1986年版，第40页。
③ ［古希腊］亚里士多德：《尼各马可伦理学》，廖申白译注，商务印书馆2003年版，第33—34页。
④ ［美］阿拉斯代尔·麦金太尔：《伦理学简史》，龚群译，商务印书馆2003年版，第126页。

二 柏拉图教育思想的演化历程

在历史进程中，城邦无可避免地走向了衰落。事实上，没有任何一个希腊城邦实现过自苏格拉底而始并为柏拉图和亚里士多德所坚守的教育理想和信念。然而，柏拉图教育思想的价值并未因之受到丝毫贬低，反而在城邦衰落之后被继承下来，再次生发出新的活力，为罗马人所遵从和受益。因为城邦的命运不取决于哲人的智慧，而是"取决于它与希腊世界其他地方的相互关系，也取决于希腊与东方的亚洲以及西方的迦太基与意大利之间的关系"①。在城邦衰败之后，人们从共同体中脱离出来，不得不学会过一种单独的生活。于是，批判公共利益，倡导个人自足的道德理论开始盛行，如伊壁鸠鲁学派（Epicurus School）、犬儒学派（Cynicism School）等。其中，尤以斯多葛学派（Stoics School）理论的影响最为深远，相关论者在继承柏拉图教育观的基础上，倡导自足和个人幸福，理想是成为超然于世俗利益之上的圣人。随着古罗马帝国统治区域的扩张，世界国家和世界性文化逐渐形成，人们要学会以一种新的社会联合体形式生活在一起，而这种联合体要比城邦更加庞大，且具有更加浓厚的非人格色彩。在这种背景下，珀尼西厄斯（Panaetius）将从柏拉图那里获致的教育思想涵括进来修正了斯多葛主义早期的教育观，开始强调培养学生具备自我控制、忠于职守和公共精神等美德。②

其实，这种区域间的融合在公元前3世纪已经呈现出明显的趋势。伴随着亚历山大（Alexander）征服东方的过程，整个地中海世

---

① ［美］乔治·萨拜因：《政治学说史：城邦与世界社会》第四版，邓正来译，上海人民出版社2015年版，第216页。
② ［美］乔治·萨拜因：《政治学说史：城邦与世界社会》第四版，邓正来译，上海人民出版社2015年版，第254—255页。

界都被置于一个熔炉内。到了罗马帝国时期,人们已经在相当大程度上融入了一个社会联合体之中。尽管不同的语言和风俗造成了诸多差异,但所有人都遵守着某些共同的生活规则,这进一步说明新的教育观念和思想的舞台已经搭建好了。接下来的两三个世纪,柏拉图教育思想主要沿着两条路线发展:一条路线是沿着斯多葛主义产生的影响,以柏拉图教育观念为基础衍生出新的教育思想。古罗马教育家西塞罗(M. T. Cicero)抓住了柏拉图教育思想的核心要素,将公民的义务和责任视为首要美德,从而重建了适应主流文化发展趋势的生活准则,并发展出了适合罗马共和国(帝国)的教育思想。这种教育思想奠立于自然法——"它与自然或本性相符合,适用于所有人且永恒不变"①,以获致"美德"为核心,因而带有极强的目的论色彩,认为道德行为的目的是善,最终目标是达到至善。另一条路线则是沿着基督教的理论脉络,将教育思想植根于上帝指导人类生活的计划之中。它以"信仰""拯救""恩典"等一系列宗教概念为核心,将超然物外的上帝——至善理念的化身——作为建构教育观念的基础。此时,基督教教育思想形成了,虽然保留了柏拉图教育思想中的一些概念,却是一套已经转变了范式的教育思想体系。至此,柏拉图教育思想的核心被罗马人和基督教继承了下来,并得到了进一步发展。它不是简单地被新的教育思想所取代或置换,而是在与异文化的冲突与调和过程中不断地转化、融合,以原初理念为基点生成了新型的教育形态,且产生的影响覆盖了整个中世纪,并绵延至近代依旧遗有余波。

柏拉图教育思想不仅在中世纪被基督教伦理继承和延续,在文艺复兴乃至启蒙运动时期仍然是教育理念更迭的重要源泉。可以说,柏拉图的教育观念为西方文化传统提供了一套原初的教育概念和基本的

---

① [古罗马]西塞罗:《论共和国》,王焕生译,上海人民出版社2006年版,第231页。

教育原则，从而构成了西方现代教育思想的底色。以此观之，柏拉图教育观念和教育思想是解读西方现代精神文化的重要钥匙，也是人们从历史脉络中重获心灵慰藉的重要源点。黑格尔曾不无温情地说道："到了希腊人那里，我们马上便感觉到仿佛置身于自己的家里一样，因为我们已经到了'精神'的园地……'精神'真实的再生，要首先在希腊寻求。"①

第二节　柏拉图教育思想的现代困境

近代以来，随着工业文明的蓬勃发展和科学技术的狂飙突进，社会生活和文化形态发生了剧烈的变化。在当前语境中，超越性的至善被视为虚假的乌托邦思想而加以拒斥，就连上帝也无法再获得天然的合法性。人的自主性得到了充分的张扬，并第一次成为思考教育的根本起点，从而引发了教育观念的革命性转变。沿着这条路径，近代哲人建立了基于个体理性和经验的认识论与以个人需求为本位的世俗主义价值学，它们将奠立于至善理念的柏拉图教育观念和思想直接掀翻在地。

一　至善理念的颠覆

自哲学诞生以来，哲人将自然万物作为沉思的对象。随着人类精神的提升和生活的丰富，人类及其事务进入了哲学的视域。苏格拉底将哲学从天上拉回人间，将人类事务作为考察的核心；柏拉图推动并加深了哲学的人类学立场，并以至善的理念作为衡量人类事务正义与否的唯一标准。"整个人类事务领域都是从一种哲学的立场上被观照

---

① ［德］黑格尔：《历史哲学》，王造时译，上海书店出版社2001年版，第222页。

的，这种哲学假定了居住在人类事务洞穴中的人之所以是人，只因为他们是如此渴望观看，尽管一直被阴影和影像所蒙骗。"① 在漫长黑暗的中世纪，由于封建主与教会的媾和，宗教笼罩着整个欧洲世界，导致神学在吸收柏拉图哲学思想至善理念的基础上完成了转化，神性的正当性和合理性也得到论证，最终神成了人的主宰。官方神学极力鼓吹神的权威，以神性否定人的价值和尊严，并将世间种种都归于神的意志，并以人对神的虔诚程度来衡量人的价值和意义。及至近代，肇始于笛卡尔（Rene Descartes）、培根（Francis Bacon）的近代哲学，则依凭狂飙突进的科学技术，在肯定人性的基础上进一步宣扬了人的理性的作用。它将自身从人间拉入世俗，即从本体论后撤至认识论（基于切己的经验与理性）和价值学（基于个人的欲求和感性）。在启蒙运动开启的现代性进程中，霍布斯（T. Hobbes）以"积极的清道夫"姿态否定了自然法作为维护客观秩序的存在，而培根、笛卡尔等人则将以古希腊思想的核心——关于善美等形而上的思考视为"无法证明的"，也就是"无意义的"问题加以抛弃，从而实现了与柏拉图哲学观念的彻底决裂。在这种时代背景下，尼采通过"重估一切价值"怀疑了古希腊思想的合法性。柏拉图教育思想作为古希腊思想的重要组成部分，也被直接掀翻在地，丧失了存在的合法性。基督教教育观吸收并融合了古希腊教育思想的要素——美德和至善概念，并以上帝为核心构建了一套宗教教育观念体系，从而主导了整个中世纪教会学校的教育活动。在基督教的教育观中，上帝指导着人类的生活，因而人必须具有虔敬、信仰、顺服等生活品质。尼采认为这种道德观念高扬的是谦卑者、软弱者和被压迫者的德性，是出于内心对力量、生活的尊严和自我肯定的积怨，已经成为笼罩了整个欧洲的阴影，故而他宣称

---

① ［美］汉娜·阿伦特：《过去与未来之间》，王寅丽、张立立译，译林出版社2011年版，第109页。

"上帝已死""没有永久不灭的实体"①，即上帝无法成为人类生活的标准与终极目的。其实，上帝之死不仅会让人对宗教信仰失去信心，也否定了超越性至善价值的存在，而这种"至善"恰恰是柏拉图教育观得以成立的根基。显然，尼采在激烈批判基督教道德观念的同时，也将柏拉图教育思想拉下了文化的神坛。当然，他在摧毁了基督教以信仰上帝为核心的教育观之后，还批驳了一种变异的信仰道德观——民众对科学的信仰。"在科学的祭坛上屠杀了一个接一个的信仰之后……虽然在今日有些人不信神且反形而上，但是我们依然以一种古老的信仰（基督教徒的信仰或柏拉图的信仰）而高举着劫后的火炬，并坚信上帝即是真理，而真理是神圣的。"②

沿着尼采等人开启的进路，至善观念的价值被取消了，而个人的自主性得到了充分的张扬。"通过与古典失联的革命性断裂，人自主的自我规定的可能性首次得以证实，这一点才是核心剧变，几乎所有更进一步的现代转向都源于此……这种转向的核心冲动是，只承认经验实在和此时此刻的个别存在是认识和行动的标准：只有那些当下的、可感性经验的、可证实的存在事物才会被接受为实在事物，接受为思想能够由此获得概念的事物。"③ 于是，现代哲人将思考"何为正义""何谓好生活"的责任移交给了个人，其实也在某种程度上勾销了人对自然德性的选择。事实上，"现代哲学已经放弃了真理可证的主张，堕落成某种形式的知识自传，要不就自甘为现代科学的婢女，蒸发为方法论"④。它关注的视域因不断收缩而日益褊狭，从宇宙论、本体论后

---

① ［德］尼采：《快乐的科学》，余鸿荣译，中国和平出版社1986年版，第125—126页。
② ［德］尼采：《快乐的科学》，余鸿荣译，中国和平出版社1986年版，第237—238页。
③ ［德］施米特：《现代与柏拉图》，郑辟瑞、朱清华译，上海书店出版社2009年版，第3—4页。
④ Leo Strauss, *The Rebirth of Classical Political Rationalism*, Chicago: The University of Chicago Press, 1989, p. 219.

撤至基于个人经验的认识论和以自身欲求为基点的世俗价值学，如今已经再次后撤至专注于工具化的技术哲学、管理哲学等，越来越沉迷于客观性、技术性的知识。在这种情况下，教育既不基于恪守某种超越性的真理，也不基于个人意志服从于普遍性的准则规范，而在于自身全部个性的充分张扬。正如卢梭在批判理性驯制的基础上，将人的感觉、炽情置于中心地位，引领了浪漫主义思潮，并通过自然教育实现了情感的复归。① 同时，卢梭还更新了对理性和正义的理解，使激情在品质上优先于理性，将之置于教育中的核心地位。随着休谟、谢林等哲人颠覆了基于理性的至善理念，证实了人自主地自我规定的可能性，教育的情感转向也被拓宽了路径。因之，现代教育丧失了柏拉图善的观念的引导，成为一种丧失理性约制的活动形态。于是，情感、激情、无意识等要素逐渐占领了学校教育的中心，导致学校教育不断鼓励学生沉迷于感官的刺激、追逐身体的欲望，而忽视了对善的理念的观照。

二 人学观念的辐射

教育从未远离过哲学，也难以离开哲学，因而哲学对人的看法也深切地影响着教育。② 柏拉图基于对城邦中的人的认识建构了自身的哲学和教育学思想，并影响了千年来西方教育实践的发展。值得注意的是，柏拉图虽然关注城邦的人类事务，但并未将个体的发展置于核心地位，而是致力于促进整体正义的实现。所以，我们与其说柏拉图的教育思想是"个人中心论"的，不如说其是"理念中心论"的，在以理念为标准衡量人之正义与否。然而，在古罗马帝国时期，基督教在

---

① 戴晓光：《〈爱弥儿〉与卢梭的自然教育》，《北京大学教育评论》2013年第1期。
② 陈亚凌等：《从中心到边缘：教育人学观的变迁及重构》，《现代大学教育》2017年第6期。

兴起过程中吸收了柏拉图的理念论，将之用来论证神的合理性，并循着相似的路径建构了神性教育体系，此体系剔除了柏拉图对人之世俗生活的关注。自文艺复兴以来，人们初步完成了对神性的斗争，使得人性初步得以复归。于是，形形色色的哲学人道主义以"人类中心论"作为理论前提，"将主体放在实在和历史的中心"①。在这种情况下，人重新回到哲学的怀抱并占据了中心位置，而这种趋势在启蒙运动之后得到了进一步强化。哲学家鲍姆尔（F. Baumer）更是坦言："人的问题是欧洲18世纪以来的中心。"②

在哲学理念的辐射下，现代教育也愈发"脚踏实地"，它以人为中心并通过人的视角编织解释体系。此时，现代教育人学观呈现出显著的特征：一是封闭性，即以私己理性圈囿视域的范畴。现代语境中的人们，不再关注超越性的理念，而是"关注局限于人的尘世福利，精神财富虽不予拒绝，但是衡量一切价值的标准却存在于一个物体、一种关系、一次行为、一个意念可能引起的快乐或痛苦的程度中"③。个人似乎从一个更大的系统中脱离出来，变成了孤零零的存在，自身的理性变得如此重要。因之，教育也就不再关注外在于己的自然，而是一切从人出发并回到自身。它试图借由理性筛选知识片段，编制知识系统，丰富教学手段，完成代际之间的传递。师生的角色因之变为知识的贩售者和购买者，因为学生会认为，"他卖给我他的学问和方法，为的是赚我父亲的钱，就像菜市场的女商贩向我母亲兜售卷心菜一样"④。

---

① Arac Jonathan，*After Foucault*：*Humanistic Knowledge Postmodern Challenges*，New Jersey：Rutgers University Press，1988，p. 28.

② F. Baumer，*Modern European Thought*：*Continuity and Change in Ideas*，1600-1950，New York：Macmillan Publishers Ltd.，1977，p. 417.

③ ［德］文德尔班：《哲学史教程：特别关于哲学问题和哲学概念的形成和发展》（下卷），罗达仁译，商务印书馆2009年版，第457页。

④ ［德］马克斯·韦伯：《学术与政治：韦伯的两篇演说》，冯克利译，生活·读书·新知三联书店1998年版，第42页。

于是，教育以人为焦点导致关注的范围越来越狭窄，也越来越闭塞，愈益沉溺于知识、技术、效率等能够给人带来利益的实利化层面。教育者早已遗忘自身所处的复杂世界，或将之视为无关紧要的可消除对象。二是统一性，即以个体欲望划定前进的方向。人的理性提供了前进的路径和方法，而人的欲求则指示了前进的方向和目的。现代哲学高扬"人的中心化"的旗帜，正是着意于对个人欲求的餍足。因而，现代哲学的喧嚣与其说是科技主义逼迫的结果，不如说是人们日趋功利化倒逼的结果。在其催促之下，教育也开始转变，专注于知识技能的工具性价值。以人为中心，教育将复杂的世界抛弃，将混沌的事物切割，以便高效地完成传递。在这种境遇中，学习的目的不是真切地认识世界、追逐善好的理念，而是专注于欲望的膨胀和身体的欢娱。在人的欲望的导引下，教育急速前行，反过来又让人变得傲慢而无所顾忌。"那些所谓受过教育的人和'现代观念'的信徒身上最令人厌恶的东西莫过于他们的缺乏谦逊和傲慢无拘，他们总是用眼睛和双手那样肆无忌惮地触摸、舔舐和把玩。"① 所谓的真理也成了可以亵玩的对象，这让教育愈益趋向于单一，始终着力于知识技能的传授，毕竟可以迅速转化为实利的技巧才是真正有价值的东西。至此，现代教育人学观的框架就被先在地限定了：不断地缩小事务领域、不断地聚焦个人立场。最终，个体的角色开始凸显，个人中心主义开始蔓延。当教育让人的思维走向封闭，让人的追求趋向贫乏，其实已经失去了自身的本真意蕴，并滞碍了个体的成长。

现代哲学所培育的人的中心化，让我们自足于自身的理性而沾沾自喜，让我们将善的理念置换为人的欲念，让我们总是以俯视的姿态与"它者"交谈，甚至蛮横地拒绝不同于"我"的"异"。正是因

---

① [美] 保罗·伍德拉夫：《尊崇：一种被遗忘的美德》，林斌、马红旗译，商务印书馆 2007 年版，第 4 页。

为这种思维的泛滥,当前教育人学观才变得封闭而单一,急躁而贫乏。然而,自我感觉良好的理性之人却依旧对下列问题茫然失措:"人类拥有文明,但为什么却日趋苦恼孤独?人类拥有科学,但为什么困惑不已?人类的知识不断丰富,但为什么自由却更见遥远?"①因此,理性的核心地位是值得怀疑的,个体的自足属性是值得审视的,在此基础上建立的教育人学观不仅面临着责难,而且还无法自我证明和回应。

三 生活教育的崛起

柏拉图教育思想的有效性来源是为教育活动和个体发展寻找一个终极合理的基础和目的,从而可以为现实生活中的人们提供稳定的方向性引领。从这个角度来看,柏拉图的教育观念是奠立在形而上学基础之上的,强调只有超越性的至善才有真正的价值,主张教育对象要不断观照善的理念,以克制灵魂中激情和欲望的作祟。这种思考路径及至现代依旧没有完全断绝,西方思想家借助自身的理性孜孜寻求万世不易的定理,并努力为生活的世界立法——构造世界运行的秩序。从柏拉图的"理念"到亚里士多德的"逻各斯",从康德的"绝对命令"到黑格尔的"绝对精神",到叔本华的"意志",从尼采的"强力意志"到弗洛伊德的"力比多"等,哲学家们的看法虽然各不相同,但基本的思路仍延续了柏拉图的传统,即根据自己认定的自然法基础确立各种道德观念,进而引导人们的道德追求和道德发展。黑格尔甚至断言,"所谓'真正的善'——'普遍的神圣的理性,是一个强有力的、能够实现它自己的原则'"②。然而,不同哲学家提出的价值观念相互冲突,且在具体的生活

---

① 黄万盛主编:《危机与选择:当代西方文化名著十评》,上海文艺出版社1988年版,第32页。
② [德]黑格尔:《历史哲学》,王造时译,上海书店出版社2001年版,第36页。

场景中还会彼此矛盾，缺乏能够达成共识的价值序列。面对日益复杂的社会生活和芜杂丛生的道德问题，继续沿用一种延续柏拉图教育传统的理论显得笨拙而荒唐，似乎颇有刻舟求剑之嫌。

在这种情况下，柏拉图的教育观念和思想的有效性就受到了质疑。站在现代的立场，分析哲学家安斯康姆（G. E. M. Anscombe）认为，道德概念的合理需要能够使之有效的道德语境，过去道德教育思想体系残留的道德语言对于今天的教育哲学是有害的，因而必须对之进行彻底的净化。① 这种批判的声音充斥在现代话语之中，其中尤以杜威反驳得最为系统。一方面，他认为人只有在生活情境和具体事情之中才能实现教育目的，而脱离实际生活的所有教育知识都是伪善。这也就意味着，除非我们在生活情境中能够真切地体验到心理上的满足，否则所谓的"善"就是一个空洞的名词。如其所言，"如果生活是有价值的，它们就必须得到理想的和内在的价值"②。按照这种思路，杜威建构起了基于人的日常生活和个体经验的教育观念体系，并强调在生活情境中对人进行教育。另一方面，他认为教育应该关怀个体的特殊性，重视教育实践的外在条件。事实上，我们某些性格的特质和社会关系有着明显的联系，如诚实、正直等道德。因此，"所谓德行，就是说一个人能够通过在人生一切职务中和别人的交往，使自己充分地、适当地成为他所能形成的人"③。以杜威提出的标准来进行考察，我们会发现柏拉图教育思想中一直被轻视或否定的世俗生活成了人形成整全发展不可或缺的组成部分，而个体的特质在发展过程中亦具有独特的价值。从柏拉图到亚里士多德，从斯多葛学派到修道院的教育思想，都

---

① G. E. M. Anscombe, "Modern Moral Philosophy", *The Journal of the Royal Institute of Philosophy*, Vol. 33, No. 1, 1958.
② ［美］约翰·杜威：《哲学的改造》，许崇清译，商务印书馆1958年版，第92页。
③ ［美］约翰·杜威：《民主主义与教育》，王承绪译，人民教育出版社1990年版，第375页。

是让人们在想象和期望中寻找庇护和安慰，实质上并不具备丝毫的现实关怀性质。柏拉图教育思想忽略了具体和特殊的教育生活场景，因此，既不合理也失去了解决实际问题的可行性。①

随着分析哲学成为英美哲学的主流，柏拉图教育观念及教育思想的地位变得更加岌岌可危。摩尔（G. E. Moore）认为，柏拉图开启的"形而上的教育观"假设"至善"是一种实体性存在，并运用没有任何现实所指的形而上学话语进行论述，这是极为错误和荒谬的。② 普理查德（H. A. Prichard）甚至直言，柏拉图及亚里士多德提出的教育概念根本无法成为现代教育哲学的基础。③ 从教育观念或教育思想的适应性来看，现代社会确实已经丧失了柏拉图教育思想能够行之有效的生活语境和文化结构。换言之，因为支撑教育概念有效性的古今思想体系是完全不同的，所以柏拉图教育思想失去了存在的文化背景，从而遭遇了危机。

第三节　柏拉图教育思想的现代转化

在现代社会中，人们正面对着越来越复杂的教育问题。遗憾的是，与过去断裂的当前主流教育思想却经常出现失声的情况，无法回答生活的意义、教育的目的等问题。人们已经逐渐意识到，现代教育概念与教育实践的混乱是由于思想发展史的断片。为了应对这种状况，我们必须通过重述教育思想的历史来找到现代教育问题的根源及教育规则的正当性。"现代道德话语和实践只能被理解为来自古老过去的破碎

---

① ［美］约翰·杜威：《哲学的改造》，许崇清译，商务印书馆1958年版，第87—88页。
② G. E. Moore, *Principia Ethica*, Cambridge: Cambridge University Press, 1993, p. 62.
③ H. A. Prichard, "Does Moral Philosophy Rest on a Mistake?", *Mind*, Vol. 21, No. 1, 1912.

了的残存之物，并且，在这一点被很好地理解之前，他们给现代道德理论家所造成的不可解决的问题将始终是不可解决的。"① 因此，重述教育观念的历史，就是重建教育理论的过程，也是重寻生活意义的过程。于是，越来越多的学者调转目光，开始呼吁找回失落的以柏拉图教育思想为核心的古希腊教育观念，这也是古希腊教育思想重新进入人们视野的原因。尽管如此，我们还是不能忽视一个重要且困难的问题：已经远离我们的柏拉图教育思想如何跨越时代和文化的差异，完成现代意义上的转化进程，重新回应现实的教育问题？

一 多学科的回溯研究

柏拉图教育思想就自身的历史存在而言，是孕生于特定的城邦文化母体之中，与各种神话、宗教及习俗相互交织在一起。如果完全从现代的视角观之，柏拉图提出的许多教育命题是非常"荒谬"的。其实，这种荒谬不在教育命题本身，而在其所处的历史境遇与现代社会的差异之中。因此，如果不回到特定的历史语境之中，我们就无法对之形成正确的认识，更遑论促使其完成现代转化的进程。具体而言，一方面，因为泛滥的科学思维已经改变了现代知识结构和文化氛围，进而改变了我们的思考方式，甚至决定了我们的文化视野。我们通常基于当前的标准去衡量过往的思想，以判定是否或者多少能够为我们所用。另一方面，因为柏拉图教育命题建立的合理性理论基础与现代教育观念存在极大的差别，以至于难以进行直接的沟通、交流。例如，柏拉图教育命题的基础——超越性"理念"，还有他提出并论证的"哲学王"统治命题，即使可以被今人予以宽容性理解，甚至获得推理缜密、逻辑严谨的称赞，我们也很难再真正信服隐蕴其中的命定论和等

---

① ［美］阿拉斯戴尔·麦金太尔：《追寻美德：道德理论研究》，宋继杰译，译林出版社 2011 年版，第 139 页。

级制。① 在这种情况下,与之联结的教育思想必然要进行现代重建,以适应现代社会的生活场景并回应真实的教育问题。当然,在此之前,我们必须回到历史语境之中对那些"荒谬"的教育命题做出澄清,否则将遗失了其背后隐含的、被现代教育理念所忽略的重要理论向度。

因此,我们将柏拉图教育思想作为研究对象时,不能仅仅按照当前的需要对之进行裁剪、过滤和解读,而应该让思维的探头回到历史的源流之中,贴近古人真实的生活境遇,从而充分还原出思想的原貌。然而,开展回溯研究面临着两大困难:一是研究者必须确知古代生活世界的真实情况。柏拉图教育思想与城邦生活是互为表里、互相渗透、互动演进的,而关于城邦生活的描述通常存留于历史传记、戏剧材料和考古发现之中。研究者若想更好地获知当时的道德生活、精神文化、宗教传统、风俗习惯等方面的信息,就必须打通不同学科之间的界限和壁垒。二是研究者必须考虑古典著作的相关信息。承载古典教育思想的著作不是孤立存在的,而是在许多文本相互关联构成的语境中获得整全的意义。然而,许多古典文本的创作年代(如柏拉图的著作)很难精确考证,我们甚至难以确切地了解作者的生平,因而只能在宏观上填补文本的社会背景。可见,关于柏拉图教育思想的研究不是单一的问题,而是个"问题簇"——问题之间相互纠缠且紧密相关,无法通过某个学科或学者单独完成。因而,为了还原柏拉图教育思想的面貌,我们必须建立联动协作的"学科群",让不同学科的研究者从各自学科视域做专业的回溯研究。其实,这种多学科协作研究不完全是由"古代"的复杂性决定的,在某种程度上也受到教育复杂性的制约。因为某些教育问题——如教育概念、教育命题

---

① 孙银光、杜时忠:《"哲学王"的虚假与真实——兼论柏拉图的教育哲学思想》,《现代大学教育》2018 年第 4 期。

等，仅仅从教育学的学科视野进行探究，很难厘清其本质属性。麦金太尔曾坦言："当我谈到道德探究时，我的意思是指某种比人们习惯理解为的道德哲学更为宽泛的东西，因为道德探究扩展到了历史的、文学的、人类学的和社会学的问题。"[①] 虽然每个学科的研究进路都能从某个角度丰富对柏拉图教育思想的认识，但缺乏多学科的协同机制将会制约单一学科的研究进展。作为教育学者，我们要主动挣脱学科的藩篱，借助历史学、社会学、宗教学、考古学等学科的发展，充实对柏拉图所寓居的生活世界的认识，从而最大限度地还原柏拉图教育思想的原貌，为促使其完成现代转化奠定基础。

二 多向度的问题空间

柏拉图教育思想的多学科协同回溯研究可以更加清晰地揭示古代的生活世界、其思想的产生和发展脉络。在此情况下，以往狭窄的学科问题域将会被打开，呈现出多向度的问题空间。以教育学科为例，当前相关研究主要集中于提取柏拉图教育思想的精华，以促进当代教育理论的完善。这种研究既未关注思想根植的生活世界，也忽视了思想本身的发生、发展过程，由之产生的问题域较为狭窄，无法真正完成柏拉图教育思想的现代转化。细言之，关于柏拉图教育思想研究展开多向度的问题空间意味着，学者在开展研究的过程中必须涵括并回答一系列问题：古希腊城邦为何会出现某些教育问题、思想家们是如何解决这些问题的、生成了什么样的教育思想、对后世产生了怎样的教育影响等。就受到关注的柏拉图教育思想而言，我们对之进行研究必须厘清：柏拉图在雅典城邦中的生活境遇，面临着什么样的教育问题，为何会以"正义"为主题建构教育思想，对后世的教育理论产生

---

① [美] A. 麦金太尔：《三种对立的道德探究观——百科全书派、谱系学和传统》，万俊人等译，中国社会科学出版社1999年版，第3页。

了何种影响等。研究者将这些问题逐一厘清，才能还原出柏拉图教育思想的真实面貌，才能廓清看似荒谬的教育命题隐藏的含义。当然，尤其值得谨慎对待的是，柏拉图教育思想虽然对教育问题的分析和反思会呈现出某种超越性特征，但他毕竟从属于当时的城邦世界和社会现实，因而这种超越性会受制于特定的历史文化背景。那么，我们对某种教育思想和教育命题的解读就不能完全拘泥于著作中的教育观念或理想，还应该注意到教育语言所附着的现实语境，否则将错失诸多著作以外的前理解结构。

除此之外，多向度的问题空间还会暴露出更为重要的问题：引导我们重新思考人类自古以来一直面临的教育问题。当前，学者们对于道德的关注出现了两种偏离：一是急切地回应社会的教育热点问题。因为自恃于教育权威的身份，学者们力图在解答教育热点问题的时候凸显自身的价值。然而，这种方式虽然有利于引导民众形成对某些教育观念的认知，却往往停留在琐屑的技术性解释层面，而让教育学者忽视了对某些本源性教育问题的探索。二是关于教育的思考拘囿于学科的界限。当前学科的日益分化，推进了学者对各自学科领域内问题的深入探索，而他们对问题的解释也大多基于学科的立场。这种多元进路让学术分工愈发精细化，但也出现了知识碎片化的危险。例如，对于"道德"的探讨已经逐渐分化为"道德心理"（心理学）、"道德概念"（伦理学）、"道德变迁"（社会学）等，致使相互间本应存在的联系被生硬地割裂了。对柏拉图教育思想的重新关注，有利于学者们除去技术的遮蔽，找回教育研究的初心——从一种统合的思路寻找教育的起源、揭示教育的困境。例如，尼采重新发掘了道德的谱系，探索道德的起源和发展[①]；维特根斯坦（L. J. J. Wittgenstein）回归了自古

---

① ［德］弗里德里希·尼采：《瞧，这个人：尼采自传》，黄敬甫、李柳明译，团结出版社2006年版，第131页。

希腊以来一直被关注的道德本源问题,"研究什么是有价值的,或者说,是研究生活的意义"①;库柏则关注了实现至善的心理条件,以及如何利用它们达到至善的目的②。教育学者在研究这类问题时,要避免仅仅从古典著作中吊钩些许散碎的字句,而应诉诸一种整全的视角和统贯的思维,重视柏拉图所处的生活环境、面临的教育问题、思想发展的阶段等,重新挖掘长期困扰人类的本源性教育问题,从而为促进柏拉图教育思想的现代转化疏通路径。

三 跨文化的历史接续

我们将目光聚焦于柏拉图教育思想的现代命运,并不是要进行完全的"复古"或"西化",而是在寻找西方柏拉图教育思想的现代转化路径过程中,自觉进入一种跨文化的视野,以期获得某些可资借鉴的思路。事实上,每种文化传统(包括中华民族的文化传统)在与现代社会相遇时,都会面临相似的困境,即传统理念与现代生活的冲突问题。为了化解这种冲突,传统文化必须进行现代转化。以中国传统教育思想为例,它从遭遇危机到现代转变的过程,其实质是在重建对自身文化根源的价值认同,是在维持自身连续性情况下的返本开新。古希腊文明是西方文化传统的源头,其中生成的教育思想影响了西方世界两千多年。在进入现代之前,柏拉图教育理念从未遇到过真正的挑战,甚至几乎未曾被质疑过,直到遭遇了社会文化和生活形态的巨大变革。现代西方教育思想与当前的生活结构相适应,是奠基于科学精神和个体主义之上的,具有反古典教育思想的基本理论倾向。这种

---

① Ludwig Wittgenstein, "A Lecture on Ethics", *The Philosophical Review*, Vol. 74, No. 1, 1965.

② John M. Cooper, *Reason and Emotion: Essays on Ancient Moral Psychology and Ethical Theory*, Princeton: Princeton University Press, 1999, p. 11.

变化的背后有着深刻的时代背景：一是19世纪末20世纪初，西方社会从自由资本主义转变到垄断资本主义政治经济结构，导致根植于社会生活土壤的伦理思想发生了历史转换；二是现代科学技术的迅猛发展，致使伦理思想从绝对主义时代转向相对主义时代。① 以此观之，古典精神文明与现代生活结构的匹配程度降低是柏拉图教育思想遭遇危机的深层原因。这也是每个具有历史传统和悠久文化的民族必须面对和解答的问题，否则就难以完成对已经断裂的历史文化传统的接续。

其实，在面对一些教育问题时，中西是共通的，古今也是相同的。"人类生活的某些特征在所有社会中都必然地或不可避免地是相同的，因而某些评价性真理是任何社会都不能回避的……如正义、勇敢、诚实等。"② 在古希腊雅典城邦，柏拉图以理性考察民众的生活信念，试图教化民众过良善的生活。孔子亦想要教育学生德行高尚，过仁义的生活。然而，在现代社会生活中，我们依旧困惑于如何才能过正义的生活，应该具备何种德性。即使有学者宣称，"正义是社会的首要德性"③，为自由、公正、自尊、羞耻等德性确定了价值序列，这个问题依旧未能被彻底地解决。虽然这些思考的理路存在差异，但古今思想家们都在致力于为苏格拉底的"人应该如何生活"问题寻得一个"阿基米德点"。④ 因此，我们必须以跨文化的视野来看待柏拉图教育思想的现代转化问题，这有利于发掘中西文化间互动交流的可能性，同时也可以在它者的发展过程中更好地明见自身。作为教育学者，我们应该如何接续已经与现代生活断裂的传统教育思想？一方面，我们要承

---

① 万俊人：《现代西方伦理学史》（上卷），北京大学出版社1997年版，第1—4页。

② [美]阿拉斯代尔·麦金太尔：《伦理学简史》，龚群译，商务印书馆2003年版，第139页。

③ [美]约翰·罗尔斯：《正义论》（修订版），何怀宏等译，中国社会科学出版社2009年版，第3页。

④ B. A. O. Williams, *Ethics and the Limits of Philosophy*, Cambridge：Harvard University Press，1985, p. 1.

认教育概念的丰富内涵来源于自身携带的历史特性和文化传统，而非一种仅仅奠基于现代生活的单薄观念。另一方面，我们必须按照时间顺序对传统教育思想进行重述，以厘清它在历史进程中遇到的教育问题及转化过程，从而显露出其内部的张力。当然，仅仅做到接续断裂的教育思想发展史是不够的，我们还应该在"返本"的过程中不断"开新"。这就要求教育学研究者在传统文化中找到那些具有永恒性的教育问题，并摒弃其旧时代的伦理内容，注入新时代的精神文明，从而促进人们形成良好的人格。① 只有在返本开新的思路引导下，我们对柏拉图教育思想的转化过程才能够完成，对传统教育思想的接续才能发挥出应有的价值。

  柏拉图教育思想既有被现代社会遮蔽的深刻洞见，亦有自身难以革除的弊病。与之相似，中华民族的传统文化及教育思想也存在同样的问题。因此，我们对之要持有谨慎的态度，既无须脱离特定的历史文化语境进行过度发挥，也要避免完全以今裁古、以中量西的过度贬抑。为了祛除这种过于武断的做法，一方面我们可以通过重述自身的思想传统，发掘出中华民族教育观念的源点和根基；另一方面也需要打开跨文化比较借鉴的视野，在促进文明对话的基础上，重建关注人类共同命运的教育思想。

---

① 高兆明：《"返本开新"何以可能》，《社会科学报》2018年8月2日第5版。

第八章　现实的澄明：柏拉图教育思想的当代价值

柏拉图生活的年代距今已近两千四百年，其思想的魅力却穿透了历史的尘埃，一直深深地吸引着许多人。然而，随着17世纪以来启蒙运动的蓬勃发展，柏拉图教育思想的根基——超越性理念，已经被奠立于科学技术基础之上的近现代哲学彻底掘空，其开启的教育传统也随之消失。遗憾的是，获得"启蒙"的人们从超越性理念的观照下突围而出，却没有将目光投向对德性的追寻，反而不断朝功利性、工具化和碎片化的方向狂飙突进。在此观念的辐射之下，教育领域也呈现出利己主义和虚无主义的症候。当前语境中的教育以人为中心，围绕着知识传授和技能训练而展开，最终的落脚点依然是传递的效率，即以学生获得知识技能的多寡为衡量标准。[①] 顺着这种思维，教育始终着意于关注人的部分发展，其背后折射的现代哲学也固执地将目光聚焦于人的身体部位，并以此为核心建构了完整稳固的解释体系。学校教育率先考虑的不再是绝对的善、整全的人，而是各种技术、工具、效率等。"今天，我们却不问怎样使一个孩子成为完整的人；而是问我们

---

① 陈亚凌等：《从中心到边缘：教育人学观的变迁及重构》，《现代大学教育》2017年第6期。

应该教他什么技术，使他成为只关心物质财富的世界中的一颗光滑耐用的齿轮牙。"① 在这种境况下，我们已经放弃了对教育的深层洞察，进而陷入一种"现代"的偏执之中。面对当代学校教育的困境，柏拉图教育思想的价值开始重新凸显出来，其开启的古典教育传统也再次涌现出诸多可资借鉴的智慧。

第一节 柏拉图教育思想的时代断裂

古希腊哲学发端于对世界的惊异，哲人们持有这种惊异的态度不断探究自然万物、人类事务。到了希腊化时代，哲人的观念发生了改变。"由于希腊生活的理想世界已经分崩离析，由于宗教日益淹没在客观世界的习俗中，由于被剥夺了独立性和破碎的政治生活不再唤起虔诚，每个人的心灵深处深深感到只有依靠自己；因此迫切需要人生目的的科学理论，更迫切需要保证个人幸福的智慧了。"② 这种变化的趋势在启蒙运动的催促下得到了进一步强化，以至于古希腊哲学建构的思想体系已经难以适应社会生活，其所统领下的教育思想也无法继续有效地引导教育实践活动。在当前语境中，超越性理念被近现代哲学视为虚假的乌托邦思想而加以拒斥，而以人的情感、意识和需求为表征的自主性则开始得到充分张扬。沿着这条路径，近代哲人建立了基于个体理性和经验的认识论与以个人需求为本位的世俗主义价值学，使哲学活动经过变形之后获得了合法地位。在这种哲学思想辐射下，制度化教育也转而关心个体欲望的餍足，进而将感官享受的满足作为

---

① ［英］伊丽莎白·劳伦斯：《现代教育的起源和发展》，纪晓林译，北京语言学院出版社1992年版，第9页。
② ［德］文德尔班：《哲学史教程：特别关于哲学问题和哲学概念的形成和发展》（上卷），罗达仁译，商务印书馆2009年版，第211页。

体现个体价值的尺度。至此，柏拉图教育哲学思想存在的根基坍塌了，其价值也被历史的尘埃遮蔽。

一 哲学活动的"合法"

柏拉图通过建构理想国、净化诗歌、培养哲学王的方式，在理论上化解了哲学与城邦的紧张关系，让哲人可以在坚持生活方式的情况下不被城邦排斥，同时还可以教导民众过正义的生活。然而，哲人面临的危险只是被规避，却没有被彻底地根除，因为这是由哲学的本性决定的——与现实保持距离，对现实发表"异见"。"我们不能因为柏拉图的成功就无视危险的存在，不管这种危险在形式上怎么千变万化，它都始终与哲学相伴随。"① 换言之，只要在现实生活中哲学活动还与城邦政治和民众生活作对，哲人的现实处境就不会真正得到改善，而哲学活动也必然会面临随时被中断的可能性。

近现代哲人变得更加"聪明"，他们通过两个途径彻底消弭了危险。

首先，对古典传统的弃置。在启蒙运动开启的现代性进程中，霍布斯（T. Hobbes）以"积极的清道夫"姿态否定了自然法作为维护客观秩序的存在，而培根、笛卡尔等哲人则将古典哲学的核心——关于善美等的形而上思考视为"无法证明的"，也就是"无意义的"问题加以置弃，从而实现了与古典哲学的彻底决裂。"通过与古典失联的革命性断裂，人自主的自我规定的可能性首次得以证实，这一点才是核心剧变，几乎所有更进一步的现代转向都源于此……这种转向的核心冲动是，只承认经验实在和此时此刻的个别存在是认识和行动的标准：只有那些当下的、可感性经验的、可证实的存在事物才会被接受为实

---

① ［美］列奥·施特劳斯：《迫害与写作艺术》，刘锋译，华夏出版社2012年版，第15页。

在事物，接受为思想能够由此获得概念的事物。"① 于是，现代哲人将思考"何为正义""何谓好生活"的责任移交给了个人，其实也在一种程度上勾销了人对自然善好的选择。"启蒙运动使哲学遭受危险，因为它怂恿哲人牺牲他们对真理的追求，以便启迪公众；在一个'启蒙了的'世界中，哲学……丧失了理性作为这些政制的批判标准的作用。"② 在这种情况下，"对于'城邦'而言，哲学何为"的问题就显得没那么重要了。因为哲人在解除了对永恒的超越性理念的追求之后，心智的作品和国家的作品之间由紧张的冲突关系转变为简单的和谐关系。于是，哲学变成了维特根斯坦的"语言用法"、胡塞尔的"严密科学"、海德格尔的"存在的绽露"、萨特（J-P. Sartre）的"无限自为"、德里达（J. Derrida）的书写"延异"等。这一步步的后撤和缩小范围，让哲学不再与民众的世俗生活针锋相对，而是拘囿于自身的褊狭世界探讨技术性问题。无论如何，现代哲人已经不是现实生活中的"异见分子"，而是"合法公民"。

其次，对流行意见的附和。"政治哲学——或者干脆说哲学的起源，就在于哲人天性与民众信仰冲突时引发的政治（等于价值选择）问题。"③ 如其所言，哲学在原初本质上与民众所持的流行意见是不一致的，存在无法调和的矛盾。以苏格拉底为代表的古典哲人也从不受城邦习俗的支配，如同刺猬一般怀疑习传法律的神圣性、质疑民众的德性，企图唤醒人们的理性审思。即使柏拉图在理想城邦中调整了哲人的生活方式：勇敢和温顺的结合——哲人下降到城邦之中，并引导民众向善爱好，其实质也是在充分考虑了政治制度稳健性的情况下而

---

① ［德］施米特：《现代与柏拉图》，郑辟瑞、朱清华译，上海书店出版社2009年版，第3—4页。
② ［美］布鲁姆：《人应该如何生活——柏拉图〈王制〉释义》，刘晨光译，华夏出版社2015年版，第76页。
③ 刘小枫：《施特劳斯的路标》，华夏出版社2011年版，第46页。

做出的妥协，在根本上还是否定了民众意见的正确性。柏拉图依然坚持认为，城邦和民众若想实现整体的正义，必须接受善的理念的引领，而善的理念只有哲学王才能认识。然而，近现代哲人变成了"狐狸"，聪明地转换了自己的观念，不再与民众及世俗生活作对。因为他们知道民众的意见虽然不一定是理性的，却通常是最具政治权威性的。以生活中非常盛行的功利主义思想为例，哲人将关注的视角投向个体价值的实现，甚至论证出私己欲望的餍足是一种需要法律保护的"自然权利"，一种"无辜的恶"。他们的"关注局限于人的尘世福利，精神财富虽不予拒绝，但是衡量一切价值的标准却存在于一个物体、一种关系、一次行为、一个意念可能引起的快乐或痛苦的程度中"①。至此，苏格拉底遭遇的困境和柏拉图审慎的修饰，对于现代哲人来说已经完全不构成问题了，因为哲学已经从疏离地批判民众的生活转向匍匐于民众的欲求。哲人和哲学经过变身之后不用再小心翼翼，而是在"城邦"生活中招摇过市，这也就彻底取消了柏拉图开启的古典教育两重性的存在前提。遗憾的是，哲学对流行意见的附和，虽然让自身的合法性不再成为一个问题，却也发展到了这样一种地步：哲学本身的意义已变得可疑。"现代哲学已经放弃了真理可证的主张，堕落成某种形式的知识自传，要不就自甘为现代科学的婢女，蒸发为方法论。"② 于是，急于证明自身价值的哲学，愈益沉溺于工具、技术、效率等可以给人带来利益的实利化层面，愈发呈现出极为明显的功利化倾向。现代哲学的浮躁已经成为不言自明的事实，非但无法继续为民众的日常生活提供指导，反而让自身陷入了极为窘迫的境地。我们与其说这是

---

① ［德］文德尔班：《哲学史教程：特别关于哲学问题和哲学概念的形成和发展》（下卷），罗达仁译，商务印书馆2009年版，第457页。

② Leo Strauss, *The Rebirth of Classical Political Rationalism*, Chicago: The University of Chicago Press, 1989, p. 219.

科技主义逼迫的后果，不如说是人们的生活日趋功利化倒逼的结果。①

在这种哲学思想的催促之下，教育活动也开始随之发生转变，不再关注人的整全发展和善好生活，而是愈益专注于知识技能的工具性价值，将复杂的世界抛弃、混沌的事物切割，以便完成高效地传递。"学校自诩可将学习内容细分为各种学科'材料'，然后把这些如同积木般的现成材料组合成课程教给学生，并用一种国际通用的尺度评估学生的学习结果。"② 在这种境遇中，学生接受教育的目的不是真切地认识世界，也不是追求卓越的品质和善好的生活，而是迅速地获得可供生活的知识技能，以便满足身体的欢娱和欲望的欢腾。反过来，学校教育开始逐渐转变自身的定位，不断地贴近社会、靠近生活，甚至以之为发展的取向和目的，以便让被"生产"的极为规整的学生能够快速地融入社会，获得优越的物质生活。

二　教育制度的确立

柏拉图身处的古希腊时期，雅典城邦已经出现了较为完整的学校教育体系，主要包括育儿所、文法学校、弦琴学校、竞技学校等。此时，学校教育主要进行诗歌传递、宗教礼仪、身体训练等。公元前385年前后，柏拉图在雅典城邦的郊外建立了阿加德米学园，主要传授哲学、政治、法律、数学、几何等内容，及至公元529年被封闭为止。此时，这种教育体系较为松散，尚未形成制度化教育形态。哲人既是追寻真理的爱智者，也是向学生传递真理的教师。柏拉图通过理想国

---

① 19世纪以来，西方思想界出现了两类哲学动议。一是以实际科学（如经济学、社会学、人类学等）来取代哲学。这种论调将传统哲学判定为对人类生活毫无用处的意识遐想和知识堆积。二是重新界定哲学。诸多近现代哲人认为哲学是"诗意的沉醉"（尼采语）、"严密科学"（胡塞尔语）、"文学的创作"（德勒兹语）等。这些论调意图让哲学与蓬勃发展的现代精神接轨，却也让哲学的地位被动摇，而科技主义的出现则将哲学逼到了知识的边缘。

② ［美］伊万·伊利奇：《去学校化社会：汉英双语版》，吴康宁译，中国轻工业出版社2017年版，第49页。

教育体系培养了哲学王，也让其扮演着教化民众的教师角色。一方面，哲学王要引导民众走出洞穴。哲学王在观照善的理念之后，要返回洞穴"硬拉"陷于各种虚假影像中的民众走出洞穴，直到他们能看见外面的"阳光"（善的理念）。（515E）另一方面，哲学王要培养自己的接班人。"当他们已经培养出了像他们那样的继承人，可以取代他们充任卫国者的时候，他们就可以辞去职务，进入乐土，在那里定居下来了。"（540B—C）哲人虽然与民众的生活针锋相对，开展的教育活动也不免受到城邦民众的阻挠，但经过柏拉图的调整之后哲学教育活动依然得以延续。然而，到了近现代之后，为了适应生产力发展对大规模人才的需要，各国开始建立了制度化教育体系。这种制度化教育不仅未巩固柏拉图开启的古典教育传统，相反还进一步瓦解了其基础。此时，教师从哲人身份中独立出来，开始专门从事教育活动。这两重身份的分离，造成了一个无法弥合的断裂，即教师被"城邦"正式收编，不再履行反思生活的责任。在雅典城邦时期，哲人式教师始终游离于城邦制度之外，在过着静观生活时还扮演着牛虻的形象（苏格拉底语）、刺猬的形象（施特劳斯语），不断刺激民众让其反思自身的不义信念。他们借由教育活动向学生传递自己发现的善美——迥异于城邦生活推崇的习俗、德性等。可见，柏拉图的哲学教育追求的是一种灵魂的整全、高贵的德性，根本无法与民众的世俗生活完全兼容。当学校制度产生以后，已经摆脱哲人身份的教师就被学校彻底收编了，我们应该知道学校制度和国家制度是同构的，那么教师的目光所视不再是各种"背离性"理念，而是国家的利益所在；教师面对的不再是时刻作对的民众，而是关系和谐的学生。"为了发展经济，现代民主政制将发展经济所必需的技术非道德化，以致教育日益成了实用的技术知识培训，而不是品德修养。"① 于是，教育最重要的事情已经不再是

---

① 刘小枫：《施特劳斯的路标》，华夏出版社2011年版，第58页。

让师生成为一个道德的人,更遑论自然意义上的好人——尽管学校教育依然高举道德的旗帜,但道德的内核已经从超越的理念被置换为社会的规范。我们可以看到学校制度中首要的位置是高效传递学科知识的教学活动,而学生的道德要求已经落到了次要的位置。这种学校制度又反过来让摆脱哲人身份的教师更加远离自然之好,日益趋向于追求效率和控制。

事实上,"人们一旦承认学校的必要性,那么也就容易成为其他制度的俘虏"①。制度教育对于教师而言是一个较为完整的驯化体制,其支配下的学校教育活动已经形成了极为细密的驯化之网。这种制度化的教育境况给教师带来了三个方面的问题:首先,教师实践的平庸化。在制度化的学校教育中,教师从事的不再是富有创造性的工作,如与学生共同追寻真理、将属己性理解传递给学生等,而是重复教授固定的内容,如内容、话语、教法……在进行知识传递的过程中,教师扮演的角色也不再是"本我",而是成为匠人在学校教育中的具象化代表。换言之,教师已经无法再将自身对世界及事物的独特理解教授给学生,而是作为中介传递提前规定的学科知识。这种实践的平庸让教师无心亦无力如哲人一般去探求真理,何况这些所谓的真理还背离日常生活,他们只能被迫地习惯于因循守旧。其次,教师责任的脱卸化。学校教育制度将教师定位为教书匠,那么他们承载的责任是教给学生以供谋生的知识技能,考核的标准是知识技能的传递效率。教师每天不得不依循学校制度来开展教学活动,甚至遗忘了教育本来的面貌和本应承担的责任。"一直以来的制度惯例,作为集体行动的构成性要素,往往会非常地'习以为常',因而能够轻易避开人们的理

---

① [美]伊万·伊利奇:《去学校化社会:汉英双语版》,吴康宁译,中国轻工业出版社2017年版,第48页。

性审视。"① 在此种情形中，教师已经不具备对知识的反思和批判能力，而反思是人探寻真理的必由之路，这也就意味着教师主动遗弃了追求真理的责任，不再汲汲于善美，而是甘于或乐于过一种平庸的生活。在学校教育制度中，对教师而言卓越的德性和美好的生活不再是一种必需，甚而是一种导致自身无法认同学校体制的负累。教师责任的脱卸化是自身对学校教育现实的妥协和顺从，是一种身份的转换和消极的弃我。最后，教师理想的规整化。在学校教育制度中，教师是在被预先设计好的情节中开展教学活动。这种设计是基于外在的制度强制，而非源自教师的真实想象。它脱离了教师的生活体验和理性思考，却企图幻化为教师的个体思想，甚至替换教师的教育理想。理想本应是对社会现实的超越式想象，而教师的理想却被规整的制度现实置换了，变得日益平庸和琐屑。于是，"教师的理想不是引导、陪伴学生走出阴暗的洞穴，反而心甘情愿地陪着学生共同观看穴壁上的影像，过着一种不反思的生活"②。

基于效率与控制的制度化教育——将所有的教师和学生视为同质，收紧了教师的教育实践活动，由此削减了教师和学生的多种可能，并将知识技能的传递效率设置为唯一可能。当教师丧失了哲人身份的时候，当教师被教育制度驯化的时候，当教师与现实生活和解的时候，柏拉图正式开启的古典教育传统也就消失了。反观学校教育实践，它似乎也正在如此进行诠释，通过收编异质性、消解可能性，以实现规整的秩序、高效的生产和统一的产品。我们可以将制度化学校教育比作工厂，借由工程式思维管理教师，将差异性学生制造为标准化产品，

---

① 傅淳华、杜时忠：《论学校制度情境中的教师平庸之恶》，《教师教育研究》2013年第4期。
② 孙银光、杜时忠：《教师权威的古典视域及其现代价值》，《教育发展研究》2015年第4期。

而一道道生产流水线正是早已被规定的知识。教师在教学活动中的主要责任是按照学校制度的要求，维护知识生产线的快速有序运转。在此情况下，教育中的"责任便从个体自身转嫁到了制度身上，其结果必然导致社会倒退，尤其是这种责任被视为一种义务时更是如此"①。显然，在规范而有序、严密而工整的学校制度生活中，柏拉图开启的古典教育传统早已丧失了立身之地，而残留的是对生活知识的追逐、对各种荣誉的猎取，正如城邦民众对诗人的信奉、对诗歌的赞誉，并以此来规范自己的生活。于是，现代教师如古代诗人和智者一般，所能做的只剩下向学生传播工具性知识、培养功利性思维，使学生追求优越的物质生活而忘却了对完满精神的渴望。他们无法再做学生精神的"领袖"和真理的"导师"，而是陪同其一起受缚在昏暗的洞穴之中。可以说，平庸化的教育实践让教师深陷于洞穴之中难以自拔，脱卸化的教师责任让教师不再引导学生走出洞穴，现实化的教师理想则让教师对生活在洞穴之中甘之如饴。

柏拉图的教育思想是哲人在特定时期因为城邦的政治压力和哲学的自身祈求而产生的，是为了化解哲人面对的现实困境并实现哲学理想。随着哲人与现实政治的和解、教师被制度教育的收编，或者说前者对后者的顺从，二者之间的冲突被取消了。然而，伴随这种冲突消失的不仅是超越性理念，还有对卓越德性的追求、精神完满的期许，而被理性所约制的欲望和激情骤然爆发出来，已经成为支配人们生活的主要标准。正是因为缺乏超越性理念的引导，人们由自由主义滑向了功利主义，在功利主义中又倒向了虚无主义。正如汉娜·阿伦特认为的那样："在批判它的那个上帝已不见时，好像道德还能够连续下

---

① ［美］伊万·伊利奇：《去学校化社会：汉英双语版》，吴康宁译，中国轻工业出版社2017年版，第48页。

去，这太幼稚了。要保存道德信念，'超越者'是绝对必需的。"①

三　后现代思潮的涌动

近现代哲学以科学理性和科技进步动摇了柏拉图开启的古典哲学的根基，将善的理念视为无法理解的观念而加以置弃，并影响了学校教育和教师身份的转变。然而，现代哲学由于自身的痼疾，形成的人学观显得封闭而贫乏，教育也因此受到牵连，不是促进而是阻滞了学生的成长。随着后工业时代的到来和知识的爆炸性增长，据此产生的后现代哲学重新省察了人与世界、人与人的关系，并对人进行了新的定位。当代教育观也受到了冲击，但带来的不是古典教育观念的复归，而是人开始从特权的王座上退位，逐渐滑落至边缘境地。作为一种日益勃兴的哲学思潮，后现代哲学是对现代人类实践和自身进行反思的思想运动，也是一种对传统思考维度进行扬弃而形成的一种新的思维方式。当然，这种哲学思潮的兴起有着深刻的现实和理论背景：一方面，随着新技术革命的兴起，知识以令人瞠目的速度增长。知识的爆炸性增长和获得手段的日益多样化，对人们旧有的世界观产生了剧烈的冲击，甚至造成了颠覆性的影响。面对汹涌而来的知识浪潮，始终处于中心地位并确信可以把握和传播知识的知识分子也变得茫然无措。另一方面，科学的发展虽然在前期巩固了传统的世界观，但后期也悄然化身为土拨鼠掏空了传统世界观存在的根基。詹姆士·希特莱尔（James Lighthill）曾言，"三个世纪以来，一直用牛顿思想体系所主张的决定论，把受过教育的公众引入歧途，然而从1960年起，这种决定

---

① ［美］汉娜·阿伦特：《反抗"平庸之恶"》，陈联营译，上海人民出版社2014年版，第84页。

论经证明是不正确的"①。这种确定性的丧失让人变得无所适从，甚至开始怀疑自身所处的地位及存在的价值。因为无论是古典哲学还是近现代哲学，都认为存在一个确定的基点，并以人为中心架构了稳固的等级制度，由此形成了一套思想体系。在这种思想体系中，整个世界是一个等级森严的系统——一级从属于一级，越靠近中心就越真实高级。然而，在后现代哲学的冲击之下，原本浩然矗立的观念——每个事物都各在其位——已经轰然垮塌。换言之，人的中心地位及围绕其构造的等级观念再次失去了自身的可靠性。布洛克曼（J. M. Blochman）明确指出，"我，主体既不是自己的中心，也不是世界的中心——至今它只是自以为如此，这样一个中心，根本不存在"②。后现代哲学正是在此背景下产生的，并一举颠覆了人长期以来所处的中心地位，让人从特权的王座上滑落至边缘境地。当然，中心化人学观的丧失不是突然发生的，而是经历了一个渐变趋强的过程。早在19世纪末，尼采就谈道："哥白尼以来，人从中心位置滚向一个X。"③ 没有了中心，没有了权威，没有了神话，世界的复杂性和多样性——他者、差异、局部、断裂等以往被忽视、压制甚至掩盖的要素就暴露出来了。其实，无论是对于整体的人类还是对于个体的人而言，直面未知的、变化的世界不是一件值得悲观的事。中心化人学观的遗落也意味着固有框架、限制的消失，这让现象不再被本质压迫，个人不再被权威抑制，从而为人发挥自身的怀疑精神、创造能力预留了广阔的空间。可见，我们有理由持有怀疑精神，因为怀疑是对思想的活化、对本质的虔诚。从某种意义上来说，后现代哲学不是告诉人们确切的结果，而是一种思维

---

① James Lighthill, "The Recently Recognized Failure of Predictability in Newtonian Dynamics and Discussion", *Royal Society Annual Report*, Vol. 407, No. 38, 2003.

② ［比］J. M. 布洛克曼：《结构主义：莫斯科—布拉格—巴黎》，李幼蒸译，商务印书馆1980年版，第24页。

③ Nietzsche Friedrich, *The Will to Power*, New York: Random House, 1968, p. 8.

方式——流浪者思维①，即通过自己的目光摧毁界限，洞察到具有属己性的结果。于是，柏拉图建构的古典哲学体系在被现代哲学掘空了根基之后，又再次遭遇了后现代哲学的清理，即以人为中心、以理性为依托的等级体系被彻底摧毁了。这是一次全新的锻造过程，也给古典哲学带来了另外一重危机。

四 教育人学观的滑落

后现代哲学以无与伦比的勇气冲击了古典哲学推崇的人类中心主义和现代哲学构造的思维方式，特别是纯粹理性的思维方式。它通过流浪者的思维对以往习以为常的静态真理、原则、绝对等概念进行破坏和否弃，不断彰显事物的多样性、差异性和不确定性，从而破灭了古典哲学和现代哲学借由人类理性编织的解释体系。一旦失去理性的支撑，人的中心地位也会不断滑落，最终到了边缘的境地。哲学中人的中心地位的丧失和理性地位的弱化，必然会带来中心化教育人学观的失落，主要表现在两个方面。

一是封闭性的丧失。学校是依围墙（物质和文化）而设、划定特殊空间进行专门教学的地方。逼仄封闭的空间滋生了师生共同的傲慢心态——教育是为人服务的，一切事物都是为人服务的，甚至是一切人都是为己的。学校筛选特定的知识，教师传递规定的信息，学生获得的知识和技能，不过都是以人之理性将复杂的现实进行简化处理，从而实现为人的生活服务的目的。然而，后现代哲学提供的思维方式将复杂现实暴露出来，而教师或学生的需求与行为也不再是唯一的中心和评判标准。随之而来的是鲍尔士（C. A. Bowers）的教育生态圈、埃格莱顿（T. Eagleton）的解构教学范式、多尔（W. E. Doll）的后现

---

① 流浪者思维是一种以摆脱固有框架的束缚为方式，以自由漂泊为特征，始终致力于寻找美好家园而永不停留的思考方式。

代课程标准等。同时，网络技术的快速发展和信息的爆炸性增长也起着推波助澜的作用，让以往被忽视或缺少发言权的内容开始占据人的视野。于是，学校的"围墙"被打破，掌握的知识霸权在丧失，并且教师的权威角色在消解，学生的学习形式亦在转变。至此，学校教育的封闭性丧失了，而人也被拉下了神坛，不得不重新构筑自身与世界的关系。我们正逐渐认识到人不是区别甚或隔绝于万物的特殊生灵，而是与之平等同构的普通一分子。

二是无限性的遗落。从古典哲学到现代哲学的发展过程中，人的中心化趋势被不断强化和稳固，这让人的有限性和有死性被遮蔽起来，而是将无限的、绝对的和创造的角色付诸于人，从而以此为基础达到对事物和秩序的掌控。于是，尽管作为有限的人早已不堪重负，却依然梦想着进行一次从有限到无限的跃迁，而科学技术的发展在其中发挥着极为重要的作用。正如尼采批评反驳了一种变异的现代信仰观——人对科学的无限崇拜。"在科学的祭坛上屠杀了一个接一个的信仰之后……虽然在今日有些人不信神且反形而上，但是我们依然以一种古老的信仰（即基督教徒的信仰或柏拉图的信仰）而高举着劫后的火炬，并坚信上帝即是真理，而真理是神圣的。"① 在这种情况下，人的能力被虚幻地放大，人的理性得到了肆意的扩张，甚至不断寻找确定的绝对支点而幻想着为自然立法。其实，"现时代的人，作为生活着、劳动着和讲着话的存在，就是有限的，因为人受制于劳动、生命和语言，人的具体存在的规定性体现在它们之中"②。有鉴于此，后现代哲学不再假定存在一个绝对支点可以使已有的真理和秩序合法化。于是，原有的统一性、一致性和无限性被打破了，无序的多样性、变化的非一致性

---

① ［德］尼采：《快乐的科学》，余鸿荣译，中国和平出版社1986年版，第237—238页。
② ［法］米歇尔·福柯：《词与物——人文科学考古学》，莫伟民译，上海三联书店2002年版，第11页。

和差异的不完满性暴露出来。这种看法波及教育场域，以往所秉持的真理、秩序等具有恒定价值的东西变得不再稳固，经济欲望、权力意志开始显现出来。例如在福柯（Michel Foucault）的眼中，学校变成了规训学生的监狱；在布迪厄（Pierre Bourdieu）看来，教育变成了文化资本再生产……这意味着教学活动应该由"筛选—传授—接受"转变为"阐释—理解—建构"；学生也不用再继续固守所谓的"真理"，而应该根据自身的背景建构知识的不同意义。此时，学校教育的目的会变得愈发多样，学校环境亦变得更加复杂，师生也不再是学校教育的中心。这种复杂性、多元性、动态性和非一致性才是教育的本来面目，而非经由成人理性建构出的象牙塔。就现状而言，学校教育虽然仍固守着僵硬的中心化人学观，但已经在后现代哲学的冲击下摇摇欲坠，呈现出破碎散乱、复杂多样的景象。在后现代哲学的持续冲击下，因理性而建构起来的中心化人学观已经开始滑落到边缘境地。教育领域也受到后现代哲学思潮的影响，逐渐降低了俯瞰的姿态、削减了人的特权，重新站在平等的位置上建构人与物、理性与情感之间的关系。正如列维－斯特劳斯所言，"人文科学的最终目的不是去构成人，而是去分解人"①。当然，这种对人的分解并不完全是对理性的完全否弃，而是试图降低人的地位，将"异"的非理性因素纳入进来。

从现实生活层面来看，近代以来工业文明的蓬勃发展和科学技术的狂飙突进，社会生活和文化形态发生了剧烈的变化。现代社会已经不具备柏拉图教育思想可以行之有效的生活语境和文化结构。换言之，因为支撑教育概念有效性的古今思想体系是完全不同的，所以柏拉图教育思想失去了存在的文化背景，从而遭遇了严重的危机。从思想演

---

① ［法］列维－斯特劳斯：《野性的思维》，李幼蒸译，商务印书馆1987年版，第281页。

变层面来看，经由近现代哲学的反叛和制度化教育的强化，柏拉图教育思想的根基被掘空了，出现了明显的时代性断裂。在后现代哲学的影响之下，教育人学观发生了逆转，这导致柏拉图教育思想的残余被进一步清理。这意味着生活在现代境况中的我们，已经难以轻易而真切地触及并认识柏拉图教育思想的真正内涵，也无法实现柏拉图教育思想的完全复归。尽管如此，我们依然有必要将柏拉图教育思想回置于特定的历史境遇之中，在认识其理论价值的基础之上汲取相应的要素，以回应当前社会存在的典型教育问题——功利性、碎片化、工具化等症结。

第二节 柏拉图教育思想的价值评估

"任何真正的哲学都是自己时代精神的精华，所以必然会出现这样的时代：那时哲学不仅从内部即就其内容来说，而且从外部即就其表现来说，都要和自己时代的现实世界接触并相互作用。"[①] 柏拉图的教育思想正是为了解决哲人遭遇的困境，也是为了给雅典城邦寻找另一种发展进路，因而必然植根于城邦社会生活和文化形态之中，成为古希腊时代精神的精华。然而，随着社会的发展和文化的变革，尤其是近代哲学发起了"哥白尼式革命"，将古典哲学的根本——宇宙论、本体论等形而上思考视为虚妄的乌托邦问题加以拒斥，这让柏拉图的教育思想丧失了存在的稳固根基。与此同时，他们还将进步约等于好，将过去定义为过时，让我们如此频繁地遭遇这种意识：只有决绝地除旧，消弭或克服旧事物，才能布新，才能到达现代。于是，"很少有概念像'现代'概念一样，无论是在日常的还是科学的用语中，都具有

---

① 《马克思恩格斯全集》第 1 卷，人民出版社 1956 年版，第 121 页。

如此积极的意义"①。这种情况蔓延到了教育领域,致使德性被驱逐、理念被否定,而柏拉图开启的古典教育传统也几近被彻底清理。当后现代哲学再次掀翻了现代哲学建构的人的理性王国,释放出以往处于边缘地位的情感、态度、无意识等要素,柏拉图哲学及教育思想已经无法再重新复归了。在所谓自由氛围中成长起来的现代人,很难再相信超越性的价值理念,更难以接受哲人作为自己的人生向导;我们更加自矜于自身的情感,沉浸于自身的意识,并以自身的欲望作为衡量外界事物的价值尺度。因此,现代人对柏拉图教育思想也会持有拒斥甚至否定的态度,根本无法形成一种真实的直观。为了脱离褊狭的现代视域和过于自负的启蒙精神,我们必须通过整全的视角和统贯的思维重新拟定评价柏拉图教育思想的标准,以便客观地衡量其得失,汲取其思想的价值。

一 评价柏拉图思想的标准

柏拉图的教育思想诞生于动荡而晦暗的古希腊城邦时期,所以具有特定的现实根基和时代意义。因此,如果我们仅从现代语境考察柏拉图的教育思想,会遮蔽对此问题的深层洞察,甚至会产生完美无缺或不值一哂的两种极端认识,进而陷入"现代"的偏执之中。正如兰德尔所言:"对我们这样的现代人来说,柏拉图是希腊世界的完美体现。然而,什么是希腊?"② 这种由于社会变迁和思想转变引发的时代断层,确实给我们合理地认识和评价柏拉图教育思想的价值造成了严重的困难。为了对柏拉图教育思想形成适切的认识,我们必须重新建

---

① [德]施米特:《现代与柏拉图》,郑辟瑞、朱清华译,上海书店出版社 2009 年版,第 1 页。

② J. H. Randall, *Plato: Dramatist of the Life of Reason*, New York: Columbia University Press, 1970, p. 36.

立相对客观的评价标准。

其一，在真实的历史语境中评价。从历史的角度来看，柏拉图教育思想的发生和形成主要受到三个方面因素的影响。首先，苏格拉底问题。随着法律和制度的完善、社会道德规范的制定，古希腊民众对城邦事务越来越关注，并认为参与从事城邦公共事务是实现自身价值的主要方式。哲人的注意力也开始从对自然万物的研究转向对人类社会命运的关注，如"人类社会是如何形成的，国家是怎样产生的，伦理道德规范如何养成，人的教育如何进行等等"①。正是在这种背景下，哲人介入了城邦中的教育领域，冲击了生活中的世俗观念，从而与城邦民众发生了激烈的冲突。结果就是，苏格拉底被控亵渎神灵、败坏青年，而被城邦判处死刑。"苏格拉底问题"导致柏拉图对城邦的民主政体以及民众的理性能力丧失了信心，也对通过教化普通民众以实现城邦变革的路径产生了怀疑。"人民领袖……控制着轻信的民众，不可抑制地要使人流血；他诬告他人，使人法庭受审，谋害人命，罪恶地舔尝同胞的血液。"（565E—566A）后来，柏拉图随苏格拉底的其他弟子一起离开了雅典城邦，先后到了地峡、麦加拉、埃及、西西里岛等地。此次游历让柏拉图见识了不同的城邦政治体制以及与之相应的教育形态和民众品性，对其教育思想的形成产生了重要影响。其次，战争的因素。雅典城邦的兴衰和希波战争及伯罗奔尼撒战争息息相关，可以说是因战而兴也是因战而衰。在两次希波战争之中，雅典城邦建立了强大的海上力量，在爱琴海区域和阿提卡半岛获得了大量的殖民地和附属城邦②，获取了城邦发展所需的利益。"雅典人虽然在陆上很难动摇斯巴达人的霸主地位，却不失时机地抓住了千载难逢的历史机

---

① 顾明远主编：《世界教育大事典》，江苏教育出版社2000年版，第62页。
② 雅典帝国每年会从臣属城邦征收贡金用来维持军队建设及城邦公共支出，在伯里克利时代年均约600塔连特，最高时达到1300—1500塔连特。

遇,大力发展海军,一跃成为希腊第一海上强国;接着,利用原臣属于波斯帝国的那些希腊城邦急于摆脱波斯人桎梏的要求,使得爱琴海区域及小亚细亚沿海诸邦先成为其领导下的'提洛同盟'的成员国,继而通过一系列手段使其逐步臣属于雅典人,从而形成了历史上的'雅典帝国'。"[1] 此后五十年,雅典城邦迅速发展壮大起来,通过提洛同盟与伯罗奔尼撒同盟进行了针锋相对的利益争夺。二者几乎不可避免地发生了碰撞,导致了持续近三十年的伯罗奔尼撒战争,最终以雅典城邦的战败而结束。伯罗奔尼撒战争的结束并未让雅典城邦重现往昔的辉煌;与之相反,不停变动的城邦政制和更加恶劣的外部环境使其深陷衰败的泥沼。"此后60年间,规模更小的区域性冲突从未间断。"[2] 在这种情况下,雅典城邦民主政制的弊端也暴露出来,导致人们的现实生活长期处于动荡之中。在柏拉图看来,这种因战而兴、因战而衰的城邦发展模式是不正义的。所以,他试图通过建立理想国、培养哲学王的方式来进行修正,从而转变城邦的发展模式——由发烧的城邦发展为理想的城邦,以实现城邦和民众的整体幸福。最后,斯巴达模式。在古希腊时期,斯巴达城邦具有强大的军队、发达的文化和完善的教育体系,是伯罗奔尼撒半岛上最强大的城邦。"斯巴达人定居拉哥尼亚之后,不断向外扩张,形成了国土面积和人力资源总数首屈一指的'超级大国'。自公元前7世纪末起,拉栖代梦不仅成为南希腊无可争议的霸主,而且依靠其强大的常备军,频频干预希腊其他城邦的事务,俨然成为希腊秩序的维护者。"[3] 雅典和斯巴达城邦虽然一直存在利益冲突也经常意见相左,但两者之间还是会相互学习。更为

---

[1] [古希腊]色诺芬:《希腊史》中译本序言,徐松岩译,上海三联书店2013年版,第14页。
[2] [美]约翰·E.彼得曼:《柏拉图》,胡自信译,中华书局2014年版,第38页。
[3] [古希腊]色诺芬:《希腊史》中译本序言,徐松岩译,上海三联书店2013年版,第14页。

甚者，作为伯罗奔尼撒战争的战胜国，斯巴达人还要求雅典人拆毁城邦的长城和比雷埃夫斯港的城墙，并全面服从斯巴达人的领导。"吕山德率舰队驶入比雷埃夫斯港，允许雅典的被放逐者回国，伯罗奔尼撒人满怀热情地拆毁长城，他们在长笛女的音乐的伴奏下动手，仿佛那一天就是希腊获得自由的开始。"① 可见，斯巴达城邦在雅典城邦的政治、文化和生活层面都留下了深刻的印记，这也在一定程度上对柏拉图的教育思想产生了重要影响。"对柏拉图思想产生一种重要影响的是斯巴达，尤其在政治和教育领域，更是如此。"② 我们在理想国的教育构想中也不难发现斯巴达教育的特征，例如对护卫者的培养、对女子教育的重视、对城邦利益的推崇、对忠诚勇敢价值观的关注……甚至哲学王的形象都带有斯巴达城邦最早的立法者来库古（Lycurgus）的影子。由此可见，柏拉图对斯巴达城邦的教育模式十分钦佩，"他将这些钦佩的东西整合到了《理想国》他自己的理想教育体系之中"③。为了化解"苏格拉底问题"，给日益没落的雅典城邦寻得另一条发展道路，柏拉图在借鉴斯巴达城邦教育模式的基础上，通过卓越的思想实验建构了理想城邦、净化了教育内容、培养了哲学王。在柏拉图看来，理想城邦不能寄望于通过战争进行掠夺财富，而应该借由内部的和谐——民众各安其位、各司其职，在哲学王的治理和教育引导下实现正义发展。

其二，在人类的精神成长中评价。历史发展的过程不仅伴随着社会生产力的发展、客观事物的变化，其实也是人类精神成长的过程。维柯（G. B. Vico）从神话的角度考察了人类精神发展的进程，开启了

---

① [古希腊] 色诺芬：《希腊史》，徐松岩译注，上海三联书店2013年版，第62页。
② [加] 罗宾·巴罗：《柏拉图》，王爱松译，黑龙江教育出版社2016年版，第11页。
③ [加] 罗宾·巴罗：《柏拉图》，王爱松译，黑龙江教育出版社2016年版，第16页。

诗性的历史,也重新定义了历史。① 人类文化的起源通常是神话,即以个人想象的外衣叙述客观世界的史前故事。人们根据自身的想象去解释宇宙的起源、人类的出现、自然的灾害、生死的无常等自身无法控制事件的原因,于是各种与人相似却又具备伟力的神话人物开始广泛出现。可以说,神话表现了人们对自然现象、社会生活的认识和愿望,是"通过人民的幻想用一种不自觉的艺术方式加工过的自然和社会形式本身"②。例如,古希腊神话体系和中国上古神话体系,均围绕世界的起源、人类的命运等主题,展示出人们对自然世界与人类命运富有意义的意象。在这个精神成长阶段,"原始祖先都是些在发展中的人类的儿童,他们按照自己的观念去创造事物"③。随着人们关注的视角从宇宙自然转向人类事务,理智开始发挥更加重要的作用,而精神也得到了进一步成长。人们内心所寄托的形象开始变得更加具体,由神话人物变为哲学王、圣人王——具有现实基础且承载着美好愿望,与普通人同类但具有普通人不具有的能力。这是一个由外到内的向心性变革,人们开始以人的角色代替神的形象,昭示着人们掌控自然能力的增强,当然在精神成长层面依旧存在不足。柏拉图的教育思想正是在这种背景下形成的,其中哲学王的理论构想就承载着人们在精神初级发展阶段的美好愿景,即寄望于通过教育来培育哲学王,进而由其带领人们走向确定的美好生活。柏拉图在理想国教育中准确地表达了这样的构想:"我们将要求他们把灵魂的目光转向上方,注视着照亮一切事物的光源。在这样地看见了善本身的时候,他们得用它作为原型,管理好国家、公民个人和他们自己。"(540A—B)其实,柏拉图建立理想的城邦,让哲人成为万王之王,从而实现某种理智的胜利,也不

---

① [意] 维柯:《新科学》(上册),朱光潜译,商务印书馆1989年版,第183—184页。
② 《马克思恩格斯选集》第4卷,人民出版社1972年版,第113页。
③ [意] 维柯:《新科学》(上册),朱光潜译,商务印书馆1989年版,第182页。

是为西方哲学思想所独有，更非中西方教育思想的差异所在。老子所求之小国寡民和贤者、孔子所求之大同社会和圣人，这和柏拉图所求之理想国和哲学王亦无本质不同之处。如《礼记·礼运》中所言："大道之行也，与三代之英，丘未之逮也，而有志焉。大道之行也，天下为公，选贤与能，讲信修睦。故人不独亲其亲，不独子其子，使老有所终，壮有所用，幼有所长，矜寡孤独废疾者皆有所养，男有分，女有归。货恶其弃于地也，不必藏于己；力恶其不出于身也，不必为己。是故谋闭而不兴，盗窃乱贼而不作，故外户而不闭。是谓大同……故圣人作，必以天地为本，以阴阳为端，以四时为柄，以日星为纪，月以为量，鬼神以为徒，五行以为质，礼义以为器，人情以为田，四灵以为畜。"① 可见，东西方在精神发展的初级阶段都有对"理想国"的构建，并将之交由完人来统治，从而实现民众的幸福。或言之，这是一种精神发展的必然过程，也是社会理想建构的必由阶段，亦体现了从以神为中心向以人为中心的变化趋势。

这两个评价标准将柏拉图的教育思想重新嵌入人类历史发展和精神成长的进程之中，从宏观的视野、统贯的思维和连续的发展等角度全面审视其深刻意义和历史价值。这样我们才可以褪去千年时间的尘埃和异域文化的遮蔽，从而充分还原柏拉图教育思想真实的面貌和现实的意义。因此，我们将从这两个维度来考察柏拉图的教育思想，超脱历史的迷雾和"现代"的褊狭，进而对之形成一种相对客观真实的认识和评价。

二　柏拉图教育思想的得失

综合考虑了柏拉图所处历史时代的特征以及人类精神成长的阶段

---

① （汉）郑玄注、（唐）孔颖达 正义、吕友仁整理：《礼记正义》，上海古籍出版社2008年版，第890—893页。

后，我们对其教育思想的部分误解将会被革除，例如反对民主制、谎言的教化、哲学王统治、虚假的乌托邦等问题，会重新认识、理解柏拉图的教育思想。

其一，柏拉图建立"理想国"是开展一场理性的教育实验，借此分析正义问题的产生及其实现。在前苏格拉底时代，哲学关心的是宇宙万物，而苏格拉底则终结了哲学对自然事物的考察，将其关注的视域从自然投向了人事。"自从苏格拉底将哲学从天上带回人间之后，人便成为哲学的中心。"① 在这个过程中，人的理性得到了充分的凸显。沿着苏格拉底开启的思想路径，柏拉图借由理性进行了一场抽象的教育实验。柏拉图试图通过建构理想国和培育哲学王来化解哲人与城邦之间的矛盾。② 具体而言，柏拉图在《理想国》中以克法洛斯的回答为切入点，抓住并抽取了"正义"的概念，将之作为整本书讨论的核心。在追寻"正义"的过程中，柏拉图不断考察对话者（也是生活中的每个人）关于正义的意见，不断查验人们心中真正的信念，不断通过抽象的理性思考以获取普适的概念，从而在碰撞、辩驳之中接近真理，进而让对话者和读者受到教育。可见，柏拉图开展的理性实验的出发点是每个人在生活中都会遇到的现实问题，落脚点也是为了梳清我们在生活中面临的诱惑及产生的困惑。其实，这也是判定哲学思想或教育理论实践价值的一个重要标准——有利于我们厘清现实生活问题，有助于人们走向美好生活。柏拉图对人的理性的推崇，对正义问题的看重，对教育作用的肯定，在一定程度上推动了人类精神的成长。他推进了哲学对人间事务的冷静沉思，也开启了对教育问题的系统思

---

① J. M. Edie, "On Confronting Species – Specific Skepticism as We Near the End of the Twentieth Century", *Person and World* (*Netherlands*), Vol. 25, No. 3, 1992.
② ［美］汉娜·阿伦特：《过去与未来之间》，王寅丽、张立立译，译林出版社 2011 年版，第 102 页。

考,为近现代西方文化和教育的繁荣提供了充足的养分。正如怀特海不无夸张地说道:"欧洲哲学传统最可信赖的一般特征是,它是由柏拉图的一系列注脚所构成的……他的个人天赋,他在那个伟大的文明时期广泛体验的各种机会,使得他的著作成为永不枯竭的思想源泉。"① 当然,我们若以现代人类的精神发展水平观之,会发现柏拉图进行的理性教育实验确实存在很多瑕疵,甚至有诸多关于教育的认识谬论。然而,这是两千四百年来教育进步带来的教育思想和观念更新的结果,而非柏拉图自身对教育问题认识的狭隘。事实上,柏拉图真正完全开启了对教育问题的全面认识以及对教育与城邦的互动关系的研究。因此,我们不能否认或忽视柏拉图探讨的问题有利于清除人们思想中的暗礁,有利于刺破人们心中错误的信念气泡。这意味着我们要将柏拉图视为一个始创者,一个前行者。

其二,柏拉图的教育思想是一次国家与教育的联合。无论是普罗泰戈拉还是苏格拉底,他们开展教育活动时,传授给民众的教育内容大多与城邦的流行意见相悖,例如怀疑城邦民众的习俗德性、挑战城邦信奉之神的权威等。② 在这种情况下,哲人的教育活动是难以被城邦接纳的,更遑论与城邦联合并使城邦受益了。结果就是,普罗泰戈拉因被民众控告而逃往西西里岛,阿那克萨戈拉因被控渎神遭到驱逐,被赶出雅典城邦,而苏格拉底被控有罪后则被判处死刑。柏拉图修正了哲学教育的前进路线,寻求与城邦结合而实现正义。因此,他在建构理想的城邦制度时,最先考虑的是制度的

---

① [英]阿尔弗雷德·诺思·怀特海:《过程与实在:宇宙论研究》,杨富斌译,中国城市出版社2003年版,第70页。
② 智者虽然会传授给学生修辞术、政治术等,以使他们在城邦政治生活中取得成功,但部分教育内容也会触及城邦民众生活的稳定性,如对诸神的不尊重。普罗泰戈拉提出"人是万物的尺度",实质上是将衡量万物的标准从"神"移向了"人",在很大程度上动摇了神的地位。

稳健性和可行性问题，即习传的多数民众和理性的少数哲人的和谐相处。①站在哲人的角度，柏拉图认为"好的"制度应该由"好人"进行统治，而教育在理想城邦的制度架构中具有两方面的意义：一方面，培养哲学王及哲学王的继承人；另一方面，引导被困的民众走出洞穴。显然，在柏拉图建构的理想世界中，城邦与教育第一次进行了充分的联合。柏拉图这种想法的形成与其所处的时代背景、政治形态密切相关。他亲身经历了民主制度的衰败和混乱、寡头制度的贪财和奢靡、僭主制度的残暴和疯狂、斯巴达制度的虚荣和好斗，所以寄望于通过教育来改造现实城邦、建立理想制度，进而改变民众的德性，实现真正的、永恒的正义。这种国家与教育密切结合的思路一直延续了下来，即使在现实社会中亦不鲜见，但具体的表现形式已经发生了些许改变，即国家决定了教育的发展方向，而教育通过培养学生来推动国家变革。

　　柏拉图的教育思想是古希腊社会精神文化的精华，具有诸多超越时代限制和文化隔离的要素，如理性对情感的统合、德性对生活的引领、国家与教育关系建构等。然而，我们也不能忽视柏拉图教育思想中存在的固有缺陷。他虽然极为精准地认识到只有在一个公正的国家中，制度、法律、道德和风俗才能给人以正确的教育，但却走向了极端的单向决定论，即认为城邦与教育是单向辖制的关系——教育完全服务于城邦政治（或者说是哲学王）。进一步而言，"城邦的生活方式取决于统治者的品质，从而取决于统治者的教育"②，那么教育就必须为城邦服务，完全用于培养城邦的统治者。正因为单向度地基于国家的视角，柏拉图教育思想附着了无法祛除的缺陷。

---

① 刘小枫：《施特劳斯的路标》，华夏出版社 2011 年版，第 56 页。
② ［美］布鲁姆：《人应该如何生活——柏拉图〈王制〉释义》，刘晨光译，华夏出版社 2015 年版，第 76 页。

一方面，忽视了个体发展的独特性。柏拉图在理想城邦中将人按照灵魂品质分为不同的阶层，而灵魂优异的人正是极少量的统治阶层，没有真正认识到个人发展的多样性与社会群体的无限多元性。为了理想城邦的稳定存在，"教育的试验和筛选作用，仅仅表明一个人属于三个阶级中的哪一个阶级"①。然而，即使在虚构的理性教育实验中，我们也不能完全祛除人的现实独特性，否则理论的品质将会下降，其对现实的解释力也会减弱。考虑到柏拉图身处动荡的雅典城邦生活之中，他求诸于建立稳定的社会秩序是可以理解的。遗憾的是，柏拉图由于自身历史视野的局限，或对"善"的非时间性特点的坚守，而未能发现精心设计的各安其位、各尽其责的城邦结构会导致阶层固化，进而会限制了城邦向更高层次发展。

另一方面，静止地看待教育的作用。柏拉图认为生活的最终目的是固定的，即每个人做适合自己的事情。根据这种目的来组织国家结构和日常生活，任何细小的变革都是非法动荡的证明。由于受到静止理想的束缚，柏拉图试图借助教育建立一个不容变革的国家。因此，柏拉图对教育的定位是"在理想的国家存在之前，正确的教育不能产生，而在理想的国家产生以后，教育将仅仅致力于保存这个理想的国家"②。可见，在静态的理想城邦中，教育根本无法助力于城邦的变革甚至无法得到实现。然而，社会的发展已经证实将教育完全置于国家的挟持之下，既不具有现实可能性也存在相当大的危险性。试想，教育若是完全丧失了自身的相对独立性，完全匍匐于政治权力的裙角，就难免会异化为政治灌输的工具。"苏格拉底城邦中的哲人王想要限制

---

① [美] 约翰·杜威：《民主主义与教育》，王承绪译，人民教育出版社1990年版，第95页。
② [美] 约翰·杜威：《民主主义与教育》，王承绪译，人民教育出版社1990年版，第97页。

人性中的异质性和可塑性，而不是颂扬它，描绘它……在这个城邦中，政治宣传代替了艺术的自由。"① 不同于古希腊时期民众对城邦的依附，当前人的自主性开始蓬勃发展，正在致力于通过自由行动来彰显自身的价值。甚至，现代社会将人的自由作为最高原则，主张个人价值独立于国家权威。因而，教育的定位也随之发生转变，从屈从于国家转变为辅助于儿童，促使个体实现自身价值。于是，国家与教育的关系亦由单向辖制（国家通过教育控制个人）转变为双向互动，即国家借由教育培养未成熟的成员完成新陈代谢，而教育通过输出人才推动国家变革。

虽然理论和现实之间存在较为遥远的距离，我们也不能以现实的发展来渴求理论的"完美"，但理论终归要走入实践、影响实践，并推动社会现实的变革，否则它自身的价值无法得到完全地实现。柏拉图三次前往叙拉古城邦进行政治实践，正是为了培养哲学王、构建理想国来改善现实政治。孔子周游列国十四年，希望推行圣人之治、礼乐教化的政治主张，也是基于相同的想法。这不全是因为哲人希望掌握政治权力的野望，"任何一种社会思想体系，都有着制度化的内在要求，特别是政治、道德观念，本身便与制度设置密切相关。因此，这些思想观念一旦与适合的社会历史条件相契合，就会转变为一种宪法、法律和政治体制、道德训诫等形态的制度"②。因此，以现实来反观柏拉图教育思想的得失，存在部分的合理性。当然，我们也不能抱着以今观古、脱离现实的态度对之进行专断的批判。

---

① ［美］罗森：《哲学进入城邦——柏拉图〈理想国〉研究》，朱学平译，华东师范大学出版社2016年版，第128页。
② 干春松：《制度化儒家及其解体》（修订版），中国人民大学出版社2012年版，第5页。

第三节　柏拉图教育思想的当代价值

　　自 17 世纪以来，世界各国开始逐步建立起近代学校教育体系，开启了制度化教育的进程。教育形态从简单到复杂、从散乱到系统，发生了非常大的变化，而教育思想推陈出新、异彩纷呈，甚至让人眼花缭乱、应接不暇。在诸多基于教育现实、反映发展趋势和理论结构精巧的新颖现代教育理论的对比之下，柏拉图教育思想似乎变得"过时"且"陈旧"，没有任何值得借鉴的价值。在这种时代背景和社会境遇下，我们为何还要思考"过去"？思考那些早已远离的时代？事实上，相对于花样翻新和不断流动的现代，"过去"具有极为独特的价值，代表着事物最原初的性质和最本真的状态，而这种"过去"既奠定了事物的基础，也规定了事物发展的方向。"对人类来说，思考过去的事就意味着在世界上深耕、扎根，并因此而安身于世，以防被发生的事情——时代精神、历史或简单的诱惑——卷走。"① 换言之，我们在日益繁复芜杂的现实世界中无法获得坚实的立身之基，以至于难以抵挡物欲、思想、理念的洪流。教育领域的状态亦是如此，教育者浮沉于各种看似华丽的教育思想和改革理念之中，不断追逐着流变的教育问题，关注的视角却愈发褊狭单一，甚至遗落了教育最根本也是最重要的目的——传递善好、习得德性。"不断地回到源头，回到古典，活化我们对原初的、本真的问题的思想与想象，也许可以重新敞开人类生活的可能性。"② 因此，即使在令人目不暇接的教育新世纪，我们还

---

　　① ［美］汉娜·阿伦特：《反抗"平庸之恶"》，陈联营译，上海人民出版社 2014 年版，第 110 页。
　　② 刘铁芳：《重申知识即美德——古典主义教育的蕴含》，《南京师大学报》（社会科学版）2009 年第 4 期。

是有必要重新回溯到教育的源点，从柏拉图教育思想中获得理论的滋养。

一　教育是对德性的追寻

在启蒙运动的催发之下，人的自主性第一次得到了充分的证明，而人的各种欲望也获得了合理性辩护并开始蓬勃发展起来。霍布斯否认了古希腊哲学中超越性善的意义，提出了影响深远的"利己主义"思想，并宣称"个人的利害是人类意志唯一可能的内容"[①]。引申而言，个人的道德既不基于恪守某种超越性的真理，也不基于个人意志服从于普遍性的准则规范，而在于自身全部个性和欲望的充分张扬。门德尔松（M. Mendelssohn）对利己主义思想进行了发展，甚至提出了"哲学要摒弃一切较深较细的苦思冥想的理由是，哲学要处理的只是对人们必需的东西"[②]。于是，古希腊哲学中各种形而上的思考及思想被斥之为无用，与之相反的近代哲学则更加关注人的基本需求。在这种情况下，奠立于人之欲求的幸福主义观念逐渐流行起来，并进一步催生出功利主义思想。在功利主义思想的启示下，我们能依赖的仅是自己，而我们需要满足的也只是欲望。"现代人和现代社会似乎相信，目的或目标已经明确，无须重新确认，唯一需要的是实现既定目的的方法，或者达成既定目标的方式或道路。"[③] 事实上，哲学关注的视域因不断收缩而日益褊狭，从宇宙论、本体论后撤至基于个人经验的认识论和以自身欲求为基点的世俗价值学，如今已经再次后撤至专注于工具化的"技术哲学""管理哲学"等，愈发沉迷于关注客观性和实利

---

　　① ［德］文德尔班：《哲学史教程：特别关于哲学问题和哲学概念的形成和发展》（下卷），罗达仁译，商务印书馆2009年版，第703页。

　　② ［德］文德尔班：《哲学史教程：特别关于哲学问题和哲学概念的形成和发展》（下卷），罗达仁译，商务印书馆2009年版，第696页。

　　③ 万俊人：《世界的"膨胀"与哲学的"萎缩"》，《读书》2015年第10期。

化的知识。这些哲学思想辐射到了教育领域,并改变了学校教育的价值理念和实践取向。功利主义教育目的是以功利主义为主要取向,以一种外在的教育价值作为教育评价的标准,重视教育实践的利益与功效。这种教育目的从根本上背离了教育的本真意蕴——丧失了对德性的追求、对向善的渴望和对精神的需求,最直接、是严重的后果是会导致学生成长和发展的工具化。当前,学校教育建立在知识传递和技能训练的基础之上,而教师化身为知识和技能的"贩卖者"——如智者一般教授并收取费用。沿着这种思路,既然教育成了一种交换,知识成了一种商品,那么也就无所谓敬畏更谈不上德性。学校教育关注的焦点不再是人的德性卓越和整全发展,而是逐渐转移到了技术层面,并最终落脚于客观知识的传递效率方面。也许有现代论者会为之辩解,在人的自主性已经被充分证明和尊重的情况下,学校教育是将选择善好的责任移交给学生。遗憾的是,学生并未走向追寻德性之路,而是始终被世俗世界的重负拖缀着,在追逐成绩及与之相关的金钱、荣誉和权力的道路上越走越远。因此,经由学校教育锻造的学生难以获得生命的整全和灵魂的和谐——获得正义的德性,而成为沉浸于自身欲望、汲汲于自身利益的"精致的利己主义者"。

其实,古希腊雅典城邦也出现了类似的情况。在公元前5世纪时,智者已经成为职业教师,奔走于各个城邦收费授徒。他们代表了有用的知识,而不是哲人追求的真理;代表着应用的技巧,而非纯粹的理念;代表了教人如何达到目的,而非过上美好生活;代表着将知识视为商品,而非共同探求的结果;代表着各种专门性的世俗信念,而非对生活经验的抽象性理解。这种教育观念降低了教育的品格,也是为了满足人的基础性欲望,因而受到了城邦民众的追捧。于是,智者和哲人形成了竞争关系——作为城邦民众的教师。正如作为智者的色拉叙马霍斯,对书中的苏格拉底充满了敌意。"等我讲完了上面那些话稍一停顿的时候,他再也忍不住了,他抖擞精神,一个箭步冲上来,好像一只野兽要把我们一口吞掉似的。"(336B)面对智者对真理的轻视和对知识的误读,苏格拉底对之进行了激烈的批判。"人们把一些为金钱而出卖他们的智慧的人称做诡辩者,这也仿佛就是在说,智慧的出卖者。"① 在苏格拉底看来,一个收取别人金钱而传授知识的人,就是给自己树立了一个主人,而让自己处于极其卑鄙的奴隶地位。所以,苏格拉底常常在街头与青年人自由交谈,论辩关于道德的信念、正义的观念,而从不收取任何费用。柏拉图也继承了苏格拉底对智者派的反对看法,并以之奠定了自身教育观最重要的基础之一。"柏拉图可能从苏格拉底那里继承来的最重要的信仰之一,是坚决抵制我们用后见之明可称之为诡辩术的东西。"② 柏拉图在不同著作中分别驳斥了普罗泰戈拉、高尔吉亚等在雅典城邦享有盛誉的智者,在《理想国》第一卷中还着重批驳了色拉叙马霍斯关于正义的信念。色拉叙马霍斯也同其他智者一般操纵着伪装成真理的意见,将坏的理由说成是更好的理由,如诡辩称"正义是强者的利益",甚至主动发起对苏格拉底的进攻。"色拉叙马霍斯想要用雄辩(即政治修辞术)代替哲学。"③ 然而,一旦缺失了德性的价值指向,所谓的知识、意见和信念会沦为满足人之欲望的工具,而这正是古希腊智者和现代教育者所认可的价值。与之相反,在柏拉图的教育思想中善的理念居于至高的地位,一切带有善属性的事物都是对它的分有。在理想城邦中,唯有长期修习过辩证法的哲学王才能真正地认识善的理念,通过教育引导民众走出黑暗的洞穴、获得善好的德性。反观现在几乎完全倒向金钱和荣誉的学校教

---

① [古希腊] 色诺芬:《回忆苏格拉底》,吴永泉译,商务印书馆1984年版,第38页。
② [加] 罗宾·巴罗:《柏拉图》,王爱松译,黑龙江教育出版社2016年版,第32页。
③ [美] 罗森:《哲学进入城邦——柏拉图〈理想国〉研究》,朱学平译,华东师范大学出版社2016年版,第62页。

育，以及完全将教育视为一种谋生职业的专任教师，这岂不是复活了苏格拉底和柏拉图所激烈批判的"智者"？在此情况下，教师又如何引导学生生成良好的德性？时至今日，苏格拉底对雅典人的离别寄语依旧振聋发聩："人中最高贵者，雅典人，最雄伟、最高大、最以智慧著称之城邦的公民，你们专注于尽量积聚钱财、猎取荣誉，而不在意、不想到智慧、真理和性灵的最高修养，你们不觉得惭愧吗？"① 在新时代背景下，人的欲望在不断膨胀并获得了合法性，甚至被视为教育活动价值的评价标准，而教育的德性要素在褪去、人的德性追求在消弭。柏拉图的教育思想提请我们要以永恒的理念重新审视生活和教育的价值，以免被时代欲望的洪流所裹挟和吞没。

二 教育是过正义的生活

关于"正义"问题的真正探讨始于苏格拉底，探讨的范围集中于人的相关事务。苏格拉底将正义问题视为生活的根本，"正义和一切其他德行都是智慧。因为正义的事和一切道德的行为都是美而好的"②。苏格拉底在城邦中不断以诘问法刺破民众关于正义的信念，并提出未能反思的生活不值得过，因为这种生活被虚假的正义观念所支配，无法让人形成真正的智慧和德性。到了柏拉图这里，"正义"涵括了更多内容，主要关涉了两个层面的问题：其一，个人的正义，即人应该如何生活；其二，社会的正义，即城邦应该如何治理。在柏拉图看来，正如大字和小字一样，城邦的正义和个人的正义是一致的。于是，他在《理想国》中将"正义"作为整个论证的核心，认为"这不是一件小事，而是一个人该怎样采取正当的方式来生活的大事"（352D）。在对话过程中，柏拉图牵着"正义"之线，不断考察世俗生活中人们的

---

① ［古希腊］色诺芬：《回忆苏格拉底》，吴永泉译，商务印书馆1984年版，第55页。
② ［古希腊］色诺芬：《回忆苏格拉底》，吴永泉译，商务印书馆1984年版，第118页。

正义观念，借由城邦的发展揭示出正义问题的产生以及正义生活的实现。在理想城邦中，教育起着非常重要的作用，既是为了培养出理想城邦的统治者，也是为了引导民众脱离世俗意见的束缚。换言之，理想城邦中教育在一定程度上发挥的是"启蒙"功能，即引导受困的民众从黑暗的洞穴中走出，摆脱世俗意见的束缚，过上正义的生活。当然，相对于会让人轻易沉迷于流变世界的种种欲望，人们追寻正义的生活道阻且长。柏拉图借由赫西俄德的诗句进行了譬解："邪恶很容易为人类所沾染，并且是大量地沾染，通向它的道路既平坦又不远。然而，永生神灵在善德和我们之间放置了汗水，通向它的道路既遥远又陡峭，出发处路面且崎岖不平。"① 因此，教育隐含着某种"强制"，即强制受教育者"转向"善的理念，正如哲人也被强制地要求下降到城邦之中。"如果他被迫看火光本身，他的眼睛会感到痛苦，他会转身走开，仍旧逃向那些他能够看清而且确实认为比人家所指示的事物还更清楚更实在的影响……如果有人硬拉他走上一条陡峭崎岖的坡道，直到把他拉出洞穴见到了外面的阳光，不让他中途退回去，他会觉得这样被强迫着走很痛苦，并且感到恼火。"（515E—516A）事实上，这种强迫的启蒙是一个人过上正义生活的基础要件，也是必须经历的痛苦过程。可见，在柏拉图教育思想中人是趋向于善的目的性存在，而教育的本质是带有强制性的良善启蒙，而非对无方向和无属性客观经验的传递。"教育实际上并不像某些人在自己的职业中所宣称的那样。他们宣称，他们能把灵魂里原来没有的知识灌输到灵魂里去……知识是每个人灵魂里都有的一种能力，而每个人用以学习的器官就像眼睛……整个身体不改变方向，眼睛是无法离开黑暗转向光明的。"（518B—C）

---

① ［古希腊］赫西俄德：《工作与时日·神谱》，张竹明、蒋平译，商务印书馆1991年版，第9—10页。

当近代哲学击碎了精神的乌托邦，人们才发现自己并不自由，认为自己过于依附真理。转而将寻求自由当作重大的问题，并不得不为之付出巨大的代价。结果却是，人们脱离了理念的指引，却又陷入欲望的旋涡。在现代科学的视野里，人不再是本性为善的存在，而是一个由基因支撑、由细胞组成且没有灵魂的中性生物体——既不向善也不为恶[①]，既不超然物外也与动物无异。与之相应，学校教育的目的不再指向超越性的正义理念，而是指向学生的身体欲望——柏拉图认为这是人的灵魂中最低劣的部分，始终停留在较低的层次。它由"转向"的技术变成了"形塑"的技术，不再关心目的的好坏转而关心手段的高效，从而日益消解了自身的价值属性。正如劳伦斯（E. Laurence）所言，"柏拉图教育的精华是预见了善良的观念，而我们教育的精华却是看到了工程学概念、物理学概念、经济学概念或是纯学问概念"[②]。在现代社会中，学校教育亦扮演着"启蒙"的角色，鼓动受教育者逃离超越性理念的引导，而依循自身的感觉、经验和情感，自主自由地去竞争和生活。循此逻辑，如果教师和学生都以满足自身的自然欲求为交往基础，那么师生关系也是平等的。因为在欲望的包围下，师生是同质的、平等的，都是被欲望奴役的。同时，由于陷于欲望的肤浅，师生的关系也是疏离的。"每个人与每个人都是建立了自己小小的隔离体系，两个人一心想着将来不在一起的时

[①] 关于人的本性问题一直存在争论，"性善论"和"性恶论"都有支持者和证据链，也基于此形成了众多思想，并影响了生活及教育实践。随着科技的进步和认识的深入，学者逐渐抛弃了以往的性善或性恶的极端看法，转而认为人的中性说，以人的遗传特征为基础，探讨外在因素对人性的影响。近些年的心理学研究成果，已经有转向人的性善论的趋势，认为"人类天生是道德动物，即演化的过程使我们从道德的角度进行思考，生物的自然选择使我们倾向于使用道德概念"。[新西兰]理查德·乔伊斯：《道德的演化》，刘鹏博、黄素珍译，译林出版社2017年版，第4页。

[②] [英]伊丽莎白·劳伦斯：《现代教育的起源和发展》，纪晓林译，北京语言学院出版社1992年版，第321页。

候，他们只是勉强待在一起。"① 在这种境遇中，学生不再是追求正义生活的"好人"，而是变成了自由的、超离自然善恶的中性存在。因此，现代教育完全无法建立在坚固的基础之上。面对包围心灵的欲望世界的缺陷，如果缺少德性的引导，这种重负就会让灵魂堕落，而每一次堕落都是对灵魂的践踏。从柏拉图的角度观之，所有的现代人都不是"好人"；以现代的语境观之，所有自由自主生活的人才是"好人"，柏拉图所谓的强制性启蒙才是遮蔽人性的"恶"。之所以会产生如此大的对立，主要是因为作为现代人的我们已经抛弃了超越性的理念。"一旦我们抛弃了真理的观念，那么，便难以在某物何以好像某物与某物何以真是某物之间做出区分，我们便丧失了做出任何判断的可能性，难以判断好和坏、有效和无效、对和错、美和丑、锐和钝、甜和酸，等等。正如后现代理论所说的，所有这些都变成了人们如何看待它的问题。"② 当知识的指向不再是正义的理念，而是身体中丛生的欲望，那么再完美的教育形态、再高效的知识传递形式也不过是个人获得社会利益的中介和工具。于是，学生在学校教育中获得的是指向于有用的知识，是为了快速适应社会并获得相应的物质利益，因而与社会中的权力和荣誉发生联结。在这种情况下，学生也随之滑向了物质主义、享乐主义、功利主义，最终被自身的欲望所包裹和奴役。布鲁姆曾激烈地批判过的美国教育形态也正在重演，学生"受过的狭隘教育伴随着偏见与傲慢，还有那些今天看明天扔、不加批判地接受跟前小聪明的文献，切断了他与人文学识的联系，而那是普通民众通常从各种传统渠道就能学到的……现在的教学体制除了受市场需求的左右之

---

① ［法］卢梭：《爱弥尔》（上卷），李平沤译，商务印书馆1978年版，第33页。
② ［加］罗宾·巴罗：《柏拉图》，王爱松译，黑龙江教育出版社2016年版，第208页。

外，全然不能分辨什么重要什么不重要"①。

　　以此观之，现代学校教育所谓的"启蒙"是单向度的启蒙，仅仅扩充了学生在世俗生活中的力量，导致个人迷失在不断扩展的力量和对力的崇拜中，却始终无法过上正义而和谐的生活。因此，若想重新引导学生过上正义的生活，我们必须重新发掘出教育的基本属性——向善性。② 正如柏拉图在《理想国》中告诫道："任何人凡能在私人生活和公共生活中行事合乎理性的必定是看见了善的理念的。"（517C）因此，现代教育唯有扩展师生的心灵——追求至善，才能从欲望的洪流中超脱出来。其实，在现代教育发展过程中，有教育家已经意识到这个问题的重要性，如赫尔巴特提出了教育性教学原则，杜威认为道德和教育是统一的，甚至是教育的最高目的。进而言之，教育应该明确自身的价值立场，具有关于至善的追求。作为教育工作者的教师必须摆脱价值取向的负累，不能让教育实践流于泛化、价值中立等。这意味着教师不能将自身定位于知识和技能的传递者，因为知识和技能是中性的，既可以服务于善也可以屈从于恶，而必须将追求至善和促使学生追求至善的责任背负在肩。这也给教师们提出了更高的要求：一方面，教师需要阅读古典名著，与伟大的心灵对话，以提升自身的精神境界；另一方面，教师要关怀学生心灵的晦暗，鼓励学生在精神上做到对感官享受的超越，努力过一种良善的生活。唯其如此，教师才能如古希腊哲人一般以积极有效的方式不断引导学生追寻真理、走出洞穴，最终与善美为邻。

----

　　① ［美］艾伦·布卢姆：《美国精神的封闭》，战旭英译，译林出版社2007年版，第14页。
　　② 教育的向善性在中西方传统教育中皆得到重视。《论语·述而》："子以四教：文、行、忠、信。"《荀子·乐论》："乐者，圣人之所乐也，而可以善民心，其感人深，其移风易俗易。"以是观之，中国教育原初状态的向善性可见一斑。《说文解字》中言："教，上所施下所效也。""育，养子使作善也。"可见，古代教育以伦理为本，几乎以道德为唯一目的。

三 教育是反思自身局限

从宏观层面来看，社会经济发展既是一个理性改革不断深化的过程，也是一个非理性欲望不断膨胀的状态，并在此过程中呈现出二律背反的效应。一方面，人的欲望增长诱发了对社会改革的巨大需求，提供了推动社会改革及经济发展的激情与意志力；另一方面，人的欲望具有非理性冲动的特征，由于缺少相应的规范和约束已经泛化为阻碍社会改革进程的力量。① 从微观层面来看，人们追求财富的欲望和征服自然的欲望合流，促进了科学技术在社会生产和生活中的广泛运用，从而产生了科技理性并占据了支配地位，以此产生的高效性科技成为人类控制自然的关键性力量。现代技术的喧嚣与其说是科技主义逼迫的结果，不如说是人们欲望不断膨胀而日趋功利化倒逼的结果。在其催促之下，人们开始愈发忽视精神的充裕，转而醉心于可以获得物质利益的工具性价值。于是，每一个人都以独断自负的认识置换本应如是的价值，而自身的欲望似乎成为一切愿望的最后动源，那么现实生活也成了追逐并满足欲望的场所。事实上，这种催生欲望的科技理性不是现代的产物，而是源于近代以来人类征服自然欲望的释放，源于人们探索自然奥秘从而为自身服务的旨归。在以德性为永恒"善"的理念的古希腊时期，知识被视为一种高贵且超越的理性智慧；柏拉图等哲人认为技术会败坏人的心智、放大人的欲望，例如画家的绘画、诗人的模仿、工匠的制造等与善的理念相隔甚远，产生的是可朽的、虚假的、满足人非必要欲望的事物，从而反对将知识运用到实践之中。近代以来，科技的狂飙突进解开了长期束缚在人之激情和欲望上的枷锁，直接鼓励了人类运用技术征服自然的野望，并认可了满足自身欲

---

① 姜勇：《近40年来欲望观念变迁的经济哲学反思》，《天津社会科学》2018年第5期。

望的合法性。"知识即真理"被转换为"知识即力量",这不仅意味着知识价值的降格,也意味着知识应用的诉求;顺其自然,科技知识成了征服自然的工具。笛卡尔的"我思故我在"既昭示着人的自主性的回归,也表明了自然已成为主观性反思中的"思中之物"。在笛卡尔的视域中,自然无所谓规则更没有秩序,不再是古希腊哲人眼中可以提供"惊异"的对象,而是一堆可被利用和改变的质料。"征服自然意味着,自然是敌人,是一种要被规约到秩序上去的混沌;一切好的东西都被归为人的劳动而非自然的馈赠,自然只不过是提供了毫无价值的物质材料。"① 因此,人类将自我建构的理性秩序付之于混沌的知觉领域,并强加于处于变化过程中的物的世界。自然变成可供操纵的对象,而技术知识正是操纵自然的工具,并以此种逻辑织就了现实生活的场景。可以说,近代哲学脱离了柏拉图建构起来的形而上学,将科学转变为一种实践活动,而人与自然的关系也从古希腊以来的服膺和认知的关系转变为操纵和征服的关系,最终满足并沉浸于不断丰富且繁杂的现实生活中。

在这种发展趋势下形成了形形色色的哲学人道主义思想,都是以"人类中心论"作为理论前提,"将主体放在实在和历史的中心"②。鲍姆尔(F. Baumer)甚至坦言:"人的问题是欧洲18世纪以来的中心。"③ 与之相关,现代教育也愈发"脚踏实地",它以人为中心并通过人的视角编织解释体系,但也诱发了现代教育中的两大问题:一是拒绝审视自身的局限。随着科学技术日益增强、科技理性急剧膨胀,人类始终处于高高在上的顶端,难以审视自身的局限及现实生活的问

---

① 汪民安等主编:《现代性基本读本》(上),河南大学出版社2005年版,第161页。
② Arac Jonathan, *After Foucault: Humanistic Knowledge Postmodern Challenges*, New Jersey: Rutgers University Press, 1988, p. 28.
③ F. Baumer, *Modern European Thought: Continuity and Change in Ideas*, 1600 – 1950, New York: Macmillan Publishers Ltd., 1977, p. 417.

题。然而，人的理性毕竟是有限的，现实生活毕竟是不完美的。正如苏格拉底所言，"我在这个很小的程度上显得比别人多一些智慧——这就是我从来不把自己不知道的事情说成知道的事情"①。可以说，深入审视自身的无知是获致一切知识的开始，这也是学校教育应引领学生具备的意识和能力。退一步而言，即使人是一种充分理性的动物，但我们毕竟生活在遍布感性的现实世界里。这个感性的世界会诱惑人屈从于各种爱好和欲求，而不是一直追随自身的理性，故而时时理性并非一桩当然之事。"因为爱好和脾性不是植根于人类理性，而是植根于人的天性，所以康德把下述事实称为'根本的恶'，即通过顺从爱好，人被诱惑去行恶。"② 因此，人类应该承认自身的局限，承认人心的晦暗和软弱。遗憾的是，学校教育往往以人类的知识积累为中心，自矜于将作为"真理"传递机构的定位，而忽视了对自身缺陷的考察。以教师为例，教师被视为神圣化的榜样，或为师道的尊严，或为圣坛的拘囿，以先验的正确维持其"完美形象"。这种先验的正确将理性的局限驱逐出日常教育活动，而教师也被理性的自负绑架了，也就难以反思自身存在的问题。另外，忽视反思生活的问题。在现代社会中人们习惯于思维的惰性，习惯于浮皮潦草地认识和处理事务。我们已经难以自发地认识事物的深刻含义，而是自满于对表面知识和没有思想内容的简单模仿。"自发根基在下面这些时候总是缺失的，即人们只是对事情的表面浮光掠影一番，或他们允许自己不深入他们本能深入的事物深度而被带离事物。"③ 然而，这种肤浅的认

---

① ［爱尔兰］弗兰克·M. 弗拉纳根：《最伟大的教育家：从苏格拉底到杜威》，卢立涛、安传达译，华东师范大学出版社2009年版，第4页。
② ［美］汉娜·阿伦特：《反抗"平庸之恶"》，陈联营译，上海人民出版社2014年版，第83页。
③ ［美］汉娜·阿伦特：《反抗"平庸之恶"》，陈联营译，上海人民出版社2014年版，第115页。

识也让我们难以对周围的环境和现实的生活进行深刻的反思，甚至沉迷于现代社会给予的温暖束缚，成为柏拉图眼中的"洞穴囚徒"。"这种重负是这个变化世界里所本有的，是拖住人们灵魂的视力使它只能看见下面事物的那些感官的纵欲如贪食之类所紧缠在人们身上的。"（519B）

教育的本质是探求真理并引导学生走出昏暗的洞穴，而对真理的尊崇和自身的反思是必要且重要的。这意味着我们不能局限于对穴壁上影像的深切观察，还应审视知识的真实性和合理性，从而突破视障认识最光耀者。换言之，作为现代哲人的教师，不能将自身定位为传递世俗信念的教书匠，而应该复归追寻真理的本然责任。首先，教育要提高学生对生活的敏感性。学生对生活环境（穴壁影像）的敏感可以促使自身进行反思，而反思则是探求真理的前提。然而，在功利性流俗文化的催促之下，制度化教育也转而关注知识技能的工具性价值，进一步将自身的品格拉低。学校鼓励受教育者跟随自身的感觉、经验和看法，自由自主地去竞争、生活。在这种境遇中，学生不再是追求正义生活的"好人"，而是变成了自由的、超离自然善恶的中性存在，完全依赖于自身的好恶。于是，教师往往将自己视为上传下达的角色，而这种角色变成了一种温暖的束缚——不用经历思维的艰难但也丧失了反思的能力。一方面，这样的角色比追逐真理更容易扮演；另一方面，这种角色让教师不再需要理解知识的深层意义。若想挣脱这种教育的困境，教师必须重拾哲人身份，以善好的理念观照教育现实。一名好教师必须进行"个人教育哲学的建构……教师个人要有教育哲学的修养，并能够用这样的教育哲学观指导自己的教育实践"①。因此，教师要以哲人式思维开展教育活动，既要认识到自

---

① 王坤庆：《教师专业发展的境界：形成教师个人的教育哲学》，《高等教育研究》2011年第5期。

身的局限,也要突破视为惯习的束缚,从而引领学生对知识和生活保持敏感。其次,教育要培养学生学会尊崇真理。教育是一种向善爱好、追寻真理的活动,这意味着学生要重拾对真理的尊崇,形成对自然的敬畏,而不能让自身受缚于狭隘的影像之中。换言之,教师若将自己降格为传授知识的匠人,无论拥有怎样深厚的知识和诚挚的情感,怎样努力地将知识教授给学生,都背离了自己追寻真理的责任。因为学生会认为,"他卖给我他的学问和方法,为的是赚我父亲的钱,就像菜市场的女商贩向我母亲兜售卷心菜一样"①。更进一步而言,教师背离了探求真理的责任,学生亦不再会承继寻求真理的责任。教师若想激活学生内在的活跃心灵,就不能数年如一日地传授"板结化"知识,而应该传递关于"好坏""善美"的永恒标准、自然本性所规约的高贵理想,促使学生走上"爱美"之路。"人应该上路,爱之路,这路是一道美的阶梯,是身体的,更是灵魂的;美的阶梯是纯粹的。努力攀爬者已经在分有着美,已经在美的光辉里了……这是自我的追求,是灵魂在上升中间回到自己的家园,是人的自我回复。"② 最后,教育保证教师引导学生前行。教师寻求真理不必然会导致其主动引导学生走出洞穴的结果,反而很可能如古希腊哲人一般自己沉浸于精神的愉悦之中,忘记了作为教师应当引导学生的责任。柏拉图对这种情况做了细致的论述,"我们作为这个国家的建立者的职责,就是要迫使最好的灵魂达到最高的知识,看见善,并上升到那个高度;而当他们已达到这个高度并且看够了,不让他们逗留在上面不愿再下到囚徒中去,和他们共荣誉,不论大小"(519C—D)。教师唯有将自

---

① [德]马克斯·韦伯:《学术与政治:韦伯的两篇演说》,冯克利译,生活·读书·新知三联书店 1998 年版,第 42 页。
② 赵广明:《理念与神——柏拉图的理念思想及其神学意义》,江苏人民出版社 2004 年版,第 150 页。

身对真理的体悟移交给学生,其荷载的责任才算被完全履行。当学生能够认识自身的局限,启程走上追寻善好之路,教育才能复归初始的自然根基。

四 教育是使人精神和谐

古希腊教育从根本上看不是一种知识传递的形式而是一种生活的方式,而这种生活方式是以人的精神和谐为基础的。柏拉图在《理想国》中让苏格拉底如同牛虻、刺猬一般不断地刺破对话者心中习传的世俗观念,不断地提请他们对日常的生活保持进行审视,从而促发其思考"什么样的生活是正义的"。然而,对于普通民众而言,他们的灵魂是被欲望主导的,因而很容易被穴壁上芜杂的意见影像所吸引而无法认识事物的真实与否,甚至习惯于黑暗洞穴中稳定而舒适的生活。柏拉图试图以哲人的身份将被束缚的民众从洞穴中解救出来,促使其逐步认识和分有善好的理念,从而最终成为神圣者的近邻。在他看来,人若想过上正义的生活,则必须具有和谐的灵魂——灵魂诸部分各安其位、各尽其责。这种和谐的灵魂可以让灵魂中的理性功能完全发挥,让人之为人的特有功能得以充分实现。

柏拉图认为人的灵魂包括理性(或理智)、激情和欲望三个部分。其中,欲望只求得到自身本性所要求得到的东西,而激情则在欲望和理性之间摇摆不定。因而,人之卓越是理智领导激情和欲望,为整个心灵的利益而谋划,从而实现精神的和谐。当然,个人若想实现精神的和谐,还必须借助教育的作用。"这两者(理智和激情)既受到这样的教养、教育并被训练了真正起自己本分的作用,它们就会去领导欲望——它占每个人灵魂的最大部分,并且本性是最贪得财富的——它们就会监视着它以免它会因充满了所谓的肉体快乐而变大变强不再恪守本分,企图去控制支配那些它所不应该控制支配的部分,从而毁了人的整个生命。"(442A—B)柏拉图不认为每个人都能实现理性对激情和欲望的领导,而是将这种可能性寄托在哲学王身上。"靠理智和正确信念帮助,由人的思考指导着的简单而有分寸的欲望,则只能在少数人中见到,只能在那些天分最好且又受过最好教育的人中间见到。"(431C—D)城邦普通民众更多是被灵魂中的欲望支配,而为了摆脱欲望的挟制必须接受哲人的教育。这种人之精神的和谐为柏拉图所看重,也是柏拉图的教育信念。他在《斐德罗》中借由"马车喻"再次进行了譬解:将理性比作马车夫,将激情比作一匹白马,将欲望比作一匹黑马。在马车行驶的时候,理性的马车夫竭力把马车赶上正道,黑马努力将马车拉向邪路,而白马则有的时候会帮马车夫向正道上拉,但有的时候也会帮助黑马。①(246A—254E)如其所言,理智是灵魂的驭手,而人之卓越必须借由理智去观看真正的存在者。在锤炼灵魂过程中,教育发挥着极为重要的作用。"禀赋最优良的、精力最旺盛的、最可能有所成就的人,如果经过教育而学会了他们应当怎样做人的话,就能成为最优良、最有用的人,因为他们能够做出极多、极大的业绩来;但如果没有受过教育而不学无术的话,那他们就会成为最不好、最有害的人,因为由于不知应该选择做什么,就往往会插手于一些罪恶的事情,而且由于狂傲激烈、禀性倔强、难受约束、就会做出很多很大的坏事来。"②

现代教育几乎完全将个体发展置于社会的要求之下,并把"社会人"预设为自明性目的。它的出发点不是引导学生获得精神的完满,而是教会学生去适应社会、适应生活,以便迅速获得丰富的物质财富——这已经成为评价学校是否优秀、学生是否成功的主要指标。其

---

① [古希腊]柏拉图:《柏拉图全集1》(增订版),王晓朝译,人民出版社2017年版,第103—111页。

② [古希腊]色诺芬:《回忆苏格拉底》,吴永泉译,商务印书馆1984年版,第140页。

教育内容也是基于所谓的科学性而普遍化为的约定或同意,将"我们"的生活方式视为正确的、最好的、必须的,从而放弃追求善恶的生活、获得精神的和谐。于是,教育偏离了初始的根基,将自身定位于社会群体的功利化价值偏好之上。例如,我们常常津津乐道于某所大学毕业生的起始薪酬高低、毕业生中产生的亿万富豪数量等,而学生选择专业、寻找工作考虑的首要因素也是待遇问题,相互之间攀比收入。这种情况已经由大学蔓延至中小学,形成了一条层级有序的物质化链条,让师生和家长都习以为常并以之为发展目标。"现代教育从一开始就是为了适应人们日益增长的对物质生活欲望不断增强的需要,提高人们征服自然、改造自然的能力成为教育的核心目标,教育的功能也是为了适应世俗化生活做准备。"① 在制度化发展进程中,学校教育体制变得日益严密,师生都循规蹈矩地履行各自的职责,习惯于按部就班的教育生活。即使在各种设计精妙与表面正当的教育理论的牵引下开展的此起彼伏的课程和教学改革,也是为了更有效率地培养出符合社会需求的"产品"。于是,我们对各种教育改革的热情远胜于对教育本身的关注,而这种外在的喧嚣掩盖了教育精神的贫乏。在现实的挤压和惯习的推动下,学生已经适应了精神沙漠化状态,甚至景从于学校教育以期获得种种荣誉,进而兑换成可观的物质利益,正如城邦民众欣然生活于遍布虚假影像的黑暗洞穴之中,甚至以此排斥持有怀疑态度的"异己者"。"我们的教育越来越像洗衣机里飞速旋转的滚筒,把每个人卷入其中,也把我们对教育的各种看似不切实际的人文想象统统甩掉,使我们今天的教育越来越多地成为干净整齐、千篇一律地适应竞争和讲求效率的教育工厂。"② 长期以来,我们对教育本质的肤

---

① 刘铁芳:《重申知识即美德——古典主义教育的蕴含》,《南京师大学报》(社会科学版)2009 年第 4 期。

② 刘铁芳:《以古典姿态守护现代教育》,《高等教育研究》2011 年第 4 期。

浅认识,对教育体制、理念和环境的屈从,已经彻底遮蔽了教育实践的真实起点,正如雅典城邦民众驯服于诗人实施的教育、传递的信念。在现代教育领域中,师生也常被各种教育观念所迷惑,无法触摸到基于自然的教育想象,即对超越历史、地域、制度的高贵德性和精神生活的追求。荷尔德林(J. C. F. Holderlin)曾咏叹道:"因为你自源头流出,从此风韵不改。"① 同样如此,任何远离始点而设计的教育目标都难免异化为对人性的遮蔽,从而导致学生陷入单一发展模式之中,甚至难以保持对社会的独立性,匍匐于经济、政治与文化共同织就的幻象之中。在功利化教育理念支配下,学生始终汲汲于工具知识的获取、生活技能的训练,成为精致的利己主义者。他们处于"轻飘飘的、无关紧要的个人事务当中,被私人生活'悲哀的不透明性'所包裹,这种私人生活除了自身之外什么都不关心"②。正因为对教育本质缺乏深刻的认识,教育者才无法对周围的教育状态和自身的精神生活加以反思,以至于变成了马尔库塞口中的"单向度的人"。

因此,我们有必要将教育的逻辑起点不断前移,引入柏拉图教育思想,从而更新当前繁杂而浅薄的理论和思想等,重新激发学生追求精神的和谐。当然,我们不能寄望于借由柏拉图教育思想直接改变学校教育的状态,而是为学校教育注入一些新的理念,从而改变庸常的教育生活状态。柏拉图教育思想的基本主题——对学生灵魂、心灵的引导,为现代教育开启了另外一条路径。正如爱默生(R. W. Emerson)所言:"世上唯一有价值的东西是活跃的心灵。这是每个人都有权享有的。每个人自身都包含有这颗心灵,尽管多数人的心灵受到了滞塞,有些人的心灵还没有诞生。活跃的心灵能看见绝对的真理,能表述真

---

① 《荷尔德林诗选》,顾正祥译注,北京大学出版社1994年版,第87页。
② [美]汉娜·阿伦特:《过去与未来之间》,王寅丽、张立立译,译林出版社2011年版,第2页。

理，或者进行创造。"① 正是基于此，从苏格拉底到柏拉图，从洛克（J. Locke）到巴克莱（G. Berkeley）再到休谟，无不重视人的心灵的发展。他们将个人的心灵发展视为缓慢发展的过程。当然，为了传递超越性的理念，学校教育中充斥着的"科学"的流行意见就会与之发生冲突。此时，柏拉图开启的教育两重性传统为教师的教学提供了很好的规避冲突的路径。一方面，教师可以借由学校场域中的流行观念来编织"高贵的谎言"，让大多数学生能够听懂并认可；同时，给予他们善美理念的引导，让其不至于始终耽溺于追逐私己性的功利目的。另一方面，教师将真实的想法隐藏在"高贵的谎言"背后，让那些真正爱智的学生能够剥离并吸收，从而结成追寻真理的同行者，认识真实的世界，最终成为"神圣者的近邻"。"学校的功能是告诉学生这个世界是怎么样的，而不是教他们谋生的技能。"② 通过教育的这种两重性方式，教师可以逐步带领学生从庸常的私人生活中走出，在公共交往中充分认识精神的善美。当然，教师对显白和隐微教育方式的运用不能是一种强制，也不能是一种差异对待，而应该是一种作用于学生心灵的向上的引导，是一种对教育向善性立场的坚守。

柏拉图正式开启的古希腊教育传统是精英性质的，指向于人的精神生活；现代教育则是大众性质的，指向于人的世俗生活。尽管现代教育形态符合社会发展的整体趋势，但它一味地迎合大众的基本物质需要，以人的趣味遮蔽教育原初的精神气质，从而阻遏个体精神在教育中的发展，这同样有悖于历史发展的目标。③ 这种缺陷是教育的降格

---

① ［美］R. W. 爱默生：《美国学者：爱默生讲演集》，赵一凡译，生活·读书·新知三联书店1998年版，第9页。
② ［美］汉娜·阿伦特：《过去与未来之间》，王寅丽、张立立译，译林出版社2011年版，第181页。
③ 刘铁芳：《为什么需要教育哲学——试论教育哲学的三重指向》，《教育研究》2010年第6期。

导致的，在教育活动中已经愈发凸显，亟须借由柏拉图教育思想来补足，以引导学生走上寻找高贵德性之路。因此，寻回柏拉图开启的古希腊教育传统，无疑是促进当下教育改革的重要路径。毕竟，"一切思想的演进如果没有经过向前科学世界的回归，向那个我们不再伸手可及的世界回归，就会成为现代信念的俘虏"①。当然，我们对柏拉图教育思想的复归并非是完全的恢复，而是以古希腊教育精神来刺破当前教育的种种幻象，以原初的状态来建构现代教育的逻辑起点，以善好的理念来修正当下教育的前进方向，以柏拉图开启的古典教育方式来激活学生的内在心灵，从而实现更高层次的回归。

值得注意的是，由于不同时代的差异、文化的隔阂、理论与现实之间的距离，柏拉图教育思想复归的适用范围是有限的。我们若是强行以柏拉图教育思想指引学生的生活、推动学校教育的改革，可能会导致更大的恶。因为即使再精致缜密的虚拟理论设计或教育实验，也无法针对实际问题直接给出适切的答案，毕竟从理论走向实践需要经过多重转换。正如汉娜·阿伦特曾明确指出，"任何共同体的灾难性后果都始于，极力想要遵循从单个的人那里得出的伦理教训，无论是苏格拉底、柏拉图的，还是基督教的"②。

---

① ［美］布鲁姆：《巨人与侏儒——布鲁姆文集》（增订版），秦露等译，华夏出版社2007年版，第7页。
② ［美］汉娜·阿伦特：《过去与未来之间》，王寅丽、张立立译，译林出版社2011年版，第229页。

结语　走向真实的柏拉图

　　行文至此,我们会发现柏拉图隐藏在著作中的形象已经愈发清晰起来。他不是空洞的理想主义者,而是务实的现实主义者;不是激进的教育革命者,而是稳健的教育革新者;不是顽固的极权主义者,而是忠实的精英主义者。柏拉图从始至终都寄望于通过教育改革现实城邦,通过教育维续理想城邦。他为了化解雅典城邦面临的现实困境,建构了一个理想的城邦模板。这个过程实质上是在展开一幅宏大的正义图景,进行一场理性的教育实验,首次尝试了国家与教育的结合以及教育对国家的变革。于是,在谈话过程中,柏拉图通过苏格拉底不断考察对话者关于正义的意见,不断革除城邦中的不利因素,不断在辩驳中靠近正义的实质,以期可以教化城邦民众,使之摆脱欲望的束缚、过上正义的生活,从而彻底扭转城邦为满足民众不断膨胀的欲望而借由战争进行掠夺的不正义发展轨迹。当然,柏拉图的教育理想国是无法在现实生活中实现的,无论是古希腊时期抑或是现代社会,但这并不能掩盖其教育思想的价值和魅力。他对人的理性的尊重、对世俗信念的考察、对正义生活的追求、对教育作用的肯定……都对后世教育思想的发展产生了极为重要的影响。事实上,柏拉图的教育思想不仅在中世纪被基督教伦理继承和延续,在文艺复兴乃至启蒙运动时期仍然是教育理念更迭的重要源泉。他为西方文化传统提供了一套原初的教育概念和原则,从而构成了西方现代教育思想的基本底色。以此观之,柏拉图教育思想是解读西方现代精神文化的钥匙,也是人们从历史脉络中重获心灵慰藉的源点。正如黑格尔曾不无温情地说道:"到了希腊人那里,我们马上便感觉到仿佛置身于自己的家里一样,因为我们已经到了'精神'的园地……'精神'真实的再生,要首先在希腊寻求。"①

我们在很多时候会误解柏拉图,认为他反叛了苏格拉底的教育传统——远离城邦政治,与民众生活针锋相对,其实柏拉图是在准确把握城邦现实情况后采取了迂回教育路线和综合教育方案。换言之,柏拉图真正继承了苏格拉底的教育精神——以哲学教化民众,以教育变革城邦,不过是选择了城邦民众可接受的模式进行人心之教化。他隐身在文本的字里行间,让谈话者和读者都能跟随苏格拉底和自己的脚步,在不断的省察自我中认识到德性的匮乏,从而承担起超越现实的责任,实现精神的和谐、过上美好的生活。为了让这场复杂的教育实验不至于失真,也为了避免遭遇苏格拉底的"失败"——在教化民众和变革城邦的意义上苏格拉底确实失败了,柏拉图选择了最不易教化的统治阶层进行交谈,以此确立了构建理想城邦的出发点;随后,他在诗哲之争中夺取了教育的领导权,净化了城邦教育中不适切的内容,并以哲人的正义观置换了诗人的正义信念,构建了诗性哲学的综合性教育方案;之后,为了避免与城邦政治发生激烈冲突,以便将真理传递给特定的爱智者,柏拉图通过必要的谎言形式开启了显白和隐微的两重教育方式;最后,为了保证理想城邦的稳定和存续,从而实现城邦整体和个人的正义,他系统设计了培养哲学王的教育工程。在这场

---

① [德]黑格尔:《历史哲学》,王造时译,上海书店出版社2001年版,第222页。

宏大的教育实验中，每个参与者或旁观者都会不自觉地跟着柏拉图的思路去省察，去发现自身对德性的偏见，认识生活中存在的问题，从而更真实地认识自己，启程走上向善爱好之路。

德尔菲神谕"认识你自己"是苏格拉底的人生信条，也是其开展教育活动的起点。苏格拉底虽然从未宣称自己是一个教师，却试图引导民众祛除最爱的身体里无用和无益的东西，劝勉他们追求最光荣最美好的德行。"那些认识自己的人，知道什么事对于自己合适，并且能够分辨，自己能做什么，不能做什么，而且由于做自己所懂得的事就得到了自己所需要的东西，从而繁荣昌盛，不做自己所不懂的事就不至于犯错误，从而避免祸患。而且由于有这种自知之明，他们还能够鉴别别人，通过和别人交往，获得幸福，避免祸患。"① 柏拉图同样秉持这种人生信条，借由构建"言辞的理想国"，让每个对话者都能深刻地认识到在生活中所虔信和坚持的正义观是多么的不义，也让与对话者持有类似正义观的读者意识到自身德性的缺失，而这些德性恰恰指引着人们的道德判断和日常行为。以是观之，即使视自身为有识之士的上层人物，抑或是因为人数众多而把持政治权力的普通民众，又有何理由扬扬自矜于自身的"德性"，甚至沾沾自喜于欲望丛生、物欲横流的不正义生活状态？

从古希腊城邦社会发展到近现代社会，人类确实取得了匪夷所思的成就，尤其表现在物质生活层面。我们探索世界的范围不断扩展，改造自然的能力不断增强，掌握的科学技术不断改进，甚至每天可以看到层出不穷的新鲜事物，听到精妙绝伦的新奇理论。在这种社会境遇中，我们生活富足、物质充裕——恰如雅典城邦民众的生活状态，只不过索取的对象从殖民地转向了自然界，几乎不用再为生存的状态

---

① [古希腊]色诺芬：《回忆苏格拉底》，吴永泉译，商务印书馆1984年版，第151页。

而焦虑，甚至连精神生活似乎也被各种思想填满，获得了思维"饱腹"的愉悦感。然而，这些充实快感的背后体现的却是人之欲望的蔓延、心性的迷失和视野的褊狭。在不知不觉间，我们面对的世界变得越来越宏大，可思考的视域却变得越来越局限。在我们眼中自然世界不再是可供观照的对象，也不再是一种与我们同在的完满，而是给人类提供物质资料的载体，一种可供随时攫取的工具。与之相应，学校教育教给学生知识是为了让其获得高收入的职业和更优渥的物质生活状态；开设的专门德育课程是为了让学生服从各种规范准则，以获得良好的社会声誉和与之相连的利益；教师从事的是一份稳定的职业，责任是将知识技能以符合儿童身心发展规律的方式进行更有效率地传递。教师、学生以及社会中形形色色的人们，仿佛生活在"发烧的城邦"之中；教师成了柏拉图批判的诗人和智者，学生成了追随诗人和智者的民众，不断妥协于世俗的信念，不断驯服于自身的欲望。我们从未如柏拉图一般反思正义问题，也从未如柏拉图一般追寻正义生活。相反，我们坦然地被手机、电视、报纸、互联网投射的泛滥意见包裹和挟持，悠然地沉浸在芜杂的穴壁影像之中。教师们习惯于教学、迎检、做项目、参与评奖，为了各种荣誉奖项而奔走、运作；学生们汲汲于学习、考试、升学、参加比赛，为了分数的高低而疲于应对却又乐在其中。真正超脱于洞穴之外、想着过正义生活的人，环顾西周寥寥无人。恍惚间，柏拉图的话语再次响起："如果囚徒之间曾有过某种选举，也有人在其中赢得过尊荣，而那些敏于辨别而且最能记住过往影像的惯常次序，因而最能预言后面还有什么影像会跟上来的人还得到过奖励，你认为这个既已解放了的人他会再热衷于这种奖赏吗？对那些受到囚徒们尊重并成了他们领袖的人，他会心怀嫉妒吗？和他们争夺那里的权力地位吗？"（516D—E）我想告诉他：我们已经被感官的纵欲所缠绕，已经习惯于观看模糊的影像，已经不想再离开"温暖"的洞穴。

对于柏拉图丰富的教育思想，对于《理想国》中汪洋的教育内容，我们理应从中汲取更多的营养和智慧。对于教师，对于学生，抑或是对于其他人，都应该如此。正如布鲁姆所言："我不断论及柏拉图的《理想国》，它对于我来说是一本论述教育的书，因为它真正向我解释了我所体验到的作为一个人和一名教师的意义，依据这样一种稳健中庸、宽容隐忍的学说，我几乎总是用它来指出哪些是我们不应当希冀的。不过，它所指出的各种无法实现的行动恰恰像一面筛子，把那些最宝贵的、毫无幻想的实际可能性透析出来。"① 遗憾的是，限于笔者能力，难以呈现其全貌，只能管中窥豹，唯恐挂一漏万。例如，本书主要选取了《理想国》的几个重要节点来展露柏拉图教育思想的内核，也试图尽量完成体系化建构，却依旧难以呼应周全；理念论在柏拉图教育思想中占据核心地位，而本书虽有所涉及却仍然略显不足……这些缺憾，还需要笔者在后续研究中进行补足。当然，特别幸运的是，我选择了一个自己感兴趣的主题，将之撰写成文成书，让我可以徜徉于柏拉图的思想之中，找到精神的家园。

最后，我想对自己说："认识你自己，过正义的生活！"

---

① ［美］艾伦·布鲁姆：《走向封闭的美国精神》，缪青等译，中国社会科学出版社1994年版，第413页。

参考文献

一　中文专著

陈康:《论希腊哲学》,商务印书馆2011年版。

范明生:《柏拉图哲学述评》,上海人民出版社1984年版。

干春松:《制度化儒家及其解体》(修订版),中国人民大学出版社2012年版。

何怀宏:《正义理论导引:以罗尔斯为中心》,北京师范大学出版社2015年版。

黄见德:《西方哲学东渐史》(上),人民出版社2006年版。

黄万盛主编:《危机与选择:当代西方文化名著十评》,上海文艺出版社1988年版。

李长伟:《古典传统与公民教育》,教育科学出版社2010年版。

刘晨光等:《希腊四论》,华东师范大学出版社2006年版。

刘铁芳:《重温古典教育传统》,华东师范大学出版社2008年版。

刘铁芳:《古典传统的回归与教养性教育的重建》,北京师范大学出版社2010年版。

刘小枫:《施特劳斯的路标》,华夏出版社2011年版。

刘小枫:《王有所成:习读柏拉图札记》,上海人民出版社2015年版。

刘小枫、陈少明主编：《柏拉图与天人政治》，华夏出版社2009年版。

刘小枫、陈少明主编：《苏格拉底问题》，华夏出版社2005年版。

罗念生：《〈罗念生全集〉第四卷：阿里斯托芬喜剧六种》，上海人民出版社2016年版。

罗念生、水建馥编：《古希腊语汉语词典》，商务印书馆2004年版。

万俊人：《现代西方伦理学史》（上卷），北京大学出版社1997年版。

王小波：《理想国与哲人王》，陕西师范大学出版社2004年版。

王扬：《〈理想国〉汉译辨正》，华东师范大学出版社2014年版。

吴晓群：《希腊思想与文化》，上海社会科学院出版社2009年版。

肖厚国：《古希腊的思想与历史：自由的古典探索》，上海人民出版社2010年版。

严群：《古希腊哲学探研及其他》，商务印书馆2011年版。

余纪元：《〈理想国〉讲演录》，中国人民大学出版社2009年版。

詹文杰：《柏拉图知识论研究》，北京大学出版社2020年版。

张文涛选编：《神话诗人柏拉图》，董赟等译，华夏出版社2010年版。

赵广明：《理念与神——柏拉图的理念思想及其神学意义》，江苏人民出版社2004年版。

朱小蔓：《情感教育论纲》，人民出版社2007年版。

二 中文译著

[英] 阿尔弗雷德·诺思·怀特海：《过程与实在：宇宙论研究》，杨富斌译，中国城市出版社2003年版。

[英] 阿克顿：《自由与权力——阿克顿勋爵论说文集》，侯健、范亚峰译，商务印书馆2001年版。

[美] 阿拉斯代尔·麦金太尔：《伦理学简史》，龚群译，商务印书馆2003年版。

［美］A. 麦金太尔：《三种对立的道德探究观——百科全书派、谱系学和传统》，万俊人等译，中国社会科学出版社1999年版。

［美］阿拉斯戴尔·麦金太尔：《追寻美德：道德理论研究》，宋继杰译，译林出版社2011年版。

［美］艾伦·布鲁姆：《走向封闭的美国精神》，缪青等译，中国社会科学出版社1994年版。

［古希腊］阿里斯托芬：《阿里斯托芬喜剧六种》，罗念生译，上海人民出版社2004年版。

［美］保罗·伍德拉夫：《尊崇：一种被遗忘的美德》，林斌、马红旗译，商务印书馆2007年版。

［古希腊］柏拉图：《巴曼尼得斯篇》，陈康译注，商务印书馆1982年版。

［古希腊］柏拉图：《柏拉图对话集》，王太庆译，商务印书馆2004年版。

［古希腊］柏拉图：《柏拉图全集1》（增订版），王晓朝译，人民出版社2015年版。

［古希腊］柏拉图：《理想国》，郭斌和、张竹明译，商务印书馆1986年版。

［古希腊］柏拉图：《游叙弗伦 苏格拉底的申辩 克力同》，严群译，商务印书馆1983年版。

［美］伯纳德特：《弓弦与竖琴：从柏拉图解读奥德赛》，程志敏译，华夏出版社2003年版。

［英］布莱恩·麦基编：《思想家：当代哲学的创造者们》，周穗明、翁寒松译，生活·读书·新知三联书店1987年版。

［美］布鲁姆：《人应该如何生活——柏拉图〈王制〉释义》，刘晨光译，华夏出版社2015年版。

316

［美］布鲁姆：《巨人与侏儒——布鲁姆文集》（增订版），秦露等译，华夏出版社2007年版。

［美］丹纳·维拉：《苏格拉底式公民身份》，张鑫炎译，华夏出版社2016年版。

［英］狄金森：《希腊的生活观》，彭基相译，华东师范大学出版社2006年版。

［德］多罗西娅·弗雷德：《柏拉图的〈蒂迈欧〉：宇宙论、理性与政治》，刘佳琪译，北京大学出版社2014年版。

［德］海德格尔：《路标》，孙周兴译，商务印书馆2000年版。

［美］汉娜·阿伦特：《反抗"平庸之恶"》，陈联营译，上海人民出版社2014年版。

［美］汉娜·阿伦特：《过去与未来之间》，王寅丽、张立立译，译林出版社2011年版。

［古希腊］荷马：《奥德赛》，王焕生译，人民文学出版社1997年版。

［古希腊］荷马：《伊利亚特》，罗念生、王焕生译，人民文学出版社1994年版。

［古希腊］赫西俄德：《工作与时日·神谱》，张竹明、蒋平译，商务印书馆1991年版。

［德］黑格尔：《历史哲学》，王造时译，上海书店出版社2001年版。

［美］霍尔特等：《新实在论》，伍仁益译，商务印书馆1980年版。

［比］J. M. 布洛克曼：《结构主义：莫斯科—布拉格—巴黎》，李幼蒸译，商务印书馆1980年版。

［英］基托：《希腊人》，徐卫翔、黄韬译，上海人民出版社1998年版。

［英］卡尔·波普尔：《开放社会及其敌人》第1卷，陆衡等译，中国社会科学出版社1999年版。

［德］康德：《纯粹理性批判》，蓝公武译，商务印书馆1997年版。

［英］肯尼思·约翰·弗里曼：《希腊的学校》，朱镜人译，山东教育出版社 2009 年版。

［古希腊］拉尔修：《名哲言行录》（上），马永翔译，吉林人民出版社 2003 年版。

［英］莱斯莉·阿德金斯、罗伊·阿德金斯：《古代希腊社会生活》，张强译，商务印书馆 2016 年版。

［加］朗佩特：《哲学与哲学之诗：施特劳斯、柏拉图、尼采》，刘旭、吴一笛译，华夏出版社 2021 年版。

［新西兰］理查德·乔伊斯：《道德的演化》，刘鹏博、黄素珍译，译林出版社 2017 年版。

［美］列奥·施特劳斯：《迫害与写作艺术》，刘锋译，华夏出版社 2012 年版。

［美］列奥·施特劳斯：《自然权利与历史》，彭刚译，生活·读书·新知三联书店 2003 年版。

［美］列奥·施特劳斯、约瑟夫·克罗波西主编：《政治哲学史》（上），李天然等译，河北人民出版社 1993 年版。

［法］列维-斯特劳斯：《野性的思维》，李幼蒸译，商务印书馆 1987 年版。

［加］罗宾·巴罗：《柏拉图》，王爱松译，黑龙江教育出版社 2016 年版。

［美］罗森：《哲学进入城邦——柏拉图〈理想国〉研究》，朱学平译，华东师范大学出版社 2016 年版。

［英］罗素：《西方哲学史》（上卷），何兆武、李约瑟译，商务印书馆 1963 年版。

［德］马克斯·韦伯：《学术与政治》，冯克利译，生活·读书·新知三联书店 1998 年版。

［法］马特：《柏拉图与神话之镜：从黄金时代到大西岛》，吴雅凌译，华东师范大学出版社 2008 年版。

［法］米歇尔·福柯：《词与物——人文科学考古学》，莫伟民译，上海三联书店 2002 年版。

［美］N. 帕帕斯：《柏拉图与〈理想国〉》，朱清华译，广西师范大学出版社 2007 年版。

［德］尼采：《悲剧的诞生》，赵登荣等译，漓江出版社 2000 年版。

［德］尼采：《快乐的科学》，余鸿荣译，中国和平出版社 1986 年版。

［美］潘戈：《政制与美德——柏拉图〈法义〉疏解》，朱颖、周尚君译，华夏出版社 2011 年版。

［法］普拉多：《柏拉图与城邦——柏拉图政治理论导论》，陈宁馨译，华东师范大学出版社 2016 年版。

［美］乔治·萨拜因：《政治学说史：城邦与世界社会》第四版，邓正来译，上海人民出版社 2015 年版。

［法］裘利亚·西萨、马塞尔·德蒂安：《古希腊众神的生活》，郑元华译，上海人民出版社 2008 年版。

［美］R. W. 爱默生：《美国学者：爱默生讲演集》，赵一凡译，生活·读书·新知三联书店 1998 年版。

［古希腊］色诺芬：《回忆苏格拉底》，吴永泉译，商务印书馆 1984 年版。

［古希腊］色诺芬：《希腊史》，徐松岩译注，上海三联书店 2013 年版。

［德］施米特：《现代与柏拉图》，郑辟瑞、朱清华译，上海书店出版社 2009 年版。

［美］施特劳斯：《什么是政治哲学》，李世祥译，华夏出版社 2011 年版。

［美］施特劳斯：《苏格拉底与阿里斯托芬》，李小均译，华夏出版社

2011 年版。

［美］斯特伦：《人与神——宗教生活的理解》，金泽、何其敏译，上海人民出版社 1991 年版。

［德］瓦尔特·比默尔、［瑞士］汉斯·萨纳尔编：《海德格尔与雅斯贝尔斯往复书简（1920—1963 年）》，李雪涛译，上海人民出版社 2012 年版。

［意］维柯：《新科学》（上册），朱光潜译，商务印书馆 1989 年版。

［德］文德尔班：《哲学史教程：特别关于哲学问题和哲学概念的形成和发展》（上卷），罗达仁译，商务印书馆 2009 年版。

［古希腊］希罗多德：《历史——希腊波斯战争史》（上册），王以铸译，商务印书馆 1959 年版。

［古罗马］西塞罗：《论共和国》，王焕生译，上海人民出版社 2006 年版。

［古希腊］修昔底德：《伯罗奔尼撒战争史》，谢德风译，商务印书馆 1960 年版。

［法］雅克利娜·德·罗米伊：《古希腊悲剧研究》，高建红译，华东师范大学出版社 2017 年版。

［古希腊］亚里士多德：《尼各马可伦理学》，廖申白译注，商务印书馆 2003 年版。

［古希腊］亚里士多德：《政治学》，吴寿彭译，商务印书馆 1997 年版。

［英］伊丽莎白·劳伦斯：《现代教育的起源和发展》，纪晓林译，北京语言学院出版社 1992 年版。

［德］伊曼努尔·康德：《永久和平论》，何兆武译，上海人民出版社 2005 年版。

［爱尔兰］约翰·迪伦：《柏拉图主义的起源与主要特征》，刘嫒嫒译，北京大学出版社 2021 年版。

［美］约翰·杜威：《哲学的改造》，许崇清译，商务印书馆1958年版。

［美］约翰·E.彼得曼：《柏拉图》，胡自信译，中华书局2014年版。

［美］约翰·罗尔斯：《正义论》（修订版），何怀宏等译，中国社会科学出版社2009年版。

［美］詹姆斯·A.古尔德、文森特·V.瑟斯比编：《现代政治思想：关于领域、价值和趋向的问题》，杨淮生等译，商务印书馆1985年版。

三 中文期刊

曹义孙：《柏拉图论治国人才的教育》，《比较法研究》2005年第2期。

陈德正、胡其柱：《19世纪来华传教士对西方古典学的引介和传播》，《史学理论研究》2015年第3期。

陈庆：《从柏拉图"美诺之问"看教育哲学与教育学的基本问题——反思中国教育学研究之正途》，《教育学术月刊》2017年第1期。

成官泯：《试论柏拉图〈理想国〉的开篇——兼论政治哲学研究中的译注疏》，《世界哲学》2008年第4期。

程广云、夏年喜：《哲学教育与公民教育——柏拉图、亚里士多德哲学教育思想三题》，《学习与探索》2012年第8期。

程志敏：《从"高贵的谎言"看哲人与城邦的关系——以柏拉图〈理想国〉为例》，《浙江学刊》2005年第1期。

程志敏：《论古典哲学的"哲人王"观念——"乌托邦"辨谬》，《人文杂志》2007年第5期。

成中英、阮凯：《乌托邦吊诡及其解决之道——从柏拉图的理想国到儒家的大同世界》，《探索与争鸣》2016年第12期。

戴晓光：《〈爱弥儿〉与卢梭的自然教育》，《北京大学教育评论》2013年第1期。

邓晓芒：《西方哲学史中的理性主义和非理性主义》，《现代哲学》2011年第3期。

段元秀：《柏拉图公民教育思想论析》，《教育评论》2012年第2期。

傅淳华、杜时忠：《论学校制度情境中的教师平庸之恶》，《教师教育研究》2013年第4期。

韩素玲：《论柏拉图的国民教育理念》，《山东社会科学》2007年第9期。

贺方婴：《两种幽暗——比较荷马〈奥德赛〉与柏拉图〈斐多〉的冥府教谕》，《思想战线》2013年第1期。

何怀宏：《柏拉图〈理想国〉中的四隐喻》，《北京大学学报》（哲学社会科学版）2007年第5期。

姜勇：《近40年来欲望观念变迁的经济哲学反思》，《天津社会科学》2018年第5期。

金生鈜：《德性教化乃心灵转向——解读柏拉图的德性教化理念》，《湖南师范大学教育科学学报》2002年第2期。

李长伟：《古典公民教育透析——一个目的论的视角》，《教育研究》2015年第4期。

李长伟：《何谓教育技艺——基于柏拉图自然目的论的视角》，《湖南师范大学教育科学学报》2021年第1期。

李长伟：《谁是教育者——柏拉图〈法义〉解析》，《现代大学教育》2023年第4期。

李长伟：《学生是谁？——基于古今之变的视角》，《华东师范大学学报》（教育科学版）2023年第1期。

李静含：《德性与情感秩序——论柏拉图〈法义〉中的公民教育》，《道德与文明》2021年第1期。

李润洲：《柏拉图德性正义论的教育意蕴——对〈理想国〉的一种解

读》，《山西大学学报》（哲学社会科学版）2015年第1期。

李若愚、汪正龙：《对话与灵魂——论柏拉图对话何以成为灵魂的"高贵话语"》，《首都师范大学学报》（社会科学版）2022年第1期。

林志猛、王铠：《德性的自然与不可教的悖论——柏拉图〈美诺〉中的德性难题》，《浙江学刊》2022年第2期。

刘佳男、孟建伟：《"诗哲之争"的流变与现代性的实质》，《北京行政学院学报》2018年第2期。

刘铁芳：《重申知识即美德——古典主义教育的蕴含》，《南京师大学报》（社会科学版）2009年第4期。

刘铁芳：《从柏拉图洞穴隐喻看哲学教育的可能性——兼论教育应该怎样关涉幸福》，《教育学报》2008年第4期。

刘铁芳：《为什么需要教育哲学——试论教育哲学的三重指向》，《教育研究》2010年第6期。

刘铁芳：《以古典姿态守护现代教育》，《高等教育研究》2011年第4期。

刘小枫：《西方古典政治哲学新探 柏拉图笔下的佩莱坞港——〈王制〉开场绎读》，《社会科学研究》2010年第2期。

刘艳侠：《把苏格拉底的教诲带入当下：柏拉图对话的教育意蕴》，《湖南师范大学教育科学学报》2020年第1期。

罗峰、林志猛：《柏拉图论立法与德性教育》，《北京大学教育评论》2018年第3期。

牛宏宝：《理智直观与诗性直观：柏拉图的诗哲之争》，《北京大学学报》（哲学社会科学版）2013年第1期。

彭刚：《从柏拉图的哲学王到卢梭的立法者》，《求是学刊》2010年第3期。

任剑涛：《谁能创制并捍卫公共：在上帝、哲学王与民主选民之间》，

《社会科学战线》2016年第5期。

孙兴彻、林海顺：《孔子与柏拉图的伦理观比较——关于"善"的根据与实践方法》，《中国人民大学学报》2019年第3期。

孙银光、杜时忠：《教师权威的古典视域及其现代价值》，《教育发展研究》2015年第4期。

孙银光、杜时忠：《诗哲之争：〈理想国〉中教育观的冲突与融合》，《复旦教育论坛》2021年第6期。

孙银光、杜时忠：《"哲学王"的虚假和真实——兼论柏拉图的教育哲学思想》，《现代大学教育》2018年第4期。

谭好哲、徐思雨：《强制阐释论："诗哲之争"的当代回应与发展》，《河北学科》2022年第1期。

谭杰：《柏拉图与柏拉图主义在晚明中国》，《现代哲学》2023年第3期。

唐慧玲：《洞穴内外：从哲学王到政治家——柏拉图政治哲学思想的转向分析》，《江西社会科学》2007年第7期。

田海平：《柏拉图的"洞穴喻"》，《东南大学学报》（哲学社会科学版）2000年第2期。

万俊人：《世界的"膨胀"与哲学的"萎缩"》，《读书》2015年第10期。

万俊人：《哲学的"孤独"》，《社会科学战线》1993年第3期。

王江涛：《从立功到立德：柏拉图论立法者教育》，《浙江学刊》2022年第2期。

王康宁、于洪波：《老子与柏拉图道德教育思想比较研究》，《陕西师范大学学报》（哲学社会科学版）2014年第2期。

王柯平：《柏拉图的城邦净化说》，《世界哲学》2012年第2期。

王柯平：《厄洛斯神话的哲学启示》，《哲学研究》2011年第1期。

王坤庆：《教师专业发展的境界：形成教师个人的教育哲学》，《高等教育研究》2011年第5期。

王南湜：《从"理想国"到"法治国"——现实性的马克思主义政治哲学何以可能》，《天津社会科学》2006年第5期。

王秀娟：《早期乌托邦的理想社会思考——柏拉图和他的〈理想国〉》，《国外理论动态》2008年第7期。

吴爱邦：《老子与柏拉图的"王"思想比较》，《兰州学刊》2004年第3期。

谢文郁：《善的问题：柏拉图和孟子》，《哲学研究》2012年第11期。

谢文郁：《正义与真理——柏拉图〈理想国〉的问题、方法和思路》，《中山大学学报》（社会科学版）2017年第2期。

徐雪野、宋婷婷：《波普尔对柏拉图集体主义正义观的批判》，《学术交流》2016年第12期。

燕宏远、梁小燕：《柏拉图：西方"女性主义"的先驱者》，《哲学动态》2005年第1期。

晏云访：《试论柏拉图〈理想国〉中教育思想的两重性》，《新疆师范大学学报》（哲学社会科学版）1989年第4期。

杨涵深：《〈理想国〉的认知结构与教育理念》，《江西社会科学》2018年第11期。

游朋轩：《理想主义还是乌托邦主义——试论柏拉图对理想国的建构》，《河北学刊》2014年第2期。

余露：《"素王"：对"哲人王"的一种可能解释》，《道德与文明》2015年第3期。

袁鹏：《民国时期柏拉图对话汉译简述》，《党政干部学刊》2016年第2期。

曾蒙、赵彦芳：《"诗哲之争"的隐性书写——柏拉图〈伊翁〉新解》，

《贵州社会科学》2019年第12期。

翟楠：《从灵魂到身体——柏拉图的"洞穴隐喻"及现代教育的价值倒转》，《西北师大学报》（社会科学版）2011年第1期。

詹文杰：《道德教育何以可能？——柏拉图〈克利托丰〉诠疏》，《世界哲学》2008年第1期。

张斌贤：《教育：为铸造幸福的国家——柏拉图〈理想国〉研读》，《高校教育管理》2008年第4期。

张波波：《从喜剧幻想到乌托邦：论柏拉图"美好城邦"之构想的切实可行性》，《浙江学刊》2022年第2期。

张莅颖、邵彩玲：《柏拉图〈理想国〉的女性教育思想及其现代价值》，《河北师范大学学报》（教育科学版）2009年第4期。

张少雄：《所谓苏格拉底"知识即美德"论是臆造之说》，《现代大学教育》2017年第6期。

张巍：《诗歌与哲学的古老纷争——柏拉图"哲学"的思想史研究》，《历史研究》2008年第1期。

郑辉、刘飞：《柏拉图国家与公民合一的正义观——对〈理想国〉的解读》，《河北师范大学学报》（哲学社会科学版）2004年第6期。

周勇：《哲学、诗歌与智术——柏拉图的千古课程难题》，《北京大学教育评论》2008年第4期。

朱钦运、朱大可：《临终之梦的哲学意涵——以孔子与柏拉图为例》，《上海师范大学学报》（哲学社会科学版）2016年第2期。

朱正贵：《柏拉图教育观演变探微》，《西北师大学报》（社会科学版）1985年第4期。

四　学位论文

胡晓燕：《〈理想国〉的公民教育思想研究》，博士学位论文，吉林大学，2007 年。

刘艳侠：《爱欲与教化——柏拉图教育哲学的一种阐释》，博士学位论文，湖南师范大学，2015 年。

周小李：《柏拉图公民教育思想述评》，硕士学位论文，华中师范大学，2005 年。

五　外文著作

A. Heubeck, S. West, J. B. Hainsworth, *A Commentary on Homer's Odyssey*, Oxford: Oxford University Press, 1988.

Allan Bloom, *The Republic of Plato*, New York: Basic Books, 1968.

Annick M. Brennen, *Philosophy of Education*, Mandeville: The Northern Caribbean University Press, 1999.

Arac Jonathan, *After Foucault: Humanistic Knowledge Postmodern Challenges*, New Jersey: Rutgers University Press, 1988.

B. A. O. Williams, *Ethics and the Limits of Philosophy*, Cambridge: Harvard University Press, 1985.

B. Williams, *Ethics and the Limits of Philosophy*, London; New York: Routledge, 2006.

C. H. Zuckert, *Postmodern Platos*, Chicago: The University of Chicago Press, 1996.

D. Wooddard, *The Cambridge Companion to Greek Mythology*, Cambridge: Cambridge University Press, 2007.

E. I. J. Rosenthal, *Political Thought in Medieval Islam: An Introductory outline*, Cambridge: Cambridge University Press, 1958.

Eduard Meyer, *Geschichte des Altertums* (Vierter. Bond. 5), Stuttgart: J. G. Cotta'sche Buchhandlung Nachfolger, 1953.

F. Baumer, *Modern European Thought: Continuity and Change in Ideas*, 1600 – 1950, NewYork: Macmillan Publishers Ltd. , 1977.

G. E. Moore, *Principia Ethica*, Cambridge: Cambridge University Press, 1993.

G. H. R. Parkinson, S. G. Shanker, *Routledge of History Philosophy (Volume I): From the Beginning to Plato*, London: Routledge, 1997.

G. Vlastos, *The Paradox of Socrates*, Garden City: Doubleday, 1971.

Gabriel Compayre, *The History of Pedagogy*, Whitefish: Literary Licensing, 2014.

Gregory Vlastos, *Was Plato a Feminist? In Tuana, Feminist Interpretations of Plato*, Pennsylvania: The Pennsylvania State University Press, 1994.

I. Kant, *Perpetual Peace: A Philosophical Essay*, Trans. Smith, M. C. , London: George Allen and Unwin Ltd. , 1917.

J. Burnet, *Platonism*, Berkeley: University of California Press, 1928.

J. H. Randall, *Plato: Dramatist of the Life of Reason*, New York: Columbia University Press, 1970.

J. Peter Eurben, *The Tragedy of Political Theory: The Road Not Taken*, Princeton: Princeton University Press, 1990.

J. Shaklar, *American Citizenship*, Cambridge: Harvard University Press, 1991.

James K. Feiljleman, *Religious Platonism*, London: Allen & Unwin, 1959.

John M. Cooper, *Reason and Emotion: Essays on Ancient Moral Psychology and Ethical Theory*, Princeton: Princeton University Press, 1999.

John Peterman, *On Plato*, Boston: Cengage Learning, 2000.

Kenneth J. Freeman, *School of Hellas: An Essay on the Practice and Theory of Ancient Greek Education from 600 to 300B. C.* , London: Macmillan and Co. Ltd. , 1907.

Charles L. Griswold, *Platonic Readings*, New York: Routledge, 1988.

Leo Strauss, *The City and Man*, Chicago: The University of Chicago Press, 1964.

Leo Strauss, *The Rebirth of Classical Political Rationalism*, Chicago: The University of Chicago Press, 1989.

Leon Harold Craig, *The War Lover: A Study of Plato's Republic*, Toronto: University of Toronto Press, 1994.

Louise Bruit Zaidman, *Religion in the Ancient Greek City*, Trans. Paul Cartledge, New York: Cambridge University Press, 1992.

M. T. Cicero, *Tusculan Disputation* (*V.4*), Trans. J. E. King, Cambridge: Harvard University Press, 1996.

Maimonides Moses, *The Guide of the Perplexed*, Trans. Shlomo Pine, Chicago: The University of Chicago Press, 1963.

Mark Munn, *The School of History*, *Athens in the Age of Socrates*, Berkeley: University of California Press, 2000.

Natalie Harris Bluestone, *Women and the Ideal Society: Plato's "Republic" and Modern Myths of Gender*, Amherst: University of Massachusetts Press, 1987.

Nickolas Pappas, *Plato and the Republic*, New York: Routledge, 1995.

Nietzsche Friedrich, *The Will to Power*, New York: Random House, 1968.

O. W. Reinmuth, *The Ephebate and Citizenship in Attica*, Baltimore: The Johns Hopkins University Press, 1948.

P. E. Easterling, J. V. Muir, *Greek Religion and Society*, trans. Paul Cartledge, Cambridge: Cambridge University Press, 1985.

Plato, *The Republic*, Transl. Tom Griffith, Cambridge: Cambridge University Press, 2000.

Plato, *The Dialogues of Plato*: Apology (*The Death of Socrates*), Trans. B. Jowett, Oxford: Oxford University Press, 1871.

R. D. Hicks, Diogenes Laertius, *Lives of Eminent Philosophers*, Cambridge: Harvard University Press, 1995.

SethBenardete, *Socrates'second Sailing*, Chicago: The University of Chicago Press, 1989.

Ulrich von Wilamowitz – Moellendorff, *Platon*, Berlin: Weidmannsche Buchhandlung, 1919.

Xenophon, *Memorabilia*, Trans. A. L. Bonnette, Ithaca; London: Cornell University Press, 1994.

六 外文期刊

Adam David Roth, "Plato's Written Conception of Philosophy and Education", *Journal of Philosophy and History of Education*, Vol. 60, No. 7, 2010.

Allison J. McFarland, Rhonda L. McDaniel, "Would You Hire Plato to Teach Physical Education at Your School?", *Physical Educator*, Vol. 59, No. 1, 2002.

Armand D'angour, "Plato and Play Taking Education Seriously in Ancient Greece", *American Journal of Play*, Vol. 5, No. 3, 2013.

Bernadette Baker, "Plato's Child and the Limit – Points of Educational Theories", *Studies in Philosophy and Education*, Vol. 22, No. 6, 2003.

Brann, "Plato's Theory of Ideas", *St. John's Review*, Vol. 32, No. 2, 1982.

Brent Edwin Cusher, "How Does Law Rule? Plato on Habit, Political Education, and Legislation", *The Journal of Politics*, Vol. 76,

No. 4, 2014.

Catherine McKeen, "Why Women Must Guard and Rule in Plato's Kallipolis", *Pacific Philosophical Quarterly*, Vol. 87, No. 4, 2006.

Charles Segal, "The Myth Was Saved: Reflections on Homer and the Mythology of Plato's Republic", *Hermes*, Vol. 106, No. 2, 1978.

Chris Erickson, "The Republic as Er Myth: Plato's Iconoclastic Utopianism", *Administrative Theory and Praxis*, Vol. 37, No. 2, 2015.

Chris W. Suprenant, "Physical Education as a Prerequisite for the Possibility of Human Virtue", *Educational Philosophy and Theory*, Vol. 46, No. 5, 2014.

Daniel Marie-France, Bergman-Drewe Sheryle, "Higher-Order Thinking, Philosophy and Teacher Education in Physical Education", *Quest*, Vol. 50, No. 1, 1998.

David P. Ericson, "In Plato's Cave: Philosophical Counseling and Philosophers of Education", *Philosophy of Education*, Vol. 42, No. 1, 2000.

G. E. M. Anscombe, "Modern Moral Philosophy", *The Journal of the Royal Institute of Philosophy*, Vol. 33, No. 1, 1958.

H. A. Prichard, "Does Moral Philosophy Rest on a Mistake?", *Mind*, Vol. 21, No. 1, 1912.

Hannah Arendt, "Thinking and Moral Considerations: A Lecture", *Social Research*, Vol. 38, No. 3, 1971.

Heather L. Reid, "Sport and Moral Education in Plato's Republic", *Journal of the Philosophy of Sport*, Vol. 34, No. 2, 2007.

J. David Blankenship, "Education and the Arts in Plato's Republic", *Journal of Education*, Vol. 178, No. 3, 1996.

J. M. Edie, "On Confronting Species-Specific Skepticism as We Near the

End of the Twentieth Century", *Person and World* (Netherlands), Vol. 25, No. 3, 1992.

Jame R. Muir, "Overestimating Plato and Underestimating Isocrates: The Example of Thomas Jefferson", *Journal of Thought*, Vol. 49, No. 4, 2015.

Jernej Pisk, "What is Good Sport: Plato's View", *Acta Univ. Palacki*, Vol. 36, No. 2, 2006.

Jocab Howland, "The Republic's Third Wave and the Paradox of Political Philosophy", *Review of Metaphysics*, Vol. 51, No. 3, 1998.

John R. Fairs, "The Influence of Plato and Platonism on the Development of Physical Education in Western Culture", *Quest*, Vol. 11, No. 1, 1968.

Joshua M. Hall, "Positure in Plato's Laws: An Introduction to Figuration on Civic Education", *Journal of Social Science Education*, Vol. 15, No. 4, 2016.

Kerry Burch, "Plato's Myth of the Noble Lie and the Predicaments of American Civic Education", *Studies in Philosophy and Education*, Vol. 26, No. 2, 2007.

Lawrence Kohlberg, "The Case for Moral Education in Public Schools is Based on Democracy and Knowledge of Human Development", *Educational Leadership*, Vol. 38, No. 1, 1980.

Lighthill James, "The Recently Recognized Failure of Predictability in Newtonian Dynamics and Discussion", *Royal Society Annual Report*, Vol. 407, No. 38, 2003.

Ludwig Edelstein, "The Function of the Myth in Plato's Philosophy", *Journal of the History of Ideas*, Vol. 10, No. 4, 1949.

Ludwig Wittgenstein, "A Lecture on Ethics", *The Philosophical Review*,

Vol. 74, No. 1, 1965.

M. E. Jonas, "Three Misunderstandings of Plato's Theory of Moral Education", *Education Theory*, Vol. 66, No. 3, 2016.

Mark E. Jonas, "Plato's Anti – Kohlbergian Program for Moral Education", *Journal of Philosophy of Education*, Vol. 50, No. 2, 2016.

Miguel Abensour, "Against the Sovereignty of Philosophy over Politics", *Social Research*, Vol. 74, No. 4, 2007.

Mintz Avi, "The Education of the Third Class in the Republic: Plato and the Locus Classicus of Formative Justice", *Teachers College Record*, Vol. 118, No. 10, 2016.

Rene Maheu, "Sport and Culture", *International Journal of Adult and Youth Education*, Vol. 14, No. 1, 1962.

Vasilis Politis, "Anti – Realist Interpretations of Plato: Paul Natorp", *International Journal of Philosophical Studies*, Vol. 9, No. 1, 2001.

后　记

　　本书是基于博士学位论文修改而成，至此已算是初步告一段落；虽然算不上尽善尽美，甚至还存在一些疏漏，但也基本表达了自己的所思所想。在完成博士学位论文撰写之时，我心中充满了激动，感觉自己写得还不错。然而，在修改成书的过程中，我才发现研究中存在诸多问题；虽然随着进一步搜集资料、整理文献，将书中的部分观点进行了修改完善，但现在看来还有一些未尽之研究，未通达之思想，未充分论证之观点，只能在以后工作中继续推进了。在书稿成型之际记录自身的心路历程，也是为本书增加一些鲜活的气息，毕竟学问不是干瘪的枯燥文字而是内心的真实涌现。

　　回过头来，我才发现时间是如此容易消逝，平淡如水而又无忧无虑，以至于竟然比自身成熟的速度快上许多。在求学过程中，我需要做的都是简单而纯粹的事情：上课、看书、思考、每月去中小学调研、偶有思考所得就写点论文。这样的生活条理分明、简单充实，与复杂的社会隔了很远，甚至安稳得足以让人忘忧。现在看来，我还没来得及学得更多的知识、更练达的人情、更洞明的世事……身份就已经发生了转变，而生活也随之产生了起伏。现在我才知道求学期间那种安稳到让人迷恋的生活，其实是不"真实"的，是周围的人为了让我可以安心求学而有意过滤了的。当我真正走入工作生活、走进社会环境，每日被诸多杂乱无章甚至琐屑繁复包裹以至于难以抽出个把小时静心看书思考，"虚幻"和"真实"的反差才愈发明显起来，这也让我更加清晰地认识到受惠于周围的人良多，在这里仅能以只言片语聊表感恩之意。

  我要感谢我的父母！他们是地道的农民，具备农民的一切特质，节俭朴实、厚重坚韧、吃苦耐劳……善于持家却不善于通过言语表达爱意，尽管未受过长时间的教育却坚信只有教育才能改变命运。父亲平时的言语不多，经受过数十年贫困的折磨却依然对生活充满了乐观，每日为家庭的生计奔波，在种地之余还先后做过小商贩、芦柴工、水泥工、伐木工……我在父亲脸上的皱纹和灰白的胡须上，甚至能看到家庭生活的起伏，但总是因心中的愧疚而不敢直视。偶尔听父亲提及过去经历的贫困和劳累——一年到头吃不到白面煎饼、猪肉、荤油、鸡蛋、糖果，经常饿着肚子、喝水充饥……我因无法切身体会而感觉莫名震撼，尤其父亲说话时的表情还是笑眯眯的，好像生活中再大的挫折都压不弯他的脊梁，除了岁月的无情磋磨。现在父亲已经年逾六十但依旧劳作不息，也因此身上遗留了多处暗伤，在阴雨天常受病痛的折磨。我有时会问起父亲为何不停下劳作、休息养老，他总是满不在乎地认为农民天生就是劳碌命，似乎将劳作和生命画上了等号。每每想起，我都感觉异常心酸，因为在父亲心里根本就没有休息的概念，他认为每日的劳作就是生活的全部。即使前一天还经历了生活的苦难，第二天依旧会去两亩薄田里劳作。那些所谓惬意的闲暇、慵懒的高卧，甚至是有些无病呻吟的散心，都被隔绝在他的生活之外。也许我还未成家立业，一直是父亲放不下的负担，无论我怎么规劝都无法使他放松。尽管我读研以来除了一份关怀并未向他索取过什么，可父亲一直在默默地用血汗积累着点滴，还在为我的未来不停地投入着。父亲也知道以后能为我做得很有限，甚至还担心自己会因年老体衰而成为孩子的负担，却依旧坚持着身为父亲要对儿子"尽心"。我潜意识里一直认为父亲是家庭的脊梁，是生活压不倒的支架，直到看到他因留恋子女和恐惧未知在上手术台前无声地流下那些眼泪，这也让我内心瞬间充满了急于承担家庭责任的焦急。母亲话语凌厉、慈心辣手，经常念叨着过往生活的苦难，提醒我要对现在的生活知足。在今天，我实在难以想象，一个产妇不得不在家生育却还得去邻居家借钱买二十个鸡蛋补身体，那是一种怎样的悲苦生活；一个母亲因为没有锅棚而冒雨做饭却受困于家中没有一滴豆油，那又是一种怎样的绝望情绪。母亲就是依靠自己的双手和汗水，让我们家从以前的家徒四壁到现在的两层小楼，把日子一天天过好了起来。在我看来，母亲虽然学历不高，却"学问"高深，不仅将家庭里的所有琐事安排得井井有条，还和父亲一起出门做建筑小工、伐木小工、板材工人，并拉扯兄长和我长大成人。她在劳累的工作之余，甚至记得家中一针一线、衣服鞋袜摆放的位置，实在是让人叹服，也让我敬佩她默默付出的精力。幼时的我，心思活泛、顽皮好动，经常做一些出格的事情，等待着我的总是母亲凌厉的惩罚手段。直到现在，我依旧记得母亲花样翻新的惩罚手段，棍棒交加只是常规手段，还好我本身比较皮实、脸皮也不薄。如今想来，如果不是母亲的严格管教，我早就不知道走到哪条路上去了，估计不会是现在这个样子。父母为我付出良多，渐厚的老茧、渐深的皱纹、渐花的头发都是明证。每次回家见到父母愈发年迈的样子，我总是莫名愧疚——为了自己的学业，他们承负了本不应该承负的压力和责任，这也许会让他们在多个深夜里辗转难眠。尤其让人羞愧的是，他们一直认为自身的付出是理所当然，也一直因为我取得的些许进步而心满意足，尽管他们并不了解我研究的柏拉图是谁、有多么重要。我不知道这点心理的慰藉能不能稍稍减轻他们身体的劳累和病痛，却无论如何都无法做到心安理得。现在我终于完成学业进入工作岗位，终于告别一直"躲藏"在其中的学生身份，终于有了一份不算微薄的收入，希望这可以减轻父母的压力，让他们可以在辛苦这么多年后能够享受余生的安逸，也希望能够缓解自身一直有的那种"子欲养而亲不待"的紧迫感。在这里寥寥几笔，向父母致谢，万望他们在以后的日子里身体康健、幸福安乐！

  我要感谢我的兄长！兄长大我两岁，自小就长得比较壮硕，似乎遗传了父亲的性格，不善言辞、吃苦耐劳、为人和善、谦恭有礼。因为我幼时性格颇为古怪、极为顽劣，似乎有点无事也生非的样子，一点不合心意就会和兄长发生冲突。结果就是，他不停地忍让我，而我经常被母亲教训，周而复始。因为我幼时体弱多病，经常感冒，三天两头需要去村医院打针，每天步行去四里外的村小上学都是极大的负担。兄长无畏风雨、不辞辛苦，当然也许是被我这个性格古怪的弟弟磨得没办法，每天上学和放学都背着我，有时候还要顶在肩头。现在想来依旧觉得温暖踏实，这种感觉和小时候被父亲裹在军大衣里面的感觉相同。就这样晃晃悠悠，我升入了五年级，身体渐好不再经常生病，兄长也进入了初中并住校。于是，我每周最期盼的时间就变成了周五的下午六点钟，这个时候兄长会从寄宿的初中学校返家，并带着用攒下的钱给我买的锅巴或甜面馒头。那味道是如此香甜，以至于我到现在依然喜欢吃这两种东西。直到我升入初中住校，每周拿着几块的生活费，才知道攒下那点钱有多么不容易，可兄长总是乐此不疲，似乎觉得照顾弟弟比他自己享用要重要得多。兄长不乐于待在学校，早早地辍学劳作，先后做过印刷工、板材工、织衣工、伐木工、建筑工，辛苦的劳作让他的身体日渐消瘦，手上早早布满厚茧。正因如此，我常自恃于自己多读了几年书而对他没有表现出足够的尊重，多次没有注意言语而冲撞伤人。读了大学之后，我才后知后觉地明白自己的过失，后来偶然听到兄长的工友说起，他一直为我读书的事情而自豪，我才愈发的愧疚，虽然多读了几年书，却并未知书达理，更未全孝悌之义。其实，有几次我都想当面对兄长表示歉意，不知道是因为无聊的面子，还是因为涩于言语的表达，最终还是没有说出口，直到现在依旧是个未能弥补的遗憾。或许是鸵鸟心态吧！我有时会自我安慰，寄望于兄长早已遗忘，可是这件事一直深埋在我的心里。现在有了一个宣泄的口子，兄长育有一双可爱的子女，而我也升格成为叔父，可以将这种情感投入对侄子侄女的照顾，也算是可以稍稍缓解自己的愧疚之情。似乎是因为自己既已不再是家中年龄最幼、最需要包容的一个成员，我感觉自己忽然成长了许多，身上多了不少责任感，但再也没有了趁着兄长上夜班时偷偷写信夹在床垫下向他汇报学习进展和生活困惑的机会。希望兄长不要过于挂念，愚弟会照顾好自己，也会在以后的日子里奉养双亲，护佑侄子侄女！

我要感谢我的导师！在来华师求学之前，我还是个初出茅庐的毛头小伙子，无论是在学业方面还是在生活方面，都算得上是一片空白。蒙导师杜时忠教授不弃，将我收入门墙之下，给予我学习的空间和资源。在攻读硕士学位阶段，我跟随德育所团队，在武汉、咸宁等地调研，并深入德育所实验区和实验学校，既锻炼了工作方面的能力，也对基础教育的现实情况有了基本了解。除了定期的德育沙龙之外，杜老师给予我充分自由发展的空间，并不拘囿我一定要看什么书，思考什么问题。所幸我并未浮浮沉沉、随波逐流，而是取得了点滴的成果，也获得了杜老师的初步认可。到了攻读博士学位阶段，杜老师尊重我的个人想法，在商议之后定了博士期间的研究主题，然后就彻底放手让我在感兴趣的研究领域自由探索。尽管如此，每当我遇到疑难时，杜老师总是会第一时间为我解惑，或给我提供各种可以推进研究的资源，我甚至还在杜老师发来的回复语音中听到过地铁的到站声和火车站的提示音。同时，杜老师还非常关心我的生活情况，每次聚餐时总是说我还在长身体要多吃一些——结果就是，这些年下来学问没见长进多少，体重倒是增长了四十斤；每当我遭遇生活的困难和挫折时，杜老师都会悉心开解并提供力所能及的帮助，让我一直可以安心于学业。即使在自己不方便出面的时候，杜老师也会让师母代为张罗，就差为我介绍一个女朋友了，事实上杜老师也经常提起这件事。在毕业的时候，杜老师又为我的工作费心，不仅体谅我想回家乡的迫切心情，还创造机会让我留在华师工作。都说"有事，弟子服其劳"，现在看来我还未能为杜老师做过什么，反倒让杜老师操心甚多。幸运的是，以后还有机会在杜老师面前聆听教诲，也希望自己可以尽快成长起来，能为杜老师分担一二，以回报万一。

我要感谢程红艳老师及其他各位老师！程红艳老师从未完全把我当成一个学生，而是一个平等的对话者。她扮演着亦师亦友的角色，既有老师般的循循善诱，又有朋友般的惇惇谈心。于是，无论在生活方面还是学习方面，抑或是工作选择方面，遇到问题，我总是想着和程老师聊聊天，并听取她中肯的建议。同时，我也非常喜欢上程老师的课：在形式上，我们围坐在程老师周围；在内容上，程老师旁征博引，并鼓励我们发散思维。她在生活和教育中身体力行地贯彻了一直秉持的教育理念——平等、自由，真正做到了知行合一。当然，教育学原理专业的其他老师，也都值得我学习：王坤庆老师的学识广博、涂艳国老师的温文儒雅、李晓燕老师的治学谨严、岳伟老师的温和、田友谊老师的亲切、王帅老师的锋芒、卢旭老师的朴实。在各位老师授课的过程中，我获得了不一样的体验，也受益良多。在这里一并表示感谢，希望以后有机会继续聆听各位老师的教导！

在这六年间，还有很多人、很多事值得铭记、感恩。杨炎轩师兄对我提点良多，刘长海师兄对我关怀备至，喻学林师兄对我肯定很多，周小李师姐对我关爱有加，傅淳华师兄对我督促频繁，吴荣超师姐经常关心我的生活，张添翼师兄对我看护体谅，闫兵师兄对我鼓励良多，徐龙师兄对我帮助甚大，其他如李伟老师、崔自勤老师、孙永敏师姐、陈银河、方娟娟、杨湾、杨腾辉、胡雨、李家琪、吴筱雪、薛亚鑫、陈露、母志蕊、刘艺琨以及那些一直陪着我的朋友和同学，都给予我极大的关爱和帮助。他们关心我的生活、身体以及情绪状态，包容我低级幼稚的想法，开解我遭遇的生活问题，甚至不厌其烦地听我絮絮叨叨，让我生活的颜色变得更加丰富明亮，让我的心境发生了翻天覆地的变化。幸好有你们，让我在读书的日子里不至于独自与书为伴。否则，即使我可以勉力做到"闲敲棋子落灯花"的逸致，也无法获得"相逢一醉是前缘"的幸福。感谢你们对我的包容忍让，唯望你们在以后的日子里顺风顺水、平安喜乐！

从进入华师求学到现在，其间有很多收获，也有一些遗憾，发生了一些事情，改变了诸多想法，有不幸，有幸运，有坎坷，有坦途，总归是一种成长。现在我成为一名高校教师，在面对全新的生活时，有惶恐，有期待，有畏怯，有激动。我有志于成为一名好老师，无论是在教学方面还是在科研方面。可在这个时候，我才如此强烈地感觉到自身的欠缺，虽然写了几篇拙劣的论文，可并未形成自己的思想；虽然上了几节算不上失败的课，却还未完全具备一名教师应该具备的素养。接下来，我该怎么扮演好自己的角色？该怎么教导好自己的学生？该怎么与同事和谐相处？该怎么进一步提出自己的思想……如此种种，思之让人愈发惶惑不安，同时也心动不已。既然未来必然要来临，还是要做好相应的规划，为了家人，为了学生，也为了自己。

最后，写几句话送给自己：
那艘小船飘荡着，
在湍急的河流里，

在黑寂的夜色中。
它要漂向何处呢？
也许有一团火焰，
也许是娇艳的花。
它的脸上被刀斧砍过，
身上也是碎裂的痕迹。
但它永远不会停止，
直到沉于水底，
依然含着微笑，
向着前方……

孙银光

2023 年 12 月 11 日

记于华中师大田家炳楼